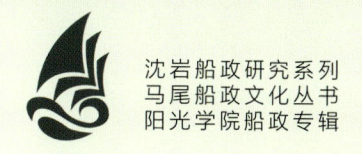

沈岩船政研究系列
马尾船政文化丛书
阳光学院船政专辑

纪念船政创办150周年

沈 岩／著

沈岩
船政研究文集

社会科学文献出版社
SOCIAL SCIENCES ACADEMIC PRESS (CHINA)

笔者在海峡论坛上做大会发言

笔者出席省社科界学术论坛

笔者在台湾交流船政文化

笔者为了解池仲佑情况到闽侯查县志和走访池氏故居

笔者在贵州辰溪档案馆查阅资料

笔者赴贵州山塘驿旧址调研与现住户主人交谈

笔者赴贵州青溪听镇文化站罗站长在旧址介绍青溪铁厂

拜访老校友天文学家王绶琯并在其家中合影留念

拜访船政热心人、海军中将、原全国人大常委张序三

与著名高教史专家潘懋元亲切交谈

笔者与福建省宣传部常务副部长马照南、北大教授王晓秋参加央视记录频道历史记录片《船政学堂》看片会

笔者在陈兆锵将军诞辰145周年座谈会上发言

向教育部领导介绍当年的船政学堂

交通建设与管理杂志专访笔者，随后杂志连载笔者的《船政学堂》

笔者参加2015福建省科学年会，在阳光学院做《创新视域下的船政当代解读》的学术报告

阳光学院副院长汤德平和王登平馆长向笔者介绍该院校史

自　序

　　船政是非常之举，是三千年大变革的历史产物。当年办船政是在列强入侵、危机四伏、清朝统治进入封建主义末期的历史条件下创办的。船政创办本身，就是为了自强。大陆称为"洋务运动"，台湾称为"自强运动"。从践行的情况看，也让人们看到这是一种强国之道的可贵探索。从组织者到船政学堂培养出来的学生那里，我们都可以感受到他们强烈的爱国情怀和"天下兴亡、匹夫有责"的责任感。他们如饥似渴地学习科技，采用高位嫁接的办法，用勇猛精进的精神追赶世界科技潮流，成效卓著。而且把希望寄托在下一代，把人才培养当作船政的根本，为国家造就了许多近代化的栋梁之才。船政学生们不负众望，为民族的振兴而刻苦学习。许多学生通过学习尤其是欧洲留学，感受到中西方文化的异同。通过对比，了解差距，追求真理，探寻救国良方，成为近代叱咤风云的人物。

　　在近代中国积弱求强的历程上，船政留下了浓墨重彩的一笔，形成了独特的船政文化。所谓船政文化，就是船政历史人物在社会实践活动中创造的物化成就和精神文明成果，其精神实质有爱国自强、改革创新、重视科教和海权意识等方面，核心就是强烈的爱国自强精神和强烈的海权意识。如果要归纳船政精神，我认为有三个方面，一是爱国自强的民族精神，二是重视科教与海权的时代精神，三是融通中西的探索创新精神。这种精神是在特定的历史时期形成的，有别于其他时期、其他地区形成的文化。如果要用简短的语言来概括，可以归纳为"爱国、科教、海权、开先"八个字。

　　船政文化博大精深。20世纪八九十年代，已有学者开始研究船政的历史。但较大规模的、较为深入的研究是进入本世纪以后的事。有三样事是不得不提的，一是2003年船政文化研究会等研究团体相继成立，学者们组织起来，开始专门研究船政历史和船政文化，经常开展研究活动，产生了一批研究成果。二是福州市开展船政文化年活动，马尾设立中国船政文化博物馆，国内外政要相继来马尾参观，社会各界纪念船政创办140周年活动，马尾造船厂搬迁和船政文化工程动工兴建等等，把研究和弘扬船政文化推向新的高潮。三是船政文化第一次被界定为海西七大文化之一，写入国务院的正式文件。令人高兴地看到，船政尘封百年之后，终于迎来了研究船政文化的春天。我常常在思考，在三千年未有之大变革面前，摆在国人面前的使命就是民族振兴。我们现在做的中国梦，船政先贤们不是已经在做吗？自强的目标是一致的，只是时代背景不同而已。

如今，东方雄狮已经觉醒了。我们再回头看看这段近代史，就会惊奇地发现，我们又仿佛回到历史的原点。鸦片战争之前，大清帝国走的是自己的道路，社会虽然也有动荡，但相对较为安逸，比较保守。鸦片战争后，被迫打开大门，受西方坚船利炮的刺激，开始学习西方，先是学科技，后学政治、法律、思想。辛亥革命，清帝退位，立宪共和，军阀混战。后来克里姆林宫的一声炮响，走俄国人的道路成了结论。但后来中苏论战，关系冷却。文革后，我们开始反思，最后确立自己的特色道路。一个半世纪过去了，从走自己的道路到师夷制夷，到走俄国人的路，到摸着石头过河，到重新走自己的路。这个走自己的路已经和鸦片战争前的道路有着质的不同。我们已经能面对全球化，审时度势，找回自己丢弃的东西，包括优秀中华文化，能坚持真理，修正错误，大踏步地向前走。

船政的创办正是国人的觉醒、中国梦的开始。在逐步沦为半殖民地半封建社会的历史条件下，要"师夷制夷"，没有文化自信是不可能实现的。引进西方技术必须有文化自信。船政实施"请进来、走出去"的战略，以开放的心态对待中外文化的交流、冲突和渗透。这本身就是一种文化自觉与文化自信。船政师夷是为了制夷，"请进来"是为我所用，是为了"整顿水师"，建立自己的近代海军，而不是买"阿思本舰队"。船政引进西方先进的技术、管理和教育模式，但始终坚持为我所用的原则。船政聘任日意格为正监督，与之签订了5年包教包会的合同，以契约形式聘用外籍教师的，坚持外籍工程师、教师以私人身份受聘，坚持"权操诸我"原则。这一切都是为了培养自己的造船、驾驶人才，为了御侮，为了自强。

"走出去"也充满着自信。沈葆桢认为洋人来华教习未必是"上上之技"，"以中国已成之技求外国益精之学，"必然事半功倍。因此选取学生赴法国深究其造船之方，及其推陈出新之理；赴英国深究其驶船之方，及其练兵制胜之理。船政学子们"深知自强之计，舍此无可他求，各怀奋发有为，期于穷求洋人秘奥，冀备国家将来驱策，虽七万里长途，均踊跃就道"。他们分赴法、英、德、美等国留学，学成回国，成为我国近代化的精英和栋梁。通过留学，船政学子们开阔了眼界，增长了知识，同时改变了思维，了解到差距，促使他们去追求真理，探寻救国良方。他们大量翻译西方的政治经济学说，大大影响了中国近代的思想界，最有代表性的就是严复。他运用西方进化论和天赋人权学说，宣传变法图强的思想主张，连续发表政论文章，翻译《天演论》等名著，振聋发聩，影响深远，成为中国近代杰出的启蒙思想家，深刻地影响着维新变法、辛亥革命、新民主主义革命的进程。也正是这位思想家，在辛亥革命失败后仍坚持"中国必不灭"的信念，坚信中国将会成为"强族大国"。晚年，他撰写了一幅对联："有王者兴必来取法，虽圣人起不易吾言"，可见其自信之至。

　　船政通过文化交流，既吸收外来优秀文化，又坚信中华文化的生命力。这种文化自信是实施文化强国战略所必须的。文化是民族的血脉，是人民的精神家园。在我国五千多年文明发展历程中，各族人民紧密团结、自强不息，共同创造出源远流长、博大精深的中华文化，为中华民族发展壮大提供了强大精神力量，正如严复所说，是"耐久无弊"的，是"最富矿藏"的。但我们也要清醒地看到，严复倡导的新民德、开民智、鼓民力的目标并没有完全实现，而且任重道远。增强国民素质仍然是今后的重要课题。

　　汤恩比是期待中国对世界的和平、统一和发展发挥作用的西方思想家。他对中国的历史和文化十分赞赏，认为中国一定能够在未来对世界在政治上和精神上的统一做出主要贡献。他认为在全世界找不到第二个这样大一统的国家。21世纪是中国人的世纪。中国的文化尤其是儒家思想和大乘佛教引领人类走出迷误和苦难，走向和平安定的康庄大道。他认为以中华文化为主的东方文化和西方文化相结合的产物，将是人类未来最美好和永恒的新文化。

　　现在世界很不安宁，各国都有各自的利益。第三次世界大战如果发生，就是核武生化武器的信息化战争，不但两败俱伤，而且地球同归于尽。这个战争不可能有胜负，有的是人类的集体自杀，文明的毁灭。解决这些问题，只有用中国智慧，和谐万邦，天下大同。我们都是炎黄子孙，大家都知道炎帝、黄帝是两个人，两个部落的首领。当时打得不可开交，最后联合起来，成为中华民族的共同始祖。这个生动的例子，五千年来，无时无刻不警醒着人们；和为贵，这是走向天下大同的必由之路。这就是中国智慧，也是中国对世界的最大贡献。

　　船政虽有挫折，虽被尘封，但终究被拂去泥沙，显露出灿烂的历史辉煌。

2015 年 10 月于北京

目录

略论马尾船政文化 …………………………………… 1

船政
　——清末自强运动的先驱与典范 …………………… 6

船政
　——近代民族复兴的起航点 …………………………… 10

船政文化的源流与影响 ………………………………… 27

略论精神层面的船政文化 ……………………………… 49

船政文化与文化强国战略 ……………………………… 85

船政文化与海西建设 …………………………………… 92

船政文化与两岸文化交流 ……………………………… 99

船政文化与弘扬民族气节 ……………………………… 102

弘扬船政精神　实现民族复兴 ………………………… 112

船政文化的兼收与融通 ………………………………… 116

船政文化的近代化启示 ………………………………… 124

从船政看中国近代早期对外开放的主动方面 ………… 135

船政与台湾的近代化 …………………………………… 141

船政学堂
　——中国近代第一所高等学府 ……………………… 169

福建船政学堂历史地位新探 …………………………… 191

船政学堂的教育模式与特点 …………………………… 199

从船政学堂看人才培养 ………………………………… 214

船政学堂与新式教育 …………………………………… 222

迈向海权的先驱
　　——船政 ………………………………………… 231
马尾船政的海权启示 …………………………………… 234
近代杰出的政治家——沈葆桢 ………………………… 241
制无美恶：重温渐进式的近代化道路
　　——严复思想研究的百年反思 ………………… 248
严复思想的强国梦启示 ………………………………… 263
心声百感交集　心画神采奕奕
　　——陈季同《学贾吟》诗书艺术略评 ………… 269
大公几辈能无我　中国而今尚有人
　　——陈季同《学贾吟》手稿校注前言 ………… 280
思刘挽邓心碑在
　　——纪念陈兆锵将军诞辰145周年座谈会的发言 … 303
纪念马尾首创飞机制造业弘扬船政文化 ……………… 305
闽台海底一线牵　船政新篇祈放彩
　　——纪念闽台海底电缆铺设115周年 …………… 312
《中法马江海战》序 …………………………………… 315
《船政老人陈道章》序 ………………………………… 317
让下一代沐浴船政之光
　　——评《船政之光》（小学版）………………… 320
文化精品　意味深长
　　——历史纪录片《船政学堂》开播有感 ……… 322
船政文化的研究和弘扬 ………………………………… 324
闽在海中　大利在水
　　——福建海上交通史话 ………………………… 330
马尾发展文化创意产业的几点建议 …………………… 337
福建地域文化研究回顾与前瞻学术座谈会发言提要 … 339
弘扬船政文化办好船政学院的几点建议 ……………… 340
附录：中国船政文化网专访 …………………………… 343
附录：《交通建设与管理》杂志记者专访 …………… 350
附录：《中国改革报》记者专访 ……………………… 353
后记 ……………………………………………………… 358

略论马尾船政文化[*]

同治五年（1866年），清廷在福建闽江口的马尾设船政，创办船政学堂，史称马尾船政或福州船政局。这是中国近代船政之始，自然是中国近代史上的重大事件之一。

一　创办马尾船政的由来

翻开中国近代史，民族灾难深重。帝国主义以坚船利炮敲开了清廷闭关自守的大门，迫使其签订了一系列丧权辱国的不平等条约。海权日衰，国将不国，有识之士纷纷奋发图强。林则徐被誉为开眼看世界的第一人，他主张"师敌之长技而制敌"。魏源受林则徐委托编撰的《海国图志》进一步阐述了"师夷长技以制夷"的主张，并提出了制造船械、聘请夷人、设水师科等设想。闽浙总督左宗棠深受他们的影响，决心实践"师夷制夷"以自强。他认为，"中国自强之策，除修明政事，精练兵勇外，必应仿造轮船以夺彼族之所恃"。同治五年（1866年）五月，左宗棠上《试造轮船先陈大概情形折》，折中写道："臣愚以为欲防海之害而收其利，非整理水师不可，欲整理水师，非设局监造轮船不可。……轮船成，则漕政兴，军政举，商民之困纾，海关之税旺，一时之费，数世之利也。"（《左宗棠全集》书牍卷七）为此，他决心整理水师，在马尾设局造船，培养人才。7月14日，同治皇帝准奏，以"实系当今应办急务"令其办理。10月，左宗棠奏请江西巡抚沈葆桢担任船政大臣，总理船政。11月，左宗棠又奏请开设求是堂艺局。自此，中国近代船政就在东南一隅的福州诞生了。

---

[*] 本文于2006年4月11日在《光明日报》理论版上发表。

二　马尾船政的辉煌历史

马尾船政局在中国近代海军史、工业史、教育史、思想文化史等方面都留下了深深的印迹。

首先，它是中国近代海军的发祥地。左宗棠的初衷之一是要整顿水师。船政造船，主要造的是军舰，武装海军；同时制炮，生产鱼雷，也是为了武装海军。船政培养的人才，主要是造船和驾驶人才，也都是为造舰和海军服务。因此，船政被誉为"中国海防设军之始，亦即海军铸才之基"，其影响是十分深远的。它培养了许许多多的海军军官和军事技术人才，据不完全统计达1100多名，占中国近代海军同类人员的60%，其中包括中日甲午海战英烈邓世昌、林永升等一大批爱国英才。

其次，它一度成为中国近代最大的船舶工业中心。马尾船政是当时在中国乃至远东规模最大、设备最为齐全的船舶工业基地，从1868年开始制造"万年清"号，到1907年止，共造船44艘，总吨位57550吨，占全国总产量的82%。造船技术也不断更新，从木壳船到铁胁船，再到铁甲船。造船工业是当时科技水平的综合体现，并且带动了上下游工业的发展，也造就了一大批科技人员和产业工人。

再次，它开办了中国最早引进西方教育模式的近代技术型学堂。马尾船政学堂采用法国教育体制，把船舶工程学校与海军学校合二为一，是一所按技术分设专业的近代高等院校。前学堂学制造，采用法国军港士官学校的科目训练；后学堂学驾驶，采用英国海军的培养方法训练。在此后的40多年里，船政学堂共毕业学生510名（连同民国初期毕业的共629名），选送出国留学生四批及零星派出共111人，很多人后来成为我国科技力量的主要骨干。

又次，它是近代中西文化交流的一面旗帜。船政局通过派遣学生留学的方式，在中西文化交流中做出了杰出的贡献：一是引进西方的应用技术，也就是所谓"西艺"，迅速地提高了科技和工艺水平。二是引进西方的政治、经济、法律思想，突破了"中学西用"的框框，引进了触动"中学"的"西政"观念。三是将中国文化介绍到国外去，陈季同就是其中杰出的一位。他在清政府驻法、德等国使馆工作多年，写了许多介绍中国现状和中国文学的法文作品，如《中国人自画像》《中国戏剧》《吾国》等，还用法文写了一本以中国问题为题材的喜剧《英雄的爱》，在法国文坛上享有盛名，为中西文化交流做出了贡献。

三　马尾船政的特定含义

"船"是水上运输工具。"政"，辞海的解释主要有三：一曰政治；二曰事务，如校政、家政；三曰主其事者，如学政、盐政。"船政"的一般含义，从字面上理解，一是有关船舶方面（主要是造船、航运、港务、监督）管理事务的统称；二是主其事者，船政也可理解为和学政、盐政一样的主其事者。但从马尾船政的实际情况看，它主要指的是掌理船舶事务的行政机构。从遗留的文物中可以看到，船政衙门上方竖匾写的是"船政"二字，刻的公章是"总理船政关防"，船政石制界碑刻的是"船政官界"。第一任总理船政大臣是官居一品的沈葆桢。船政大臣有权直接向皇帝具奏。这些都说明，船政是当时清政府的官署，是一个高规格的专门掌理船舶事务的行政管理机构。

然而，仅从这些层面理解马尾船政又是不够的。首先，缔造者本来用意就不光是造船，船政一开办就有造船、办学和整理水师三重任务。其次，从船政创办的情况看，一是地域性很强，地在马尾，而且船政衙门有一定的处置权，更像个官办特区；二是造船、办学、水师三位一体，是个由造船系列工厂、船政前后学堂等办学机构和轮船水师构成的近代海军系统。再次，从船政实践的结果看，其社会影响已远远超过了造船和办学，在政治、经济、军事、外交、文化等方面对中国近代化进程都产生了不可估量的影响。因此，马尾船政的内涵是深刻而丰富的，它是一个专门的行政管理机构，又是一个有一定独立处置权的政治经济实体，还是一个军事工业基地和培养海军的基地，同时也是中国近代最早引进西方教育模式的教育机构之一。

四　马尾船政文化的内涵

概括起来，马尾船政文化就是船政历史人物在社会实践活动中创造的物化成就和政治、精神文明成果。它包括以下内容：一为物质层面的成果，如船政的各项成就、船政遗迹、与船政有关的各种文物等；二是政治层面的成果，如船政组织体系、运行机制、管理模式、教育模式及其成效等；三为精神层面的成果，如船政组织者、参与者的思想观念、道德风范、宗教信仰、学术成果和社会影响等。

这里又有两个值得探讨的问题：一是马尾船政是指特定的历史时期，还是有它的延续性？有的学者认为就是特指清代末期，从1866年创办船政到1907年清廷下令"暂行停办"为止，共41年。这样一来，就把马尾船政文化在民国以后的沿革和发展，包括改称为福州船政局后在海军建设和航空工业上的重大影响排除在外，这恐怕于情理上是说不通的。二是马尾船政文化是否包括所有船政历史上的人和事？有的学者认为船政文化包括方方面面，有好有坏，有盛有衰；有的则认为船政文化是好的方面，是先进的。笔者认为，观察事物要看本质，看主流，对马尾船政文化也是这样。上述马尾船政的"成就""成果"就是它好的方面，主流的东西。

五　马尾船政文化的精神实质

马尾船政文化是船政历史人物创造的物化成就和政治精神文明成果，它包括物质、政治、精神三方面，而其精华是精神成果。概括起来，有以下几点。

一是爱国自强精神。在列强要瓜分中国的当时，船政人的爱国自强精神表现得十分突出。它奏响了中国人觉醒图强的进行曲，是民族自尊、爱国自强的典范。特别是甲申马江海战、甲午黄海海战，船政学生正气凛然、奋勇杀敌、视死如归，伟大的爱国主义精神在他们身上得到了充分的体现和升华。

二是改革创新精神。马尾船政吹响了中国从传统农业文明向工业文明进军的号角。在它的一系列举措中，许多都是开风气之先的。

三是重视科教，以人才为本。马尾船政学堂"师夷长技"，引进技术、引进设备、引进管理、引进人才，派出去考察、留学，紧追世界科技前沿的步伐。同时引进近代教育模式，把培养人才作为根本，从而使马尾船政成为近代科技队伍的摇篮。

四是重视海权。马尾船政设立本身就是重视海权的体现。造船制炮、整顿水师、培养人才都围绕着海权做文章。可以说"船政就是谋海权之政",而且取得了世人公认的成就。

归结起来,马尾船政文化的精神实质有爱国自强、改革创新、科教人本和海权意识几方面,但其核心是强烈的爱国自强精神和强烈的海权意识。这种精神是在近代特定的历史时期形成的,是中国传统文化和民族精神在近代的升华。

船 政

——清末自强运动的先驱与典范*

1866年12月，清廷在福州马尾设立"总理船政事务衙门"。该衙门的设立是闽浙总督左宗棠提出来的。当年6月，左宗棠上奏清廷《试造轮船先陈大概情形折》，提出"惟东南大利，在水而不在陆"的观点，认为"中国自强之策，除修明政事、精练兵勇外，必应仿造轮船以夺彼族之所恃"，要"尽洋技之奇，尽驾驶之法"，在军事上有效地抵御外侮，在经济上"分洋商之利"，主张在闽台之间的福州马尾创办船政。同年7月，同治皇帝准奏；10月，任命在家丁忧的江西巡抚沈葆桢为船政大臣；11月开设求是堂艺局，即船政学堂；12月，船政工程动工兴建并对外招生105名。福建船政就是指清末"总理船政事务衙门"所开展的政务事务活动及其历史沿革。

福建船政是清末自强运动的先驱与典范。鸦片战争后，在激烈的中西文化冲撞中，林则徐等先贤认识到开眼看世界的重要，提出了"师夷长技以制夷"的正确主张。随后，魏源受其委托编写了《海国图志》，诠释了他的主张，提出了置造船械等战略设想。闽浙总督左宗棠实践"师夷制夷"，创办了船政。福建船政造船制炮、培养人才、整顿水师，都围绕着海权做文章。

福建船政从1868年制造"万年清"号开始，到1907年止，共造船40艘，总吨位47350吨，占全国总产量的82.5%。造船技术也不断更新，从木壳船到铁胁船，到铁甲船，建立了当时中国近代最大的船舶工业基地。1917年，还设立了飞机制造工程处。1919年8月造出了首架双桴双翼水上飞机，随后共生产飞机17架，开创了中国航空工业新纪元。

---

* 本文为《船政奏议全编》代序，该书共5卷，由沈岩、方宝川主编，国家图书馆出版社，2011年9月第一版。

福建船政开创近代教育的先河，创办了中国近代第一所高等院校——船政学堂。它引进西方教育模式，建立了与工业化和海军建设相适应的教育模式和留学制度，成为各地纷纷效仿的样板，成为科技和海军人才的摇篮，被李鸿章誉为"开山之祖"。船政学堂培养了一批精英，形成了具有爱国思想、能奋斗自强、眼光敏锐、思维方式开放、容易接受新生事物的一代新型知识分子群。他们走在时代的前列，成为有突出贡献的思想家、外交家、教育家、科技专家和学者。典型的代表有：启蒙思想家严复，"铁路之父"詹天佑，外交家陈季同、罗丰禄，造船专家魏瀚、郑清濂，矿务专家林应升、林日章，轮机专家陈兆翱、杨廉臣，天文学家高鲁、王绥瑄等。清史稿记载"船政学堂成就之人才，实为中国海军人才之嚆矢"。福建船政培养了海军军官和军事技术人才1100多名，占中国近代海军同类人员的60%。清末和民国时期的多数海军高级将领，如萨镇冰、叶祖珪、蓝建枢、刘冠雄、李鼎新、程璧光、黄钟瑛等，都是船政学堂的毕业生。还有在中法马江海战英烈吕翰、许寿山，中日甲午海战英烈邓世昌、林永升等一大批铸造出爱国魂的杰出精英。

1870年，福建船政第三艘兵轮"福星"号下水后，清廷批准沈葆桢的奏请，成立轮船水师，随后将建造的舰船调往各港口执行海防任务。1874年2月，日本政府以"牡丹社事件"为借口，派兵侵台。清政府派船政大臣沈葆桢以钦差大臣身份去台湾办理台务。同年6月17日，沈葆桢率领自己的舰队赴台，一边备战，一边展开外交攻势，终于挫败了日本的侵略图谋。随后，沈葆桢实施了一系列治台政策和改革措施，促使台湾开禁，实行开山抚番、开矿招垦、建祠办学、巡抚分巡等政策措施，为台湾的近代化奠定了基础。李鸿章在给他的信中说道："我公在彼开此风气，善后始基，其功更逾于扫荡倭奴十万矣。"连横先生高度评价沈葆桢的巡台治台，说，"析疆增吏，开山抚番，以立富强之基，沈葆桢缔造之功，顾不伟欤"。在甲申马江海战、甲午黄海海战中，船政的学生正气凛然、奋勇杀敌、视死如归，爱国自强精神得到了充分体现和升华。孙中山先生赞誉船政"足为海军根基"。

福建船政引进了西方的科学技术，高起点嫁接，迅速地提高了造船、航海、飞机、枪炮、鱼雷、矿冶、机械、无线电、天文等科技和工艺水平。通过留学，还使出国留学的青年开阔了眼界、增长了知识、改变了思维，使他们能够站在更高的层面上来审视中国，寻找救国良方。严复透视西学，翻译《天演论》等名著，影响了几代人，成为近代杰出的启蒙思想家。王寿昌帮助林纾翻译法国小仲马《茶花女遗事》，震撼中国文坛。马建忠撰写《马氏文通》，开拓了近代汉语文法研究领域。陈季同则将中国文化介绍到国外去，写了许多介绍中国现状的法文作品，在法国文坛上享有盛名。

福建船政在近代中国积弱求强的历程上，留下了浓墨重彩的一笔，展现了近代中国科学技术、新式教育、工业制造、海权建设、中西方文化交流等丰硕成果，孕育了诸多仁人志士及其先进思想，折射出中华民族爱国自强、开拓进取、勇于创新、重视科教的伟大精神，形成了独特的船政文化。

船政文化是船政历史人物在社会实践活动中创造的物化成就和政治精神文明成果。船政文化的精神实质有爱国自强、改革创新、科教人本和海权意识几方面，其核心就是强烈的爱国自强精神和强烈的海权意识。这种精神是在特定的历史时期形成的，它是以其丰富的内涵来体现的。它有别于其他时期、其他地区形成的文化。但它是中国传统文化和民族精神的深刻体现，是宝贵的精神财富。

船政文化已从专家学者的研究变成了社会的共识。过去是专家学者的研究内容，现在已经写入了国务院的正式文件。而且被列为海西建设的七大文化之一。船政文化已从历史的尘封中显露出来，而且越来越受到社会各界的重视，尤其是引起中央高层和海外及港、澳、台的重视，胡锦涛、黄菊、吴官正、李长春等先后视察了船政文化博物馆，曾荫权、连战、萧万长等港台政要也先后到船政文化博物馆参观。从2001年"福建船政遗址群"成为第五批全国文物保护单位，到2005年定名为"福州马尾船政文化遗址群"，被中宣部评为"第三批全国爱国主义教育示范基地"，都充分说明船政文化的品牌日益彰显，越来越深入人心。

福建船政是自强运动的产物，但其意义远远超过运动本身。福建船政吹响了向工业文明进军的号角，奏响了中国人觉醒图强的进行曲，翻开了中西文化交流碰撞的崭新一页，是维护海权的先行者，是民族自尊、爱国自强的典范。船政学堂以及由其引发的新式教育热潮，奠定了闽台乃至中国近代教育的基础。船政精英的呐喊，已成为那个时代的最强音。船政文化是船政历史人物创造的物化成就和政治精神文明成果。闪烁着船政精英思想的船政文化已成为时代的一面旗帜。它高标近代,也必将影响未来。

  为了研究的方便,有必要将有关资料汇编成集,尤其是《船政奏议汇编》(54卷,1888年起陆续刊刻本)、《船政奏议续编》(一卷,1910年活字本)、《船政奏议别编》(不分卷,1966年誊清稿本)是福建船政当事人形成的重要档案资料,是研究福建船政不可或缺的主要史料。国家图书馆出版社为满足研究机构和研究人员的需要,特将这三编蒐罗齐全,精选最完备的版本,汇为这部全编,以影印形式出版,可谓学界一盛事也,这必将为福建船政和船政文化的研究奠定更为扎实的基础。

船 政

——近代民族复兴的起航点*

鸦片战争后的中国社会，矛盾丛生，危机四伏。幅员广袤、资源丰富的古老中国成为列强觊觎侵夺的主要目标。列强们以坚船利炮敲开了清廷闭关自守的大门，迫使清廷签订了丧权辱国的不平等条约。一些经世致用的学者、有识之士开始抛弃夜郎自大的陈腐观点，关注世界，探索新知，关心时局，寻求强国御侮之道，探索中国独立、富强的途径。向西方学习开始形成思潮。

林则徐是近代中国"开眼看世界的第一人"。他在总结鸦片战争的教训时，认为"器不良""技不熟"是重要原因，"剿夷而不谋船炮水军，是自取败也"。"师夷长技以制敌"就是他提出的著名观点。把林则徐这一思想做进一步阐述和发挥的，是魏源。魏源在林则徐《四洲志》的基础上写成《海国图志》。该书开宗明义："为师夷长技以制夷而作。"

第二次鸦片战争的失败，使更多的中国人觉醒了。不同出身、不同地位的人，在学习西方先进科学技术和思想文化的共识下聚集起来，形成了一股强大的政治势力和一大批著书立说、大造舆论的知识分子。当时，太平天国运动已经趋于平息，第二次鸦片战争也告结束。洋务派利用国内外环境暂时和平这一有利时机，大规模引进西方先进的科学技术，兴办近代化军事工业，培养新型人才，建设新式海军、陆军，引发了一场长达三十年的洋务运动。

福建船政是洋务运动的非常之举，是三千年大变革的历史产物。虽有挫折，虽被尘封，但仍闪烁着历史的辉煌。

清同治五年五月十三日（1866年6月25日）左宗棠上奏清廷《试造

---

* 本文是笔者担任《船政志》主编时于2013年4月撰写的《船政志》综述稿。《船政志》定于2016年7月由商务印书馆出版发行。

轮船先陈大概情形折》。在折中他首先提出了"惟东南大利,在水而不在陆"的精辟观点,认为"中国自强之策,除修明政事、精练兵勇外,必应仿造轮船以夺彼族之所恃",要"尽洋技之奇,尽驾驶之法",在军事上有效地抵御外侮,在经济上"分洋商之利",决心实践"师夷制夷",创办船政。五年六月初三日(1866年7月14日),在不到20天的时间内,清廷形成上谕,作了批复。五年九月初六日(1866年10月14日),因新疆西捻军和回民起义,左宗棠调任陕甘总督。左宗棠接到谕旨后,一面令德克碑到沪约日意格及参与拟订合同的福建补用道胡光墉等同来定约,一面亲自物色大臣人选。这时候,沈葆桢正好在籍守制,在福州为母丧丁忧。沈的为人为政皆有很好的口碑。左宗棠也了解到沈葆桢"在官在籍,久负清望",和英桂、徐宗幹等商量,他们也认为沈是好人选,因此便把目标锁定在沈的身上,亲自三次造庐商请。虽然沈葆桢都婉言谢绝,左宗棠还是坚挺沈葆桢主持船政。五年九月廿三日(1866年10月31日)左宗棠上奏《派重臣总理船政折》,清廷随即下谕旨,授沈葆桢为总理船政大臣。

沈葆桢接事后,一方面让日意格、德克碑回国购买设备,并聘请洋师、洋匠。当时法国造船工业发达,长于制造,所以引进法国的先进技术和设备;英国长于航海,所以聘请英人教授驾驶,各取英法两国之长。另一方面在马尾中岐征购土地、建设工厂、船坞、学堂、宿舍等。左宗棠原订合同设工厂5所、学堂1所,用地200余亩。沈葆桢主政后,工厂增至13所,学堂增至6所,用地扩大到600亩。

办船政困难重重。船厂设在哪里,机器哪里买,洋匠如何请,巨额经费如何筹集,船成后谁来开、怎么养,都必须考虑。最让人担心的是"非常之举,谤议易兴",反对的人多,"始则忧其无成,继则议其多费,或更讥其失体,皆意中必有之事"。沈葆桢接手船政,深感阻力重重。首先是洋人的阻挠。英国驻华公使威妥玛、总税务司赫德先后向清政府提出《新议略论》和《局外旁观论》,"扬言制造耗费,购雇省事,冀以阻挠成议"。英国驻福州领事也妄图把马尾船政扼杀于襁褓之中。同治六年(1867年),福州税务司美理登百计钻营入局;总税务司赫德替他到北京总理衙门活动,要求准其会办。八年(1869年),法国驻福州领事巴世栋搬弄是非,造成船政正监督日意格与副监督德克碑不睦。总监工达士博荷仗势欺人,时时居奇挟制,被沈葆桢撤职。同年英国驻福州副领事贾禄,要侵占马尾船政厂界建筑教堂，遭沈葆桢据理驳斥。其次是国内顽固派的阻力。他们认为"雇买代造"即可，不必自己制造。他们提出一系列困难，认为"事败垂成，公私均害"。六年（1867年）秋，闽浙总督吴棠扬言："船政未必成，虽成亦何益？"并据匿名帖《竹枝词》立案调查。当时周开锡、叶文澜、李庆霖都被牵涉。沈葆桢挺身而出，抗疏力争。被吴棠调离船政的周开锡等人，终被清廷下谕留局差遣，而吴棠则于同年年底被调离。十年十二月十四日（1872年1月23日）内阁学士宋晋挑起事端，上奏《船政虚耗折》，沈葆桢力驳宋晋主张，提出不能因为弟子不如师而"废书不读"，认为"勇猛精进则为远谋，因循苟且则为虚耗"，坚持"船政万难停止"。

船政筹建工程于同治五年十一月十七日（1866年12月23日）破土动工，进展颇快，到十三年（1874年）终于建成了一所以造船为中心的大型机器工厂，规模宏大，机器设备也很齐全。船政生产以蒸汽机为动力的轮船。轮船的动力推进系统，技术定位为螺旋桨艉部推动，又称暗轮，性能优于之前金陵（南京）、上海所试造的两艘明轮，标志着我国真正意义的轮船制作在这里起步。船政所造第一艘轮船"万年清"号，排水量达1370吨，是中国制造的第一艘千吨级轮船。光绪元年（1875年）由船政学堂毕业生自行设计并开工建造一艘250吨级炮舰"艺新"号，一年后制造成功，标志着船政进入自主造船新阶段。19世纪70年代，欧美各国已盛行制造铁胁船。光绪元年（1875年）船政开始实施铁胁船的建造，促成船政从木壳船向铁木合构船过渡的产品升级换代。八年（1882年）年底，船政造出排水量达2200吨、马力2400、时速15海里的铁胁快舰"开济"号，这代表了船政铁胁船制造的技术水平。钢质舰的制造工艺代表着当时世界上造船技术的新水平。船政不甘落后，于十五年（1889年）建造了第一艘钢质军舰，排水量2100吨，取名"平远"号，编入北洋海军舰队服役。"平远"号的建造，代表了晚清时期我国造船技术的最高水平。

沈葆桢认为"船政根本在学堂"。船政开创之初，就引进西方教育模式，办起了船政学堂。起初，称为求是堂艺局。同治五年（1866年）12月，船政工程动工兴建，同时对外招生105名。1867年1月正式开学。校址暂设在福州城内定光寺（又称白塔寺）、仙塔街和城外亚伯尔顺洋房。同年6月，求是堂艺局迁至马尾新校舍，分前后两学堂。12月设立绘事院（又称绘图学堂）。七年（1868年）2月创办管轮学堂（后并入后学堂）

和艺圃（又称艺徒学堂，后分为艺徒学堂和匠首学堂）。光绪二年（1876年）3月增设电报学堂。至此，船政共有八所学堂，即前学堂（制造学堂）、后学堂（驾驶学堂）、练船学堂、管轮学堂、绘画学堂（即绘事院）、艺徒学堂、匠首学堂、电报学堂。因都是船政衙门办的，所以习惯上统称为船政学堂。

　　船政学堂引进的是西方教育模式。前学堂学制造，采用法国军港士官学校的科目训练，修法语，设轮船制造、轮机设计两个专业；后学堂学驾驶，采用英国海军的培养方法训练，修英语，设驾驶、管轮两个专业。各专业学制初定为5年，后有的延长到一百个月，所以有"八年四"之称。各个专业都有比较完整的工程教学课程体系，都设有堂课（理论课）、舰课或厂课。堂课有内、外课之分。内课包括公共课、专业基础课和专业课。公共必修课程有外语（法文或英文）、算术、平面几何等，而《圣谕广训》《孝经》与策论等列为必修课。专业基础课程和专业课程，有的相通，有的则完全不同。这种课程体系打破了封建教育的传统模式，开创了近代教育的先河，是一所按技术分设专业的近代高等学堂。船政学堂实行教学、训导、行政分开的管理体制。教学工作由聘请来的洋监督全权负责。训导则由中国员绅负责。学堂实行的是供给制和军事化管理。"饮食及患病医药之费，均由局中给发"，"饮食既由艺局供给，月给银四两"。学生管理由稽查、管理委员负责，学堂"派明干正绅，常川住局，稽察师徒勤惰"。常川住局，即长期住校，对学生实行昼夜严格管理和思想教育，以规范学生言行。行政由船政提调负责。财务统一办理，统一核算。船政的办学体制是厂校一体，统筹兼顾。它既不是厂办学校，也不是校办工厂，更不是厂校联合或合作。监督既管学堂，又管工厂；教习既是教师，又是工程师；学生要"手脑并用、技艺斯通"，既学习理论，又参加劳动，并承担生产任务。各学堂各个专业都根据各自的特点安排大量的实习。

　　船政学堂建立了与工业化和海军建设相适应的教育模式和留学制度，成为各地纷纷效仿的样板，成为科技和海军人才的摇篮，被李鸿章誉为"开山之祖"。它培养了一批精英，形成了具有爱国思想、能奋斗自强、眼光敏锐、思维方式开放、容易接受新生事物的一代新型知识分子群。他们走在时代的前列，成为有突出贡献的思想家、外交家、教育家、科技专家和学者。典型的代表有：启蒙思想家严复，"铁路之父"詹天佑，外交家陈季同、罗丰禄，造船专家魏瀚、郑清濂，矿务专家林应升、林日章，轮机专家陈兆翱、杨廉臣，天文学家高鲁，等等。清史稿记载"船政学堂成就之人才，实为中国海军人才之嚆矢"。

同治九年（1870年），福建船政第三艘兵轮"福星"号下水后，清廷批准沈葆桢的奏请，成立轮船水师，随后将建造的舰船调往各港口执行海防任务。十三年（1874年）2月，日本政府以"牡丹社事件"为借口，派兵侵台。清政府派船政大臣沈葆桢以钦差大臣身份去台湾办理台务。同年6月17日，沈葆桢率领自己的舰队赴台，一边备战，一边展开外交攻势，终于挫败了日本侵略的图谋。随后，沈葆桢实施了一系列治台政策和改革措施，促使台湾开禁，实行开山抚番、开矿招垦、建祠办学、巡抚分巡等政策措施，为台湾的近代化奠定了基础。李鸿章在给他的信中说道："我公在彼开此风气，善后始基，其功更逾于扫荡倭奴十万矣。"连横先生高度评价沈葆桢的巡台治台，说"析疆增吏，开山抚番，以立富强之基，沈葆桢缔造之功，顾不伟欤"。在甲申马江海战、甲午黄海海战中，船政的学生正气凛然，奋勇杀敌，视死如归，爱国自强精神得到了充分体现和升华。孙中山先生赞誉船政"足为海军根基"。

船政在短时间内取得了举世瞩目的成效。"万年清"号到天津和东南亚，"扬武"号到日本时都引起了轰动，羡艳赞美之声不绝。欧美各国来华游历者，无不绕道到马尾，以参观船政为幸事。继沈葆桢之后，总理船政者则有丁日昌、吴赞诚、黎兆棠、张梦元、何如璋、张佩纶，裴荫森等。中法马江海战，法国远东舰队突袭停泊在马尾港的福建水师舰船。在港水师官兵虽然奋勇抗敌，最终还是在短时间内几乎全军覆没，死亡近千人，写下了中国近代海军史上最为惨烈的一页。但马江海战也有它积极的一面，一是海战的结果，法军并没有实现法国政府让"法将据守福州为质"的侵略计划，就是毁坏船政，"欲图占据"的图谋也没有得逞，一周后就退出闽江口外。二是中法战争与前两次鸦片战争比较，改变了以往侵略者的疯狂气焰。马江海战后，法军被阻于浙江石浦，无力北上，这种重大变化，也反映了船政对建立近代海军以御外侮的历史作用。海战中，法国军舰还乘机炮击了马尾船政船厂和两岸炮台。船政虽经此重创，仍奋发图强、重整旗鼓，于光绪十五年（1889年）建造了第一艘钢质军舰"平远"号。十六年裴光禄卸任后，不派专员，由本省疆吏兼管，"经费愈绌，致无进步"。其间，有招商承办之议，又恐列强居心叵测，遂自为整顿，然回天无力。

辛亥革命后，船政的体制发生了变化。民国元年（1912）1月，船政衙门划归"中华民国军政府闽都督府"节制，改称为福州船政局。民国2年（1913）10月，船政局又收归中央海军部管理。民国15年（1926年）5月，福州船政局改称马尾海军造船所。

飞机和潜艇在第一次世界大战中已充分显示其威力，因此，国内许多有识之士积极倡导培养制造飞机和潜艇方面的人才。当时陈绍宽被派去欧洲参战。他看到欧美各国正在大力建造飞机、潜艇，回国后积极倡议制造飞机、潜艇。宣统元年（1909）清海军大臣戴洵、萨镇冰赴欧洲考察时，随带23名留学生分别学习制造船炮。到民国4年（1915）当时海军部特召部分留英学生转赴美国麻省理工学院学习航空工程，民国6年（1917）这批学生陆续归国，于是在马尾的船政局附设飞机工程机构，开始设计制造飞机。民国7年（1918）1月，成立了飞机制造工程处，由巴玉藻（曾任美国通用公司第一任总工程师）任主任，王孝丰、王助（曾任美国波音公司第一任总工程师）、曾贻经为副主任。

在简陋的条件下，船政克服重重困难，于民国8年（1919）8月造出了取名"甲型一号"的双桴双翼水上飞机，这就是我国国产的第一架飞机。该机总重量1055千克，100马力，最大时速120千米，配有双座双操纵系统，供飞行教练用。民国9年（1920）5月制成"甲型二号"飞机，试飞正常。民国10年（1921）2月"甲型三号"飞机竣工。民国11年（1922）开始生产乙型水上飞机。民国13年（1924）生产丙型飞机。同年，工程处造出"海鹰"一号海岸巡逻飞机，为鱼雷轰炸机。后又造出同型机两架，最大时速在180公里，最大飞行高度3800米，海面爬高率每分钟161米，装有机枪、火炮各一门，携带炸弹8枚。巴玉藻病逝后，根据他生前设计的图纸，制造出新型飞机"江鸿"号。该机总重量1168千克，功率121千瓦，航速每小时90英里（144.8千米），最大航速109英里（174.4千米），曾由马尾起飞至湖北汉口，在长途飞行中经受住了考验，显示了较高的航空技术水平。

民国19年（1930），蒋介石下令，马尾的飞机制造工程处搬迁往上海，并入江南造船所。至此，马尾共造飞机17架。抗战爆发后，飞机厂几番搬迁至四川成都，归并到以宋美龄为主任、陈纳德为顾问的航空委员会，改组为"第八修理厂"。马尾成功地首制国产飞机，还培育出一大批技术人员和飞行员，成为我国飞机制造业的先驱。

辛亥革命后，船政办学体制发生了变化。民国2年（1913）10月，船政前后学堂划归中央海军部管理，前学堂更名为福州海军制造学校；后学堂更名为福州海军学校。艺圃改为福州海军艺术学校，仍归福州船政局建制。绘事院改为福州船政局图算所（1916年因经费支绌而停办），仍归福州船政局建制。民国6年（1917）12月，经国务会议通过批准福州船政局设立福州海军飞潜学校，设飞机制造、潜艇制造、轮机制造三个专业，随后又开办航空班，培养海军飞行员。这就是中国最早的培养飞机、潜艇制造技术人员和飞行员、潜艇驾驶人才的高等学校。民国13年（1924）1月，福州海军飞潜学校、福州海军制造学校两校合并。民国15年（1926）又与福州海军学校合并，改称为马尾海军学校。民国19年（1930）1月20日，海军部公布《海军学校规则》，将校名定为"海军学校"，去掉"马尾"二字。民国26年（1937）9月，因日军轰炸，海军学校迁往鼓山涌泉寺上课。民国27年6月，又迁往湖南湘潭。10月海军学校自湘潭移迁贵州桐梓（史称桐梓海校）。民国34年（1945）5月19日上午，日军撤离马尾前，埋炸药炸毁海军学校、勤工学校等单位。民国35年1月，海军学校自贵州桐梓迁往重庆山洞海军总部旧址待命。12月海军学校奉令与在上海刚创办不久的中央海军军官学校合并，迁往青岛。1949年南迁厦门，后迁台湾左营。现在左营的"海军军官学校"，校史仍以马尾海校为宗。

民国24年（1935）5月海军艺术学校停办，在原址筹办"福建省马江私立勤工初级机械科职业学校"（简称勤工学校）。民国27年（1938），改称为"福建省马江私立勤工工业职业学校"。民国33年（1944）2月，勤工学校受福建省教育厅委托办"福建省立林森高级商船职业学校"（简称商船学校）。民国35年（1946）8月，勤工、商校两校合并，改称"福建省立高级航空机械商船职业学校"（简称高航学校）。1951年10月，福建省文教厅根据全国院校调整方案决定"高航学校"停办。

福建船政在中国近代海军史、工业史、教育史、思想文化史等方面都留下深深的印迹。其历史地位是不可磨灭或替代的。

（1）船政是中国近代海军的发祥地。左宗棠的初衷之一，就是要整顿水师。船政造船，主要造的是军舰，武装海军；同时制炮，生产鱼雷，也是为了武装海军。船政培养的人才，主要是造船和驾驶人才，也都是为造舰和海军服务。因此，船政被誉为"中国海防设军之始，亦即海军铸才之基"。其影响是十分深远的，它培养了许许多多的海军军官和军事技术人才，据不完全统计达1100多名，占中国近代海军同类人员的60%，晚清和民国时期的多数海军高级将领，如叶祖珪、萨镇冰、蓝建枢、刘冠雄、李鼎新、程璧光、黄钟瑛等，都是船政的毕业生。还有中法马江海战英烈吕翰、许寿山，中日甲午海战英烈邓世昌、林永升等一大批铸造出爱国魂的杰出英才。

（2）船政是中国近代最大的船舶工业中心。船政是当时在中国乃至远东规模最大、设备最为齐全、影响最为深远的船舶工业基地，从1868年开始制造"万年清"号，到1907年止，共造船44艘，总吨位57550吨，占全国总产量的82%。造船技术也不断更新，从木壳船到铁胁船，再到铁甲船。造船工业是当时科技水平的综合体现，它的建造带动了上下游工业的发展，也造就了一大批科技人员和产业工人。正因为有了船政这个工业基地，才有了日后破天荒地采用国产材料成功地制成了我国第一架水上飞机，从而开创了中国人自己的飞机制造工业新纪元。

（3）船政是中国近代第一所高等院校。船政引进先进的教育模式，采用法国体制，把船舶工程学校与海军学校合二为一，办成一所按技术分设专业的近代高等院校。前学堂学制造，采用法国军港士官学校的科目训练；后学堂学驾驶，采用英国海军的培养方法训练。而且结合中国实际，坚持"权操诸我"的原则，形成特色鲜明的中国化办学模式，如厂校一体、工学结合；严格管理、精益求精；引进人才、契约合作；留学深造、因材施教等。实践证明，这种办学模式是成功的。短时间内就取得了明显成效，成为各地纷纷效仿的样板。被李鸿章誉为"开山之祖"。晚清40多年，船政学堂共毕业学生510名（连同民国初期毕业的共629名），选送出国留学生四批及零星派出共111人，他们分赴法、英、德、美、比、西、日等国，学习的专业主要有造船、航海、飞机、潜艇、枪炮、鱼雷、矿冶、机械、无线电、天文等。这些留学生学成回国，成为我国科技力量的主要骨干，而且影响深远。至今，福建的科技人才仍然是一道亮丽的景观,仅中科院院士就达40多名。

(4)船政是近代中西文化交流的一面旗帜。船政学堂通过学生留学,在中西文化交流上做出了杰出的贡献:一是引进了西方的应用技术,也就是所谓"西艺",高起点嫁接,迅速地提高了造船、航海、飞机、潜艇、枪炮、鱼雷、矿冶、机械、无线电、天文等科技和工艺水平。二是引进西方的政治、经济、法律思想,突破了"中学西用"的框框,引进了触动"中学"的"西政"观念。在传播西学方面,留法归来的王寿昌帮助林纾翻译法国小仲马《茶花女遗事》,震撼中国文坛。陈寿彭翻译《格致正轨》、罗丰禄翻译《海外名贤事略》《贝斯福游华笔记》等都有一定影响。马建忠,在欧洲从事外交工作多年,精通英文、法文、希腊文、拉丁文,得以根据外文文法,研究古汉语文法著有《马氏文通》,开拓了近代汉语文法研究领域。将中国文化介绍到国外去,陈季同是杰出的一位。他在法、德等国使馆工作多年,熟悉欧洲社会与文化生活,时常出入巴黎上流社会文艺沙龙,写了许多介绍中国现状和中国文学的法文作品,如《中国人自画像》《中国戏剧》《中国人的快乐》《黄衫客传奇》《中国人笔下的巴黎》《中国故事集》《吾国》等,还用法文写了一本以中国问题为题材的喜剧《英雄的爱》,在法国文坛上享有盛名,成为近代中学西传的第一人。

福建船政展现了近代中国科学技术、新式教育、工业制造、海权建设、中西方文化交流等丰硕成果,孕育了诸多仁人志士及其先进思想,折射出中华民族爱国自强、开拓进取、勇于创新、重视科教、重视海权的伟大精神,形成了独特的船政文化。

文化概念较为宽泛,一般认为是与造化相对。造化即自然,文化即人化、社会化,是被改造的自然。人化的自然是第二自然,包括物质、精神、政治层面的内容。这三者相辅相成、辩证统一。物质层面的文化是基础,政治层面的文化是统帅,精神层面的文化是灵魂,核心是世界观、人生观、价值观、审美观。船政文化包括以下内容:(1)物质层面的成果,如船政的各项成就、船政遗迹、有关文物等;(2)政治层面的成果,如船政组织体系、运行机制、管理模式、教育模式及其成效等;(3)精神层面的成果,如船政组织者、参与者的思想观念、道德风范、宗教信仰、学术成果和社会影响等。因此可以这样来界定,船政文化是船政历史人物在社会实践活动中创造的物化成就和政治精神文明成果。

船政在近代中国积弱求强的历程上，留下了浓墨重彩的一笔，形成了独特的船政文化。有着勇猛精进的进取精神、自强不息的民族性格和舍身成仁的民族气节，有着权操诸我的爱国情怀和海纳百川的宽广胸襟，有着开风气之先、窥其精奥的求索精神和讲求实效的务实品格，有着整肃自律的严谨作风和勤奋刻苦的治学态度。其精神实质有爱国自强、改革创新、重视科教和海权意识等方面，核心就是强烈的爱国自强精神和强烈的海权意识。这种精神是在特定的历史时期形成的，它是以其丰富的内涵来体现的。它有别于其他时期、其他地区形成的文化。它是中国传统文化和民族精神的深刻体现，是宝贵的精神财富。

在福建诞生船政文化，有其独特的地理条件和深刻的历史根源，其源流十分久远。

据《山海经·海内南经》记载："闽在海中。"闽人很早就与海洋打交道。东冶港是福建最早有文字记载的港口。《后汉书·朱冯虞郑周列传》记："旧交趾七郡，贡献转运，皆从东冶泛海而至。"东冶，即今福州在汉时的称谓。汉时，东冶港就有通航东南亚的记载。东吴景帝时，设立典船都尉，促进造船与航海事业的发展。唐大和年间（827～835）专门设置市舶机构。五代时，王审知治闽，对福州城内河和闽江通海航道进行修浚，在闽江口开辟甘棠航道，"招徕海中蛮夷商贾"，出现了闽江沿岸"帆樯云集，画鹢争驶"的繁荣景象。宋元时期，泉州港后来居上。明成化十年（1474），"福建市舶司"从泉州移到福州，福州港又一度活跃起来，并成为中国政府与琉球往来的主要港口。

明代，永乐三年（1405）至宣德八年（1433），郑和受朝廷派遣，率领规模巨大的船队七次出海远航。郑和船队最远到达非洲东海岸，同南洋、印度洋的30多个国家和地区。船队中途停靠太平港，即今福州港。但在其余几百年间，由于海禁和倭乱，严重阻碍福州港的正常航运和贸易。福州港只能侧重内贸，利用闽江交通便利的条件作为沙溪、富屯溪、金溪、建溪、剑溪入闽江至榕城的集中地、转运港。清康熙二十三年（1684）开海禁后，福州港再度兴起。清政府在厦门和福州设立闽海关，以厦门港为通洋正口，福州港则主要与琉球国通商。

泉州因一直处于偏离政治中心的边陲，面对宽阔的海洋，先人"以船为车,以楫为马,往若飘风,去则难从"。南朝梁、陈时,印度僧人拘那陀罗曾来泉州译经,曾三次欲渡海南返,特地泛小舶来到梁安郡(今泉州)更换大船启航。唐初武德年间,伊斯兰教徒"三贤"、"四贤"来泉州传教,卒葬于泉州。至唐中叶,前来泉州经商贸易的蕃客增多,朝廷还下令有关节度使、观察使减轻苛税。唐诗描写泉州,曾有"市井十洲人"的诗句。北宋后期,中原契丹战乱,政治经济中心南移,泉州港的海外贸易渐盛。宋元祐三年(1088年),在泉州设置市舶司,促进海外贸易的发展。当时,泉州商人已差不多垄断了对高丽的贸易。后宋室南迁杭州,泉州港进一步繁荣起来。当时由泉州港发出的船舶往来于58个国家和地区,成为宋代我国交通范围最大、贸易往来国家最多的第一大港。元代是泉州港鼎盛的时代,有"梯航万国"的世界东方大港之称,进出的海舶往返于107个国家和地区。马可·波罗称其为世界最大港。大约从13世纪开始,中国的官方文献已习惯于以泉州为基点,来计算同外国的距离、日数和方位。13世纪和14世纪在泉州写成的两本重要文献《诸蕃志》和《岛夷志略》中,详细记录了以泉州为起点一直到遥远的北非地中海岸,由近百个国家和地区所构成的海上贸易网络。

从东冶古港到"海上丝路",可以看到正因为有福建海洋文化的繁荣,有东冶、刺桐等古港的兴盛,才有近代船政文化的振兴。

中国古代文明重心虽然在西北,但东南部沿海地区造船业极为发达。自古有"南船北马"之称。春秋时期的吴、越两国江河密布,舟楫为马,造船业盛行。为适应江河航行,中国古船多为平底江船型,方型平底是其主要特征。而福建地区面向海洋,海域环境好,木材资源丰富,为适应海上航行,创造出航海性能好的尖底福船。1973年,泉州湾后渚港出土的沉船,就是尖底海船。1982年,泉州出土的南宋古船,也是一艘底部装有松木龙骨的尖底船。明代,戚继光抗倭,所监造的船舰,舰上可挂5张帆,首尾装配大中炮24门,载兵丁250余名,运货11万千克,连续航行两三千里。这种福船型的船舰,高大如楼,出征时令敌望而生畏。

自南宋进入远洋航海贸易期间以后,直至郑和下西洋时期(1405~1433),福建的尖底福船成为主要海运工具。明清两代,中国册封琉球和琉球进贡中国也都使用福船。明代中叶,在福州建造性能优良的册封舟,建造周期需两年,由福州五虎门出洋到琉球那霸港行程需一个月。到了清代,册封舟变小,建造周期缩短,海中行程仅需一周。册封舟的船型和帆装已日趋成熟,说明福州的造船技术也在不断进步。明代担任过琉球册封副使的谢杰对闽人的造船技术曾经这样评价:"船匠有二:漳匠善制造,凡船之坚致赖之;福匠善守成,凡船之格式赖之。"

船政选择在福建,因历史上造船业的发达而成为必然。选择在马尾当然还有材料、经费、管理等原因。但已为我们勾勒出一幅源远流长的图画。船政造船经历了船体构造由船舶木壳结构、铁木合构、铁甲、穿甲到钢壳结构,造舶工艺由铁钉舱缝到铆钉连接的过渡和进化的全过程,从而使船政成为近代中国造船中心,中国古代造船与近代造船技术借此找到了机缘与连接点。

明清海禁,严重抑制了海洋经济活动。人们不得不在犯禁的情况下,寻求突破。而首先敢于犯禁的是地方豪强,他们见海上贸易有厚利可图,铤而走险。漳州泉州地区因官府管辖薄弱,成为海上走私胜地。当时"寇盗充斥,龙邑鞭长不相及"。明代中后期,福建沿海的海商改变了以往被动消极的态度,冲破政府的禁令,积极地参与海上贸易活动。其中尤以漳州、泉州二府的居民最为活跃。位于漳州城东南五十里的月港,也逐渐从明初甚为荒凉的小洲发展到成弘年间走私海商聚集的重要港口。

明末的厦门港本是月港的附属港口。明廷开放海禁后始兴。据估计,16世纪后30年,每年从厦门开往马尼拉的商船有40～50艘,丝绸和瓷器是厦门输出海外的主要商品,当时厦门被称为"中国粗瓷最大的出口中心之一"。

明代后期,东南沿海私人海上贸易活动逐渐形成了若干个实力雄厚的海商武装集团。其中比较著名的有李旦集团、颜思齐集团、郑芝龙集团、刘香集团,以及杨六、杨七、钟斌等集团。天启年间,郑芝龙首先接纳兼并了李旦、颜思齐两大海商集团,声势立时大振。崇祯元年(1628),他又看准时机,接受了明朝政府的招抚,摇身一变,成为明王朝的一员战将。在明朝政府的庇护和支持下,他借朝廷的力量,竭力扩大自己的势力范围。从而成为雄踞海上、富可敌国的海商集团。入清以后,东南沿海的海外贸易大权,仍然一度掌握在郑氏家族的手中。郑芝龙虽然投降了清朝,但是他的儿子郑成功及其后的郑经等人,率领郑氏集团的主要力量,凭借着雄厚的海上实力,与清朝军队在东南沿海一代周旋了三四十年之久。

台湾海峡长期来成为中国的国际航运中心绝非偶然。该地区面向东海，深水港多，港湾受潮汐影响大，海道输沙量小，水土流失少，地理位置适中，属南亚热带为主的海洋性气候，春夏吹东南风，秋冬刮东北风。这在帆船航行的时代，有规律的季风，有利于往返作业。春夏北上东北亚，秋季返航乃至远航东南亚，春季又返航，全年忙碌。所以海峡的地位十分重要，自古就被视为航海的门户。船政在此诞生，有其深远的渊源。

大力弘扬船政文化，培育强烈的爱国自强精神和强烈的海权意识，对推进改革开放和海洋建设，加快全面建设小康社会，促进社会全面进步和中华民族的伟大复兴，有着不可估量的现实和深远意义。

船政文化是中华传统优秀文化的重要组成部分，是中国近代史上值得大书特书的重要篇章，也是福建历史和福建文化不可或缺的光辉一页。

第一，近代化意义。

社会学家认为，在人类历史长河中，有着三次伟大的革命性转变。第一次是人类的出现。第二次是人类从原始状态进入文明社会。第三次是从农业文明、游牧文明逐渐过渡到工业文明。社会学者、历史学者一般把人类历史上的第三次大转变理解为近代化。近代化是一场社会变革，是向近代文明的进化。它以科技为动力，以工业化为中心，以机器生产为标志，并引起经济结构、政治制度、生活方式、思想观念的全方位变化。

中国的近代化进程缓慢，从19世纪60年代才开始启动。一般认为洋务运动是标志性的起点。洋务运动力图通过采用西方先进的生产技术，摆脱内忧外患困境，达到自强求富的目的。洋务运动正是以科技为动力，发展机器大生产，从而促使经济、政治、思想的变化，促进社会的大变革。在这场运动中，福建船政表现突出，成就显著，影响广泛深远。从工业化的角度看，船舶工业是机械工业的集大成者，是机械生产水平的综合反映，也是当时近代工业文明的重要标志。

船政拉开了中国人放眼看世界的序幕，吹响了中国从传统农业文明向工业文明进军的号角。一百多年来，社会变革和工业化进程几经波折，现已进入了快步发展和与信息化同步发展的阶段。认真总结历史经验教训，对加快工业化进程有着重要的现实意义。它大胆引进先进技术和管理经验，是最早进行改革开放、先行先试的实验区。它采取先引进，高位嫁接；后消化，研究创新；再留学跟踪，穷追不舍的做法，无疑是值得借鉴的。

回顾历史，我们会发现，当年的船政事业和现在的海西建设是一脉相承的。海西建设是船政事业在新时期的继续与发展，海西近代化建设的起点可以追溯到船政。船政文化所凝结的爱国自强、开拓进取的民族精神、重视科教和海权的时代精神和融通中西、求真务实的探索精神都是海西建设所必需的。加快海西建设必须大力弘扬船政文化。

第二，海权意义。

船政重视海防建设，建立军事基地，培养自己强大的海军，对海岸线长、海洋面积大、岛屿多、轮船这种流动国土大量航行于世界各地的大国来说，始终是不可忽视的要务，在军国主义抬头、霸权主义横行和恐怖主义向全球蔓延的今天，尤为重要。它是近代中国迈向海权的先驱者，给后人留下许多重要启示。

（1）提高海权意识，东南之利在于水

历代封建统治者历来推崇儒家学说，主张和为贵，总体上来说是以防为主。甲午战争前几年，美国海军学院院长马汉发表了海权理论，震动了世界。马汉的海权理论，是将控制海洋提高到国家兴衰的高度。海权的实质就是，国家通过运用优势的海上力量与正确的斗争艺术，实现在全局上对海洋上的控制权力。在这之前，当时的国人还没有认识到这样的高度。但船政的创办已初露端倪。

清同治五年（1866年）6月，左宗棠提出"惟东南大利，在水而不在陆"的精辟观点。他认为各国都在大海争利，彼有所挟，我独无之。中国自强"必应仿造轮船以夺彼族之所恃"。夺其所恃就是在军事上有效地制衡外敌，在经济上"分洋商之利"。首任船政大臣沈葆桢一再强调"船政为海防第一关键"。船政造船制炮、整顿水师、培养海军人才都围绕着海权做文章。船政学堂培养的学生，海权意识更为强烈。严复就认为"海军者攻守之大器也"，"必有海权，乃安国势"；要"早建海权，国振远驭之良策"。

（2）加强门户建设，虎视眈眈不可忘

台湾为七省门户。七省及沿海各省有广东、福建、浙江、江南（江苏与江西）、山东、直隶、盛京等，台湾孤悬在外，为其门户，历来为兵家必争之地。日本更是虎视眈眈，觊觎已久，总想乘虚而入。因而，门户建设显得尤为重要。

同治十三年（1874年）2月，日本政府借口"牡丹社事件"侵台。清政府派船政大臣沈葆桢以钦差大臣身份率领自己的船政舰队赴台。迫使日本"不得大逞于台，遂罢兵归"。这是近代中国海军舰队第一次抗御外国侵略势力入侵台湾的军事行动，是中国近代海军保卫海疆、保卫台湾的壮举，也显示了船政实施海权的成就和功绩。

汉代，日本是"汉委倭奴国"，但不安分，后常侵朝、犯唐。明代，倭寇是日本海盗集团，14世纪至16世纪活动猖獗，后被平定。但日本犯唐之心不死，设立台湾都督府和牡丹社事件就是例证，更不要说以后的侵华。

沈葆桢深刻地认识到这一点。他认为"东洋终须一战"，临终遗嘱还念念不忘日本对台"虎视眈眈"，认为"铁甲船不可不办，倭人万不可轻视"。日本侵台刚结束，他就把善后工作当成创始性工作来抓，相继提出并实施了一系列治台政策和改革措施，为台湾的近代化奠定了基础。

（3）落实科技战略，念念不忘铁甲船

实施制海权，除了提高海权意识、加强门户建设之外，重要的是制海实力。落后只能挨打，只有落实科技战略，发展高科技，武装海上实力，才能立于不败之地。

林则徐在总结鸦片战争的教训时，认为"器不良""技不熟"是重要原因，认为"剿夷而不谋船炮水军，是自取败也"。左宗棠、沈葆桢是把师夷制夷付诸实践，瞄准当时的高科技，取人之长补己之短，建立了中国最大的，也是远东最大的船舶工业基地；建立了中国最早的兵工厂；建立了中国第一支海军舰队。船政引进先进的技术和管理，进行消化吸收，使科技水平在当时处于领先地位。

沈葆桢始终认为铁甲船不可无。后任船政大臣裴荫森落实这一精神，造出了铁甲舰"平远"号，遂了沈葆桢生前建造铁甲之愿。建造铁甲舰和增加巡洋舰船，用它在海上与敌交锋，克服"不争大洋冲突"的消极防御思想，采取积极的高科技战略，海权意识得到了进一步提升。

第三，培养人才与教育的意义。

创办船政，沈葆桢将把办学培养人才作为根本，一再强调"船政根本在于学堂"。同治五年（1866年）12月23日船政工程全面动工，求是堂艺局即船政学堂就同时开学招生。它引进先进的教育模式，坚持"权操诸我"的原则，形成特色鲜明的中国化办学模式，成为各地纷纷效仿的样板，被李鸿章誉为"开山之祖"。它建立了与工业化和海军建设相适应的教育模式，培养了大量人才，成为中国近代科技和海军队伍的摇篮。

沈葆桢认为洋人来华教习未必是"上上之技"，"以中国已成之技求外国益精之学"必然事半功倍。他认为"窥其精微之奥，宜置之庄岳之间"。"庄岳之间"即齐国。这是孟子的话，意思是要学好齐国话，就要到齐国去。正是这种指导思想，船政学堂建立了留学制度。留学使出国青年开阔了眼界，增长了知识，改变了思维，学到了西学西政，也促使他们去追求真理，探寻救国良方。清史稿记述"船政学堂成就之人才，实为中国海军人才之嚆矢"。

船政当年一手抓制造，一手抓人才。沈葆桢说船政"创始之意，不重在造，而重在学"，"船政根本在于学堂"。这种高度重视教育的思想，以及工学紧密结合、科技与人文结合、求实求精、针对性强等特色至今仍然有十分重要的现实意义。

第四，思想文化意义

船政的一个重大收获是思想文化收获。杰出的代表是诞生了启蒙思想家严复。他是会通中西的集大成者。他透视西学，提出了西方国家"以自由为体，民主为用"的精辟论断；抨击时局，破天荒地揭露专制君主是窃国大盗；传播西方进化论、社会学理论、经济学理论等，发出"物竞天择"和"不变法则必亡"的呐喊；认为"西人之强，不在坚船利炮，而在于宪政与民权"，提出"开民智"、"鼓民力"、"新民德"强国富民的救国主张，推动了中国近代社会向科学与民主方向发展。学术界认为他"比较全面、比较深刻、比较透彻、比较准确地回答了要建设一个什么样的现代国家和怎样建设现代国家的问题"。受严复的影响，梁启超写了《新民论》，认为新民是中国第一要务。智与力成就甚易，唯德最难。鲁迅先生弃医从文，也是看到医治灵魂比医治身体更重要。近代化有两个层面，物质层面的近代化较容易，政治精神层面的较难，而人的现代化最难。改革开放以来，经济发展迅猛，我国一花独秀，物质层面的现代化成效喜人，而政治层面尤其是人的现代化还任重道远。

第五，文化品牌意义

船政文化积淀深厚，是一笔巨大的无形资产。打响船政品牌，有利于提高福州地区的知名度和文化品味。福州历史悠久，人文品味很高，船政旅游资源丰富，开发旅游产业的前景十分广阔。在马尾建立中国船政文化城，在闽江沿岸建立历史长廊，用船政精英的名字命名福州和马尾的道路街区，设立中国船政文化节，加强中国船政文化博物馆建设，增强船政文化研究的软实力，等等，都是提升船政品牌的重要内容。船政文化体现的伟大精神，是难得的精神财富。大力弘扬船政文化，有利于培育这种伟大精神，激励后人爱国自强、重视科教、重视海权、求真务实、开拓创新。

船政虽然是洋务运动的产物，但其意义远远超过运动本身。它高标近代，也必将影响未来。

船政文化的源流与影响[*]

在福州马尾创办的船政有一段辉煌的历史，近几年来越来越受到人们的关注。"船政文化"是近几年来后出现频率很高的新名词。专家学者对此十分关注。特别是福州市和马尾区把它作为区域文化的重要内容，大力宣传和组织研讨，并开展了船政文化年活动后，人们对船政文化有了进一步的了解和新的认识。开发利用船政文化还被列为全国政协提案，引起中央有关部门和领导的重视。2009年5月，国务院下达了关于福建省加快建设海峡西岸经济区的若干意见，把船政文化列为特色明显、能展现海峡西岸风貌、在国内外具有影响力的文化品牌，要求重点保护和弘扬。在马尾设立船政文化博物馆、建设船政文化园区、复办船政学院等举措已经或正在逐步实施，船政文化已越来越成为社会关注的热点。

一 从东冶古港到"海上丝路"

我国海岸线长，港汊和岛屿多，上古时代华夏民族就与大海结下了不解之缘，是世界上最早走向海洋的民族之一。《诗经·商颂·长发》就有记载："相土烈烈，海外有截。"相土为契之孙，据一些学者考证，说的就是殷商人拓荒美洲之事。公元前485年，还发生吴、齐黄海大海战。可见，船政文化的源头十分深远。但就整个中国而言，当时中国文明的重心是在北方。唐代末年，文明重心开始向东南沿海转移。

据《山海经·海内南经》记载："闽在海中。"闽人很早就与海洋打交道。东冶港是福建最早有文字记载的港口。《后汉书·朱冯虞郑周列传》记："旧交趾七郡，贡献转运，皆从东冶泛海而至。"东冶，即今福州在汉

---

[*] 《八闽文化综览》第二十章原稿，定稿时有部分修改。该书由卢美松主编，福建人民出版社出版发行，2013年5月第一版。本文内容即原稿之"第三节船政文化的源流及影响"，本文集略去"第一节船政文化的由来"和"第二节船政文化的内涵"。

时的称谓。汉时,东冶港就有通航东南亚的记载。东吴景帝时,设立典船都尉,促进造船与航海事业的发展。唐大和年间(827～835年)专门设置市舶机构。五代时,王审知治闽,对福州城内河和闽江通海航道进行修浚,在闽江口开辟甘棠航道,"招徕海中蛮夷商贾",出现了闽江沿岸"帆樯云集,画鹢争驶"的繁荣景象。宋元时期,泉州港后来居上。明成化十年(1474年),"福建市舶司"从泉州移到福州,福州港又一度活跃起来,并成为中国政府与琉球往来的主要港口。

明代,永乐三年(1405年)至宣德八年(1433年),郑和受朝廷派遣,率领规模巨大的船队七次出海远航。郑和船队最远到达非洲东海岸,同南洋、印度洋的30多个国家和地区。船队中途停靠太平港,给福州港带来勃勃生机。但在其余几百年间,由于海禁和倭乱,严重阻碍福州港的正常航运和贸易。福州港只能侧重内贸,利用闽江交通便利的条件作为沙溪、富屯溪、金溪、建溪、剑溪入闽江至榕城的集中地、转运港。清康熙二十三年(1684年)开海禁后,福州港再度兴起。清政府在厦门和福州设立闽海关,以厦门港为通洋正口,福州港则主要与琉球国通商。

泉州因一直处于偏离政治中心的边陲,面对宽阔的海洋,先人"以船为车,以楫为马,往若飘风,去则难从"[1]。南朝梁、陈时,印度僧人拘那陀罗来泉州译经,曾三次欲渡海南返,特地泛小舶来到梁安郡(今泉州)更换大船启航。唐初武德年间,伊斯兰教教徒"三贤"、"四贤"来泉州传教,卒葬与泉州。至唐中叶,前来泉州经商贸易的蕃客增多,朝廷还下令有关节度使、观察使减轻苛税。唐诗描写泉州,曾有"市井十洲人"[2]的诗句。北宋后期,中原契丹战乱,政治经济中心南移,泉州港的海外贸易渐盛。宋元祐三年(1088年),在泉州设置市舶司,促进海外贸易的发展。当时,泉州商人已差不多垄断了对高丽的贸易。后宋室南迁杭州,泉州港进一步繁荣起来。当时由泉州港发出的船舶往来于58个国家和地区,成为宋代我国交通范围最大、贸易往来国家最多的第一大港。元代是泉州港鼎盛的时代,有"梯航万国"的世界东方大港之称,进出的海舶往返于107个国家和地区。马可·波罗曾称其为世界最大港。大约从13世纪开始,中

---

[1] 《越绝书》卷8,台湾商务印书馆景印文渊阁四库全书本,第463册,第104页。
[2] 包何:《送泉州李使君之任》,见《全唐诗》卷208。

国的官方文献已习惯以泉州为基点,来计算同外国的距离、日数和方位。13世纪和14世纪在泉州写成的两本重要文献《诸番志》和《岛夷志略》,详细记录了以泉州为起点一直到遥远的北非地中海岸,由近百个国家和地区所构成的海上贸易网络。

泉州,被确定为古代"海上丝绸之路"的重要起点。1991年,联合国教科文组织组织了"海上丝绸之路"的考察活动。春节期间,考察团的"和平方舟"来到泉州。船上30多个国家的50多位学者、专家、记者登岸进行了为期五天的综合考察研究,受到了泉州人民热烈而隆重的欢迎。

从东冶古港到"海上丝路",可以看到正因为有福建海洋文化的繁荣,有东冶、刺桐等古港的兴盛,才有近代船政文化的振兴。

二 造船中心与与海商集团

中国古代文明重心虽然在西北,但东南部沿海地区造船业极为发达,自古就有"南船北马"之称。春秋时期的吴、越两国江河密布,舟楫为马,造船业盛行。为适应江河航行,中国古船多为平底江船型,方型平底是其主要特征。而福建地区面向海洋,海域环境好,木材资源丰富,为适应海上航行,创造出航海性能好的尖底福船。1973年,泉州湾后渚港出土的沉船,就是尖底海船。改船残长24.2米、残宽7.15米,头尖尾方,船身扁阔,底有龙骨,由两段松木料接合而成,全长17.65米。连接龙骨的艏柱用樟木制成,长约4.5米。船板用柳杉制成,舷侧板为三重木板结构,总厚度为18厘米。船板相接处大多采用榫合的方法,缝隙塞以麻丝、竹茹和桐油灰,再以铁钉钉合。船体用12道隔板,隔成13个互不渗水的船舱,最深的舱达1.98米,最浅的为1.5米。船上还有为了竖立前桅杆和中桅杆的底座,以及尾部为设置船舵的洞孔。据测算,该船的排水量为370吨左右。1982年,泉州出土的南宋古船,也是一艘底部装有松木龙骨的尖底船。明代,戚继光抗倭,所监造的船舰,舰上可挂5张帆,首尾装配大中炮24门,载兵丁250余名,运货11万千克,连续航行两三千里。这种福船型的船舰,高大如楼,出征时令敌望而生畏。

自南宋进入远洋航海贸易期间以后,直至郑和下西洋时期(1405～1433年),福建的尖底福船成为主要海运工具。明清两代,中国册封琉球和琉球进贡中国也都使用福船。明代中叶，在福州建造性能优良的册封舟，建造周期需2年，由福州五虎门出洋到琉球那霸港行程需一个月。到了清代，册封舟变小，建造周期缩短，海中行程仅需一周。封舟的船型和帆装已日趋成熟，说明福州的造船技术也在不断进步。明代担任过琉球册封副使的谢杰对闽人的造船技术曾经这样评价："船匠有二：漳匠善制造，凡船之坚致赖之；福匠善守成，凡船之格式赖之。"

船政选择在福建，因历史上造船业的发达而成为必然。选择在马尾当然还有材料、经费、管理等原因。但已为我们勾勒出一幅源远流长的图画。船政造船经历了船体构造由船舶木壳结构、铁木合构、铁甲、穹甲到钢壳结构，造舶工艺由铁钉舱缝到铆钉连接的过渡和进化的全过程，从而使船政成为近代中国造船中心，中国古代造船与近代造船技术借此找到了机缘与连接点。

明清海禁，严重抑制了海洋经济活动。人们不得不在犯禁的情况下，寻求突破。而首先敢于犯禁的是地方豪强，他们见海上贸易有厚利可图，铤而走险。漳州泉州地区因官府管辖薄弱，成为海上走私胜地。当时"寇盗充斥，龙邑鞭长不相及"。明代中后期，福建沿海的海商改变了以往被动消极的态度，冲破政府的禁令，积极地参与海上贸易活动。其中尤以漳州、泉州二府的居民最为活跃。位于漳州城东南五十里的月港，继诏安梅岭港之后，也逐渐从明初甚为荒凉的小洲发展到成弘年间走私海商聚集的重要港口。

明末的厦门港本是月港的附属港口。明廷开放海禁后始兴，当时英国东印度公司的船长约翰·萨雷斯（John Saris）曾云："开往马尼拉的帆船成群地往厦门出发，有时是4艘、5艘、10艘或更多在一起航行，如像是事先约好似的。"据估计，16世纪后30年，每年从厦门开往马尼拉的商船有40~50艘，丝绸和瓷器是厦门输出海外的主要商品，当时厦门被称为"中国粗瓷最大的出口中心之一"。明末清初，郑氏抗清集团以厦门为基地，其对外贸易十分发达。

明代后期，东南沿海私人海上贸易活动逐渐形成了若干个实力雄厚的海商武装集团。其中比较著名的有李旦集团、颜思齐集团、郑芝龙集团、刘香集团，以及杨六、杨七、钟斌等集团。天启年间，郑芝龙首先接纳兼并了李旦、颜思齐两大海商集团，声势立时大振。崇祯元年（1628年），他又看准时机,接受了明朝政府的招抚,摇身一变,成为明王朝的一员战将。在明朝政府的庇护和支持下,他借朝廷的力量,竭力扩大自己的势力范围。从崇祯元年至八年(1628~1635年)这段时间里,他进攻海上异己,争夺控制东南海权,先后消灭了李魁奇、杨六、杨七、钟斌等海商集团,最后又消灭了实力最强的刘香集团。从此以后,郑芝龙家族雄踞海上,几乎独占南海之利,福建乃至东南沿海各省的海上贸易权均在郑芝龙集团的帏幄之中,所有海舶船只,没有得到郑氏的令旗,不得私下往来,每一船规定纳三千金,每年收入达千万,郑芝龙从此富可敌国。崇祯十四年至顺治三年(1641~1646年),郑氏集团的商船络绎不绝地川流于中国沿海、台湾、日本、吕宋、澳门以及东南亚各地。荷兰、葡萄牙、西班牙的商船都要在他的配合允许下,才能与中国的商船进行贸易。他的武装船队,旗帜鲜明,戈甲坚利,故八闽皆以郑氏为长城。入清以后,东南沿海的海外贸易大权,仍然一度掌握在郑氏家族的手中。郑芝龙虽然投降了清朝,但是他的儿子郑成功及其后的郑经等人,率领郑氏集团的主要力量,凭借着雄厚的海上实力,与清朝军队在东南沿海一代周旋了三四十年之久。

福建地区长期来成为中国的国际航运中心绝非偶然。该地区临东海,深水港多,港湾受潮汐影响大,海道输沙量小,水土流失少,地理位置适中,属南亚热带为主的海洋性气候,春夏吹东南风,秋冬刮东北风。这在帆船航行的时代,有规律的季风,有利于往返作业。春夏北上东北亚,秋季返航乃至远航东南亚,春季又返航,全年忙碌。所以海峡的地位十分重要,自古就被视为航海的门户。船政在此诞生,有其深远的渊源。

三 船政对闽台关系的影响

福建与台湾具有特殊的渊源关系,所谓地缘相近、血缘相亲、文缘相承、商缘相连、法缘相循。而船政与台湾的关系也非同一般。1866年船政创办,到1895年甲午海战后割让给日本共30年。30年中,船政始终担任着繁重的台防、通航和支持经济建设的任务。船政第二艘兵船"湄云"号1869年下水,1870年就首航台湾运粮食。随后,"琛航""永保"等船担任了闽台通航任务。轮船水师成立后,自制的舰船在澎湖台湾执行海防任务。船政还在探矿、地图测绘、电线架设、海底电缆敷设、台湾电报学堂教学等方面做出了贡献。但最重要的是船政通过巡台治台，促进了台湾的近代化建设。1874年2月，日本政府以"牡丹社事件"为借口，公然侵台。清政府派船政大臣沈葆桢以钦差大臣身份去台湾办理台务。沈葆桢率领自己的舰队赴台，一手备战，一手外交，终于遏制了日本的侵略野心。日本被迫撤军后，沈葆桢马上实行台湾的治理，称"此次之善后与往时不同，台地之所谓善后，即台地之所谓创始也"。在日本侵台刚结束，沈葆桢就上了一个奏折，在同治十三年（1874）11月的《请移驻巡抚折》的奏折中，他提出了"此次之善后与往时不同，台地之所谓善后，即台地之所谓创始也"的著名论点。在这篇折子和《台地后山请开旧禁折》中，他阐述了几个观点。

一是善后即为创始。"善后不容稍缓"，认为要抓住日军撤退的有利时机，抓紧做好善后工作。而这一次之善后工作与过去不一样，台湾的善后工作就是整顿治理台湾的开始。"善后难，以创始为善后则尤难。"台湾这时的善后不是一般意义上的善后，而是要整治改革，实施了一系列治台政策和改革措施，因此有相当的难度，不可能一蹴而就。

二是抚番开路是善后的重要内容，而抚番开路是相辅相成的，缺一不可。认为从长远考虑，要"绝彼族觊觎之心，以消目前肘腋之患"必须"一面抚番，一面开路"。而且二者必须同时进行，"开山而不先抚番，则开山无从下手；于抚番而不先开山，则抚番仍属空谈"。

三是只有开禁才能开山招垦，才能发展台湾的经济。要开山，就必须招垦。不先招垦，则"路虽通而仍塞"，要招垦，就必须开禁。不先开禁，"则民裹足而不前"。而开禁，就是要把原先制定的旧例破除。施禁，只会给官员兵役留下一个索诈的借口，给老百姓增加一份伤害。

四是更制改革，事关重大，巡抚分驻是可取的办法。台湾居民有漳籍、泉籍、粤籍之分，"番族又有生番、熟番、屯番之异"，"气类既殊，抚驭匪易"，要加强治理，必须"仿江苏巡抚分驻苏州之例，移福建巡抚驻台"。这样做的好处有：①有事可以立断；②统属文武，权归一宗；③耳目能周，决策立定；④公道速伸，人心帖服；⑤便于考察官员，加强实际训练；⑥便于抑制贪黩之风；⑦便于揭穿一些官员蜚语中伤之技；⑧词讼不清，奸人得志，有巡抚在便于拔乱本而塞祸源；⑨开地伊始，地殊势异，可以因心裁酌；⑩人才可以随时调用；⑪便于设官分职，不至于虚设浪费；⑫开煤炼铁，可以就地考察，则地而兴利。而移驻巡抚是"地属封疆，事关更制"的大事，是"为台民计，为闽省计，为沿海筹防计"的重大决策，是"为我国家亿万年之计"的战略部署。因总督兼辖浙江，以福建巡抚移驻台湾较为方便。"立法惟在得人，而事权尤宜归一。"

五是保台治台，关键在得民心。"台地一向饶沃，久为他族所垂涎"，台湾为七省之门户，关系重大，"未雨绸缪之计，正在斯时"。而"欲固地险，在得民心"，而要得民心，就必须先修吏治、加强和搞好行政。要变革，要创建，要"化番为民"，需要花数十年的工夫来治理。只有经过长期的治理，"生番、熟番"才能浑然无间。台湾的近代化建设才能生机勃勃，蒸蒸日上。

六是"惟台湾有备，沿海可以无忧；台湾不安，则全局震动"。从国家全局高度来看台湾防务建设的重要性。

这些无疑是沈葆桢对台湾进行"创始性"治理的基本理念，至今仍然闪烁着一代名臣的智慧光芒。他高瞻远瞩，深谋远虑，分析精辟，心诚意坚；而又大胆建言献策，不计个人得失，努力践行，果断行事，不愧是富有远见卓识的政治家。他相继提出并实施了一系列治台政策和改革措施，促使废除渡海到台的禁令；废除严禁台湾汉人私入"番界"的旧例；废除严格限制私铸、私贩铁器和竹木出口的法令，实行开山抚番、开矿招垦等政策措施，促进台湾经济的开放、开发和发展，为台湾的近代化奠定了基础。同时顺民心，建祠办学。设置台北府，让福建巡抚半年驻台办公，在台湾的发展史上写下了辉煌的一页。李鸿章给他的信中说道："我公在彼开此风气，善后始基，其功更逾于扫荡倭奴十万矣。"连横先生高度评价沈葆桢的巡台治台，说"析疆增吏，开山抚番，以立富强之基，沈葆桢缔造之功，顾不伟欤？"随后几任船政大臣都亲临台湾继续实行沈葆桢的治台政策。丁日昌是沈葆桢选中的继任者。他上任后两次渡海，视察台湾，精心筹划台防，主持架设电线，并设立了电报局。他还派遣船政总监工叶文澜赴台用机器开采基隆煤矿，这成为中国最早投产的现代煤矿。丁日昌认真整顿台湾吏治，做好"抚番"工作，厘订了"抚番开山善后章程二十一条"，先后创建义学一百余所。他还鼓励在台湾在北部试种茶叶，在南部山地试种咖啡，发展香蕉、菠萝、柑橘等经济作物。吴赞诚在船政大臣任上，亲赴台湾视察民情，加强防务，组织农耕和修路，改善少数民族生活。其间曾取道恒春，攀越悬崖，渡过大溪，忍受饥渴，行程达三百里。黎兆棠两度入台主政，大力整饬吏治，惩办恶霸，同时严厉打击法国不法商人的大规模走私行为。岑毓英两次渡台，深化了开山抚番的工作，并组织对大甲溪的疏浚。他们都对宝岛台湾的开发做出了一定贡献。

1895年4月17日，清廷签订《马关条约》。割让台湾的消息传出，全国哗然。这种丧权辱国的行为，激起台湾民众的强烈抗议。他们"誓宁抗旨，死不事仇"。在这之前的3月份，台湾巡抚唐景崧已急电朝廷派陈季同赴台，授以台湾布政使，以期通过陈季同的人脉和斡旋让法国出面进行干预。外交斡旋没有成效，陈季同运用他熟悉的《万国公法》内容，与台湾绅士邱逢甲等合议，策划设立"台湾民主国"，以"遥奉正朔"，拒绝割让，并"求各国承认"。当年5月25日，"台湾民主国"终于诞生，虽然终因寡不敌众而告失败，但作为一种地方性的临时抗日民主政权，有着重要的历史意义。台湾光复后，船政精英参与接受日本投降，参与光复后的建设。1949年有300多位船政毕业生到台湾，日后成为社会各方面的骨干，光军界就有50多位将军级军官。

从办学的情况看也可以发现船政在闽台两地是一脉相承的。民国时期，船政学堂更名为福州海军制造学校、福州海军学校、福州海军艺术学校，后增设福州海军飞潜学校。随后几校合并为马尾海军学校。1930年校名定为"海军学校"。抗战时期，海军学校迁往贵州桐梓（史称桐梓海校）。1946年，海军学校自贵州桐梓迁往重庆待命。12月海军学校奉令与在上海刚创办不久的中央海军军官学校合并，迁往青岛。1949年南迁厦门，后迁台湾左营。现在左营海校校史仍以马尾海校为宗。

最近在福州召开的福州船政与中国近代海军史研讨会上，一位与会的来自台湾的将军说："船政的传承没有断，船政的精神在这边传下来，在台湾也是传承下来的。"可见两岸的船政学子在传承船政精神方面感受是相同的。船政的学缘一脉，文缘相承。我们完全可以通过共同传承和弘扬船政文化，促进两岸关系的改善。从这点来说，弘扬船政文化和加快海西建设对和平统一事业有着同样特殊的意义。

四　船政对海军建设的影响

海军建设是船政的最直接目的。同治五年五月十三日（1866年6月25日）左宗棠上奏清廷《试造轮船先陈大概情形折》，就明确提出"惟东南大利，在水而不在陆"，"欲防海之害而收其利，非整理水师不可"[①]。他认为"中国自强之策，除修明政事、精练兵勇外，必应仿造轮船以夺彼族之所恃"。要夺彼族之所恃，就必须建设强大的海军。

鸦片战争后，清廷就盼望造就自己的海军。早在1861年，掌管中国海关大权的副总税务司赫德怂恿中国政府从英国购买军舰。咸丰皇帝错误地认为，有了军舰，就有了自己的海军，同意向西方购买一支现代化的舰队。赫德委托正在英国休假的总税务司李泰国一手经办。李泰国代买了军舰后，无视中国主权，擅自代表清政府与阿思本签订合同，任命阿思本上校统领这支舰队。这就是中国人花钱购买一支悬挂外国旗且中国人不能管辖的舰队，朝野舆论一片哗然。清政府不得不遣散了这支不伦不类的舰队，同时也为此付出了67万两白银的代价。

沈葆桢一再强调"船政为海防第一关键"，"船政为海防水师根本"。船政设立本身就是维护海权的体现。当时的初衷就是要整顿水师，也就是建设海军。船政造船，主要造的是军舰，武装海军；同时制炮，生产水雷鱼雷，也是为了武装海军。船政培养的人才，主要是造船和驾驶人才，也都是为造舰和海军服务。当时的船政被外国人看成兵工厂、军事基地。船政造船制炮、整顿水师、培养人才都始终围绕着海权做文章。可以说"船政就是谋海权之政"，而且取得了世人公认的成就。19世纪50~60年代，世界海军的发展正由风帆轮机木质前装滑膛炮战舰向风帆轮机装甲后装线膛炮战舰过渡，左宗棠酝酿提出建立船政创办近代海军，刚好契合世界海军发展的这个历史性的转折点。当时的起点应该是高的，加上沈葆桢的卓越运筹，在短短的八年时间里就建起中国第一支海军舰队，初步达到整顿水师的目的。因此，孙中山先生盛赞船政"足为海军

[①] 左宗棠：同治五年五月十三日（1866年6月25日）《试造轮船先陈大概情形折》，详见《船政奏议汇编》卷一，第1页。

根基"。

　　船政不但是中国海防设军之始，而且是海军铸才之基。从同治五年（1866年）开办至宣统三年（1911年）年底，前后办学45年，已查明的前后学堂毕业生计有650名。毕业生中除了选派一部分赴外国留学深造外，基本上都在船政衙门、船政学堂和海军军舰上工作。留学回来的学生也都在海军就职，初步实现了左宗棠所说"此项学成制造、驾驶之人，为将来水师将材所自出，拟请凡学成船主及能按图监造者，准授水师官职，如系文职、文生入局学习者，仍准保举文职官阶，用之本营，以昭奖劝，庶登进广而人才自奋矣"①的目标，形成了一批中国近代海军的骨干力量，也使船政学堂成为后人乐于称道的海军摇篮。清史稿明确记载"船政学堂成就之人才，实为中国海军人才之嚆矢"②。中日战争之后，英国专栏作家干得利（R. S. Gundry）撰写了《中国的今昔》一书。在书中，他也充分肯定了船政学堂的先驱作用。他写道："在名城福州开办兵工厂与造船所之事。这些事例很快就为各地所仿效。……这就是中国海军的发端。"③

　　作为海军摇篮，船政为中国近代海军的建设造就了一批急需的人才。船政后学堂学生，特别是留洋归来学生，很快成为各地水师骨干和重要将领，如福建水师的张成、吕瀚、许寿山、梁梓芳、沈有恒、李田、陈毓松、叶琛、陈英、林森林、谢润德、丁兆中、梁祖勋；广东水师的林国祥、李和、黄伦苏；南洋水师的蒋超英、何心川；北洋水师的刘步蟾、林永升、叶祖珪、邱宝仁、邓世昌等人，都是船政后学堂学生和出国留学生。至光绪十五年（1889年），仅驾驶第一届毕业生在各地水师任管带的就有何心川、蒋超英、刘步蟾、叶伯鋆、方伯谦、林泰曾、沈有恒、邱宝仁、陈毓淞、林永升、叶祖珪、许寿山、林承谟、郑溥泉、张成、林国祥、叶富、吕翰、黎家本、邓世昌、李田、李和、梁梓芳等24人。难怪李鸿章感叹，"观南、北洋管驾兵船者，闽广学生居多"④。

---

① 左宗棠：《详议创设船政章程折》同治五年十一月初五日《船政奏议汇编》，卷二，第5页。
② 《《清史稿》卷107》《学校》，中华书局，1977，第3123页。
③ 干得利：《中国进步的标记》，《洋务运动（八）》，上海人民出版社，1961，第440页。
④ 《李文忠公全书·海军函稿》，卷1，第25页。

北洋水师是李鸿章精心培育的中国近代海军主力。从培养学生开始，都模仿船政的模式和借助船政的力量。北洋水师的许多主要将领和主力舰管带也都出自船政学堂。1888年，海军设官阶建制后，先后分别任命刘步蟾、林泰曾、沈寿堃、郑汝成、萨镇冰、刘冠雄等人要职。1892年4月，北洋水师补授叶祖珪等64人要职中，船政学堂学生就占23名，而且多居高职。到1894年，北洋舰队在提督以下要职和主力舰管带全是船政后学堂驾驶一、二、三届毕业生，其中9人是首届出国留学生。此后还在船政毕业生中诞生了一批高级将领。1899年4月，清政府派提督衔、补用总兵叶祖珪统领北洋水师，总兵衔、补用参将萨镇冰为帮办统领。1903年，袁世凯以萨镇冰"贤能卓著，实为海军中杰出将才"，奏请破格录用，"以水师总兵记名简放"①。光绪三十年（1904年），船政后学堂留学生叶祖珪奉旨总理南北洋海军。随后由萨镇冰继任。1910年，海军部成立，按暂行官制受职的39人中，除萨镇冰为海军副都统并加海军正都统衔外，计有巡洋舰统领程璧光、长江舰队统领沈寿堃、署理巡洋舰统领吴应科，海军部一等参谋官严复、郑汝成，顾问魏瀚，军枢司长伍光建、军法司长李鼎新、军政司长郑清濂，驻英船厂监造员李和、林葆怿，"筹海"巡洋舰管带黄钟瑛等，都授予重要官阶和要职。辛亥革命时，一部分海军将领响应武昌起义，程璧光为总司令。南京临时政府时，黄钟瑛为海军总长。袁世凯掌权后，刘冠雄任海军总长。袁世凯死后，萨镇冰一度任海军总长。

　　19世纪50~60年代，世界海军的发展正由风帆轮机木质前装滑膛炮战舰向风帆轮机装甲后装线膛炮战舰过渡，左宗棠酝酿提出建立船政创办近代海军，恰逢其会，刚好契合世界海军发展的这个历史性的转折点。当时的起点应该是高的，加上沈葆桢的卓越运筹，在短短的八年时间里就建起中国第一支海军舰队。如果按照这种发展速度发展下去，中国海军与世界海军的差距将显著缩小。虽然清廷的腐败和当时中国社会发展的落后状况决定了不可能圆这个梦想，但中国近代海军的基础毕竟打造起来了。从舰艇的制造技术看，我们已经是实现了造船技术的三步跳。由初期依样仿造木壳兵轮到按图自造铁胁兵轮，进而自行设计制造

---

① 陈璧：《望嵩堂奏稿》卷2，台湾近代中国史料丛刊，第19页。

铁胁巡海快船，再进而自行设计制造铁甲兵舰，从而缩短了与西方先进国家造船工业的差距。这不能不说是派赴欧洲学成归国的留学生起了重要作用。"他们独运精思、汇集新法，绘算图式，并能本外洋最新最上最捷之法而损益之。"制造专业留学生魏瀚、陈兆翱毕业时，被认为："可与德国水师制造监工并驾齐驱，他们和留欧同学合作，在十九世纪八十年代设计和监造中国第一艘巡海快艇'开济'号，中国第一艘钢甲巡洋舰'平远'号及大型钢甲钢壳鱼雷快船等十多艘新式军舰。陈兆翱在留法期间即悉得法人制机之秘，在法时曾创制新式锅炉，法人奇之。"并以陈兆翱名其器。

中国水师还购置了一些外国的舰船。购置外国舰船就必须派员建造和把船开回来。当时，购买船舰的监造、驾船任务就落在船政学生的身上。如 1875 年，北洋向英国购买"龙骧"、"虎威"等船时，就是由船政大臣吴赞诚选派张成，邱宝仁等任管驾开回来的。1880 年，北洋水师向英订购"超男"、"扬威"两船，由船政学生邓世昌等人驾驶回国；向德国订购"定远"、"镇远"时，船政留学生刘步蟾、魏瀚、陈兆翱、郑清濂等前去德国监造。1886 年，北洋水师向英国订购"致远"、"靖远"和向德国订购"经远""来远"时，派船政留学生林鸣埙、张启正和曾宗瀛、裘国安等分别前往监造，派邓世昌、邱宝仁、叶祖硅、林永升等前往接收，驾驶回国。到 1894 年止，北洋舰队的 33 艘船舰中，除船政自己制造的"平远"号钢甲舰等 7 艘外，向英、德等国购买的 26 艘船舰，几乎全是船政学堂学生前去监造和驾驶回来的。

船政在抵御外侮中还发挥了主力军的重要作用。1874 年 2 月，日本政府以"牡丹社事件"为借口，公然无视中国主权，由内阁会议通过《台湾番地处分要略》，决定派遣陆军中将西乡从道为"台湾番地事务都督"，率兵侵略台湾。清政府派船政大臣沈葆桢以钦差大臣身份去台湾办理台务。同年 6 月 17 日，沈葆桢率领自己的舰队赴台。同治五年起沈葆桢主其事至十三年六月沈葆桢调往台湾钦差止为"初办时期"，八年中共造船 15 艘[①]，

[①] 船政初期所造 15 艘轮船是："镇海"驻天津；"湄云"归牛庄；"海镜"划给上海招商局；"扬武"、"飞云"、"安澜"、"靖远"、"振威"、"伏波"6 艘兵船常驻澎湖；"福星"停台北；"万年青"泊厦门；"永保"、"琛航"、"大雅"三商轮南北载运淮军、军火等。

拨给外省 3 艘，留下 12 艘，加上向国外购买的 6 艘，共 18 艘，组成了中国第一支海军舰队。各舰的管带都是船政学堂的毕业生。日本见台湾防务强大，自己羽毛未丰，"不得大逞于台，遂罢兵归"①。这是近代中国海军舰队第一次抗御外国侵略势力入侵台湾的军事行动。它遏制了日本的侵略野心，迫使侵台日军同清政府进行谈判，最后达成了从台湾撤军的协议——《中日台事专条》。在中法马江海战中英勇抗敌的是船政。中法战争虽因清政府的妥协退让而惨败，但不能因此否认船政学堂师生的历史作用。当时的福建水师 21 艘舰船中的有 14 艘是船政建造的，占了 2/3。舰船的全部管驾人员也都是船政学堂的毕业生。船政各厂工匠也"均著力于办防，赶制水雷、炮弹、炮架等事"②，以支持抗法战争。当时，布防在马尾的福建水师有 11 艘兵轮在质量和数量上都不如法军。但是，船政学堂培养的水师官兵却能奋起抵抗。"福星"号着火，管带陈英毫无惧色，力战不退，声称"男儿食禄，当以死报，今日之时，有进无退"，带头跳入火海。"英美观者均称叹不已！"③ 旗舰"扬武"号中弹被焚时，士兵在船身迅速下沉的危险时刻，还用尾炮"坏其坚船，伤其大将"④。吕瀚、许寿山、叶琛、林森林、梁梓芳等管带也都英勇奋战，表现了爱国主义精神和大无畏的英雄气概。

由于清朝的腐败无能，福建水师在这次作战中全军覆没，死亡近千人，列入名册的 736 人，写下了中国近代海军史上最为惨烈的一页。但马江海战也有它积极的一面，一是海战的结果，法军并没有实现法国政府让"法将据守福州为质"⑤ 的侵略计划，就是毁坏船政，"欲图占据"⑥ 的图谋也没有得逞，一周后就退出闽江口外。二是中法战争与前两次鸦片战争比较，它改变了以往侵略者的疯狂气焰。马江海战后，法军被阻于浙江石浦，无力北上，这种重大变化，也反映了船政对建立近代海军以御外侮的历史作用。在中日甲午海战中英勇抗敌的主力也还是来自船政。在中日甲午海战中，北洋水师的主力船舰，虽然多数购自英德，只有

---

① 张荫麟：《甲午战前中国之海军》，《中国近现代史论集》卷 8，第 121 页。
② 《船政奏议汇编》卷 30，第 6 页。
③ 《涧于集·奏议》卷 4，第 39～40 页。
④ 《船政奏议汇编》卷 25，第 18 页。
⑤ 《中法交涉史料》，电报档，卷 18，第 30 页。
⑥ 《中法战争》（三），第 133 页。

"平远"号是船政制造的。但是，支援北洋舰队的船舰，多数是船政制造的，如南洋水师派去的6艘舰船中，有"开济"、"镜清"、"寰泰"和"福靖"四船，广东派去的"广甲"，"广乙""广丙"等船，都是船政制造的。最引人注目的是北洋水师舰船的管带和多数副管带是由船政学堂培养的。而且，在中日甲午海战中，船政学堂培养的海军将领英勇抗敌，不怕牺牲，表现了大无畏的英勇气概和强烈的的爱国主义精神。北洋舰队在黄海之战中，勇搏强敌，自午至酉，力战五小时，迫使日舰先狼狈逃遁，日本未能实现聚歼北洋的侵略计划，船政学生中军中营副将"致远"管带邓世昌命舰开足马力冲撞日舰"吉野"时，中雷舰沉，"犹直立水中，奋掷罟敌"①。李鸿章赞他"忠勇性成，一时称叹，殊功奇烈"。船政学生右翼总兵"定远"管带刘步蟾，在提督丁汝昌受重伤后，督阵指挥，变换进退，发炮伤敌督船，"以寡敌众，转败为攻"②。他在威海因船中弹沉没时，本着"遂仰药以殉"③，以死抗议日本的残暴侵略。在这次海战中，船政学生壮烈牺牲的还有："经远"管带副将林永升，"超勇"管带副将黄建勋，"扬威"管带参将林履中等人。船政制造的"平远"号在都司、船政学生李和管带下，与主力舰"并驾齐驱，屡受巨弹，船身并无损裂"④。

五　船政对科教文化的影响

船政学堂引进西方教育模式，建立了现代教育制度，培养了大批的科技人才，同时派遣留学生出国深造，顺应了国家对科技人才的迫切需要。船政留学生为了窥视西方"精微之奥"，于"庄岳之间"如饥似渴地学习西方先进文化，表现出惊人的毅力和顽强刻苦的学习精神。学成归国后成为中国近代化过程中不可多得的第一批最急需的多学科的优秀科技人才，推动着中国科学技术的进步和社会发展。

---

① 池仲祐：《邓壮节公事略》，《海军实纪》。
② 《李文忠公全书·奏稿》卷79，第9页。
③ 池仲祐：《刘军门子香事略》，《海军实纪》。
④ 陈璧：《望嵒堂奏稿》卷2，台湾近代中国史料丛刊，第19页。

（一） 科技队伍的摇篮

在船舶制造方面从同治七年（1868年）起至光绪三十三年（1907年），船政共计建造大小兵船、商船40艘①。当时全国造50吨以上的轮船仅48艘，总吨位57350吨，船政占40艘，47350吨，占83.33%和82.56%。1890年，中国由北洋、南洋、广东、福建四支水师，由舰艇86艘，其中向国外购买的有44艘，自制42艘，船政制造的就有30艘，占全部的34.88%，占自制的71.43%。船政制造的船只类型，不断改进。如开始为木壳，光绪三年（1877年）以后改用铁胁木壳，或铁胁双重木壳；至光绪十四年（1888年）以后，就进一步改用铁胁铁壳或钢胁钢壳了。机式的装备也有改进，初用常式立机或卧机，后改用康邦省煤卧机，更进一步改进为新式省煤立机或卧机。船式方面由常式改为快船，进而改为钢甲船。

除造船外，船政还"更添机器，触类旁通，凡制造枪炮、炸弹、铸钱、治水，有适民生日用者，均可次第为之"。"轮车机器、造铁机器，皆从造船生出。如能造船，则由此推广制作，无所不可。"② 如制造"开济"轮时，所有铁中和铁后汽鼓并铁套筒、铁汽汽瓶杆头、铁汽瓶转轮轴毂、铁盖轮机铁座、铁滑轨等部件，大小千余件，"均由铸铁厂，拉铁厂制造"③。据资料统计，在1883～1893年，船政的船厂、铸铁厂、拉铁厂、轮机厂、水缸厂等，自制烘炉、转炉、锅炉、水缸、旋机、钻机、起重机、压汽机、钻孔机和各种碾轮达66件，价值四万多两④，提高了机器的自给率。

船政培养的人才还到其他船厂或机器局任要职，推动当地的造船业和机器制造业的发展。如罗丰禄于1880年4月任李鸿章奏请开办的大沽船坞

---

① 船政建造的舰船40艘是：万年青、湄云、福星、伏波、安澜、镇海、杨武、飞云、靖远、振威、济安、永保、海镜、琛航、大雅、元凯、艺新、登瀛洲、泰安、威远、超武、康济、澄庆、开济、横海、镜清、寰泰、广甲、平远、广乙、广庚、广丙、广丁、通济、福安、吉云、建威、建安、建翼、宁绍。详见林庆元《马尾船政局史稿》（增订本），福建人民出版社，1999，第488～500页。
② 《左宗棠全集·奏稿》卷3，第61、69页。
③ 《船政奏议汇编》卷19，第17页。
④ 林庆元：《马尾船政局史稿》，福建人民出版社，1986，第197～198页。

总办。魏瀚于1890年主管广东船坞。1889年，广东船坞试造"广金"兵轮时，张之洞请调船政留学归来学生郑诚前往，"常川测量较定，以臻精密"①。首届留学生陈林璋，除任船政监工外，还调往浙江、山东两省，办理机器局事务。船政三届留学生刘冠雄于1884年任刘公岛机器厂帮办。江南制造总局船坞，于1905年由南洋大臣周馥奏请仿照商坞办法改为江南船坞时，系由船政后学堂毕业生、首届留学生、当时任广东水师提督总理南北洋海军的叶祖珪审查批准，并督率留美学生船政后学堂驾驶八届毕业生吴应科总办船坞事宜。辛亥革命后，江南船坞由任海军总长的刘冠雄派海军轮机少将、船政后学堂轮二届毕业生陈兆锵前往接收，改名江南造船所。可见，在造船历史上，船政学堂的毕业生和留学生发挥了重要的作用。

为了解决原材料和燃料问题，就必须发展煤、铁等矿产的开采与冶炼工业，在这方面，船政同样发挥了重要的作用。同治五年十一月初五日（1866年12月11日）左宗棠上奏《详议创设船政章程折》时提出："宜讲求采铁之法也。轮机、水缸需铁甚多，据日意格云：中国所产之铁与外国同，但开矿之时，熔炼不得法，故不合用。现拟于所雇师匠中择一兼明采铁之人，就煤、铁兼产之处开炉提炼，庶期省费适用。"② 台湾基隆产煤，船政于1868年派监工去台湾，调查煤的储藏和开采情况，提出用近代机器生产和运输的采煤报告。1875年，沈葆桢又派英人翟萨赴台查勘，设厂兴工开采，并派船政监工叶文澜为首任矿务督办。基隆煤矿虽是官办，但所产的煤，除以商品形式供应船政外，还可就地出售。1885年裁撤外国煤师，派学矿务的留学生张金生为基隆煤矿煤师。船政在19世纪80年代计划自行炼钢开采附近煤矿，船政首届留学生林庆升、池贞铨、林日章等发现了福州穆源煤矿。1898年，船政学生到古田、穆源一带再次勘探，计划开采。1897年，船政三届留学生杨济成参加厦门湖头勘探活动。福州竹石山锡矿，亦由船政学堂学生任矿师，于1885年禀请试办。

此外，船政毕业生还分赴全国各地主办或协办矿务。在北方，1880年10月，林日章参加著名的开滦煤矿的勘探工作。1882年5月，池贞铨、林

① 《洋务运动》（五），第401页。
② 《船政奏议汇编》卷1，第1~8页。

日章随盛宣怀赴山东烟台查勘铅矿,在登州府属宁海、霞县、招远等处查勘铝矿。林日章提出开采、淘洗、锻炼、提银四点计划,被任为监工,"督令妥筹试办"①。1882年,吉林拟调船政留学生游学诗"督办宁古塔等处"的矿务事宜②,后因整顿台湾基隆煤矿需人未成行。在南方,罗臻禄赴广东,任矿务委员,主持矿务工作。在华中,湖北汉阳铁厂是我国最早建立的最大钢铁企业,张之洞调任湖广总督办汉阳铁厂在两湖各地勘探矿源时,派徐建寅带领船政留学生张金生、池贞铨、游学诗等人,到湖南永州、衡州和湖北马鞍山等地勘探煤矿,提出多处可供开采。张金生到兴国大冶之百泉湾探勘铝矿,池贞铨到湖北兴山千家坪勘探铜矿。张之洞在谈到此事时说,经过上年勘探后,"复拣调委员暨闽厂学生,分赴衡州、宝庆、辰州、永州等府,暨毗连鄂境之四川夔州、陕西之兴安、汉中等府,毗连湘境之江西萍乡、贵州青溪等县,查勘煤铁,并委赴素产煤铁之山西省泽、潞、平、孟等处采取煤铁各式样,以资比较考证"③。船政留学生为建设汉阳铁厂也付出了辛勤劳动。此外,池贞铨与沈瑜庆还于1907创办了有资本20.8万元的赣州铜矿。

　　船政成立前后,不少商人欲购船设公司兴办近代航运业。船政创建后,在制造兵轮时,亦间造商轮8艘,为商雇提供了可能。1872年6月,李鸿章提出"闽厂似亦可间造商船,以资华商领雇",是为寻找养船经费来源和商轮出路。12月,他在《试办招商轮船折》中说:"将来间造商船,招领华商领雇"一事得到总理衙门允准,并让其"妥筹办理"④,乃奏请试办轮船招商局。船政不仅促使轮船招商局的诞生,且让招商局承领"福星"轮,免租价用商轮"永保"、"海镜"、"琛航"三船为招商局采办米石北运天津外,还将船政制造的最大商轮"康济"号,由轮船招商局"承领揽运"⑤,行走于上海与香港一线,有利于招商局航运业务的发展。此外,船政制造的"琛航"、"永保"等船,定期往来于福州和台湾之间,名为渡送官兵,可"既准搭客,且准运货","俨然与商船无异",海关因

---

① 《申报》报道,光绪九年六月初十日。
② 《船政奏议汇编》卷20,第22页。
③ 《张文襄公全集·奏稿》卷97,第1页。
④ 《李文忠公全书·奏稿》卷19,第49页;卷20,第32页。
⑤ 《福州船厂》下,海防档,第852页。

此按商船要其纳税。同样,"海镜"轮往来烟台等地时,"附搭客货,亦授'永保'、'琛航'成案,照章稽查完税"①。这些都起到了民用航运业的作用。

船政学生还被推荐到铁路部门任职,推动了铁路建设,1907年,邮传部尚书岑春煊说,邮传部"创设伊始,百端待理。举凡轮、路、邮、电诸务","若无提纲挈领之员,以资佐理"。他称魏瀚"于轮、路诸学,极为讲求",将其调部,"在左丞、参上行走";调丁平澜到部"差妥,以备任使"。次年,除调陈寿彭到部,"以主事补用",调郑守钦"归臣调遣",还调林贻游去任重要工作。1885年,李大受到京汉路长期工作,于1906年任养路副总管,卢守孟任京汉路行车总管,"行车有年,洵为在路得力之员"②。1908年,魏瀚去广九路任总理,李大受和曾毓隽、关赓麟等船政学生被派去勘测川汉路。

在铁路建设上建奇功的尤推郑清濂和詹天佑。京汉路是沟通南北大动脉的主要干线,亦是外国觊觎争夺的主要铁路。1908年,邮传部以京汉路事繁重,又专筹议赎路,急需娴习外交、熟习路务人员,乃调于1907年任汴洛路总办的郑清濂为京汉路总办,为顶替任总监督的高而谦,另调任广九路提调的丁平澜接充。邮传部称郑清濂"品端守洁,不染习气,熟谙路政,兼精工程艺学",让其任总办,"以节制汉洋各员,督饬修养诸工"。詹天佑更为出色。他承建的京张铁路于1909年10月在南口举行通车典礼时,有中外来宾万余人前来观看,邮传部尚书徐世昌在通车典礼大会上说,"本路之成,非徒增长吾华工程师之荣誉,而后此从事工程者,亦得以益坚其自信力,而勇于图成。将来自办之铁路,继兴未艾,必以京张为先河"③。京张铁路创我国铁路史上奇绩,詹天佑成为举世闻名的铁路工程专家。

(二) 近代教育的先驱与样榜

船政开创了近代教育的先河,它以全新的教学体制和内容取代了中国传统的封建教育体制和内容,为中国近代教育体系的形成奠定了坚实

---

① 《邮传部奏议类编·续编》卷1,总务,第10~11、86~87页
② 《邮传部奏议类编·续编》卷3,路政,第278页。
③ 徐泰来:《中国近代史论》(中),第195页。

的基础。此后，继之而起的其他学校都直接或间接地受到了船政学堂的影响，船政学堂的办学方针、教育规模和教育体系成为当时中国创办近代教育的重要蓝本。天津水师学堂创办时，李鸿章就说："此间学堂（指天津北洋水师学堂）略仿闽前后学堂规式。"①，张之洞于1887年创办的广东水陆师学堂时也说："其规制、课程略仿津、闽成法，复斟酌粤省情形，稍有变通。"② 其他学校，虽多参照天津水师学堂的章程，如昆明湖水师学堂"各种章制均援照天津水师学堂"③，威海水师学堂"所有章制，除内外堂课略有变更外，其余援照天津水师学堂驾驶班"④，江南水师学堂也是"援照天津水师学堂章程"⑤，实际上就是"略仿闽前后学堂规式"。正如沈翊清所言，"船政制造、驾驶两学堂，自左宗棠、沈葆桢创设以来，规模皆备，人才辈出，为中国南省开学风气所最先"⑥。

　　船政学堂引进西方先进的教育模式，结合中国实际，实行"权操诸我"的原则，将其变成自己的东西，形成特色鲜明的中国化办学模式，很多都是开风气之先的。它突破传统，大胆革新，采用契约合作、引进外教、留学深造的培养模式，采取厂校一体化、工学紧密结合的办学形式，形成集普教、职教、成教于一炉的办学体系，实行科技与人文结合、培养爱国情操和以人才为本、精益求精、因材施教的教学理念，专业设置与课程体系针对性和实用性强，特色鲜明，成效卓著。实践证明，船政的办学模式是成功的。培养的人才成为社会中坚力量，被誉为科技和海军的摇篮。他们在工业、交通、地矿、外交各领域都做出了突出的贡献。除魏瀚、郑清濂等留欧学生外，没有留欧的也十分突出。如詹天佑、邓世昌、吕瀚、许寿山、叶琛、林森林等。詹天佑是留美幼童，在耶鲁大学土木工程系专修铁路工程，获学士学位。回国后在船政后学堂修驾驶专业，毕业后留校任教。后献身铁路事业。他承建的京张铁路工程，凿通号称天险的八达岭隧道，解决青龙桥坡道难题，提前两年全线通车，创我国铁路史奇迹，成为举世闻名的铁路工程专家。邓世昌在黄海海战

---

① 《清末海军史料》，第605、606页。
② 《清末海军史料》，第399页。
③ 《福建文史资料》第8辑，第104页。
④ 《清末海军史料》，第491页。
⑤ 《福建文史资料》第8辑，第107页。
⑥ 《中国近代学制史料》，第351页。

中为掩护定远旗舰,率先驾驶致远舰冲向吉野等日舰,准备与敌舰同归于尽,被敌舰发射的鱼雷击中后落水殉国,被誉为民族英雄。在马江海战中,吕瀚、许寿山、叶琛、林森林等管带都英勇奋战,表现了爱国主义精神和大无畏的英雄气概。据不完全统计,船政学堂培养的海军人才约占中国近代海军同类人员的60%,晚清和民国时期的多数海军高级将领,如总理南北洋海军兼广东水师提督的叶祖珪、一度代理北洋政府国务总理的海军大臣萨镇冰、领衔发表著名的《海军护法宣言》的海军总长程璧光、被孙中山任命为海军总长兼总司令的海军上将黄钟瑛、历任海军总长、交通总长、教育总长等职的刘冠雄,等等,都是船政的毕业生。

船政学堂不单成为各地纷纷效仿的样板,而且其教师和毕业生,很多被派到各地担任要职,1879年,天津设水师营务处,李鸿章即派船政首届留学生随员,法国留学归来的马建忠在营务处办理海军事务。另一船政留学生翻译罗丰禄在营务处任委员,并当翻译。次年,天津水师学堂设立,李鸿章先调曾任船政大臣的吴赞诚筹办,后派久任船政提调的吴仲翔为总办,聘船政留学生严复为总教习(后任会办、总办)。船政首届留学生萨镇冰亦在此任教。1887年,广东水师学堂成立,吴仲翔又被任总办。1890年设立江南水师学堂,调蒋超英为总教习。1903年设立烟台海军学堂,调谢葆璋(谢冰心之父)为监督。1904年设立广东水师鱼雷学堂,魏瀚为总办。1904年设立南洋水师学堂,叶祖珪为督办。船政学堂为各地办学提供了榜样,输送了人才,难怪李鸿章会说:"闽堂是开山之祖。"①

船政诞生了许多近代教育家。沈葆桢本身就是一个非常了不起的教育家。他的教育理论是深刻的,教育实践是成功的。他主持船政的8年,是船政学堂最有成效的8年。他的"船政根本在于学堂"、"精益求精,密益求密"、"去苟且自便之私,乃臻神"、"能否成材,必亲试之风涛"、"兼习策论,以明义理"以及"窥其精微之奥,宜置之庄岳之间"等教育指导思想,都是顺应历史潮流的,有着深刻的意义。因此,他的教育实践能取得成功,对中国近代海军、近代工业和科技的发展做出了重要

---

① 《清末海军史料》,第605、606页。

的贡献。

严复，1879年归国，任船政后堂教官。次年调任天津水师学堂教官，曾先后4次参加科举考失败。1889年升任天津水师学堂会办（副校长）；翌年，升任总办（校长），前后任教达20年。光绪二十八年（1902年）受聘为京师大学堂编译局总纂；三十一年参与创办复旦公学，并于次年任校长；三十二年赴任安徽省师范学堂监督；1912年又任京师大学堂总监督，兼文科学长。他在《与外文报主人论教育书》（1902年）中，提出了一个比较详细的学校教育制度蓝图，并对各级学校教学内容和教学方法提出了自己的主张和要求，为中国发展新式教育做出了贡献。

在《教育大辞典》上名列近代教育家的除严复外，还有马建忠、陈季同、詹天佑[①]。

马建忠，在欧洲从事外交工作多年，精通英文、法文、希腊文、拉丁文，得以根据外文文法，研究古汉语文法，撰写了《马氏文通》，开辟了近代汉语文法研究的新领域[②]。陈季同于1897年，与上海电报局局长经元善、变法领袖梁启超等八君子倡议女学，成立女学会、女学堂，出版女学报，其法国妻子赖妈懿任女学堂洋提调。詹天佑系留美幼童，1881年归国后在船政后学堂学习驾驶，1884年2月留校任教。同年年底，调广州任博学馆（后改称水师学堂）教官。

船政文化是船政历史人物创造的物化成就和政治精神文明成果。其核心就是强烈的爱国自强精神和强烈的海权意识。这种精神是在特定的历史时期形成的，它是以其丰富的内涵来体现的。它有别于其他时期、其他地区形成的文化。但它是中国传统文化和民族精神的深刻体现，是宝贵的精神财富。弘扬船政文化，主要的就是弘扬船政精神，服务近代化建设。船政文化所凝结的爱国自强、改革创新、重视科教和人文、提升海权意识和开风气之先的精神都是近代化建设所必需的。大力弘扬船政文化，培育强烈的爱国自强精神和强烈的海权意识，对推进改革开放和海洋战略，对加快海西建设和中华民族的伟大复兴，有着不可估量的意义。

---

① 潘懋元：《中国当代教育家文存·潘懋元卷》，华东师范大学出版社，2006，第277页。
② 马建忠：《马氏文通》，商务印书馆，2002，第1~2页。

加强文化基础设施建设和发展文化产业也是弘扬船政文化的题中之义。船政文化积淀深厚，是一笔巨大的无形资产。打响船政品牌，有利于提高知名度和文化品味。船政文化又有其独特性，是其他文化不可替代的。船政文化是海西的特色文化，必须整合文化资源，加以大力弘扬，形成特色更加明显、更具影响力、更能展现海峡西岸风貌的文化品牌。

略论精神层面的船政文化[*]

精神层面上的船政文化,是船政的灵魂,核心是其世界观、人生观、价值观、审美观。精神层面上的船政文化,有的学者把它称为船政的精神文化。我觉得概念多了,不见得是好事。但大家都在用,我也不得不说它。就权当是"精神层面上的船政文化"的代名词吧。船政的精神文化即精神层面上的船政文化,内涵丰富,博大精深,蕴藏着近代中国科学技术、新式教育、工业制造、海权建设、中西方文化交流等精神层面上的丰硕成果,蕴含着诸多仁人志士尤其是思想家的光辉思想,折射出中华民族爱国自强、开拓进取的光荣传统和重视科教、重视海权的时代精神,以及二者之结合,即融通中西、求真务实的探索精神。

一 船政的精神文化内涵

船政的精神文化内涵主要有三方面:一是爱国自强、开拓进取的民族精神;二是重视科教、重视海权的时代精神;三是融通中西、求真务实的探索精神。

(一) 爱国自强、开拓进取的民族精神

民族精神是在民族的延续发展过程中逐渐形成的,是民族成员广泛认同的思想品格、道德规范和价值取向。民族精神是民族自信和民族自强的力量源泉。中华民族精神是中华优秀文化长期积淀的结果,是维系中华民族各族人民共同生活的精神纽带,是推动中华民族走向繁荣富强的根本动力,是中华民族之魂、民族之根。以爱国主义为核心的中华民族精神,不仅创造了灿烂的文明,而且生生不息、表现出强大的生命力。

---

[*] 本文应福州市社会科学院要求撰写,系《船政文化概论》的第三章。

它激励着中华儿女为实现中华民族伟大复兴的中国梦而奋发图强，不懈努力。

船政文化所凝结的首先是以爱国主义为核心的民族精神。船政文化的灵魂是爱国自强，是中华民族精神在近代的具体表现。船政的创办，目的性很明确，就是爱国自强。它是洋务运动的产物，是以林则徐为代表的一批知识分子向西方寻求真理、探索强国御侮之道的一种可贵探索。鸦片战争之后，关心社会的经世致用学者、思想家们开始抛弃夜郎自大的陈腐观点，关注世界，探索新知，关心时局，目的就是寻求强国御侮之道。第二次鸦片战争的失败，使更多的中国人觉醒。不同出身、不同地位的人物，在学习西方先进科学技术和思想文化的共识下聚集起来，形成了一股强大的政治势力——洋务派。他们适时地登上政治舞台，在19世纪60~90年代掀起了一场蓬勃的洋务运动，逐步形成中国近代早期的主动开放格局。奕䜣认为"治国的根本在于自强"。同治皇帝也指出"此次创立船政，实为自强之计"。左宗棠认为"惟东南大利，在水而不在陆"，"中国自强之策，除修明政事、精练兵勇外，必应仿造轮船以夺彼族之所恃"。沈葆桢一再强调"船政为海防第一关键"，"船政为海防水师根本"。在列强瓜分中国的当时，船政人表现得相当突出。它奏响了中国人觉醒图强的进行曲，是民族自尊、爱国自强的典范。特别是甲申马江海战、甲午黄海海战，船政的学生正气凛然，奋勇杀敌，视死如归，伟大的爱国主义精神得到了充分的体现和升华。

近代化建设起步是艰难的，每前进一步都充满着斗争。船政的发展也是一样，首先是洋人的阻挠。英国驻华公使威妥玛、总税务司赫德先后向清政府提出《新议略论》和《局外旁观论》，"扬言制造耗费，购雇省事，冀以阻挠成议"。英国驻福州领事也妄图把船政扼杀于襁褓之中。福州税务司美理登企图钻营入局，赫德替他到总理衙门活动，要求准其会办。法国驻福州领事巴世栋搬弄是非，造成船政正监督日意格与副监督德克碑不睦。总监工达士博荷仗势欺人，时时居奇挟制。英国驻福州副领事贾禄，企图侵占马尾船政厂界建筑教堂。1895年，法驻华公使竟要求船政后学堂改读法文。他们的企图都失败了，但却充分暴露了他们对于中国内政的粗暴干涉和对中国主权的侵犯。其次是国内顽固派的破坏。他们认为"雇买代造"即可，不必自己制造。他们提出一系列困难，认为"创议者一人，任事者一人，旁观者一人，事败垂成，公私均害"。1867年秋，闽浙总督吴棠利用职权进行破坏。吴棠扬言："船政未必成，虽成亦何益？"利用反对船政的匿名帖《竹枝词》刻本，立案调查船政提调周开锡、船政局员叶文澜、李庆霖等，并奏参革职。沈葆桢挺身而出，抗疏力争，终于得到清廷支持，让这些人留局差遣，而把吴棠调离。

近代化是一场社会变革，充满着前进与倒退、革新与守旧的斗争。只有解放思想、更新观念、勇猛精进、自强不息才能推动近代化的发展。爱国自强是中华民族的优秀传统，林则徐一生以"苟利国家生死以，岂因祸福避趋之"为座右铭，为国为民、无私无畏、疾恶如仇、勤政清廉，尤其以虎门销烟而名垂青史。左宗棠受林则徐的人格感染，立志要继其未竟事业，其爱国情怀也十分感人。沈葆桢是林则徐的女婿、外甥，深受其影响，亦民族气节凛然，无私无畏、疾恶如仇和十分清正廉洁，被誉为"文忠垂范于前，文肃遵循于后"。这些先贤的人格力量无时无刻不在激励着船政学子的爱国热情。还有很多在甲申、甲午海战中牺牲的烈士，他们的英名也铭刻在学子们的心中。先贤风范、烈士精神，永远是激励青年自强爱国、努力向上的一种巨大的力量。

船政是中国近代化的一面旗帜，也是福建近代化的先驱。经过一百多年的奋斗，特别是改革开放以来，中国近代化建设步伐大大加快。回首往事，我们可以清醒地看到，爱国图强的斗争此起彼伏，持续不断，只是不同时期情况不同、强度不同、效果不同而已。从这一历史角度看，今天的民族振兴正是昨天爱国自强的延续，今天的改革开放正是昨天船政事业的继续与发展。中华民族的振兴要靠许多代人的自强不息，爱国自强仍然是今后近代化建设的动力。

（二）重视科教、重视海权的时代精神

船政吹响了中国从传统农业文明向工业文明进军的号角。它进行了一系列的改革开放实验，许多都是开风气之先的。首先，引进技术、引进设备、引进管理、引进人才，派出去考察、留学，紧追世界科技前沿。

林则徐是近代中国"开眼看世界的第一人"。他在总结鸦片战争的教训时，认为"器不良""技不熟"是重要原因。"师夷长技以制敌"就是他提出的著名论点。把林则徐这一思想做进一步阐述和发挥的，是魏源。魏源在林则徐《四洲志》的基础上写成《海国图志》。该书开宗明义："为师夷长技以制夷而作"。第二次鸦片战争的失败，使更多的中国人觉醒了。不同出身、不同地位的人物，在学习西方先进科学技术和思想文化的共识下聚集起来，形成了一股强大的政治势力和一大批著书立说、大造舆论的知识分子。当时，太平天国运动已经趋于平息，第二次鸦片战争也告结束。洋务派利用国内外环境暂时和平这一有利时机，大规模引进西方先进的科学技术，兴办近代化军事工业，培养新型人才，建设新式海军、陆军，引发了一场长达三十年的洋务运动。福建船政正是洋务运动的非常之举，是三千年大变革的历史产物。虽有挫折，虽被尘封，但仍闪烁着历史的辉煌。

同治五年五月十三日（1866年6月25日）左宗棠上奏清廷《试造轮船先陈大概情形折》。在折中他分析形势和利弊，提出了"惟东南大利，在水而不在陆"的精辟观点。他认为"泰西诸邦均以机器轮船横行海上，英、法、俄、德又各以船炮互相矜耀，日竞其鲸吞蚕食之谋。乘虚蹈瑕，无所不至"，"至杭属及宁、绍、台、温滨海之区，海盗时有出没，水师直同虚设，船炮全无"，针对这种情况，左宗棠再三呼吁："中国自强之策，除修明政事、精练兵勇外，必应仿造轮船以夺彼族之所恃"，要"尽洋技之奇，尽驾驶之法"。他认为，中外之人同样是人，智慧并无分别，仅仅因为所习不同而有不同特长，所以出现"中国以义理为本，艺事为末；外国以艺事为重，义理为轻"的情况。但"谓执艺事者舍其精，讲义理者必遗其粗不可也。谓我之长不如外国，借外国导其先可也；谓我之长不如外国，让外国擅其能不可也"，也就是说，中国人只要像西国一样的重视"艺事"，是完全可变其长为己长的。"夺其所恃"，不仅在军事上可以做到有效地抵御外侮，而且也可以在经济上"分洋商之利"。鸦片战争后，列强凭借特权倾销商品，洋轮伴随而至。旗昌、宝顺、怡和等洋行的轮船航行于沿海和长江。第二次鸦片战争后，洋船骤增，夺我厚利的情况更为严重。以福建省为例，19世纪60年代，福州运往其他口岸的货物，洋船运载量占三分之一。北方的情况较之南方更加严峻。向来运往东南各地的帆船，资本亏折殆尽，以致船只休闲，无力转运，在船水手10余万人无以谋生。对此，左宗棠从商业、民生、漕运几个方面指陈了外国侵略者的洋轮威胁、摧残了中国的经济生活，从而提出了中国自己设船厂制造轮船的紧迫性，认为"泰西巧，而中国不必安于拙也；泰西有，而中国不能傲以无也"。无论从军事还是从经济方面说，都认为"非设局监造轮船不可"。法国作家巴斯蒂在《清末留欧学生》一文中也谈到，左宗棠萌发了一个顽强的念头，即是中国人要有自己造船的能力，而且采用求是堂艺局这种学校教育的独特形态来完成①。

同治五年九月初六日（1866年10月14日），因新疆西捻军和回民起义，左宗棠调任陕甘总督。左宗棠接到谕旨后，一面令德克碑到沪约日意格及参与商订合同的福建补用道胡光墉等同来定约，一面想亲自物色大臣人选。这时候，沈葆桢正好在籍守制，在福州为母丧丁忧。沈的为人为政皆有很好的口碑。左宗棠也了解到沈葆桢"在官在籍，久负清望"，和英桂、徐宗幹等商量，他们也认为沈是好人选，因此便把目标锁定在沈的身上，亲自三次造庐商请。虽然沈葆桢都婉言谢绝，左宗棠还是坚挺沈葆桢主持船政。同治五年九月二十三日（1866年10月31日）左宗棠上奏《派重臣总理船政折》，清廷随即授沈葆桢为总理船政大臣。沈葆桢接事后，一方面让日意格、德克碑回国购买设备，并聘请洋师、洋匠。当时法国造船工业发达，长于制造，所以引进法国的先进技术和设备；英国长于航海，所以聘请英人教授驾驶，各取英法两国之长；另一方面在马尾中岐征购土地、建设工厂、船坞、学堂、宿舍等。左宗棠原订合同设工厂5处、学堂2所，用地200余亩。在沈葆桢主办期间大加发展：工厂增至13所，学堂增至6所，用地扩大到600亩。沈葆桢主政期间，马尾船政制造"万年清"等15艘船舰，并为国家造就一大批科技人才和海军骨干。后任丁日昌等也都尽心尽责，成效显著。在中国近代海军史、工业史、教育史、思想文化史等方面都留下深深的印记。船政是当时在中国乃至远东规模最大、设备最为齐全、影响最为深远的船舶工业基地，从1868年开始制造"万年清"号，到1907年，共造船44艘，总吨位57550吨，占全国总产量的82%。造船技术也不断更新，从木壳船到铁胁船，再到铁甲船。造船工业是当时科技水平的综合体现，它的建造带动了上下游工业的发展，也造就了一大批科技人员和产业工人。正因为有了船政这个工业基地，才有了

---

① 高时良：《中国近代教育史资料汇编·洋务运动时期教育》，上海教育出版社，1992，第949页。

日后破天荒地采用国产材料成功地制成了我国第一架水上飞机,从而开创了中国人自己的飞机制造工业新纪元。

另外,引进近代教育模式,把培养人才作为根本,从而使船政成为近代科技队伍的摇篮,成为中国近代教育的"开山之祖"。而窥其精微之奥对的留学教育,正蕴含着面向世界的强烈的时代精神。

船政引进西方教育模式,先后设立八所学堂,设有造船、造机、驾驶、管轮、电报、测绘等专业。各个专业都有比较完整的教学课程体系。它打破了封建教育的传统模式,开创了近代教育的先河,为中国近代教育体系的形成奠定了坚实的基础。此后,继之而起的其他学校都直接或间接地采取了船政教育模式,从而直接推动中国政府逐步建立起适应社会潮流发展的近代教育制度。船政走出了近代教育的新路子,成为中国近代教育的滥觞,成为各地纷纷效仿的样板。它的办学成功,使洋务运动的领袖们看到了希望,纷纷在各地办起了新式学校,也都纷纷以船政学堂为重要蓝本。天津水师学堂创办时,李鸿章就说:"略仿闽前后学堂规式。"[1],张之洞于1887年创办的广东水陆师学堂时也说:"其规制、课程略仿津、闽成法。"[2] 其他学校,如昆明湖水师学堂、威海水师学堂、江南水师学堂实际上也是参照船政学堂的模式。这些新式学校在创办过程中,还聘请船政学堂的员绅、师生来担任要职。1880年,天津水师学堂设立,李鸿章先调曾任船政大臣的吴赞诚筹办,后派久任船政提调的吴仲翔为总办,聘船政留学生严复为总教习(后任会办、总办)。船政首届留学生萨镇冰亦在此任教。1887年,广东水师学堂成立,吴仲翔又赴任总办。1890年设立江南水师学堂,调蒋超英为总教习。1903年设立烟台海军学堂,调谢葆璋(谢冰心之父)为监督。1904年设立广东水师鱼雷学堂,魏瀚为总办。1904年设立南洋水师学堂,叶祖珪为督办。船政学堂为各地办学提供了榜样,输送了人才,被誉为"开山之祖。"[3]

船政建立了近代留学制度,紧追世界科技前沿。同治十二年十月十八日(1873年12月7日),沈葆桢在呈奏的《船工将竣仅筹善后事宜折》中,阐述了派遣船政学堂毕业生留洋深造的重要性和必要性。他指出:

---

[1] 《清末海军史料》,第605、606页。
[2] 《清末海军史料》,第399页。
[3] 《清末海军史料》,第605、606页。

"中国员匠，能就已成之绪而熟之，断不能拓未竟之绪而精之。……欲日起而有功，在循序而渐进，将窥其精微之奥，宜置之庄岳之间。""庄岳之间"即齐国，这是孟子的话，意思是要学好齐国话，就要到齐国去。沈葆桢还认为，洋人来华教习未必是"上上之技"，"选通晓制造、驾驶之艺童，辅以年少技优之工匠，移洋人薪水为之经费，以中国已成之技，求外国益精之学，较诸平地为山者，又事半功倍矣"①。主张"前学堂，习法国语言文字者也，当选其学生之天资颖异学有根底者，仍赴法国，深究其造船之方，及其推陈出新之理。后学堂，习英国语言文字者也，当选其学生之天资颖异，学有根底者，仍赴英国，深究其驾驶之方，及其练兵制胜之理"②。沈葆桢赞同日意格派留学生的观点，并提出了"窥其精微之奥，宜置之庄岳之间"的重要论断。同时，他还分析了组织学生留学的可行性：一、船政学堂学习制造、驾驶之艺童已经毕业，已通晓制造、驾驶之艺，艺圃毕业的工匠年少技优，可堪造就；二、这些艺童和工匠，用在中国已学成的技求，再到外国精益求精，定能事半功倍；三、把给洋人的高薪作为派遣留学生的费用，从经济上算也是可行的（原议留学5年，约需白银40万两，而上海同文馆幼童留美15年则需费120多万两）。四、沈葆桢在折中还分析道，"三年、五年后有由外国学成而归者，则以学堂后进之可造者补之，斯人才源源而来，朝廷不乏于用"。意思是，经过三五年的留学，一批一批地选送，就不愁没有人才了。

李鸿章曾把船政学堂的培养模式归纳为"入堂、上船、出洋"六个字③。把"出洋"即出国留学作为培养人才的重要组成部分，这对于封闭的、科学技术大大落后于发达国家的中国来说，是很有远见的。正是由于建立了留学制度，促成了一批又一批的青年到国外去，使出国留学的青年开阔了眼界，增长了知识，改变了思维，学到了先进的科学技术和管理知识，为加快中国的近代化进程贡献了力量。也正因为有了出国留学，使他们感受到中西方文化的异同。通过对比，了解到差距，促使他们去追求真

---

① 同治十一年四月初一日（1872年5月7日）船政大臣沈葆桢《船政不可停折》，《洋务运动》第5册，第117页。
② 《船政奏议汇编》卷9，第11~12页。
③ 李鸿章：《请设海部兼筹海军》（光绪十年二月十三日），《李文忠公全书》译署函稿第15卷，第30页。

理，探寻救国良方。纵观近代的风云人物，他们中的许多人是有留学背景的。

船政办学经验至今仍然有借鉴意义。引进西方先进的教育模式为我所用的办学原则，以契约形式合作和独立自主的组织原则，突破传统、高位嫁接和改革创新、土法上马的办学理念，厂校一体化和工学紧密结合的办学形式，集普教、职教、成教于一炉和高中低结合的办学体系，科技与人文结合、培养爱国情操的教育形式，人才为本、精益求精、因材施教的教学理念，针对性和实用性强的专业设置与课程体系，权操诸我的学生管理模式，引进外教、外文教学与留学深造的培养模式等，都有许多可借鉴的地方。而根本在船政的海权意识，根本在学堂的人才战略，勇为天下先的开拓精神，德育为先、能力为重的育人思想，工学结合、学以致用的教学理念，求是、求实、求精的科学精神，引进消化的开放改革原则，权操诸我的独立自主原则都是值得弘扬的。船政学堂的办学理念和教育模式是一笔宝贵的精神财富和文化遗产，值得我们继续发掘整理和认真研究，值得我们进一步继承和发扬光大。

（三）富有近代意义的海权意识

甲午战争前的 1890 年，美国海军学院院长马汉发表了《海权对历史的影响 1660～1783》的文章，而后到 1905 年，又相继发表《海权对法国革命和法帝国的影响：1793～1812》和《海权与 1812 年战争的联系》两篇文章。这三篇文章被后人称为马汉"海权论"的三部曲。海权理论的诞生，震动了世界。其有关争夺海上主导权对于主宰国家乃至世界命运都会起到决定性作用的观点，盛行于世。至今，《海权对历史的影响》仍被认为是历史上产生过巨大影响的军事名著之一。马汉的海权论内容非常丰富，主要有以下四点：（1）海权与国家兴衰休戚与共。马汉认为，"海权即凭借海洋或者通过海洋能够使一个民族成为伟大民族的一切东西"。它包括海上军事力量（舰队、基地、港口等设施）和非军事力量（海外贸易、相关的附属机构及其能力等）。实质上，海权就是一个国家在海洋上的综合实力。它不仅标志着一个国家利用海洋和控制海洋的总体能力，同时也决定着一个国家和民族能否成为一个伟大民族的总体实力。因此，马汉的海权论实际上是论述如何通过夺取制海权以达到控制世界的理论。（2）影响海权的六个要素（地理位置、自然结构、领土范围、人口数量、民族特点、政府性质）。（3）海权与陆权相互制约又相互依存的关系。（4）海权的运用必须遵守"战争法则"等。

海权的实质就是，国家通过运用优势的海上力量与正确的斗争艺术，实现在全局上对海洋上的控制权力。在这之前，当时的国人还没有认识到这样的高度。但船政的创办已初露端倪。1866年6月，左宗棠在上奏清廷的《试造轮船先陈大概情形折》中，就提出了"惟东南大利，在水而不在陆"的精辟观点，认为"欲防海之害而收其利，非整理水师不可"。沈葆桢一再强调"船政为海防第一关键"，"船政为海防水师根本"。船政的创办，以及它的成就与影响、曲折，都深刻地说明海权的重要。船政创办本身就是迈向海权的第一步。造船制炮、整顿水师、培养海军人才都围绕着海权做文章。可以说"船政就是谋海权之政"，而且取得了世人公认的成就，成为中国近代海军的发祥地。中日战争之后，英国专栏作家干得利（R. S. Gundry）撰写了《中国的今昔》一书。在书中，他充分肯定船政的先驱作用。他写道："在名城福州开办兵工厂与造船所之事。这些事例很快就为各地所仿效。……这就是中国海军的发端。"

从买舰队的尝试到船政的创办，海权的认识有着质的变化。1861年，咸丰皇帝决定向西方购买一支现代化的舰队。掌管中国海关大权的副总税务司赫德怂恿中国政府从英国购买军舰。委托正在英国休假的总税务司李泰国一手经办。李泰国无视中国主权，擅自代表清政府与阿思本签订合同，任命阿思本上校统领这支舰队。中国人花钱购买一支悬挂外国旗且中国人不能管辖的舰队，朝野舆论一片哗然。清政府不得不遣散了这支不伦不类的舰队，同时也为此付出了67万两白银的代价。这个代价就是海权模糊认识的代价。阿斯本舰队流产后，清政府开始探索建设新式海军的途径。福建船政的建立是清政府在海军建设理念上的一个重大突破。1870年船政第三艘兵轮"福星"号下水后，清廷批准沈葆桢的奏请，成立轮船水师，以李成谋为统领，由船政衙门统辖。这是近代中国第一支同旧式水师有着根本区别的新式水师，是中国近代海军建设的开端。随后，船政建造的舰船调往各港口执行海防任务。

船政创建表明，加强海防建设的主张，已由鸦片战争时少数知识分子的议论，成为清政府的国防政策，并开始付诸实践。这是近代中国海洋军事发展进程中一个具有重要意义的进步，也是开始迈向海权的第一步。

台湾为七省门户。七省及沿海各省有广东、福建、浙江、江南（江苏与江西）、山东、直隶、盛京等，台湾孤悬在外，为其门户，历来为兵家必争之地。日本更是虎视眈眈，觊觎已久，总想乘虚而入。因而，门户建设显得尤为重要。1874年2月，日本政府以"牡丹社事件"为借口，公然无视中国主权，由内阁会议通过《台湾番地处分要略》，决定派遣陆军中将西乡从道为"台湾番地事务都督"，率兵"征台"。清政府派船政大臣沈葆桢为钦差大臣去台湾办理台务。同年6月17日，沈葆桢率领自己的舰队赴台。这是中国近代海军自创建以来第一次大规模出航巡逻台湾海域，显示了中国近代海军抵御外来侵略的决心和力量，是中国近代海军保卫海疆、保卫台湾的壮举，也显示了船政实施海权的成就和功绩。

在抵御外侮方面，船政发挥了主力军的重要作用。甲戌巡台，船政的轮船水师发挥了遏制日本侵略的重要作用。在中法马江海战中，船政学堂培养的水师官兵奋起抵抗，视死如归，表现出强烈的爱国主义精神和大无畏的英雄气概。马江海战虽然失败，但与前两次鸦片战争比较，已改变了以往侵略者的疯狂气焰。马江海战后，法军被阻于浙江石浦，无力北上，这种重大变化，也反映了船政对建立近代海军以御外侮的历史作用。在中日甲午海战中英勇抗敌的主力也是来自船政。北洋水师的右翼总兵是刘步蟾，左翼总兵是林泰曾。定远、镇远、致远、靖远、济远等15艘战舰的管带均是船政学生，其他副管带、帮带大副、总管轮等也大多由船政学堂毕业生担任。甲午黄海之战时，我方的十艘战舰参战，其中九艘战舰的管带均是船政学堂的毕业生，而且有八位是驾驶一届的同班同学。难怪唐德刚会在《甲午战争百年祭》中称，是"马尾船校以一校一级而大战日本一国！"并为之赞叹："马尾！马尾！我为尔欢呼。您在五千年中华通史上，青史留名，永垂不朽！"①

1890年，美国的海军学校校长马汉（1840－1914）出版《海权对历史的影响》一书。该书迅疾映入大量翻译西方名著的严复眼帘。该书给严复触动很大，同时也给各国海军界以很大的触动。约从1903年开始，严复译介马汉的海权论。严复1898年《拟上皇帝书》中，就提出英国"海权

---

① 唐德刚：《甲午战争百年祭》，北洋文库网。

最大,而商利独闳"。他说英国操纵五洲"海线",谓其"设埠之多"与"盛设海军"互为表里,建议清廷发展海军,"筹数千万之款,备战舰十余艘为卫"。1900年开始翻译《法意》,并于1904年至1909年出版。在按语中,他说:"往读马翰所著《海权论》诸书,其言海权所关于国之盛衰强弱者至重,古今未有能奋海权而其国不强大者",并列举希腊胜波斯、罗马胜迦太基等例子,说明"古今未有能奋海权而其国不强大者"。1907年,清廷于陆军部设立海军处,拟振兴海军,时直隶总督、北洋大臣杨士骧亦参予其事,遂邀聘严复代为撰写奏稿。严复的《代北洋大臣杨拟筹办海军奏稿》,约于1908年9月4日至6日间完成。该稿以海权论作为理论架构,提出重建海军的方案。认为世界各国以海立国的有英国、以陆立国的有俄国、海陆兼控的有美、德、法国,而中国属于"海陆兼控之国",过去"捨海而注意于陆",未能建立海权以图强,"其弱点莫不在海"。严复认为重建海军十分迫切,"必有海权,乃安国势"。

(四) 融通中西、求真务实的探索精神

近代的中国把船政带到中西文化激烈碰撞的风口浪尖。融通中西文化,就必须有求真务实的探索精神。船政是中西文化大碰撞、思想观念大变革的产物。"师夷制夷"就是碰撞的结果。"穷则变,变则通"的变革思想、"东南大利在水而不在陆"的海权意识、"船政根本在于学堂"的人才观、"引进西学,为我所用"和"求是、求实、求精"的教育观、"窥其精微之奥"的留学观等,都是前所未有的思想变革,它让世人为之惊叹,为之振奋。船政的创办本身就是中西合璧的结果。船政人开创了数十个第一,正是探索精神的充分体现。从沈葆桢撰写的船政门联也可以看出中西文化的融通和求真务实精神。联是这样写的:"且漫道见所未见,闻所未闻,即此是格致关头,认真下手处;何以能精益求精,密益求密,定须从鬼神屋漏,仔细扪心来";"以一箦为始基,从古天下无难事;致九译之新法,于今中国有圣人。"意思是要人们勇敢地摒弃传统的陋习,认真追求科学真理;在科学技术日新月异的关键时刻,要脚踏实地,打好基础,求实求精,刻苦探索;要排除万难,自强不息;只要我们共同努力,中国的科技人才一定能涌现,中国的将来一定有希望。

船政引进西方的科学技术,是高起点的嫁接。从而迅速地提高了造船、航海、飞机、枪炮、鱼雷、矿冶、机械、无线电、天文等科技和工艺水平。船政引进西方教育模式，建立了现代教育制度，培养了大批的科技人才，同时派遣留学生出国深造，顺应了国家对科技人才的迫切需要，从而使船政成为迈向近代科技的摇篮。

船政是中国近代化先驱性的创举。船政进行了一系列的革新开放实验，许多都是开风气之先的。一边造船制炮，一边培养造舰驾驶人才，这本身就是破天荒的创举。在船舶制造方面，从同治七年（1868年）起至光绪三十三年（1907年），船政共计建造大小兵船、商船40艘。当时全国造50吨以上的轮船仅48艘，总吨位57350吨，船政占40艘，47350吨，占83.33%和82.56%。1890年，中国有北洋、南洋、广东、福建四支水师，有舰艇86艘，其中向国外购买的有44艘，自制42艘，船政制造的就有30艘，占全部的34.88%，占自制的71.43%。

船政制造的船只类型，不断改进。如开始为木壳，光绪三年（1877年）以后改用铁胁木壳，或铁胁双重木壳，19世纪70年代，铁胁船在欧洲刚刚兴起，船政就紧追当时的科技前沿。光绪十四年（1888年）以后，进一步改用铁胁铁壳或钢胁钢壳。机式的装备也有改进，初用常式立机或卧机，后改用康邦省煤卧机，更进一步改进为新式省煤立机或卧机。船式方面由常式改为快船，进而改为钢甲船。

船政学堂办了五年之后，制造专业的学生，已有独立制作、管理车间、指挥施工等能力。1875年开工建造的十七号"艺新"轮船，就是由第一届毕业生吴德章、汪乔年等设计监造的。这是中华发轫之始，此后，船政建造的船舶大多数由毕业留校学生自行设计监造，据统计，自己设计监造的舰船共有18艘之多。

除造船外，船政还"更添机器，触类旁通，凡制造枪炮、炸弹、铸钱、治水，有适民生日用者，均可次第为之"。制造"开济"轮时，所有铁中和铁后汽鼓并铁套筒、铁汽汽瓶杆头、铁汽瓶转轮轴毂、铁盖轮机铁座、铁滑轨等部件，大小千余件，"均由铸铁厂、拉铁厂制造"。据资料统计，在1883~1893年间，船政的船厂、铸铁厂、拉铁厂、轮机厂、水缸厂等，自制烘炉、转炉、锅炉、水缸、旋机、钻机、起重机、压汽机、钻孔机和各种碾轮达66件，价值4万多两，提高了机器的自给率。

船政毕业生还到其他船厂或机器局任要职，推动当地的造船业和机器制造业的发展。如罗丰禄于1880年4月任李鸿章奏请开办的大沽船坞总办。魏瀚于1890年主管广东船坞。1889年，广东船坞试造"广金"兵轮时，张之洞请调船政留学归来学生郑诚前往，"常川测量较定，以臻精密"。首届留学生陈林璋，除任船政监工外，还调往浙江、山东两省，办理机器局事务。船政三届留学生刘冠雄于1884年任刘公岛机器厂帮办。江南制造总局船坞，于1905年由南洋大臣周馥奏请仿照商坞办法改为江南船坞时，系由船政后学堂毕业生、首届留学生、当时任广东水师提督总理南北洋海军的叶祖珪审查批准，并督率留美学生船政后学堂驾驶八届毕业生吴应科总办船坞事宜。辛亥革命后，江南船坞由任海军总长的刘冠雄派海军轮机少将、船政后学堂轮二届毕业生陈兆锵前往接收，改名江南造船所。

在矿业开采冶炼方面，同治五年十一月初五日（1866年12月11日）左宗棠上奏《详议创设船政章程折》时提出："拟于所雇师匠中择一兼明采铁之人，就煤、铁兼产之处开炉提炼，庶期省费适用。"台湾基隆产煤，船政于1868年派监工去台湾，调查煤的储藏和开采情况，提出用近代机器生产和运输的采煤报告。1875年，沈葆桢又派英人翟萨赴台查勘，设厂兴工开采，并派船政监工叶文澜为首任矿务督办。基隆煤矿虽是官办，但所产的煤，除以商品形式供应船政外，还可就地出售。1885年裁撤外国煤师，派学矿务的留学生张金生为基隆煤矿煤师。船政在80年代计划自行炼钢开采附近煤矿，船政首届留学生林庆升、池贞铨、林日章等发现了福州穆源煤矿。1898年，船政学生到古田、穆源一带再次勘探，计划开采。1897年，船政三届留学生杨济成参加厦门湖头勘探活动。福州竹石山锡矿，亦由船政学堂学生任矿师，于1885年禀请试办。

此外，船政毕业生还分赴全国各地主办或协办矿务。在北方，1880年10月，林日章参加著名的开滦煤矿的勘探工作。1882年5月，池贞铨、林日章随盛宣怀赴山东烟台查勘铅矿，在登州府属宁海、霞县、招远等处查勘铅矿。1882年，吉林拟调船政留学生游学诗"督办宁古塔等处"的矿务事宜，后因整顿台湾基隆煤矿需人未成行。在南方，罗臻禄赴广东，任矿务委员，主持矿务工作。在华中，湖北汉阳铁厂是我国最早建立的最大钢铁企业，张之洞调任湖广总督办汉阳铁厂在两湖各地勘探矿源时，派徐建寅带领船政留学生张金生、池贞铨、游学诗等人，到湖南永州、衡州和湖北马鞍山等地勘探煤矿，提出多处可供开采。张金生到兴国大冶之百泉湾探勘铝矿，池贞铨到湖北兴山千家坪勘探铜矿。船政留学生为建设汉阳铁厂也付出了辛勤劳动。此外，池贞铨与沈瑜庆还于1907创办了有资本20.8万元的赣州铜矿。

在近代交通事业中，在船舶民用方面，船政成立前后，不少商人欲购船设公司兴办近代航运业。船政创建后，在制造兵轮时，亦间造商轮8艘。船政不仅促使轮船招商局的诞生，且让招商局承领"福星"轮，免租金使用"永保"、"海镜"、"琛航"三船，为招商局采办米石北运天津外。还将船政制造的最大商轮"康济"号，由轮船招商局"承领揽运"，行走于上海与香港一线。"琛航"、"永保"等船，定期往来于福州和台湾之间，名为渡送官兵，可"既准搭客，且准运货"，"俨然与商船无异"。"海镜"轮往来烟台等地时，附搭客货，照章稽查完税。这些都起到了民用航运业的作用。

在铁路建设方面，船政学生到铁路部门任职，推动了铁路建设，1907年，邮传部尚书岑春煊说，邮传部"创设伊始，百端待理。举凡轮、路、邮、电诸务"，"若无提纲挈领之员，以资佐理"。他称魏瀚"于轮、路诸学，极为讲求"，将其调部，"在左丞、参上行走"；调丁平澜到部"差妥，以备任使"。次年，除调陈寿彭到部，"以主事补用"，调郑守钦"归臣调遣"，还调林怡游去任重要工作。1885年，李大受到京汉路长期工作，于1906年任养路副总管，卢守孟任京汉路行车总管，"行车有年，洵为在路得力之员"。1908年，魏瀚去广九路任总理，李大受和曾毓隽、关赓麟等船政学生被派去勘测川汉路。

在铁路建设上建奇功的尤推郑清濂和詹天佑。京汉路是沟通南北大动脉的主要干线，亦是外国觊觎争夺的主要铁路。1908年，邮传部以京汉路事繁重，又专筹议赎路，急需娴习外交、熟习路务人员，乃调于1907年任汴洛路总办的郑清濂为京汉路总办，为顶替任总监督的高而谦，另调任广九路提调的丁平澜接充。邮传部称郑清濂"品端守洁，不染习气，熟谙路政，兼精工程艺学"，让其任总办，"以节制汉洋各员，督饬修养诸工"。詹天佑更为出色。他承建的京张铁路于1909年10月在南口举行通车典礼时，有中外来宾万余人前来观看，邮传部尚书徐世昌在通车典礼大会上说，"本路之成，非徒增长吾华工程师之荣誉，而后此从事工程者，亦得以益坚其自信力，而勇于图成。将来自办之铁路，继兴未艾，必以京张为先河"，创我国铁路史上奇迹，成为举世闻名的铁路工程专家。

在电信事业方面，台湾于1877年敷设电线时，福建巡抚丁日昌就派船政前学堂制造专业毕业生苏汝约、陈平国"专习其事"。1874年，日本借故派兵入侵台湾。清廷急派船政大臣沈葆桢赴台处理台湾事务。沈葆桢赴台后，深感军务紧急，电信重要，于是奏请清廷，自设闽台海底电缆。随后又提出自己培养电信人才。于是继任的船政大臣丁日昌在船政学堂附设电报学堂，到1882年，学堂共培养电信人员140人，为闽台海底电缆的铺设奠定了人才基础。1887年，在闽台各方和船政电报学堂毕业生的努力下，川石岛淡水的海底电缆终于铺设成功。同年10月11日投入对外营运。这就是福州马尾川石岛——台湾淡水的海底电缆，全线长117海里。是船政电报学堂毕业生作为技术人员使用自己的"飞策"号船进行海底铺设的。这是中国铺设的第一条海底电缆。它的铺设成功，标志着近代中国的电信技术已发展到一个新的阶段。

追求真理以自强，是船政创办者、组织者的"中国梦"，也是船政学子的"中国梦"。在中西文化交流的舞台上，历史给船政学子提供了极好的机遇。引进西学，特别是赴欧留学使他们处于中西文化交流的风口浪尖上，也造就了他们的才干，使他们能够站在更高的层面审视中国，寻找救国良方。最典型的代表就是严复。他是船政精英的杰出代表。他透视西学，提出了西方国家"以自由为体，民主为用"的精辟论断；抨击时局，破天荒地揭露专制君主是窃国大盗；传播西方进化论、社会学理论经济学理论等，影响了梁启超、康有为、谭嗣同等维新派人物，成为维新变法的精神领袖；提出了强国富民的救国方略，提出"开民智"、"鼓民力"、"新民德"的治本措施，成为中国近代最杰出的启蒙思想家。在这一点上，英国军官寿尔高度评价船政的留学，他说："这事（指船政学生留洋）已经办了，我们不久就要看到结果，因为一个巨大的变化已在目前，当这些青年带着旷达的眼光和丰富的西方学问回到中国时，一掬酵母将在中国广大的群众之中发生作用，这对于整个人类将不能没有影响。"

西方的民族精神是西方的智慧。古希腊的智慧结晶是《荷马史诗》，它要人成为英雄。所谓英雄是具有智慧、勇敢、正义等美德的。中世纪的智慧结晶是《新约全书》，它要人成为圣人。作为圣人必须具备信仰、希望、博爱的美德。近代的智慧见于卢梭等人的著作，它要人成为公民，也就是自由人，具有自由、平等、博爱的美德。这些不同时代的智慧铸造了西方人的民族精神。与西方人相比，中国人拥有其独特的智慧。中国的智慧主要表现在儒、释、道的思想中。儒家主要主张仁爱，道家强调道法自然，佛教强调慈悲、觉悟和因果。船政学子们认真探索中西文化的异同。严复重视《周易》《老子》《庄子》三本书，并且从中西哲学之会通的观点，做出了西方哲学研究的问题不出《老子》中的十二个字的惊人论断。他说："中国哲学有者必在《周易》《老》《庄》三书，晋人酷嗜，绝非妄发。世界上智人少，下驷材多。以不相喻，乃有清谈误国之说。此如后儒辟佛诸语，皆骚不着痒处者也。吾辈读书，取适己事而已。天下可哀之徒，古今不可一一数也。"《老子》第一章有"同谓之玄，玄之又玄，众妙之门"之语，严复在评论这句话时指出："西国哲学所从事者，不出此十二字。"有的学者认为，严复的这一论断不适当地夸大了老子哲学，而小看了西方哲学的成就，但也有学者认为，"这句话虽然语出惊人，亦难以理解，但却不是自大狂的妄言，而是一个精通西方哲学的学者非常精到的论断。事实上，严复正是通过这一论断而回答了哲学界至今仍在争论不休的中国究竟有没有哲学，特别是有没有本体论的问题"。

黄瑞霖同志认为：严复是一位对于推动中国现代化具有里程碑意义的文化巨人。在中国历史陷入最低落的时刻，在中华民族面临深重苦难和生存危机的关头，他放眼世界，第一个发出"物竞天择，适者生存"的呐喊，不但为国人敲响了警钟，也向国人宣示了崭新的世界观、历史观和价值观；他以学贯中西的敏锐眼光，剖析了中华民族落后的文化根源，提出"鼓民力，开民智，新民德"的自强主张，为中国文化改造和社会进步指明了长久努力的方向；他准确地把握历史发展潮流和人类文明发展的最新成果，看到"西人之强，不在于坚船利炮，而在于宪政与民权"，为中国社会改革指出民主与科学的方向；面对国家前景黯淡的现实，他独具慧眼，看到中华民族光明的未来，预言"中国必不灭"，还指出"可为强族大国之储能"。即使在西方强势文化面前，他仍然自信中华文化的巨大价值。坚信中国优秀传统文化的"耐久无弊"、"最富矿藏"，需要用人类文明最新成果的"新式机器"去发掘锻造。这些都表现出他过人的文化自觉性和民族自信心。

基于严复巨大的历史贡献，学术界有一种比较普遍的共识，认为严复比较全面、比较深刻、比较透彻、比较准确地回答了要建设一个什么样的现代国家和怎样建设现代国家的问题，特别是在东西文化的关系、历史传统与时代要求的关系、民族主体与世界潮流的关系、国家权力与人民地位的关系、循序渐变与民族振兴的关系等诸多复杂深刻的问题上，严复较能自觉地、理性地、系统地、持久地予以思索和阐发，包括他的论著、译作、演讲、书信等多种方式。

　　严复思想至今还有积极意义。严复晚年，国内外形势发生了剧变，特别是1914年到1918年的第一次世界大战使严复对西方现代文明产生了怀疑并对它进行了反思。他在"一战"咏诗中感慨："太息春秋无义战，群雄何苦自相残。欧洲三百年科学，尽做驱禽食肉看"，认为"制无美恶，期于适时；变无迟速，要在当可"。他译《天演论》，提出"物竞天择，适者生存"，晚年又概括出"惟适之安"的名言，这对如何发展经济强国、政治强国、军事强国和文化强国，如何自立于民族之林，仍有现实意义。他认为"世间一切法，举皆有弊，而福利多寡，仍以民德民智高下为归"，而"鼓民力，开民智，新民德"是"自强之本"，是国家富强的根本办法，是治本的。关于"均平"思想。他认为均平不仅是均贫富，更重要的是均贵贱，要实现"民之德、智、力、品"的均平，做到"民少不肖，无甚愚"。"欲贵贱贫富之均平，必其民皆贤、皆智而后可"。"必其力平，智平，德平"。"近代中国之弱，非羁于财匮兵窳也，而弱于政教之不中，而政教之所以不中，坐不知平等自由之公理，而私权奋，压力行耳。"他认为国群自由比小己自由更迫切，"国群自由比个人自由更重要"。认为"身贵自由，国贵自主"。

二　船政文化核心价值

（一）忠心报国，自强不息

　　船政文化的核心价值首先是爱国自强。船政是洋务运动的产物。它的创办本身，就是为了自强。大陆称"洋务运动"，台湾称"自强运动"。这是因为，一开始朝野上下就把她认定为"自强之计""自强之策"。从践行的情况看，也让人们看到这是一种强国之道的可贵探索。从组织者到船政学堂培养出来的学生，都可以感受到他们强烈的爱国情怀和"天下兴亡、匹夫有责"的责任感。其灵魂就是爱国自强的民族精神。甲戌巡台治台，迫使日本侵略军退出台湾，保卫了中华民族的尊严并开始了台湾的近代化进程。甲申马江海战、甲午黄海海战中，船政学子的表现尤其突出，他们为了捍卫祖国和民族的尊严，在抗击外来侵略者战斗中奋不顾身、死而后已，许多人献出了宝贵的生命。他们用鲜血和生命谱写了中国近代史上最悲壮的爱国史诗。

面对军事上的失败和外交上的失利，强烈的爱国心驱使船政学子变革救亡。严复率先于1895年2月至5月间，在天津连续发表《论世变之亟》、《原强》、《辟韩》和《救亡决论》等五篇政论文，呼吁"万万不可求和"、"先国而后身，先群而后己"，显示了中华民族坚毅刚强的决心和浩然正气。陈季同则奔赴台湾，协助唐景崧筹划防务，面对清廷被迫割让台湾、澎湖给日本，先是积极通过外交手段争取西方国家"援助"。后则策划成立"台湾民主国"，抵抗日本占领台湾。先在船政学堂后转入台湾电报学堂学习的林森、李治安等人在台湾参加了刘永福的"黑棋军"，利用所学的知识制造地雷，阻击日军。抗敌达三年之久。

习近平总书记说：从鸦片战争到五四运动，从辛亥革命到新中国成立，从一穷二白的半殖民地半封建国家到正欣欣向荣蓬勃发展在国际社会具有举足轻重的泱泱大国，中华民族走过了一段峥嵘岁月。在行走的岁月里，每个人的梦想就是要实现国家的昌盛、民族的富强，这就是"中国梦"。船政的创办正是国人的觉醒、中国梦的开始。这和鸦片战争后的被迫开放是两回事。船政的实施是当年的文化自觉。从林则徐、魏源到左宗棠、沈葆桢，都有着强烈的自强精神。船政的实践也充分说明朝野上下的自觉。首先是目标明确：师夷长技以自强。"此次创立船政，实为自强之计。"其次是项目自主：自造舰船，自建海军。"欲防海之害而收其利，非整理水师不可。"在沈葆桢的卓越运筹下，短短的八年时间，就建起中国第一支海军舰队，初步达到整顿水师的目的。船政也从此被誉为"中国海防设军之始，亦即海军铸才之基"，其影响十分深远。再次是国际法的主动利用：在被动的外交中主动出击。船政运用国际通用的契约形式，与洋教习签订合约，采用高薪雇佣外国技术人员进行包教包会的办法，明确中方和外方在建设期间的职、权、利，并认真履行合约，坚持"条约外勿说

一字，条约内勿取一文"，好的延聘，违规的解聘，在被动的外交中争取
了主动。在管理上独立自主：权操诸我。船政坚持在体制和管理上"权操
诸我"，独立自主地开展工作，其大权完全掌握在船政大臣手里，也就是
中国人手里，并派员绅"常川住局"，和学生们住在一起，坚持人文方面
的教育，培养出一批富有爱国情怀的学生。创办者、组织者有着强烈的爱
国心。所谓"见小利则不成，去苟且自便之私，乃臻神妙；取诸人以为
善，体宵旰勤求之意，敢惮艰难？"① 他们为了师夷御侮，奋发图强，有
着强烈的事业心和责任感。而学生们是带着强烈的使命感来学习的。
"该生徒等深知自强之计，舍此无他可求，各怀奋发有为，期于穷求洋
人奥秘，冀备国家将来驱策。"② 在策略上主动对外：引进来，走出
去。船政既引进技术、设备、管理、人才和教育模式，又走出去，让
学生出国留学深造，造就了中国近代的一批科技骨干和高级海军将领；
同时也使他们处于中西文化交流的风口浪尖上，让他们能够站在更高
的层面上来审视中国，寻找救国良方。

(二) 大利在水，海权先行

船政文化的另一个可贵的核心价值就是重视海权的意识。船政的辉煌
和海权联系在一起，它始于忧患，终于忧患。列强的坚船利炮让国人懂得
了"师夷制夷"的道理，让船政人懂"惟东南大利，在水而不在陆"；
"欲防海之害而收其利，非整理水师不可"的道理。船政的创办正是海权
先行的体现。同治五年五月十三日（1866年6月25日）左宗棠上奏清廷
《试造轮船先陈大概情形折》就说道"自海上用兵以来，泰西各国火轮兵
船直达天津，藩篱竟成虚设，星驰飚举，无足当之"。"泰西诸邦均以机器
轮船横行海上，英、法、俄、德又各以船炮互相矜耀，日竞其鲸吞蚕食之
谋。乘虚蹈瑕，无所不至"，"至杭属及宁、绍、台、温滨海之区，海盗时
有出没，水师直同虚设，船炮全无"。"自洋船准载北货行销各口，北地货
价腾贵；江浙大商以海船为业者，往北置货，价本愈增，比及回南，费重
行迟，不能减价以敌洋商，日久销耗愈甚，不惟亏折货本，浸至歇其旧

---

① 沈葆桢拟的船政衙门大堂联句。
② 《洋务运动》丛刊，第5册，第199页。

业；滨海之区，四民中商居什之六七，坐此闻闽萧条，税厘减色，富商变为窭人，游手驱为人役。并恐海船搁朽，目前江、浙海运即有无船之虑，而漕政益难措手。"创办船政正是"中国自强之策，除修明政事、精练兵勇外，必应仿造轮船以夺彼族之所恃"，要"尽洋技之奇，尽驾驶之法"。在军事上有效地抵御外侮，在经济上"分洋商之利"。

19世纪50~60年代，世界海军的发展正由风帆轮机木质前装滑膛炮战舰向风帆轮机装甲后装线膛炮战舰过渡，船政的创办，正好契合世界海军发展的这个历史性的转折点。当时的起点应该是高的，加上沈葆桢的卓越运筹，在短短的八年时间里就建起中国第一支海军舰队，初步达到整顿水师的目的。船政学堂培养了许许多多的海军军官和军事技术人才，占中国近代海军同类人员的60%，晚清和民国时期的多数海军高级将领，如叶祖珪、萨镇冰、程璧光、黄钟瑛、刘冠雄等，都是船政的毕业生。还有中法马江海战英烈吕翰、许寿山，中日甲午海战英烈邓世昌、林永升等一大批铸造出爱国魂的杰出英才。船政被誉为"中国海防设军之始，亦即海军铸才之基"，其影响是十分深远的。孙中山先生也盛赞船政"足为海军根基"。

汉代，日本是"汉委奴国"，但不安分，后常侵朝、犯唐。663年日本犯唐。战于锦江口，四战四捷，火烧日船400艘。日本此后数百年不敢来犯。元朝6次遣使赴日通好被拒，第7次遣使被杀。1274年，忽必烈派战船900艘远征。日史称"文永之役"。大败日军万余人，矢尽遇风，冒雨回国。1281年，分两路进军，大败日军，史称"弘安之役"。日本从此遣使朝贡。明代，倭寇是日本海盗集团，14世纪至16世纪活动猖獗，嘉靖朝时，江浙一带被杀数十万众。谭纶（1520~1577年，嘉靖福建巡抚）、戚继光（1528~1587年，总兵）、俞大猷（1504~1580年，总兵）抗倭。16世纪中叶终于平定沿海倭犯。但犯唐之心不死，日本设立台湾都督府和牡丹社事件就是例证，更不要说以后的侵华。

沈葆桢深刻地认识到这一点。他认为"东洋终须一战"，临终遗嘱还念念不忘日本对台"虎视眈眈""铁甲船不可不办，倭人万不可轻视"。日本侵台刚结束，他就上了一个奏折，称"此次之善后与往时不同，台地之所谓善后，即台地之所谓创始也"。从这时起，他相继提出并实施了一系列治台政策和改革措施，促使台湾开禁，实行开山抚番、修路开矿、招垦减税等政策，促进台湾经济的开放、开发和改革，为台湾的近代化奠定了基础。同时顺民心，建郑成功祠，办学校开民智。设置台北府，让福建巡抚冬春驻台，夏秋回省，并鼓励移民台湾开垦建设，密切了闽台关系，促进海峡两岸的经济交流和合作。其意义是深远的、革命性的，在台湾的发展史上写下了辉煌的一页。李鸿章给他的信中说道："我公在彼开此风气，善后始基，其功更逾于扫荡倭奴十万矣。"连横先生高度评价沈葆桢的巡台治台，说："析疆增吏，开山抚番，以立富强之基，沈葆桢缔造之功，顾不伟欤？"

总之，船政是近代中国迈向海权的先行者、佼佼者。今天，台海局势、南海主权、中美关系、中日关系、海军护航等问题都与海权有关。如何总结历史的经验教训，从中获得启迪，是我们必须认认真真面对的。

（三）发展科技，改革创新

社会学家认为，在人类历史长河中，有着三次伟大的革命性转变。第一次是人类的出现。第二次是人类从原始状态进入文明社会。第三次是从农业文明、游牧文明逐渐过渡到工业文明。社会学者、历史学者一般把人类历史上的第三次大转变理解为近代化。近代化是一场社会变革，是向近代文明的进化。它以科技为动力，以工业化为中心，以机器生产为标志，并引起经济结构、政治制度、生活方式、思想观念的全方位变化。

中国的近代化进程缓慢，从19世纪60年代才开始启动。一般认为洋务运动是标志性的起点。洋务运动力图通过采用西方先进的生产技术，摆脱内忧外患困境，达到自强求富的目的。洋务运动正是以科技为动力，发展机器大生产，从而促使经济、政治、思想的变化，促进社会的大变革。在这场运动中，马尾船政表现突出，成就显著，影响广泛深远。从工业化的角度看，船舶工业是机械工业的集大成者，是机械生产水平的综合反映，也是当时近代工业文明的重要标志。

船政拉开了中国人放眼看世界的序幕，吹响了中国从传统农业文明向工业文明进军的号角。一百多年来，社会变革和工业化进程几经波折，现已进入了快步发展和与信息化同步发展的阶段。认真总结历史经验教训，对加快工业化进程有着重要的现实意义。它大胆引进先进技术和管理经验，是最早进行改革开放、先行先试的实验区。它采取先引进，高位嫁接;后消化,研究创新;再留学跟踪,穷追不舍的做法,无疑是值得首肯的。

　　落后只能挨打,只有落实科技战略,发展高科技,才能强国强军,在世界民族之林中永远立于不败之地。林则徐在总结鸦片战争的教训时,深刻地认识到"器不良""技不熟"是重要原因,认为"剿夷而不谋船炮水军,是自取败也"。左宗棠、沈葆桢是把师夷制夷付诸实践,瞄准当时的高科技,取人之长补己之短,建立了中国最大的,也是远东最大的船舶工业基地;建立了中国最早的兵工厂;建立了中国第一支海军舰队。船政引进先进的技术和管理,进行消化吸收,使科技水平在当时处于领先地位。沈葆桢始终认为铁甲船不可无。后任船政大臣裴荫森落实这一精神,造出了铁甲舰平远号,遂了沈葆桢生前建造铁甲之愿。建造铁甲舰和增加巡洋舰船,用它在海上与敌交锋,克服"不争大洋冲突"的消极防御思想,采取积极的高科技战略,海权先行战略才能得到落实。

(四) 抓住根本,培育人才

　　创办船政,沈葆桢将把办学培养人才作为根本,一再强调"船政根本在于学堂"。1866 年 12 月 23 日船政工程全面动工,求是堂艺局即船政学堂就同时开学招生。它引进先进的教育模式,结合中国实际,实行"权操诸我"的原则,形成特色鲜明的中国化办学模式,成为各地纷纷效仿的样板。被李鸿章誉为"开山之祖"。

　　沈葆桢认为洋人来华教习未必是"上上之技","以中国已成之技求外国益精之学"必然事半功倍。他认为"窥其精微之奥,宜置之庄岳之间"。"庄岳之间"即齐国。这是孟子的话,意思是要学好齐国话,就要到齐国去。正是这种指导思想,船政学堂建立了留学制度。留学使出国青年开阔了眼界,增长了知识,改变了思维,学到了西学西政,也促使他们去追求真理,探寻救国良方。

　　船政学堂建立了与工业化和海军建设相适应的教育模式,培养了大量人才,成为中国近代科技和海军队伍的摇篮。据不完全统计,船政培养海军军官和军事技术人才 1100 多名,占中国近代海军同类人员的 60%。叶祖珪、萨镇冰、蓝建枢、刘冠雄、李鼎新、程璧光、林葆怿、黄钟瑛等都是船政毕业的海军高级将领。清史稿记述"船政学堂成就之人才,实为中国海军人才之嚆矢"。

船政当年一手抓制造，一手抓人才。沈葆桢说船政"创始之意，不重在造，而重在学"，这种高度重视教育的思想，以及工学紧密结合、科技与人文结合、求实求精、针对性强等特色至今仍然有十分重要的现实意义。

（五）物竞天择，惟适之安

鸦片战争后，一些经世致用的学者、有识之士关注世界，探索新知，寻求强国御侮之道，思想观念发生了空前的变化，向西方学习逐步形成了热潮。而船政正是这一潮流中的典型代表。船政采取引进来、走出去的办法，在学习西方科学技术的过程中，使学子们开阔了眼界，增长了知识，同时改变了思维，了解到差距，促使他们去追求真理，探寻救国良方。他们大量翻译西方的政治经济学说，大大影响了中国近代的思想界，最有代表性的就是严复。中日甲午战争爆发后，他投身挽救民族危亡的维新变法运动，奋笔疾书，运用西方进化论和天赋人权学说，宣传变法图强的思想主张，仅1895年就连续发表了《论世变之亟》《原强》《救亡决论》《辟韩》等5篇政论文章，振聋发聩，影响深远。

《论世变之亟》一文发表在1895年2月的天津《直报》上，他抨击顽固派的狂妄自大，盲目排外，图强之道在于向西方学习，"苟扼要而谈，不外于学术则黜伪而崇真，于刑政则屈私以为公而已。"1895年3月，严复在《直报》上发表《原强》一文，全面提出自己的维新理论和变法主张，文中首先介绍达尔文的进化论和斯宾塞的社会有机体论，揭露清政府在甲午战争中的腐败无能，提出中国富强的根本办法是："一曰鼓民力，二曰开民智，三曰新民德。"1895年3月，严复在《直报》上发表《辟韩》一文，以西方资产阶级的"民权"学说，批判唐代儒学家韩愈《原道》篇中的尊君思想和君主专制理论，他引用卢梭、孟德斯鸠等法国启蒙运动思想家的论说，阐明"国者，斯民之公产地；王侯将相，通国之仆隶也"。1895年5月，严复又在《直报》上发表《救亡决论》，提出"要救亡必须变法"，"如今中国不变法则必亡是也"，并认为变法应以废八股倡西学为先，批判科举制度的三大危害在于"锢智慧""坏心术""滋游手"。

为扩大西学的宣传和社会影响，进一步唤起国民的忧患和危机意识，他致力于著书和办报。1897年11月,他在天津创办了《国闻报》,提出办报宗旨在于"通上下之情""通中外之情"。尤其要"译述外事",以"通外情为要务"。该报成为严复传播西学和宣传维新变法思想的重要舆论工具。严复重要的译著便是在《国闻报》上发表后,引起巨大的社会反响。严复先后译著有:赫胥黎《天演论》、约翰·穆勒《群己权界论》、《穆勒名学》、斯宾塞《群学肆言》、亚当·斯密《原富》、孟德斯鸠《法意》、甄克思《社会通诠》、耶芳斯《名学浅说》、卫西琴《中国教育主义》、宓克《支那教案论》、白芝洁《格致治平相关论》等11种,而以前八种著称,后人将其通称为"严译八大名著"。其中影响最大的西学名著是《天演论》。《天演论》原作是英国著名博物学家赫胥黎于1894年出版的《进化论与伦理学》一书,该书宣传和捍卫达尔文的生物界"物竞天择,适者生存"的进化论观点。当甲午中日战争清廷签订丧权辱国的《马关条约》,严复就"欲致力于译述以警世",1896年夏,他冒着酷暑翻译《天演论》,以"达旨"(意译)的方式、古雅的文笔,将该书译出。10月,他将译毕的《天演论》原稿先后寄给梁启超、吴汝纶等人品阅,从此,《天演论》未出版社便先流播于社会。1897年12月至1898年2月,经修改后《天演论》译稿和《译天演论自序》在《国闻汇编》第二、四、五、六册上陆续发表。1898年5月,《天演论》单行本以"慎始基斋丛书"名义正式出版,吴汝纶为该书作序。严复在《天演论》译文中为"达旨"或按语,或解释,或评价,文笔运用自如,不仅传达了"弱肉强食,优胜劣汰"的生物进论,而且有倾向性地介绍英国著名学者斯宾塞的天人会通的普遍进化观,同时也糅合了严复合群保种、与天争胜的变革思想。该译著附有严复的译例言,"信、达、雅"的翻译标准。《天演论》出版后,风行海内,先后再版数十次。《天演论》全文38000多字,而严复的按语和序言也有18000字,后者完全可看作严复进化论著作。鲁迅称"严又陵究竟是'做'过赫胥黎《天演论》的,他的确与众不同,是一个十九世纪末年中国感觉敏锐的人"。康有为称严复"译《天演论》,为中国西学第一者也"。

严复译著中另一引人注目的名著是《原富》,他从1897年着手翻译到1902年全书由上海南洋公学译书院出版,前后历经5年之久,殚心竭虑,一丝不苟。原著系英国古典政治经济学家亚当·斯密(1723~1790年)的代表作，原书名为《国民财富的性质和原因的研究》（简称《国富论》），出版于1776年。亚当·斯密所探讨的是如何让新兴的资产阶级发家致富，阐明社会经济关系。该书奠定了劳动价值论的基础，并对剩余价值的各种具体形态进行了分析。严复意在通过翻译《原富》，以西方国家的富国之道，开导中国当权者如何下决心来改变中国的落后面貌。严复在翻译《原富》的"发凡"中，说明译书目的在于"考国富之实，与夫所以富之由"。在"译事例言"中还指斥"当轴之迷谬"。严复还通过按语，提醒当权者，要使国富民强，必须让民族资本自由发展，不能由官府严加控制与干涉。兴办工业企业，不要搞官办，而要兴民办。"民之生计，只宜听民自谋，上惟无忧，为裨已多。""夫所谓富强者，质而言之，不外利民之策，然政欲利民，必民能自利也；民各能自利，又必自皆得自由始。"严译《原富》是中国经济学界最早的启蒙教材，大大开拓了国人的眼界和思路。

1898年，严复开始翻译英国社会学家斯宾塞的《社会学研究》一书，中译名《群学肄言》，于1903年出版。严复认为斯宾塞生活在与达尔文同时代，"其书于达氏之《物种起源》为早出，则宗天演之术，以大阐人伦治化之事，号其曰'群学'。"严复在《群学肄言》序言中解释："群学何？用科学之律令，察民群之变端，以明既往，测方来也。肄言何？发专科之旨趣，究功用之所施，而示之所以治之方也。" 1903年该书出版时，高凤谦作序称："《群学肄言》一书，凡二十万字。学之必精，言之必慎。欲读严子之书，必先读《群学肄言》。"严复译述该书时，在斯宾塞"任在为治"观点中，加上了自己的政治观点，强调"自强、自立、自治"。严复主张积极向西方学习，反对封建专制，产生极大的社会影响。1899年至1903年，严复翻译出版了英国思想家约翰·穆勒的《自由论》，译作《群己权界论》，该书是一本西方资产阶级政治学的重要著作，阐述了资产阶级的自由观，探讨社会所能合法施于个人的权利的性质和限度。

1900年至1904年，严复翻译出版了法国资产阶级启蒙思想家孟德斯鸠的《论法的精神》一书，定名为《法意》。该书是西方法学的经典著作，它论述了世界各国政治及立法的渊源和得失，提出了法的本质和相应的社会改革计划。极力主张资产阶级的民主政治，宣扬自由、民主、平等的主张，提出了著名的立法、行政、司法三权分立观点。严复在按语中强调自由、民主的益处。严复评价《法意》时说:"此卷论中国政俗教化独多,而其言往往中吾要害,见吾国所以不振之由,学者不可不留意也。"严复借用孟德斯鸠的三权分立学说,抨击了封建君主专制制度。

1904年,严复翻译了英国学者甄克思的《社会进化简史》,译作《社会通诠》,顾名思义,这是一部讲述社会发展史的著作,认为一个国家的发展进化要经历由图腾社会、宗法社会到军国社会三个阶段,论证从封建社会向资本主义社会发展的必然性。严复认为近代中国正处在宗法社会而渐入军国社会之际,"当循途渐进,任天演之自然,不宜以人力强为迁变"。

1900年至1902年,严复翻译出版了英国学者约翰·穆勒的《逻辑学体系》,译名作《穆勒名学》。该书是西方经验主义思想的逻辑学经典之作。严复选择其前半部,介绍西方人的思想方法,学术研究方法,尤其是归纳法和演绎法。1909年,严复又翻译出版了英国学者耶芳斯的《逻辑学入门》,译作《名学浅说》。"这是一本较浅近介绍形式逻辑的书。由于该书是为了教学需要,其间加上译示和讲解,译文中间义旨,则承用原书,而所引喻设譬,则多用己意。"严复倡导新的思维方法,论证逻辑学的实用价值,从而达到破除"天道不变"的僵化顽固旧思想的良苦用心。

严复在介绍西方学术思想的同时,鲜明地阐述了自己的观点,融中学、西学为一体,结合中国国情,有目的、有针对性地进行了再创作,既传播了西学,又切中时弊,启人心智,产生了强烈的社会效果。他在理论上指导和推动了当时的维新运动,又从根本上启蒙和教育了大批中国青年,从而成为中国近代的启蒙思想家。

三 船政人的人文性格

(一)勇猛精进的进取精神

1872年,内阁学士宋晋挑起事端,上奏《船政虚耗折》,提出:闽省连年制造轮船,糜费太重。此项轮船将谓用以制夷,则早经议和,不必为此猜嫌之举,且用之外洋交锋,断不能如各国轮船之利便,名为远谋,实同虚耗。并请旨要求停办。宋晋的上奏引起了轩然大波,朝廷内反对造船者与日俱增。首先是李鸿章对造船无信心,多次表示不赞成。文煜等上奏船政造的轮船虽均灵捷，而与外洋兵船较之，尚多不及，说能御侮没有把握。军机处亦主张"暂行停止，以节帑金"。在这强大压力下，总署通知广东、盛京、山东、南洋、北洋及沿海各省大臣，展开讨论，从而掀起了工业化进程中围绕船政是否下马的一场大辩论。针对宋晋奏议及吴棠、英桂、文煜的反对意见，曾国荃、左宗棠均认为船政有利无害，不可裁撤。1872年5月27日，沈葆桢致函总署，列举办厂好处，力驳宋晋主张，提出不能因为弟子不如师而"废书不读"，认为"勇猛精进则为远谋，因循苟且则为虚耗"，坚持"船政万难停止"。李鸿章最后也改变了态度，表示支持。船政终于迈着艰难的步伐走了出来，出现了柳暗花明的新局面。正是因为有着勇猛精进的精神，才铸就了船政的辉煌成果。

船政开拓进取，进行了一系列的革新开放实验，许多都是开风气之先的。一边造船制炮，一边培养造舰驾驶人才，这本身就是破天荒的创举。船政学堂引进西方先进的教育模式，是对传统教育的重大突破，是非常之举。在办学体制、专业取向、课程设计、招生要求、教学模式等方面，船政都突破了封建传统教育模式。在办学体制方面，完全采用近代西方的教育模式；在专业取向方面，瞄准造船、驾驶人才的培养目标；在课程设计方面，也都采用西方的课程模式；在招生要求方面，放宽要求，招生对象不分汉、满等民族，无论举贡生员还是官绅士庶出身，均可报考。其教学模式根据洋监督的要求，采用高位嫁接的办法，直取西方先进的教学模式，按英法的训练方法进行培养。请进来，走出去，是船政学堂的人才培养战略。让学生出国留学深造，也是开拓进取的结果。

（二）权操诸我的爱国情怀

鸦片战争之后，以英法为代表西方列强，利用不平等条约处处干涉中国内政。船政创办伊始，从购置机器设备到聘请洋师、洋匠，英法驻华公使就企图操控船政。他们从各自国家利益出发，既要从中渔利，又不希望中国真正强大，力图渗透控制。但船政创办者左宗棠、沈葆桢始终坚持"独立自主、权操在我"的原则，维护国家主权。1869年7月，左宗棠认为："其最要则中国人自造自驾，不致受彼族挟制。"轮船"借不如雇，雇不如买，买不如自造"。沈葆桢也指出兵船"购者权操于人，何如制造者权操诸己"。光绪二十一年腊月十三日，闽浙总督边宝泉在上呈给朝廷的

《整顿船政局折》中建议，造船所需物料应"就地取资"。炼钢熔铁、大小机器，"必须潜心考究，依法仿造，自成机杼"，要做到"不常仰给于人，则权自我操，而财不外溢"。

英国驻华公使威妥玛、总税务司赫德先后向清政府提出《新议略论》和《局外旁观论》，"扬言制造耗费，购雇省事，冀以阻挠成议"。英国驻福州领事也妄图把马尾船政扼杀于襁褓之中。左宗棠清醒地指出："外国多方阻挠，乃意中必有之事，见在英国领事等屡以造船费大难成，不如买现成船为便宜，此即暗中使坏之一端。不然，伊何爱于我，而肯代为打算乎！"左宗棠针对洋人技术垄断的目的，针锋相对地提出要积极引进和学习西方先进科学技术，做到中国人自己掌握造船技艺。为此，他对于自造轮船的计划还制定了保密措施。他说："事前不得不密者，缘彼族险竟嗜利，有益于我之事，彼必挠之；别国有结好于我之意，彼必忌之；或以利器不可示人之说，行其间于外国；或以工繁费巨事难必成之说，行其间于中国，使我疑信相参，颠倒于彼术之中，而彼得久据其利。"为了打破外国人"久据其利"，左氏认为必须自己掌握造船技术。马尾船政建立后，帝国主义在华势力也时加阻挠。如同治六年（1867年），福州税务司美理登百计钻营入局；总税务司赫德替他到北京总理衙门活动，要求准其会办。又如同治八年（1869年），法国驻福州领事巴世栋搬弄是非，造成船政正监督日意格与副监督德克碑不睦。在1869年9月"万年清"号试航时，总监工达士博要求用洋人引港，沈葆桢为了"杜其荐用洋人驾驶之渐"，严正拒绝达士博的无理要求。当达士博的要求遭到拒绝后，聚众怠工。沈葆桢果断革退"不遵匠头约束"的法国工匠博士巴。达士博赴法领事馆具文控告沈葆桢"违约"，法国驻福州副领事巴世栋出面干预，要求沈葆桢收回成命，遭沈葆桢驳斥。沈葆桢说：达士博"应撤与否，本大臣必视该员匠功过为衡，即监督亦不能任意为之，与领事官毫无干涉，何得过问也"。沈葆桢在给北京的总理各国事务衙门呈文中指出："船政与通商两不相涉，领事为通商而设，不应干预船政。"挫败了外国人干涉中国船政的企图。此后，法国驻福州副领事巴士栋等外国人又多次以各种方式企图干涉中国船政，都被沈葆桢等人的坚决抵制而未能得逞。同年英国驻福州副领事贾禄，要侵占马尾船政厂界建教堂。光绪二十一年（1895年），法驻华公使竟要求马尾船政后学堂改读法文，均遭我方据理驳斥。这些事件的发生,充分暴露了他们对于中国内政的干预和主权的侵犯。

船政后期聘任的洋监督杜业尔,自称为船政代表,擅自与法国立兴洋行卡签定承造三艘商轮合同,未经船政大臣允准,即先行开工,使船政遭受巨大损失。光绪二十九年（1903年）,会办船政大臣魏瀚上任后,鉴于前聘洋监督杜业尔的"擅专"行为,坚持予以遣退,法国驻华大使曾向清外务部要求,"谓将来船厂若用洋员,仍应聘用法人"。外务部答以"船厂用人,中国自有主权",予以回绝。船政始终坚持权操诸我,是与创办者管理者的爱国情怀分不开的。

（三）海纳百川的宽广胸襟

据《山海经·海内南经》记载:"闽在海中。"闽人很早就与海洋打交道。东冶港是福建最早有文字记载的港口。《后汉书·朱冯虞郑周列传》记:"旧交趾七郡,贡献转运,皆从东冶泛海而至。"东冶,即今福州在汉时的称谓。汉时,东冶港就有通航东南亚的记载。东吴景帝时,设立典船都尉,促进造船与航海事业的发展。唐大和年间（827~835年）专门设置市舶机构。五代时,王审知治闽,对福州城内河和闽江通海航道进行修浚,在闽江口开辟甘棠航道,"招徕海中蛮夷商贾",出现了闽江沿岸"帆樯云集,画鹢争驶"的繁荣景象。宋元时期,泉州港后来居上。明成化十年（1474年）,"福建市舶司"从泉州移到福州,福州港又一度活跃起来,并成为中国政府与琉球往来的主要港口。从东冶古港到"海上丝路",可以看到正因为有福建海洋文化的繁荣,有东冶、刺桐等古港的兴盛,才有近代船政文化的振兴。

中国古代文明重心虽然在西北,但东南部沿海地区造船业极为发达,自古就有"南船北马"之称。春秋时期的吴、越两国江河密布,舟楫为马,造船业盛行。福建地区面向海洋,海域环境好,木材资源丰富,为适应海上航行,创造出航海性能好的尖底福船。自南宋进入远洋航海贸易期间以后,直至郑和下西洋时期（1405~1433年）,福建的尖底福船成为主要海运工具。船政选择在福州,因历史上造船业的发达而成为必然。

福建地区长期来成为中国的国际航运中心决非偶然。该地区临东海,深水港多,港湾受潮汐影响大,海道输沙量小,水土流失少,地理位置适中,属南亚热带为主的海洋性气候,春夏吹东南风,秋冬刮东北风。这在帆船航行的时代，有规律的季风，有利于往返作业。春夏北上东北亚，秋季返航乃至远航东南亚，春季又返航，全年忙碌。所以海峡的地位十分重要，自古就被视为航海的门户。船政在此诞生，有其深远的渊源。

正是由于海洋文化的长期熏陶，使船政人具备了海纳百川的宽广胸怀。在船政衙门与洋人和睦共处一起生活，在学堂学习外国语言和科技，接受西方教育模式，到欧洲留学深造，在欧洲工作时与外国人交往，理解洋人的习俗和礼仪，等等，没有海纳百川的胸怀是不可能做到的。

（四）自强不息的民族性格

现代军舰不但是现代大工业的产物，而且是其缩影。近代英国因为拥有了令世人瞩目的先进造船技术、航海技术、蒸汽技术等，率先完成了工业革命而称霸于天下。而近代的中国社会积贫积弱，仍停留在农业和手工业生产阶段，工业基础、近代科技几乎空白。船政设计了从国外引进技术、设备、工程人员的建厂造船蓝图，并坚决地实施。1866年12月23日，马尾造船厂破土动工，三千多劳工沿江密钉木桩，平洼垒基，建造厂房，安装设备。冬天"天寒霜肃，众杵争鸣"，夏日"下蒸日曝，肤焦肉泡"，创业之艰难可想而知。船政造船工人在极端艰苦的条件下创业，在洋匠指导下，于1869年由中国工匠建造了第一艘木质轮船"万年清"号。仅用20年时间，便跨越了从依样仿造木胁兵轮到按图自造铁胁兵轮，进而自行设计制造铁胁巡海快船，再进而自行设计制造铁甲兵舰造船技术的三大步，不断缩短与西方先进国家造船工业的差距。1875年6月开工建造的十七号"艺新"轮船，7月开工的十八号"登瀛洲"轮船就是由第一届毕业生吴德章、汪乔年等设计监造的。此为"船政学堂学生放手自制之始"，以后建造的船舶绝大多数由毕业留校学生自行设计监造，共有18艘。船政艰苦创业的历史，充分体现出中华民族自强不息的民族性格。

（五）窥其精奥的求索精神

1873年船政大臣沈葆桢按时完成左宗棠与法人日意格所签定的技术合同。11月18日日意格上呈沈葆桢有关船政学堂教育成果的禀文中，对首届毕业生中的佼佼者倍加赞赏，更加激发了沈葆桢培养第一流人才的决心。他于12月7日上奏清廷的《船工将竣谨筹善后事宜折》中，力陈应由船政学堂派遣留学生出国深造，后因"无巨款可筹，速难如愿"，且日本侵台事件发生，"倥偬未及定议"。台防结束后，1875年10月29日沈葆桢离闽赴沪，调任两江总督、南洋大臣，仍关心船政派遣留学生事宜。1877年1月13日，沈葆桢联合李鸿章向清廷呈上《闽厂学生出洋学习折》，详析并强调由船政学堂派遣优秀毕业生出国深造的重要意义，认为西洋制造之精，实源本于测算、格致之学，奇才迭出，日新月异。如造船一事，近时轮机铁胁一变前模，中国仿造皆其初时旧式，所谓"随人作计终后人也"，应该去法国探求"制作之源"，到英国学习驾驶之"密钥"。留学目的在于培养世界一流的"良工"和"良将"，充分体现组织者的世界眼光和远大志向。沈葆桢在《续派学生出国学习折》中，也认为西学精益求精，原无止境。我尚刻舟求剑，守其一得，何异废于半途。船政学子的留欧终成制度，自1877年至辛亥革命前夕，主要分四批共达107人，分布在英、法、德等8个国家，专业涵盖了自然科学、社会科学等20个学科。它面向世界开启了中国近代教育史上选派留学生出国深造的先河，造就了中国第一批多学科的优秀人才，推动了近代中国科学技术、经济的进步和社会的发展，对中国近代社会教育和人才培养具有划时代的意义。

（六）整肃自律的严谨作风

船政管理严谨整肃。沈葆桢创办船政，把学堂作为根本，首先是重视人才的选拔，通过面试、体检和论文考试，录取优秀者。船政招生要求学生聪慧且为人忠诚纯朴，学堂打破传统人才观念，不分士庶民族，广纳人才。船政弟子多数为家境贫寒子弟，思想纯正，学习刻苦勤奋。船政学堂学风严谨。沈葆桢亲自撰写三对楹联勉励学生。头门是："且漫道见所未见，闻所未闻，即此是格致关头，认真下手处；何以能精益求精，密益求密，定须从鬼神屋漏，仔细扪心来。"启发教育学生严谨治学，探察真知，获取知识的精髓。大堂是："见小利则不成，去苟且逢便之私，乃臻神妙；取诸人以为善，体宵旰勤求之意，敢惮艰难。"仪门是："以一篑为始基，从古天下无难事；致九译之新法，于今中国有圣人。"勉励鼓舞学生奋发进取，坚实基础，博采众长，探索科学奥秘。

为保证学习质量，学堂制定了《章程》和一系列规章制度，规定了

"封印日回家、开印日到局","端午中秋给假三天,礼拜日不给假","不准在外嬉游,致荒学业;不准侮谩教师,欺凌同学","派明干正绅,常川住局,稽察师徒勤惰","饮食及患病医药之费,均由局中给发,饮食月给银四两","三个月考试一次,一等者赏银十元,二等者无赏无罚,三等者记惰一次;两次连考三等者戒责,三次连考一等者另赏衣料,三次连考三等者斥出",以及"学成后准以水师员弁擢用","学成监造者、学成船主者,特加优擢"等教学管理、学生管理、奖惩以及就业等制度[①]。由于管教严厉,"学规极为整肃",培养出来的学子具有良好的品格。他们自省、自律、勤奋、刻苦,从不苟且偷懒。孟子说过:"天将降大任于斯人也,必先苦其心志,劳其筋骨,饿其体肤,空乏其身,行拂乱其所为,所以动心忍性,增益其所不能。"认为真正的仁人贤者,不管他的地位如何,必经过艰苦的磨炼,才能委以重任。林语堂的剧本《风声鹤唳》中有一段精彩的台词对白:"左丘明如果没有失明,哪有《国语》;屈原如果没有被流放,哪有《离骚》;司马迁如果没有受刑,哪有《史记》;文大祥如果没有被捕,哪有千古绝句'人生自古谁无死,留取丹心照汗青'。"在沈葆祯等人爱国主义民族精神和开放创新思想的引领下,艰苦的磨砺,忠君报国的氛围,造就了船政弟子勤奋好学、百折不饶的顽强毅力和奋发有为的人生态度。

(七) 讲求实效的务实品格

船政要设局造船、办学、整顿水师,请洋人包教包会的方案是十分务实的。在本土缺人才、缺技术的情况下,引进人才、引进技术的拿来主义,无疑是个良方。左宗棠请来了日意格,设计了办学方案。采用法国体制,把船舶工程学校与海军学校合二为一,办成一所按技术分设专业的近代高等学堂。前学堂学制造,采用法国军港士官学校的科目训练;后学堂学驾驶,采用英国海军的培养方法训练。并与日意格签订了合同,坚持"权操诸我"的原则,要求在 5 年合同期间内包教包会。洋员受中国官员制节,听稽查委员示谕,只负责教学,不干预其他。"条约外勿多说一字,条约内勿私取一文。"实践证明,这种引进人才和教学模式的做法是成

---

① 福建船政学校:《福建船政学校校志》,鹭江出版社,1996。

功的。

　　船政讲求实效的一个特色是厂校一体、工学结合紧密。船政同时创办船厂与学堂，既不是厂办学校，也不是校办工厂，更不是厂校联合或合作。而是规划统筹，难解难分。监督既管学堂，又管工厂；教习既是教师，又是工程师；学生既学习，又参加劳动，承担生产任务。这种厂校一体的办学体制，是产学研结合的高级形式，比现时所提倡推行的产学研联合体或厂校挂钩合作之类，更能体现教育与生产劳动紧密结合。由于是厂校一体，各个专业都能根据各自的特点安排大量的实习。如制造专业，有蒸汽机制造实习课，船体建造实习课。每门实习课每天要进行数小时的体力劳动。设计专业，三年学习期间，有八个月的工厂实习。管轮专业，先在岸上练习发动机装配，再到新建轮船上安装各种机器。驾驶专业的学生，先以三年左右时间，在学堂中学习基础课程和航海知识，然后上"练船"实习。用两年和更多的时间学习"一个船长所必须具备的理论与实际知识"的航海术以及海战、射击术和指挥。正由于教学与生产劳动紧密结合，船政学堂办了五年之后，制造专业的学生，已有独立制作、管理车间、指挥施工等能力。1875年开工建造的十七号"艺新"轮船，就是由第一届毕业生吴德章、汪乔年等设计监造的。这"为船政学堂学生放手自制之始"，以后建造的船舶绝大多数由毕业留校学生自行设计监造。驾驶专业学生，原定于五年之内，达到能在近海航行的要求，实际在"练船"实习期间，就远航南洋各国，扬威日本。学生"八年四"毕业后，大都能胜任管驾、管轮、大副等职，成为中国近代的航海家和海军将领。

（八）勤奋刻苦的治学态度

　　对于学业和技术，沈葆桢要求精益求精，密益求密。在船政衙门大门两旁，沈葆桢撰写了这样的楹联："且慢道见所未见、闻所未闻，即此是格致关头认真下手处；何以能精益求精、密益求密，定须从鬼神屋漏仔细扪心来。"这种人文精神潜移默化，鼓舞学生刻苦学习，克服了外语教材、外语授课、与老师用外语交流等困难，取得了好成绩。1887年驾驶班举行一次考试，以四科成绩为例，最高为392分（总分400分），有7名超过300分，三角、几何最好，有7名得了满分，只有3名学生在80分以下。日意格高度评价这批学生，他说，"他们靠着观察各种计时器及各种计算机，能够把一只轮船驶到地球上任何角落"。船政学生（除从香港等招来的少数学生外）没有一点外文基础，却能听外教讲课，看外国教材。

船政要求学子勤奋学习，船政官员也积极学习科技知识。船政大臣沈葆桢就带头学习。他阅读船政所有相关书籍，还向军机处求助。对于如此好学的官员，军机处一下子给寄来了5套新印的《格物入门》。沈葆桢逐细攻读，认为"较之前人所辑奇器图说、近人所刊重学数等书，尤切实晓畅"，申请再下发5套，以便组织船政官员学习。刻苦攻读物理、高等数学等书籍，成为当时中国官场上的一个奇景。

船政留学生的刻苦治学精神也十分可嘉。船政派出的四批留学生是中国近代第一批人才最多、学科最广、最优秀的人才群体。他们"深知自强之计，舍此无它可求，各怀奋发有为期于穷求洋人秘奥，冀为国家将来驱策"。怀着振兴中华的赤子之心，走出国门，接触西欧先进的科学技术和机器工业，民主的法律、议会制度，对他们来说是闻所未闻、见所未见的。他们的心灵深处受到强烈的震撼。除正规学习外，他们每年要用60天的时间考察造船厂、海军舰艇、工厂、矿山和要塞，以扩大对西方技术的了解。要把各地观察到的新技术的发展，包括图样和说明作详细报告。所到之处，悉心观察、探究和思考。海军宿将萨镇冰在回忆留学生活时深有感触地说："我对于所学各科知识格外重视，同时于课余之时细察当地人民的思想，风俗习惯、对华人之批判，以为将来回国服务时之借鉴。"留学生们身负国家重任，学习十分勤奋、刻苦。如船政派出的第一批留学生梁炳年，在法国多朗官厂学习，"锐志精思"，病中"犹据床捧卷不肯因病废学"，因过劳而卒。又如船政第三批留学生陈鹤潭，先在英国高士博呢学堂温习英语，又在苏格兰制造厂学习轮机造法，"操秘穷微，晓夜攻苦，遂得咯血之疾病，殁于法国医院"。船政第三批留学生林志荣也因苦读咯血，"回闽随即身故"。船政学子的治学态度和献身精神，是可歌可泣的。

（九）舍身成仁的民族气节

马尾船政成为中国近代海军的摇篮，仅在沈葆桢主持和在世时期培养出来的我国早期海军舰长以上的将领就有吕翰、许寿山、陈英、林森林、叶琛、邓世昌、林永升、刘步蟾、林泰曾、林履中、黄建勋、方伯谦、叶祖珪、萨镇冰等人。1884年中法甲申海战，船政学生参战25人，其中英勇捐躯18人，他们与法国侵略者浴血奋战，壮烈牺牲。炮舰"福星"号离法国军舰最近，一开始就受了重创，船上燃起了熊熊烈火。管驾陈英当众宣誓："这是我们报效祖国的时候！"他的侍从劝说将船开到上游。陈英大声怒斥："大丈夫食君之禄，当以死报国，今日之事，有进无退！"他下令断锚转向，一边命令士兵猛烈开炮，一边亲自驾驶，开足马力，冲向敌阵。"福星"号像一条愤怒的火龙，冒着枪林弹雨，直奔孤拔的坐骑"窝尔达"号。瞄准"窝尔达"号猛烈射击，连续命中，并击退了45号敌鱼雷艇的进攻。孤拔看到形势不妙，指挥3艘法国军舰围攻"福星"号。一颗炮弹飞了过来，正中陈英的腹部，他的身体被炸成两截，但是他的上半身仍然牢牢固定在望台上，怒视着敌人。这时，三副王涟前仆后继，奔上望台，指挥官兵，继续战斗，不幸也中弹牺牲。敌舰"伏尔他"号赶忙发射鱼雷，"福星"号火药舱被击中，舰船迅速下沉，船上70名将士英勇献身。"福胜"号和"建胜"号，是两艘小型炮艇，由游击吕翰统领。面对强敌，他毫无畏惧，站在大炮旁，抚摸着大炮，大声笑道："酬我志者，此也！"当战斗打响，他立刻命令砍断锚链，掉转船头，向敌舰猛烈开炮。他看到"扬武"号遭受敌舰围攻，立即冲过去解救。站在甲板上的他，身穿短衣，手挥长剑，指挥将士发射大炮，进攻敌舰。敌舰火力如暴风骤雨般倾泻而下，他脸部中弹，鲜血直流；但毫不退却，用布裹住脸部，一往如故，继续作战。不幸，当舰船快要冲到敌舰时，他又被炮弹击中，终于身碎船沉，为国献出32岁的生命。

停泊在海关附近的福建水师"振威"号，一听炮声就立即对准法舰"德斯丹"号迅速回击。但是，遭到法巡洋舰"凯旋"号等攻击，船身中弹累累，管驾许寿山带伤指挥奋起还击，并下令全速向"凯旋"号冲去，决心与敌舰同归于尽。"振威"号半途又遭侧面法国军舰重炮轰击，官兵在烈火浓烟中仍奋战不止，在被敌鱼雷击中沉没前一瞬间，还发射了最后一颗炮弹，击伤一法国军舰舰长和两名士兵。后来，一位外国目击者罗蚩高文在《法国人在福州》一书中这样称赞道：这位舰长具有独特的英雄气概，这样的战术，在最古老的海战记录上也绝无先例！

"飞云"号管驾高腾云，作战之前，张佩纶曾想让他担任统带，即舰队总指挥，而他以国家利益为重，认为自己并不熟悉海战，就让位给他人。但在战场上，他却毫不退缩，勇往直前，当大腿被炮弹炸断时，仍然挺直脊梁，指挥战斗。最后，不幸被敌炮轰入水中，以身许国。带着46具英魂的"飞云"号，燃烧着熊熊烈火，缓缓顺水漂向下游。

战斗不到半个小时，法国军队被击沉鱼雷艇1艘，伤军舰3艘；福建水师11艘舰船，9艘沉没，2艘重伤搁浅，尚存官兵攀援碎木板、断桅杆沉浮江中。惨无人道的法国侵略军又向漂浮于江面、已经丧失抵抗能力的中国官兵射击，江水顿时染成了红色。此役，清政府阵亡官兵近八百人。

在1894年中日甲午海战中，船政学生更上演了可歌可泣悲壮的一幕。如邓世昌、林永升等管带，大义凛然，浩气长存，永远值得后人怀念。船政学堂的学生以满腔的爱国热忱，忠实地实践者民族英雄林则徐毕生追求的"苟利国家生死以，岂因祸福避趋之"的崇高人生真谛，他们不愧为中华民族的脊梁。

船政文化与文化强国战略[*]

摘要：船政文化是中华传统优秀文化的组成部分，其文化自信、制度创新、培养人才、爱国自强等对船政发展有着重要的意义，对实施文化强国战略也有着不可估量的深远意义。

关键词：船政文化 文化强国 战略

船政文化是船政历史人物创造的物化成就和政治精神成果。船政文化是中华传统优秀文化的重要组成部分，是中国近代史上值得大书特书重要篇章。其文化自信、制度创新、培养人才、爱国自强对船政发展有着重要的意义，对实施文化强国战略也有着不可估量的现实与深远意义。

一 文化自信是船政发展的基础，也是实施文化强国战略的基础

船政是非常之举，是三千年大变革的历史产物。当年办船政是在列强入侵、危机四伏、清朝统治进入封建主义末期的历史条件下创办的。在逐步沦为半殖民地半封建社会的历史条件下，要"师夷制夷"，没有文化自信是不可能实现的。

引进西方技术必须有文化自信。船政实施"请进来、走出去"的战略，以开放的心态对待中外文化的交流、冲突和渗透。这本身就是一种文化自觉与文化自信。船政师夷是为了制夷，"请进来"是为我所用，是为了"整顿水师"，建立自己的近代海军，而不是买"阿思本舰队"。同治五年五月十三日（1866年6月25日）左宗棠上奏清廷《试造轮船先陈大概情形折》。在折中他就提出："惟东南大利，在水而不在陆"，

---

[*] 2011年12月21日，在第五届中国（福州）船政文化研讨会上的主题发言。

"自海上用兵以来，泰西各国火轮兵船直达天津，藩篱竟成虚设，星驰飚举，无足当之"，"欲防海之害而收其利，非整理水师不可"。①左宗棠再三呼吁："中国自强之策，除修明政事、精练兵勇外，必应仿造轮船以夺彼族之所恃。"

船政引进西方先进的技术、管理和教育模式，但始终坚持为我所用的原则。船政聘任日意格为正监督，与之签订了五年包教包会的合同，以契约形式聘用外籍教师的，坚持外籍工程师、教师以私人身份受聘，坚持"权操诸我"原则。这一切都是为了培养自己的造船、驾驶人才，为了御侮，为了自强。

左宗棠最为担心的是"非常之举，谤议易兴"，反对的人多，"始则忧其无成，继则议其多费，或更讥其失体，皆意中必有之事"，只有下定决心，力排众议才能成功。办船政问题很多，困难重重。设局造船，确实存在许多困难，但并非不可克服。针对船厂择地、机器购觅、聘请洋匠、筹集巨款等一系列困难，左宗棠一一做了剖析，认为只要下决心，这些都是能克服的。

同治十年十二月十四日（1872年1月23日）内阁学士宋晋挑起事端，上奏《船政虚耗折》谓："闽省连年制造轮船，糜费太重，名为远谋，实同虚耗，请旨要求停办。"宋晋的上奏引起了轩然大波，掀起了一场大论战。沈葆桢针锋相对，提出"勇猛精进则为远谋，因循苟且则为虚耗"，坚持"船政万难停止"，坚信船政一定能成功。

"走出去"也充满着自信。沈葆桢认为洋人来华教习未必是"上上之技"，"以中国已成之技求外国益精之学"必然事半功倍。因此选取学生赴法国深究其造船之方，及其推陈出新之理；赴英国深究其驶船之方，及其练兵制胜之理。船政学子们"深知自强之计，舍此无可他求，各怀奋发有为，期于穷求洋人秘奥，冀备国家将来驱策，虽七万里长途，均踊跃就道"。他们分赴法、英、德、美等国留学，学成回国，成为我国近代化的精英和栋梁。通过留学，船政学子们开阔了眼界，增长了知识，同时改变了思维，了解到差距，促使他们去追求真理，探寻救国良方。

---

① 左宗棠：同治五年五月十三日（1866年6月25日）《试造轮船先陈大概情形折》，详见《船政奏议汇编》卷1，第1页。

他们大量翻译西方的政治经济学说,大大影响了中国近代的思想界,最有代表性的就是严复。他运用西方进化论和天赋人权学说,宣传变法图强的思想主张,连续发表政论文章,翻译《天演论》等名著,振聋发聩,影响深远,成为中国近代杰出的启蒙思想家,深刻地影响着维新变法、辛亥革命、新民主主义革命的进程。也正是这位思想家,在辛亥革命失败后仍坚持"中国必不灭"的信念,他坚信中国将会成为"强族大国"。晚年,他撰写了一幅对联:"有王者兴必来取法,虽圣人起不易吾言",可见其自信之至。

文化自信是指对自身文化价值的肯定和对文化生命力的坚定信念。船政通过文化交流,既吸收外来优秀文化,又坚信中华文化的生命力。这种文化自信是实施文化强国战略所必需的。文化是民族的血脉,是人民的精神家园。在我国五千多年文明发展历程中,各族人民紧密团结、自强不息,共同创造出源远流长、博大精深的中华文化,为中华民族发展壮大提供了强大精神力量,正如严复所说,是"耐久无弊"的,是"最富矿藏"的。

二 制度创新是船政发展的关键,也是实施文化强国战略的关键

总理船政事务衙门本身就是一大创新。这是一个中央直属的机构,总理船政大臣是一品官员,有向皇帝直奏的权利。衙门的任务也很特殊,主要是造船舰、办学堂、整顿水师。领导班子是钦定的,知府、知县只能当局员、委员,其规模之大,规格之高,前所未有。同时还赋予船政大臣"如有可用之才,即由沈葆桢酌委"的人事权。1870年船政第三艘兵轮"福星"号下水后,清廷批准沈葆桢的奏请,成立轮船水师,由船政衙门统辖。这是近代中国第一支同旧式水师有着根本区别的新式水师,是中国近代海军建设的开端。随后,船政建造的舰船调往沿海各港口执行海防任务。这又是一个特殊时期的制度创新,这段时期的船政衙门相当于国家的海军部。

船政办学的制度创新,当时就有口皆碑。它创立了近代教育模式,成为各地纷纷效仿的样板。各地洋务运动的领袖看到船政办学的成功,纷纷

在各地办起了新式学校,也都纷纷以船政学堂为重要蓝本。天津水师学堂创办时,李鸿章就说:"略仿闽前后学堂规式。"①张之洞于1887年创办广东水陆师学堂时也说"其规制、课程略仿津、闽成法"②。其他学校,如昆明湖水师学堂、威海水师学堂、江南水师学堂实际上也是参照船政学堂的模式。这些新式学校在创办过程中,还聘请船政学堂的员绅、师生来担任要职。1880年,天津水师学堂设立,李鸿章先调曾任船政大臣的吴赞诚筹办,后派久任船政提调的吴仲翔为总办,聘船政留学生严复为总教习(后任会办、总办)。船政首届留学生萨镇冰亦在此任教。1887年,广东水师学堂成立,吴仲翔又赴任总办。1890年设立江南水师学堂,调蒋超英为总教习。船政学堂为各地办学提供了榜样,输送了人才,被李鸿章誉为"开山之祖"③。

船政教育模式是一种制度创新。船政坚持引进西方先进的教育模式为我所用的办学原则,以契约形式合作和独立自主的组织原则,突破传统、高位嫁接和改革创新、土法上马的办学理念,厂校一体化和工学紧密结合的办学形式,集普教、职教、成教于一炉和高中低结合的办学体系,科技与人文结合、培养爱国情操的教育形式,人才为本、精益求精、因材施教的教学理念,针对性和实用性强的专业设置与课程体系,权操诸我的学生管理模式,引进外教、外文教学与留学深造的培养模式等,都是史无前例的。而根本在学堂的战略思想,勇为天下先的开拓精神,德育为先、能力为重的育人观念,工学结合、学以致用的教学理念,求是、求实、求精的科学精神,引进消化的开放改革原则,权操诸我的独立自主原则都是值得弘扬的。船政学堂的办学理念和教育模式是一笔宝贵的精神财富和文化遗产,至今仍然有借鉴意义,值得我们进一步继承和发扬光大。

文化发展途径是多层次的,最低层次的是提供文化产品;中国层次的是提供文化产业平台,提供文化产业理念,最高层次的是制度创新,提供标准、规范和模式。船政学堂成为"开山祖",提供的就是一种模式。历史上,大国的崛起如葡萄牙、西班牙、荷兰、英国等均为世界提供了重要

---

① 《清末海军史料》,第605、606页。
② 《清末海军史料》,第399页。
③ 《清末海军史料》,第605、606页。

的制度产品和精神产品。我们要成为文化强国,也必须在制度产品和精神产品方面为国际社会做出贡献。

三 培养人才是船政发展的根本,也是实施文化强国战略的根本

船政引进西方的教育模式,把船舶工程学校与海军学校合二为一,办成一所按技术分设专业的近代高等院校。前学堂学制造,采用法国军港士官学校的科目训练;后学堂学驾驶,采用英国海军的培养方法训练。沈葆桢将把办学培养人才作为根本,1866年12月23日船政工程全面动工,求是堂艺局即船政学堂就同时开学招生。它引进先进的教育模式,结合中国实际,实行"权操诸我"的原则,形成了特色鲜明的中国化办学模式,取得了明显成效。船政还建立了留学制度,船政学堂派遣留学生,要求"习英学者可期为良将,习法学者可望为良工"①。船政留学生为了窥视西方"精微之奥",于"庄岳之间"如饥似渴地学习西方先进文化,表现出惊人的毅力和顽强刻苦的学习精神。学成归国后成为中国近代化过程中不可多得的第一批最急需的多学科的优秀科技人才,培养了造船、航海、公路、飞机、潜艇、枪炮、鱼雷、矿冶、机械、无线电、天文等各类专家,推动着中国科学技术的进步和社会发展。船政开创了近代教育的先河,它以全新的教学体制和内容取代了中国传统的封建教育体制和内容,为中国近代教育体系的形成奠定了坚实的基础。晚清40多年,船政学堂共毕业学生510名(连同民国初期毕业的共629名),选送出国留学生四批及另星派出共111人。他们分赴法、英、德、美、比、西、日等国。学成回国,成为我国科技力量的主要骨干。

船政学堂建立了与工业化和海军建设相适应的教育模式,培养了大量人才,成为中国近代科技和海军队伍的摇篮。据不完全统计,船政培养海军军官和军事技术人才1100多名,占中国近代海军同类人员的60%。叶祖珪、萨镇冰、蓝建枢、刘冠雄、李鼎新、程璧光、林葆怿、黄钟瑛等都

---

① 光绪四年二月十六日(1878年3月19日)船政大臣吴赞诚《出洋学生分派练习片》,《船政奏议汇编》卷15,第25页。

是船政毕业的海军高级将领。清史稿记述"船政学堂成就之人才,实为中国海军人才之嚆矢"。

船政当年一手抓制造,一手抓人才的高度重视教育的思想,以及工学紧密结合、科技与人文结合、求实求精、针对性强等特色至今仍然有十分重要的现实意义。船政造就了一批在近代中国教育、军事、科技、文化、外交等领域的杰出人才,今天我们要实施文化强国战略,同样需要造就一大批杰出人才,包括高层次领军人物和专业文化工作者、基层文化人才。

四　爱国自强是船政发展的动力,也是实施文化强国战略的动力

社会学家认为,在人类历史长河中,有着三次伟大的革命性转变。第一次是人类的出现。第二次是人类从原始状态进入文明社会。第三次是从农业文明、游牧文明逐渐过渡到工业文明。社会学者、历史学者一般把人类历史上的第三次大转变理解为近代化。近代化是一场社会变革,是向近代文明的进化。它以科技为动力,以工业化为中心,以机器生产为标志,并引起经济结构、政治制度、生活方式、思想观念的全方位变化。

中国的近代化进程缓慢,从19世纪60年代才开始启动。一般认为洋务运动是标志性的起点。洋务运动力图通过采用西方先进的生产技术,摆脱内忧外患的困境,达到自强求富的目的。洋务运动正是以科技为动力,发展机器大生产,从而促使经济、政治、思想的变化,促进社会的大变革。在这场运动中,福建船政表现突出,成就显著,影响广泛深远。从工业化的角度看,船舶工业是机械工业的集大成者,是机械生产水平的综合反映。也是当时近代工业文明的重要标志。

一百多年来,社会变革和工业化进程几经波折,现已进入了快步发展和与信息化同步发展的阶段。回顾历史,正是船政拉开了中国人放眼看世界的序幕,吹响了中国从传统农业文明向工业文明进军的号角。认真总结历史经验教训,对加快工业化进程有着重要的现实意义。它大胆引进先进技术和管理经验,是最早进行改革开放、先行先试的实验区。它采取先引进,高位嫁接;后消化,研究创新;再留学跟踪,穷追不舍的做法,无疑

是值得借鉴的。

当年的船政事业和现在的海西建设一脉相承。海西建设是船政事业在新时期的继续与发展，海西近代化建设的起点可以追溯到船政。船政文化所凝结的爱国自强、勇猛精进、改革创新、重视科教和人文、提升海权意识和开风气之先的精神是海西建设所必需的，加快海西建设必须大力弘扬船政文化。

近代化有两个层面，物质层面的近代化较容易，政治精神层面的较难，而人的现代化最难。船政的创办是为了"师夷制夷"的，但开阔了视野的留学生们却得出自己的结论。严复透视西学，认为"西人之强，不在坚船利炮，而在于宪政与民权"，"于学术则黜伪而崇真，于刑政则屈私以为公"，①而"以自由为体，民主为用"才是西方国家的本质。他抨击时局，发出"物竞天择"和"不变法则必亡"的呐喊，提出"开民智""鼓民力""新民德"强国富民的主张。受严复的影响，梁启超写了《新民论》，认为"新民是中国第一要务"，"智与力成就甚易，唯德最难"。

改革开放以来，经济发展迅猛，我国一枝独秀，物质层面的现代化成效喜人，而政治层面尤其是人的现代化还任重道远。一些领域道德失范、诚信缺失，一些社会成员人生观、价值观扭曲，大力弘扬爱国自强的船政精神，增强民族自尊心、自信心、自豪感，激励人民把爱国热情化作振兴中华的实际行动，在全社会形成知荣辱、讲正气、作奉献、促和谐的良好风，显得十分重要。船政的经验教训以及船政精英的呐喊，都给我们留下启示：只有实现政治精神层面和人的现代化，才能最终实现社会转型。当今世界正处在大发展大变革大调整时期，世界多极化、经济全球化深入发展，科学技术日新月异，各种思想文化交流交融交锋更加频繁，文化在综合国力竞争中的地位和作用更加凸显，弘扬船政文化，对增强国家文化软实力有着重要的现实意义。只有"美美与共"，才能实现天下大同。

---

① 严复：《天演论序·论世变之亟》，《直报》，1895。

船政文化与海西建设*

建设海峡西岸经济区，是中央战略决策的重要组成部分。以福建为主体的海峡西岸济区承担着全国发展大局和推动两岸关系和平发展、促进祖国统一大业的历史使命。回顾历史，我们会发现，当年的船政事业和现在的海西建设是一脉相承的。海西建设是船政事业在新时期的继续与发展，海西近代化建设的起点可以追溯到船政；船政文化所凝结的爱国自强、改革创新、重视科教和人文、提升海权意识和开风气之先的精神是海西建设所必需的，加快海西建设必须大力弘扬船政文化。船政在闽台两地的传承有序，学缘一脉，弘扬船政文化和加快海西建设对和平统一事业有着同样特殊的意义。

一　海西近代化建设的起点可以追溯到船政，我们现在进行的正是前人的未竟事业

社会学家认为，在人类历史长河中，有着三次伟大的革命性转变。第一次是人类的出现，第二次是人类从原始状态进入文明社会，第三次是从农业文明、游牧文明逐渐过渡到工业文明。社会学者、历史学者一般把人类历史上的第三次大转变理解为近代化。近代化是一场社会变革，是向近代文明的进化。它以科技为动力，以工业化为中心，以机器生产为标志，并引起经济结构、政治制度、生活方式、思想观念的全方位变化。

中国的近代化进程缓慢，从19世纪60年代才开始启动。一般认为洋务运动是其标志性的起点。洋务运动力图通过采用西方先进的生产技

---

* 本文收入《福建省社会科学界2010年学术年会"发掘文化资源服务海西建设"论坛论文汇编》并在12月11日的大会上演讲。

术,摆脱内忧外患的困境,达到自强求富的目的。洋务运动正是以科技为动力,发展机器大生产,从而促使经济、政治、思想的变化,促进社会的大变革。在这场运动中,福建船政表现突出,成就显著,影响广泛深远。从工业化的角度看,船舶工业是机械工业的集大成者,是机械生产水平的综合反映。也是当时近代工业文明的重要标志。从1868年开始制造"万年清"号,到1907年,共造船40艘,总吨位47350吨,占全国总产量的82%。技术上在国内领先,从快速引进吸收到结合实际大胆创新,船型从木壳到铁胁到钢壳,不断地改进。机式装备从常式到康邦省煤卧机,再到新式省煤立机或卧机。船式也不断改进,从常式到快船到钢甲船。1875年开工建造的十七号"艺新"轮船,由第一届毕业生吴德章、罗臻禄、游学诗、汪乔年等设计监造。此后,船政建造的船舶大多数由毕业留校学生自行设计监造。据统计,由毕业生自己设计监造的舰船共有18艘之多。造船工业是当时科技水平的综合体现,船舶的建造带动了上下游工业的发展,也造就了一大批科技人员和产业工人。正因为有了造船这个工业基地,才有了日后破天荒地采用国产材料成功地制成了我国第一架水上飞机,从而开创了中国人自己的飞机制造工业新纪元。从思想文化的角度看,船政引进先进的教育模式,结合中国实际,实行"权操诸我"的原则,形成特色鲜明的中国化办学模式,短时间内就取得了明显成效,成为各地纷纷效仿的样板,被誉为"开山之祖"。船政又是近代中西文化交流的一面旗帜。船政引进了西方的应用技术,高起点嫁接,迅速地提高了造船、航海、飞机、潜艇、枪炮、鱼雷、矿冶、机械、无线电、天文等科技和工艺水平。同时通过留学引进西方的政治、经济、法律思想,突破了"中学西用"的框框,引进了触动"中学"的"西政"观念。在这方面,严复是一个典型。他透视西学,抨击时局,传播西方社会政治经济学理论,成为中国近代杰出的启蒙思想家。在传播西学方面还有许多成果。例如留法归来的王寿昌帮助林纾翻译法国小仲马《茶花女遗事》,震撼中国文坛。马建忠研究古汉语文法,开拓了近代汉语文法研究领域。将中国文化介绍到国外去的,有陈季同。他发表了许多介绍中国现状和中国文学的法文作品,在法国文坛上享有盛名,成为近代中学西传的第一人。

  船政是中国近代化的一面旗帜,也是福建近代化的先驱。经过一百多年的奋斗，特别是改革开放以来，中国近代化建设步伐大大加快。新中国一枝独秀，已经屹立在世界民族之林。回首往事，我们可以清醒地看到，爱国图强的斗争此起彼伏，持续不断，只是不同时期情况不同、强度不同、效果不同而已。从这一历史角度看，今天的民族振兴正是昨天爱国自强的延续，今天的海西建设正是昨天船政事业的继续与发展。中华民族的振兴要靠许多代人的努力，我们现在进行的正是前人的未竟事业。

二 船政文化所凝结的精神是海西建设所必需的，加快海西建设必须大力弘扬船政文化

船政文化是船政历史人物创造的物化成就和政治精神文明成果。它包括物质层面的成果，如船政的各项成就、船政遗迹、与船政有关的各种文物等；政治层面的成果，如船政组织体系、运行机制、管理模式、教育模式及其成效等；精神层面的成果，如船政组织者、参与者的思想观念、道德风范、宗教信仰、学术成果和社会影响等。其灵魂、其精神实质有爱国自强、改革创新、科教人文和海权意识几方面，但其核心就是强烈的爱国自强精神和强烈的海权意识。这种精神是在特定的历史时期形成的，它是以其丰富的内涵来体现的。它有别于其他时期、其他地区形成的文化。但它是中国传统文化和民族精神的深刻体现，是宝贵的精神财富。大力弘扬船政文化，培育强烈的爱国自强精神和强烈的海权意识，对推进改革开放和海洋战略，对加快海西建设和中华民族的伟大复兴，有着不可估量的意义。

一是爱国自强精神。在列强瓜分中国的当时，船政奏响了中国人觉醒图强的进行曲，是民族自尊、爱国自强的典范。特别是在甲申马江海战、甲午黄海海战中，船政的学生正气凛然，奋勇杀敌，视死如归，伟大的爱国主义精神得到了充分的体现和升华。在海西建设和民族振兴的今天，爱国图强仍然是我们的旗帜。我们的近代化建设还有艰巨的道路要走，必须继续奋斗，坚持走新型工业化道路，加快转变经济发展方式，提升产业发展水平。

二是改革创新精神。船政吹响了中国从传统农业文明向工业文明进军

的号角。它进行了一系列的改革开放实验，许多都是开风气之先的。创新是民族的灵魂。船政人开创了数十个第一，正是民族精神的充分体现。尤其是思想领先，更是难能可贵。今天我们进行先行先试，就要有船政当时开风气之先的精神，勇于改革，勇于创新。

三是重视科教、重视人文。船政"师夷长技"，引进来，走出去，紧追世界科技前沿。同时引进近代教育模式，把培养人才作为根本，从而使船政成为近代科技队伍的摇篮，成为中国近代教育的"开山之祖"。船政引进西学，但不忘把它与人文精神结合起来。创办船政本身就是为了师夷以制夷的。创办者、组织者有着强烈的爱国心，他们为了师夷御侮，奋发图强，有着强烈的事业心和责任感。而船政的学生们是带着强烈的使命感来学习的。"该生徒等深知自强之计，舍此无他可求，各怀奋发有为，期于穷求洋人奥秘，冀备国家将来驱策。"船政历史的激励作用和船政人物的榜样作用非常明显。先贤先烈们的人格力量无时无刻不在激励着学生们的爱国主义热情。

四是重视海权。1890年，美国海军学院院长马汉发表了海权理论，震动了世界。马汉的海权理论，是将控制海洋提到国家兴衰的高度。在这之前，当时国人的认识虽然没有这么深刻和系统，但也有一定的高度。1866年6月，左宗棠在上奏清廷的《试造轮船先陈大概情形折》中，就提出了"惟东南大利，在水而不在陆"的精辟观点。他认为"欲防海之害而收其利，非整理水师不可，欲整理水师，非设局监造轮船不可"，而要克服自海上用兵以来的被动局面，就必须"尽洋技之奇，尽驾驶之法"，在军事上"夺其所恃"，在经济上"分洋商之利"。1870年船政第三艘兵轮"福星"号下水后，清廷批准沈葆桢的奏请，成立轮船水师。随后，船政建造的舰船调往各港口执行海防任务。船政创办本身就是迈向海权的第一步。造船制炮、整顿水师、培养海军人才都围绕着海权做文章。可以说"船政就是谋海权之政"，而且取得了世人公认的成就，成为中国近代海军的发祥地。孙中山先生视察船政时也称赞船政"足为海军根基"。严复认为，必有海权，乃安国势。今天，台海局势是海西建设绕不过的话题，南海主权、中美关系、中日关系、海军护航、钓鱼岛等问题也都与海权有关。中国的崛起不会像德国一样引起世界性冲突，也不必要与美国争夺海上霸权。我们建立强大的海军，目的就是维护领海和主权，维护世界和平。

弘扬船政文化，主要就是弘扬船政精神，服务海西建设。船政文化所凝结的爱国自强、改革创新、重视科教和人文、提升海权意识和开风气之先的精神都是海西建设所必需的。加强文化基础设施建设和发展文化产业也是弘扬船政文化的题中之义。船政文化积淀深厚，是一笔巨大的无形资产。打响船政品牌，有利于提高知名度和文化品味。船政文化又有其独特性，是其他文化不可替代的。船政文化是海西的特色文化，必须整合文化资源，加以大力弘扬，形成特色更加明显、更具影响力、更能展现海峡西岸风貌的文化品牌。

三　船政与台湾的历史渊源深远，弘扬船政文化对改善两岸关系促进和平统一事业有着特殊的意义

福建与台湾具有特殊的渊源关系，所谓地缘相近、血缘相亲、文缘相承、商缘相连、法缘相循。而船政与台湾的关系也非同一般。从1866年船政创办，到1895年甲午海战后割让给日本共30年。30年中，船政始终担任着繁重的台防、通航和支持经济建设的任务。船政第二艘兵船"湄云"号1869年下水，1870年就首航台湾运粮食。随后，"探航"、"永保"等船担任了闽台通航任务。轮船水师成立后，自制的舰船在澎湖台湾执行海防任务。船政还在探矿、地图测绘、电线架设、海底电缆敷设、台湾电报学堂教学等方面做出贡献。但最重要的是船政通过巡台治台，促进了台湾的近代化建设。1874年2月，日本政府以"牡丹社事件"为借口，公然侵台。清政府派船政大臣沈葆桢以钦差大臣身份去台湾办理台务。沈葆桢率领自己的舰队赴台，一手备战，一手外交，终于遏制了日本的侵略野心。日本被迫撤军后，沈葆桢马上实行台湾的治理，称"此次之善后与往时不同，台地之所谓善后，即台地之所谓创始也"。他相继提出并实施了一系列治台政策和改革措施，促使废除渡海到台的禁令；废除严禁台湾汉人私入"番界"的旧例；废除严格限制私铸、私贩铁器和竹木出口的法令，实行开山抚番、开矿招垦等政策措施，促进台湾经济的开放、开发和发展，为台湾的近代化奠定了基础。同时顺民心，建祠办学。设置台北府，让福建巡抚半年驻台办公，在台湾的发展史上写下了辉煌的一页。李鸿章给他的信中说道："我公在彼开此风气，善后始基，其功更逾于扫荡倭奴十万

矣。"连横先生高度评价沈葆桢的巡台治台,说"析疆增吏,开山抚番,以立富强之基,沈葆桢缔造之功,顾不伟欤?"随后几任船政大臣都亲临台湾继续施行沈葆桢的治台政策。丁日昌是沈葆桢选中的继任者。他上任后两次渡海,视察台湾,精心筹划台防,主持架设电线,并设立了电报局。他还派遣船政总监工叶文澜赴台用机器开采基隆煤矿,该矿成为中国最早投产的现代煤矿。丁日昌认真整顿台湾吏治,做好"抚番"工作,厘订了"抚番开山善后章程二十一条",先后创建义学一百余所。他还鼓励在台湾在北部试种茶叶,在南部山地试种咖啡,发展香蕉、菠萝、柑橘等经济作物。吴赞诚在船政大臣任上,亲赴台湾视察民情,加强防务,组织农耕和修路,改善少数民族生活。其间他曾取道恒春,攀越悬崖,渡过大溪,忍受饥渴,行程达三百里。黎兆棠两度入台主政,大力整饬吏治,惩办恶霸,同时严厉打击法国不法商人的大规模走私行为。岑毓英两次渡台,深化了开山抚番的工作,并组织对大甲溪的疏浚。他们都对宝岛台湾的开发做出了一定贡献。

　　1895年4月17日,清廷签订《马关条约》。割让台湾的消息传出,全国哗然。这种丧权辱国的行为,激起台湾民众的强烈抗议。他们"誓宁抗旨,死不事仇"。在这之前的3月份,台湾巡抚唐景崧已急电朝廷派陈季同赴台,授以台湾布政使,以期通过陈季同的人脉和斡旋让法国出面进行干预。外交斡旋没有成效,陈季同运用他熟悉的《万国公法》内容,与台湾绅士邱逢甲等合议,策划设立"台湾民主国",以"遥奉正朔",拒绝割让,并"求各国承认"。当年5月25日,"台湾民主国"终于诞生,虽然终因寡不敌众而告失败,但其作为一种地方性的临时抗日民主政权,有着重要的历史意义。台湾光复后,船政精英参与接受日本投降,参与光复后的建设。1949年有300多位船政毕业生到台湾,日后成为社会各方面的骨干,光军界就有50多位将军级军官。

　　从办学的情况看也可以发现船政在闽台两地是一脉相承的。民国时期,船政学堂更名为福州海军制造学校、福州海军学校、福州海军艺术学校,后增设福州海军飞潜学校。随后几校合并为马尾海军学校。1930年校名定为"海军学校"。抗战时期,海军学校迁往贵州桐梓(史称桐梓海校)。1946年,海军学校自贵州桐梓迁往重庆待命。12月海军学校奉令与在上海刚创办不久的中央海军军官学校合并,迁往青岛。1949年南迁厦门,后迁台湾左营。现在左营海校校史仍以马尾海校为宗。

最近在福州召开的福州船政与中国近代海军史研讨会上,一位与会的台湾将军说:"船政的传承没有断,船政的精神在这边传下来,在台湾也是传承下来的。"可见两岸的船政学子在传承船政精神方面感受是相同的。船政的学缘一脉,文缘相承。我们完全可以通过共同传承和弘扬船政文化,促进两岸关系的改善。从这点来说,弘扬船政文化和加快海西建设对和平统一事业有着同样特殊的意义。

船政文化与两岸文化交流[*]

船政衙门一成立，就与闽浙总督、福建巡抚、福州将军等机构形成了特殊的行政关系，也与台湾保持着密切的关系。船政文化根扎两岸，学缘一脉，文缘相承。

一 船政一成立，就在海峡两岸形成难解难分的特殊关系

从架构上看，清廷成立的总理船政事务衙门与闽浙总督、福建巡抚、福州将军等机构形成特殊的行政关系。联名直奏，形成你中有我、我中有你的关系。而台湾隶属于福建。台防一直由福建负责。1874年沈葆桢兼任台防后，船政与闽台更是密不可分。有的学者甚至说是"三位一体"。当时所有福建镇、道等官员，归沈葆桢节制；江苏、广东沿海轮船，归沈葆桢调用；台湾筹防所需款项由福建供给。

从职务上看，船政大臣不管是专职、兼职，基本上是总督、巡抚、将军等职务。吴赞诚是先任船政大臣后兼任福建巡抚。卞宝第、谭钟麟、边宝泉、许应骙、松寿五人以闽浙总督的身份兼任。裕禄、增祺、善联、景星、崇善是以福州将军的身份兼任。李成谋既是福建水师提督，又是船政轮船水师统领。

从实际情况看，从1866年船政创办，到1895年甲午海战后割让给日本共30年。30年中，船政始终担任着繁重的台防、通航和支持经济建设的任务。船政第二艘兵船"湄云"号1869年下水，1870年就首航台湾运粮食。随后，"琛航"、"永保"等船担任了闽台通航任务。轮船水师成立后，自制的舰船在澎湖台湾执行海防任务。船政还在探矿、地图测绘、电

---

[*] 本文系笔者2012年11月28日在第三届海峡两岸船政文化研讨会上的主旨发言稿。

线架设、海底电缆敷设、台湾电报学堂教学等方面做出了贡献。

二 船政文化根扎两岸，学缘一脉，文缘相承

(1) 巡台后的善后始基奠定了两岸近代化的基础。

重要的是船政通过巡台治台，开台、开府、开禁、开山抚番，促进了台湾的近代化建设。随后几任船政大臣丁日昌、吴赞诚、黎兆棠、裴荫森等都亲临台湾继续施行沈葆桢的治台政策。

(2) 马关条约前后，台湾不忘船政学子的特殊作用。

清廷签订《马关条约》前，台湾请陈季同当布政使，利用他的外交关系斡旋。

清廷签订《马关条约》后，让陈季同运用熟悉的《万国公法》内容，与台湾绅士邱逢甲等合议，策划设立"台湾民主国"，以"遥奉正朔"，拒绝割让，并"求各国承认"。

(3) 台湾光复后，船政精英参与接受日本投降，参与光复后的建设。1949 年有 300 多位船政毕业生到台湾，日后成为社会各方面的骨干。

(4) 从办学的情况看，船政在闽台两地血脉相承。

民国时期，船政学堂更名为福州海军制造学校、福州海军学校、福州海军艺术学校，后增设福州海军飞潜学校。随后几校合并为马尾海军学校。1930 年校名定为"海军学校"。抗战时期，海军学校迁往贵州桐梓（史称桐梓海校）。1946 年，海军学校自贵州桐梓迁往重庆待命。12 月海军学校奉令与在上海刚创办不久的中央海军军官学校合并，迁往青岛。1949 年南迁厦门，后迁台湾左营。现在左营海校校史仍以马尾海校为宗。2010 年在福州召开的福州船政与中国近代海军史研讨会上，一位与会的台湾将军说："船政的传承没有断，船政的精神在这边传下来，在台湾也是传承下来的。"可见两岸的船政学子在传承船政精神方面感受是相同的。船政的学缘一脉，文缘相承。

三 船政文化是两岸文化交流的重要内容

船政在两岸近代化建设中的特殊作用是两岸绕不开的话题。两岸都有

各式各样的纪念活动。如台北府纪念活动，马英九在台北设立沈葆桢厅。大陆这边活动更为频繁。船政特展在台湾举办深受欢迎。沈冬来榕讲座，也深得好评。

船政在闽在台文物众多，船政文化在旅游方面有许多资源。通过旅游这个载体，可以促进两岸的文化交流。

由于战争、革命、运动、两岸分割等历史原因，船政文化尘封了一百多年，现在才开始认真研究，在许多地方取得共识。但研究的广度、深度远远不够。共同研究是今后长期合作的需要。而台湾这方面的历史资料丰富，合作有前景广阔。

船政学堂一脉相承，左营海校以船政学堂为宗。他们的宗旨是"培育第一等人才，建设第一等海军"，这也是船政学堂的办学理念。但由于历史原因，现在还无法坐在一起。通过文化交流，促进军事院校的交流也是我们期待的。两岸都有一所船政学堂的后裔，历史境遇不同，走的路子不同，进行交流和探讨今后的合作对促进两岸和平发展是有意义的。

总之，船政文化与闽台有着割不断的联系，通过共同传承和弘扬船政文化，对促进两岸文化交流、促进和平发展有着特殊的重要意义。通过交流有利于增进对船政历史的文化认同，有利于增进对船政历史人物的正确评价，有利于增进对中华民族精神的文化共识，有利于增进了解、为和平发展添砖加瓦。

船政文化与弘扬民族气节[*]

民族气节是富有民族精神的志气与节操。船政文化博大精深，具有民族气节的故事很多，最为典型的就是甲戌巡台等故事。它们就像一首首凸显民族气节的组歌，其支撑是民族的、时代的、融通中西的船政精神。讴歌其民族气节，以纪念抗日战争胜利70周年，有着许许多多的历史启示。

一　凸显民族气节的船政故事

船政文化中不乏具有民族气节的故事，最为典型的、最为可歌可泣的就是甲戌巡台的故事和甲申马江海战、甲午黄海海战两次海战中，船政学生们杀身成仁、视死如归的故事。这三个故事组成一首凸显民族气节的组歌。

第一个故事是甲戌巡台。这是凸显民族气节的典型故事。为什么呢？第一，日本派兵侵台，是非正义的。正义在我方，"师直为壮"，"侵我土地，戕我人民"的侵略者必亡。而"民心可用"，军民同仇敌忾，众志成城，一致抗日。第二，沈葆桢巡台，与日军"理喻"，外交谈判，不卑不亢，有理有节。沈葆桢亲自写照会说：生番地"隶中国者二百余年，号其人顽蠢无知，究系天生赤子"，这是中国自己内部的事，没有必要由他国劳师糜饷而来。你们这是来复仇吗？《申报》评论说，"中国之直，日本之曲，一览而愈昭矣"。布政使潘霨与西乡从道四次会谈，也理直气壮，驳得西乡哑口无言。潘霨还拿出《台湾府志》的铁证。上面记载，琅峤18社归"化外生番"，由台湾府管辖，岁纳番饷。西乡看后瞠目结舌，半天说不出话来。第三，沈葆桢信心十足，临行前写道："从来玩岁愒日者必

---

[*] 本文系笔者2015年6月13日在"海峡论坛：船政文化与民族正气暨纪念抗日战争胜利70周年研讨会"上的主旨发言稿。

亡！穷兵黩武者亦必亡！"并定下"联外交、储利器、储人才、通消息"的巡台作战方针和理喻、设防的行动纲理。通过加紧战备，快速加强了台湾的防范。第四，集中优势兵力，做好歼敌的准备。沈葆桢做好歼敌部署，时时了解敌情。看到"倭备日顿"、"倭情渐怯"、"倭营貌为整暇，实有不可终日之势"。并上报总署，要"坚忍持之"，不要"急于求抚"。不要迁就，急于销兵，反而生滋蔓。日军理亏，加上水土不服，每天死亡几个，一共死了560人。大久保利通见势不妙，又听说沈葆桢在买铁甲船，赶快跑到北京来谈判。第五，中方义正辞严。6月26日，潘霨与西乡最后会谈时，西乡提出赔款，潘霨说，贵国擅行兴兵前来，哪有贴补之理。大久保最后找总署时提出补贴200万两，也被驳回去。英国公使威妥玛出面施压，说200万两不多。最后签订《北京专约》，给抚恤10万两，补偿建筑费用40万两了事。第六，日本退兵后，沈葆桢开始善后治理，认为"此次之善后与往时不同，台地之所谓善后，即台地之所谓创始也"。"善后不容稍缓"，"善后难，以创始为善后则尤难"。专约签署后第六天，即开展有名的"海防议"。甲戌巡台是中国近代海军保卫海疆、保卫台湾的壮举，是近代难得的一次"不战而屈人之兵"的案例，是民族气节得以升华的可贵事件，也是促使朝野重视海防、正视"东南大利在水"和门户建设的总动员。

第二个故事是马江海战。1884年甲申年，中法马江海战非常惨烈。8月23日下午1时56分，马江刚刚退潮，法国舰队司令孤拔命令开战，旗舰"窝尔达"号升起第一号令旗，发出作战信号。在港所有法国军舰对近在咫尺、毫无准备的中国军舰突然开火。福建水师舰船措手不及，还来不及起锚就被敌舰第一排炮弹击中，其中"琛航"号和"永保"号两艘舰船被击沉，多艘舰船遭受重创。战斗不到半个小时，法国军队被击沉鱼雷艇1艘，伤军舰3艘；福建水师11艘舰船，9艘沉没，2艘重伤搁浅，尚存官兵攀援碎木板、断桅杆沉浮江中。惨无人道的法国侵略军又向漂浮于江面、已经丧失抵抗能力的中国官兵射击，江水顿时染成了红色。此役，阵亡官兵近八百人。战斗中，炮舰"福星"号管驾陈英大吼："这是我们报效祖国的时候！"游击吕翰抚摸着大炮，大声笑道："酬我志者，此也！""飞云"号管驾高腾云大腿被大炮炸断时，仍然挺直脊梁，指挥战斗。马江血流成河，至今潮起潮落，天天可以看到英雄们献来的浪花。在中法马江海战中，船政学堂培养的水师官兵奋起抵抗，视死如归，表现出强烈的爱国主义精神和大无畏的英雄气概。马江海战虽然失败，但与前两次鸦片战争比较，已改变了以往侵略者的疯狂气焰。马江海战后，法军被阻于浙江石浦，无力北上，这种重大变化，也反映了船政对建立近代海军以御外侮的历史作用。

第三个故事是甲午海战。在1894年中日海战中，船政学生们上演了可歌可泣悲壮的一幕。北洋水师战败。右翼总兵定远舰管带刘步蟾自裁殉国、左翼总兵镇远舰管带林泰曾服毒自尽（林泰曾自杀后，杨用霖升护理左翼总兵兼署镇远管带。1895年2月拒绝出面与日军接洽投降，自击殉国）、致远舰管带邓世昌落水殉国、经远舰管带林永升中炮阵亡、扬威舰管带林履中阵亡殉国、超勇舰管带黄建勋阵亡殉国，还有许多副管带、帮带大副、总管轮等都是船政学堂的毕业生。他们大义凛然，浩气长存，永远值得后人怀念。船政学堂的学生们以满腔的爱国热忱，忠实地实践着民族英雄林则徐毕生追求的"苟利国家生死以，岂因祸福避趋之"的崇高人生真谛，不愧是中华民族的脊梁。甲午黄海之战时，我方的10艘战舰参战，其中9艘战舰的管带均是船政学堂的毕业生，而且有八位是驾驶一届的同班同学。难怪唐德刚会在《甲午战争百年祭》中称，"马尾船校以一校一级而大战日本一国！"并为之赞叹："马尾！马尾！我为尔欢呼。您在五千年中华通史上，青史留名，永垂不朽！"

二 弘扬民族气节的船政精神

有没有民族气节，关键要看其有没有灵魂，就像一个人一样，没有灵魂怎么会有气节？一个民族虚无主义者连民族都不承认，怎么会有民族气节呢？船政能表现出民族气节，关键就是其背后有着深厚的精神在支撑。我认为，船政精神有三个方面在支撑着它：一是民族精神，二是时代精神，三是融通中西的探索精神。

民族精神，是在民族的延续发展过程中逐渐形成的，是民族成员广泛认同的思想品格、道德规范和价值取向。船政文化所凝结的正是以爱国主义为核心的民族精神。在列强瓜分中国的当时，船政人表现得相当突出。它奏响了中国人觉醒图强的进行曲，是民族自尊、爱国自强的典范。特别是甲申马江海战、甲午黄海海战，船政的学生正气凛然，奋勇杀敌，视死如归，伟大的爱国主义精神得到了充分的体现和升华。爱国自强是中华民族的优秀传统，林则徐为国为民、无私无畏、疾恶如仇、勤政清廉，尤其以虎门销烟而名垂青史。左宗棠受林则徐的人格感染，立志要继其未竟事业，其爱国情怀也十分感人。沈葆桢是林则徐的女婿、外甥，深受其影响，亦民族气节凛然，无私无畏、疾恶如仇和十分清正廉洁，被誉为"文忠垂范于前，文肃遵循于后"。这些先贤的人格力量无时无刻不在激励着船政学子的爱国热情。

时代精神，主要是重视科教、重视海权。船政吹响了中国从传统农业文明向工业文明进军的号角。它进行了一系列的改革开放实验，许多都是开风气之先的。首先，引进技术、引进设备、引进管理、引进人才，派出去考察、派出去留学，紧追世界科技前沿的步伐。造船工业是当时科技水平的综合体现，它的建造带动了上下游工业的发展，也造就了一大批科技人员和产业工人。正因为有了船政这个工业基地，才有了日后破天荒地采用国产材料成功地制成了我国第一架水上飞机，从而开创了中国人自己的飞机制造工业新纪元。其次，引进近代教育模式，把培养人才作为根本，从而使船政成为近代科技队伍的摇篮，成为中国近代教育的"开山之祖"。而窥其精微之奥对的留学教育，正蕴含着面向世界的强烈的时代精神。

再是富有近代意义的海权意识。甲午战争前的1890年，美国海军学院院长马汉发表了《海权对历史的影响1660~1783》的文章，而后到1905年，又相继发表《海权对法国革命和法帝国的影响：1793~1812》和《海权与1812年战争的联系》两篇文章。这三篇文章被后人称为马汉"海权论"的三部曲。海权理论诞生，震动了世界。在这之前，当时的国人还没有认识到这样的高度。但船政的创办已初露端倪。"东南大利在水而不在陆"、"念念不忘铁甲船"、"东洋终须一战"等没有海权意识是不可能的。到了学生一辈，如严复、陈季同等更是直陈海权的重要。

融通中西的探索精神。近代的中国把船政带到中西文化激烈碰撞的风口浪尖。船政是中西文化大碰撞、思想观念大变革的产物。"师夷制夷"就是碰撞的结果。船政人开创了数十个第一，这正是探索精神的充分体现。从沈葆桢撰写的船政门联也可以看出中西文化的融通和求真务实精神。联是这样写的："且漫道见所未见，闻所未闻，即此是格致关头，认真下手处;何以能精益求精,密益求密,定须从鬼神屋漏,仔细扣心来";"以一篑为始基,从古天下无难事;致九译之新法,于今中国有圣人。"意思是要人们勇敢地摒弃传统的陋习,认真追求科学真理;在科学技术日新月异的关键时刻,要脚踏实地,打好基础,求实求精,刻苦探索;要排除万难,自强不息;只要我们共同努力,中国的科技人才乃至各种栋梁之才一定能涌现,中国的将来一定有希望。

追求真理以自强,是船政创办者、组织者的"中国梦",也是船政学子的"中国梦"。在中西文化交流的舞台上,历史给船政学子提供了极好的机遇。引进西学,特别是赴欧留学使他们处于中西文化交流的风口浪尖上,也造就了他们的才干,使他们能够站在更高的层面上来审视中国,寻找救国良方。在这一点上,英国军官寿尔高度评价船政的留学,他说:"这事(指船政学生留洋)已经办了,我们不久就要看到结果,因为一个巨大的变化已在目前,当这些青年带着旷达的眼光和丰富的西方学问回到中国时,一掬酵母将在中国广大的群众之中发生作用,这对于整个人类将不能没有影响。"

三 讴歌民族气节的历史启示

(一) 走自己的路,自强不息

船政文化的核心价值首先是爱国自强。船政创办本身,就是为了自强。大陆称"洋务运动",台湾称"自强运动"。这是因为,一开始朝野上下就把它认定为"自强之计"、"自强之策"。从践行的情况看,也让人们看到这是一种强国之道的可贵探索。从组织者到船政学堂培养出来的学生,都可以感受到他们强烈的爱国情怀和"天下兴亡、匹夫有责"的责任感。其灵魂就是爱国自强的民族精神。甲戌巡台治台,迫使日本侵略军退出台湾,保卫了中华民族的尊严并开始了台湾的近代化进程。甲申马江海战、甲午黄海海战中,船政学子用鲜血和生命谱写了中国近代史上最悲壮的爱国史诗。

面对军事上的失败和外交上的失利,强烈的爱国心驱使船政学子变革救亡。严复率先与1895年2月至5月间,在天津连续发表《论世变之亟》《原强》《辟韩》《救亡决论》等五篇政论文,呼吁"万万不可求和""先国而后身，先群而后己"，显示了中华民族坚毅刚强的决心和浩然正气。陈季同则奔赴台湾，协助唐景崧筹划防务，面对清廷被迫割让台湾、澎湖给日本，先是积极通过外交手段争取西方国家"援助"，后则策划成立"台湾民主国"，抵抗日本占领台湾。

船政是中国近代化的一面旗帜，也是福建近代化的先驱。经过一百多年的奋斗，特别是改革开放以来，中国近代化建设步伐大大加快。回首往事，我们可以清醒地看到，爱国图强的斗争此起彼伏，持续不断，只是不同时期情况不同、强度不同、效果不同而已。从这一历史角度看，今天的民族振兴正是昨天爱国自强的延续，今天的改革开放正是昨天船政事业的继续与发展。中华民族的振兴要靠许多代人的自强不息，爱国自强仍然是今后近代化建设的动力。

近代的中国把船政带到中西文化激烈碰撞的风口浪尖。如何融通中西文化，就必须有求真务实的探索精神。船政是中西文化大碰撞、思想观念大变革的产物。"师夷制夷"就是碰撞的结果。"穷则变，变则通"的变革思想、"东南大利在水而不在陆"的海权意识、"船政根本在于学堂"的人才观、"引进西学，为我所用"和"求是、求实、求精"的教育观、"窥其精微之奥"的留学观等，都是前所未有的思想变革，它们让世人为之惊叹，为之振奋。船政的创办本身就是中西合璧的结果。船政人开创了数十个第一，正是探索精神的充分体现。

如今，东方雄狮已经醒过来了。我们回头看看这段近代史，会惊奇地发现我们又回到原点。鸦片战争之前，大清帝国走的是自己的路，社会是相对安逸稳定的。鸦片战争后，被迫打开大门，看到西方的坚船利炮，开始学习西方，先是学科技，后学政治、法律、思想。辛亥革命，清帝退位，立宪共和，军阀混战。后来克里姆林宫的一声炮响，走俄国人的道路成了结论。但后来中苏论战，关系冷却。"文革"后，我们开始反思，最后确立自己的特色道路。一个半世纪过去了，从走自己的路到师夷制夷，到走俄国人的路到摸着石头过河，到重新走自己的路。这个走自己的路已经和鸦片战争前的路有着质的不同。我们已经能面对全球化，审时度势，找回自己丢弃的东西，包括优秀中华文化，坚持真理，修正错误，大踏步地前进。

习近平总书记说：从鸦片战争到五四运动，从辛亥革命到新中国成立,从一穷二白的半殖民地半封建国家到正欣欣向荣蓬勃发展在国际社会举足轻重的泱泱大国,中华民族走过了一段峥嵘岁月。在行走的岁月里,每一个人的梦想就是要实现国家的昌盛、民族的富强,这就是"中国梦"。船政的创办正是国人的觉醒、中国梦的开始。

(二) 面临三千年大变革,后发制人

面临三千年未有之大变革,在门户被迫洞开的时候,中华民族怎么办?只有顺应历史潮流,救亡保种,奋发图强,重振中华。船政的创办者们关注世界,探索新知,关心时局,目的就是寻求强国御侮之道。他们适时地登上政治舞台,在19世纪60~90年代掀起了一场蓬勃的洋务运动,逐步形成中国近代早期的主动开放格局,奏响了中国人觉醒图强的进行曲。他们如饥似渴地学习科技,采用高位嫁接的办法,用勇猛精进的精神追赶世界科技潮流,成效卓著。而且把希望寄托在下一代,狠抓人才培养的根本,造就了许许多多的栋梁之才。船政学生们不负所望,为民族的振兴而刻苦学习。许多学生通过学习尤其是欧洲留学,感受到中西方文化的异同。通过对比,了解到差距,追求真理,探寻救国良方。他们眼界开阔,思维敏锐,成为近代叱咤风云的人物。

但总体上来说,国人是准备不足的,被动的。现在,大变革还在继续。工业革命后,蒸汽机、电气化、自动化、信息化,接踵而来,日新月异,目不暇接。"工业4.0"又很快到了。在这种背景下,中华民族只有顺应世界发展的历史潮流,发挥后发优势,迎头赶上去。弘扬民族气节,就要弘扬船政文化的勇猛精进的进取精神。正如沈葆桢所说"勇猛精进则为远谋,因循苟且则为虚耗","船政万难停止"。正因为有这种勇猛精进的精神,才铸就了船政的辉煌成果。今天,我们有后发制人的优势,但时不我待,仍然要以勇猛精进的进取精神,为实现中国梦而奋起直追。

(三) 权操诸我,确保国家安全

英国人到中国来倾销鸦片。把毒品拒之门外,这是国家应有之义,是民族的立场,但英国人却用坚船利炮打开中国的大门。鸦片战争之后,以英法为代表的西方列强,利用不平等条约处处干涉中国内政。船政创办伊始,从购置机器设备到聘请洋师、洋匠,英法驻华公使就企图操控船政。

他们从各自国家利益出发,既要从中渔利,又不希望中国真正强大,力图渗透控制。但船政创办者们始终坚持"独立自主、权操诸我"的原则,维护国家主权。左宗棠认为,"其最要则中国人自造自驾,不致受彼族挟制"。沈葆桢指出兵船"购者权操于人,何如制造者权操诸己"。

英国驻华公使威妥玛、总税务司赫德先后向清政府提出《新议略论》和《局外旁观论》,"扬言制造耗费,购雇省事,冀以阻挠成议"。英国驻福州领事也妄图把马尾船政扼杀于襁褓之中。左宗棠清醒地指出:"外国多方阻挠,乃意中必有之事,见在英国领事等屡以造船费大难成,不如买现成船为便宜,此即暗中使坏之一端。不然,伊何爱于我,而肯代为打算乎!"左宗棠针对洋人技术垄断的目的,针锋相对地提出要积极引进和学习西方先进科学技术,做到中国人自己掌握造船技艺。为此,他对于自造轮船的计划还制定了保密措施。

船政建立了自己的第一支舰队。沈葆桢"念念不忘铁甲船"。船政精英们也一再提海权的重要,但在今天,在全球村的背景下,国家主权和安全已经不是一个制海权可以解决的问题了。制空权、核技术、网络黑客、深海技术、电子高科技、金融海啸以及间谍活动等已经使国家主权和安全面临越来越多的隐患和漏洞。当前,国际形势风云变幻,中国经济社会发生深刻变化,改革进入攻坚期和深水区,社会矛盾多发叠加,各种可以预见和难以预见的安全风险挑战前所未有,只有增强忧患意识,才能居安思危。同时,运筹好大国关系,塑造好周边安全环境,加强合作,建立良好的国际关系,积极参与全球治理,才能促进世界的和平与发展。

(四)文化自信,天下大同

船政是非常之举,是三千年大变革的历史产物。当年办船政是在列强入侵、危机四伏、清朝统治进入封建主义末期的历史条件下创办的。在逐步沦为半殖民地半封建社会的历史条件下,要"师夷制夷",没有文化自信是不可能实现的。

引进西方技术必须有文化自信。船政实施"请进来、走出去"的战略,以开放的心态对待中外文化的交流、冲突和渗透。这本身就是一种文化自觉与文化自信。船政师夷是为了制夷,"请进来"是为我所用,是为了"整顿水师",建立自己的近代海军,而不是买"阿思本舰队"。

船政引进西方先进的技术、管理和教育模式，但始终坚持为我所用的原则。船政聘任日意格为正监督，与之签订了五年包教包会的合同，以契约形式聘用外籍教师，坚持外籍工程师、教师以私人身份受聘，坚持"权操诸我"原则。这一切都是为了培养自己的造船、驾驶人才，为了御侮，为了自强。

"走出去"也充满着自信。沈葆桢认为洋人来华教习未必是"上上之技"，"以中国已成之技求外国益精之学"必然事半功倍。因此选取学生赴法国深究其造船之方，及其推陈出新之理；赴英国深究其驶船之方，及其练兵制胜之理。船政学子们"深知自强之计，舍此无可他求，各怀奋发有为，期于穷求洋人秘奥，冀备国家将来驱策，虽七万里长途，均踊跃就道"。他们分赴法、英、德、美等国留学，学成回国，成为我国近代化的精英和栋梁。通过留学，船政学子们开阔了眼界，增长了知识，同时改变了思维，了解到差距，促使他们去追求真理，探寻救国良方。他们大量翻译西方的政治经济学说，大大影响了中国近代的思想界，最有代表性的就是严复。他运用西方进化论和天赋人权学说，宣传变法图强的思想主张，连续发表政论文章，翻译《天演论》等名著，振聋发聩，影响深远，成为中国近代杰出的启蒙思想家，深刻地影响着维新变法、辛亥革命、新民主主义革命的进程。也正是这位思想家，在辛亥革命失败后仍坚持"中国必不灭"的信念，他坚信中国将会成为"强族大国"。晚年，他撰写了一副对联："有王者兴必来取法，虽圣人起不易吾言"，可见其自信之至。

文化自信是指对自身文化价值的肯定和对文化生命力的坚定信念。船政通过文化交流，既吸收外来优秀文化，又坚信中华文化的生命力。这种文化自信是实施文化强国战略所必须的。文化是民族的血脉，是人民的精神家园。在我国五千多年文明发展历程中，各族人民紧密团结、自强不息，共同创造出源远流长、博大精深的中华文化，为中华民族发展壮大提供了强大精神力量，正如严复所说，是"耐久无弊"的，是"最富矿藏"的。但我们也要清醒地看到，严复倡导的新民德、开民智、鼓民力的目标并没有实现，而且任重道远，增强国民素质仍然是今后的重要课题。

汤恩比是期待中国对世界的和平、统一和发展发挥作用的西方思想家。他对中国的历史和文化十分赞赏，认为中国一定能够在未来对世界在政治上和精神上的统一做出主要贡献。他认为在全世界找不到第二个这样大一统的国家。21世纪是中国人的世纪。中国的文化尤其是儒家思想和大乘佛教引领人类走出迷误和苦难，走向和平安定的康庄大道。他认为以中华文化为主的东方文化和西方文化相结合的产物，将是人类未来最美好和永恒的新文化。

　　现在世界很不安宁，各国都有各自的利益。第三次世界大战如果发生，就是核武生化战争，不但两败俱伤，而且地球也会同归于尽。这个战争没有胜负，只有人类集体自杀。解决这些问题，只有用中国智慧，和谐万邦，天下大同。我们都是炎黄子孙，可是大家都知道炎帝、黄帝是两个人，两个部落的首领。当时也是打得不可开交，最后联合起来，成为中华民族的共同始祖。这个生动的例子，五千年来，无时无刻不提醒着人们；和为贵，是走向天下大同的必由之路。这就是中国智慧，这就是中国给世界立下的样板和模式。

弘扬船政精神　实现民族复兴[*]

"弘扬船政精神，实现民族复兴"是会议的主题，是个大题目。我以小见大，抛砖引玉。谈两点意见。

一　船政与民族复兴有着内在的密切联系

（一）船政拉开近代化的序幕，是民族复兴之路开始的地方

鸦片战争后，一些经世致用学者、有识之士寻求强国御侮之道，探索中国独立、富强的途径。

林则徐是近代中国"开眼看世界的第一人"。他认为"不论造船制炮以及练兵，均应以师夷长技为原则"，"可师敌之长技以制敌"。他提出建立近代海军，却被道光皇帝斥为一派胡言。咸丰皇帝想建立一支舰队，却弄来了一支不得不解散的阿思本舰队。左宗棠深受林则徐、魏源的影响，决心实践"师夷制夷"，设局造船，整顿水师。

近代化是一场社会变革，是向近代文明的转化。中国的近代化进程缓慢，一般认为洋务运动是标志性的起点。洋务运动力图通过采用西方先进的生产技术，摆脱内忧外患的困境，达到自强求富的目的。在这场运动中，船政表现突出，成就显著，影响广泛深远。从这个意义上讲，实现国家昌盛、民族富强的中国梦正是从这个时候开始，正是从这个地方开始。

（二）船政文化所凝结的精神正是民族复兴的中国精神

船政文化是船政历史人物创造的物化成就和政治精神文明成果，它包括物质、政治、精神三方面，而其精华和灵魂是精神文明成果。有几个

---

[*] 本文为笔者2013年6月14日在海峡论坛"弘扬船政精神，实现民族复兴"研讨会上的大会发言。船政文化研讨会首次入驻海峡论坛。

层面。

一是爱国自强精神。在列强瓜分中国的当时，船政人表现得尤为突出。1. 师夷长技以制夷就是富国强兵、抵御外侮的思想。2. 权操诸我的独立自主的原则。3. 船政奏响了中国人觉醒图强的进行曲，是民族自尊、爱国自强的典范。特别是在甲申马江海战、甲午黄海海战中，船政的学生正气凛然，奋勇杀敌，视死如归，伟大的爱国主义精神得到了充分的体现和升华。

二是改革创新精神。船政吹响了中国从传统农业文明向工业文明进军的号角。它进行了一系列的改革开放实验，许多都是开风气之先的。窥其精微之奥，正是面向世界的一种强烈的时代精神。创新是民族的灵魂。船政人开创了数十个第一，正是民族精神的充分体现。尤其是思想领先，更是难能可贵。最典型的代表就是严复。他是船政精英的杰出代表。他的思想影响了几代人，是中国近代最杰出的启蒙思想家。

三是重视科教、人才为本。"师夷长技"，引进技术、引进设备、引进管理、引进人才，派出去考察、派出去留学，紧追世界科技前沿的步伐。同时引进近代教育模式，把培养人才作为根本，从而使船政成为近代科技队伍的摇篮，成为中国近代教育的"开山之祖"。

四是重视海权。左宗棠充分认识到"东南大利，在水而不在陆"。他创办船政，就是林则徐、魏源"师夷制夷"海权思想的具体实践。沈葆桢也一再强调"船政为海防第一关键"，"船政为海防水师根本"。船政设立本身就是重视海权的体现。造船制炮、整顿水师、培养人才都围绕着海权做文章。可以说"船政就是谋海权之政"，而且取得了世人公认的成就。孙中山先生就称赞船政"足为海军根基"。

归结起来船政文化的精神实质有爱国自强、改革创新、重视科教和海权意识几方面，但其核心就是强烈的爱国自强精神和强烈的海权意识。习近平总书记讲，"实现中国梦必须弘扬中国精神。这就是以爱国主义为核心的民族精神，以改革创新为核心的时代精神"。船政文化所揭示的精神正是这种精神。

二　船政文化所揭示的精神意义深远，至今还有现实意义

船政文化所揭示的精神意义深远，博大精深，至今还有现实意义，有

很多启示。我把船政分为两代人,第一代是创办者的一代,第二代是船政学堂培养出来的新一代。

(1) 创办者的一代有许多理念是值得我们学习的。如大家比较了解的有爱国自强精神、改革创新精神、重视科技的理念、重视教育的理念、重视海权的意识、重视门户建设的战略思想、开风气之先的精神等,在这里我不一一重复。

(2) 船政学堂培养出来的新一代的思想至今还有积极意义。

船政学堂培养出来的新一代的思想至今还有积极意义,典型的有严复的思想。我讲其中的四点。

一是"制无美恶,期于适时;变无迟速,要在当可"。

严复晚年,国内外形势发生了剧变,特别是1914年到1918年的第一次世界大战使严复对西方现代文明产生了怀疑并对它进行了反思。他在"一战"咏诗中感慨:"太息春秋无义战,群雄何苦自相残。欧洲三百年科学,尽做驱禽食肉看。"制无美恶,期于适时;变无迟速,要在当可。至今,仍有现实意义。

二是"物竞天择,适者生存"。只有强国,不单是经济强国,而且是政治强国、文化强国,才能自立于民族之林。逻辑发展是:先救亡,继富强,后大同。"惟适之安"时要求适时、适情、适势。与时俱进只讲适时,"惟适之安"更深刻,更有内涵。

三是"鼓民力,开民智,新民德。"认为"此三者,自强之本也",是治本的。

为了救亡先治标,而要救国,最根本的还是要使国家富强起来,要像西方国家那样发展经济,搞政治文明,特别是提高国民素质,使"民之力、智、德诚优"。现在国民素质问题很多,富人不太乐意搞慈善;穷人不安贫纵火报复社会,伤害无辜;搞企业的大搞假冒伪劣,污染环境;搞农业的生产毒蒜、毒姜。

1918年6月与熊纯如书中附有一首《心远校歌》,歌词有:"天心欲启大同世,国以民德分优劣。我曹爱国起求学,德体智育须交修。"严复认为,"世间一切法,举皆有弊,而福利多寡,仍以民德民智高下为归"。

四是"均平"思想。均平不仅是均贫富,更重要的是均贵贱,要实现"民之德、智、力、品"的均平,做到"民少不肖,无甚愚"。"欲贵贱贫富之均平，必其民皆贤、皆智而后可。""必其力平，智平，德平。"

严复指出："近代中国之弱，非羁于财匮兵窳也，而弱于政教之不中，而政教之所以不中，坐不知平等自由之公理，而私权奋，压力行耳。"

严复认为国群自由比小己自由更迫切，"国群自由比个人自由更重要"。认为"身贵自由，国贵自主"。

习近平总书记讲，中国梦是民族的梦，也是每个中国人的梦。我们比历史上任何时期都更接近中华民族伟大复兴的目标，比历史上任何时期都更有信心、有能力实现这个目标。

船政文化的兼收与融通[*]

摘要： 1866年清廷在福州马尾创办船政，创造了中国近代史上的许多奇迹。它成效卓著，光耀史册，也因此形成了特定的船政文化。它师夷长技，请进来，走出去，在中西文化激烈碰撞中擦出了耀眼的火花，是中西文化交流的辉煌成果。其特质就是兼收与融通。

关键词： 船政文化　兼收　融通

1866年，清廷在马尾设立总理船政事务衙门，开始引进西方科技教育为我所用，建立了近代国内最大的造船基地，首开近代教育之先河，组建了近代第一支海军舰队，尤其是造就了许许多多近代各门类的栋梁之才，成效卓著，光耀史册，也因此形成了特定的船政文化。船政文化，就是船政历史人物创造的物化成就和精神文明成果。其特质就是兼收与融通。它师夷长技，吸收外来文化而能消化创新；它走出去，不但学到了科学知识，而且开阔了眼界，通过双向审视，诞生了启蒙等新思想，发出了物竞天择的呐喊，在中西文化激烈碰撞中擦出了耀眼的火花，是中西文化交流的辉煌成果。

一　师夷长技的兼收消化

鸦片战争后，在激烈的中西文化冲撞中，林则徐等先贤认识到了解西方的重要，"日日刺探西事"，"时常探访夷情"，主持编译了《四洲志》，让世人了解了世界。他看到了西方文明的长处，提出了"师夷长技以制夷"的正确主张，为洋务运动的展开奠定了思想基础。随后，魏

---

[*] 中国中外关系史学会第八届会员代表大会暨"历史上中外文化的和谐与共生"学术研讨会于2013年10月19~20日在河北师范大学召开，笔者连任学会理事，本文在学术研讨会上交流。

源受其委托编写了《海国图志》，诠释了他的主张，提出了置造船械等战略设想。闽浙总督左宗棠正是在"师夷制夷"思想的指导下，选择了马尾，创办了船政。他明确指出："窃惟东南大利，在水而不在陆。"船政造船制炮、整顿水师、培养人才，围绕着海权做文章，并取得了世人公认的成就。船政吹响了中国从传统农业文明向工业文明进军的号角，是最早进行改革开放的实验田。在这里，进行了一系列的改革开放实验，许多都是开风气之先的，如建立了中国最大的，也是远东最大的船舶工业基地；建立了中国最早的兵工厂；建立了中国第一支海军舰队；创办了中国第一所高等院校，建立了与工业化和海军建设相适应的教育模式，培养了大量的科技和海军人才；引进了先进的技术和管理，科技水平在国内处于领先地位；铺设了福州马尾川石岛到台湾淡水的海底电缆；设立飞机制造工程处，采用国产材料成功地制成了我国第一架水上飞机，开创了中国人自己的飞机制造工业新纪元。所有这些，都是师夷长技兼收、消化的结果。

船政坚持"权操诸我"的原则，通过外交途径，确立契约形式，要求外方在5年合同期间内包教包会。洋员受中国官员制节，听稽查委员示谕，只负责教会，不干预其他。"条约外勿多说一字，条约内勿私取一文"[①]。沈葆桢曾说："臣与监督日意格约，限满之日，洋匠必尽数遣散，不得以船工未毕，酌留数人。如中国匠徒实能按图仿造，虽轮船未尽下水，即为教导功成，奖励优加，犒金如数，必不负其苦心。倘洋匠西归，中国匠徒仍复茫然，就令如数成船，究与中国何益？"[②] 日意格也在保证书中提出："自铁厂开厂之日起，扣至五年，保令外国员匠教导中国员匠，按照现成图式造船法度，一律精熟，均各自能制造轮船……并开设学堂……能自监造、驾驶，方为教有成效。"[③] 这体现了互相尊重主权的原则，与那些丧权辱国的条约形成了鲜明的对比。船政的包教包会有两大部分，造船学习法国的，设立制造学堂是学法语的；舰船驾驶和海军建设学习英国的，设立驾驶学堂是学英语的。聘请的洋教习也有两部分人：法国的和英国的。教材也是两国的。船政高位嫁接西方的科学技术，但立足国情，土

---

① 《海防档·福州船厂》，台湾近代史研究所，1959。
② 中国史学会：《洋务运动》卷5，上海人民出版社，1961，第45页。
③ 中国史学会：《洋务运动》卷5，上海人民出版社，1961，第36页。

洋结合，土法上马。虽然西方的工业模式、教育模式、军事训练模式、管理模式等，都和传统的模式大相抵触。但要办好船政，就必须对外来文化兼收并蓄，又要消化吸收，突破传统，综合协调，可谓"非常之举"。首任船政大臣沈葆桢运筹帷幄，改革创新，在体制、管理、人才、教学、招生等各方面都大胆突破，而又立足国情，"权操诸我"，终于取得可喜的成效。

二　走出去的学习吸收

请进来，走出去，是船政的人才培养战略。引进是为了更好地学习西方的科技知识。为进一步培养工程技术人才，船政采取了让学生出国留学、深造提高的继续教育措施。沈葆桢认为洋人来华教习未必是"上上之技"，"以中国已成之技求外国益精之学"必然事半功倍。他认为"窥其精微之奥，宜置之庄岳之间"[①]。"庄岳之间"即齐国。这是孟子的话，意思是要学好齐国话，就要到齐国去。因此选取学生赴法国深究其造船之方，及其推陈出新之理；赴英国深究其驶船之方，及其练兵制胜之理。正是这种指导思想为学生的深造提供了良好的条件。于是，船政建立了留学制度，由日意格制订留学章程和教学计划，确定学制三年，其中有一年见习，有四个月到各地参观。由华洋两监督共同管理。前后学堂、绘事院、艺圃均有选送。由华洋两监督共同管理。各专业学生除个别外都按对口专业到有关高校学习。如制造专业的学生到多郎官厂、削浦官学、汕答佃国立矿务学院、巴黎国立高级矿务学院等地学习；驾驶专业的学生到英国海军学校、格林威治皇家海军学院、抱士穆德大学院等地学习。晚清40多年，船政学堂共毕业学生510名（连同民国初期毕业的共629名），选送出国留学生四批及另星派出共111人。他们分赴法、英、德、美、比、西、日等国。学习的专业主要有造船、航海、飞机、潜艇、枪炮、鱼雷、矿冶、机械、无线电、天文等。学成回国，成为我国科技力量的主要骨干，典型的代表造船专家魏瀚、郑清濂，矿务专家林应升、林日章，轮机专家陈兆翱、杨廉臣，还有外交家罗丰禄、陈季同等。他们的影响之深，至今

[①] 沈葆桢：《沈文肃公政书》卷3，南京吴门节署吴元炳刊本，1880。

仍使福建的科技人才成为一道亮丽的风景线，仅中科院院士福建籍的就达40多名。

留学期间，一些留学生还有发明创造。如陈兆翱在留法期间，"创制新式锅炉，法人奇之"，发明抽水机，为西方技术界所崇，以他名字命名。他又改进轮船螺旋浆，大大提高效率，外国竞相效之。池贞铨用白石粉制成耐火砖。林日章为中国采用西法炼银第一人。池贞铨、林庆升、林日章、张金生、游学诗等系中国最早矿务专家，他们先后参加福建、江西、湖南、广东、安徽、山东、台湾、湖北、四川、贵州、陕西等地煤、铁、铅、银、锡、铜矿的勘探与开采，足迹遍布大江南北。留学生王道斌、苏学雍成为中国最早的无线电专家。留学生林贻游、郑守钦、陈寿彭等人在邮传部担任要职，为中国早期邮电通讯建设做出重要贡献。

正是由于建立了留学制度，促成了一批又一批的青年到国外去，使出国留学的青年开阔了眼界，增长了知识，改变了思维，学到了先进的科学技术和管理知识，为加快中国的近代化进程贡献了力量。也正因为有了出国留学，他们感受到中西方文化的异同。通过对比，了解到差距，促使他们去追求真理，探寻救国良方。纵观近代的风云人物，他们中的许多人是有留学背景的。

三　近代文学的引进交流

船政学子是最早接触近代文学的一批人。船政学堂的外文学习给他们奠定了阅读外文书籍的基础，留欧学习给他们提供了良好的机会和广阔的空间。

最先让国人大开眼界的外国小说是法国小仲马的名著《茶花女》。这是林纾翻译的第一部外国小说。然而林纾并不懂外文。最先成全这位翻译家的是船政学子王寿昌。王寿昌爱好文学，留法期间就阅读了大量西方文学名著。回国时，带回许多法国小说。小仲马的名著《茶花女》就是其中之一。光绪二十三年（1897年）初夏，林纾因丧偶郁郁寡欢。好友魏瀚劝他离开老家，到马尾住些时日，以散散心。在马尾期间，正在船政学堂任教的王寿昌就向林纾谈起法国文学，向他介绍《茶花女》。《茶花女》的小说魅力和令人同情的主人翁遭遇，打动了林纾。于是两人合译，王寿昌每日口译一小时，林纾笔录三千字，不到半年时间，就将全书译完，定名为《巴黎茶花女遗事》。当时，小说被视为末流，爱情小说更不能拿到台面上。所以，首次译出不敢用真名，林纾署笔名冷红生，王寿昌署笔名晓斋主人。译稿校对后，由魏瀚出资，送福州南后街吴玉田作坊木刻刊印。光绪二十五年（1899）二月面世，但当时只印100本，主要是分赠亲友阅读。1899年夏，上海素隐书屋将《巴黎茶花女遗事》委托昌言报馆代行刊印发行，随后归商务印书馆出版。一时纸贵洛阳，风靡全国，各种版本相继出现，计有二三十种之多，"国人见所未见，不胫走万本"。这部译著令国人大开眼界，好评如潮，许多读者为主人公的不幸流下同情的眼泪。严复曾题诗说："可怜一卷茶花女，断尽支那荡子肠。"这部译著的成功，大大鼓舞了林纾的翻译热情，他一发不可收拾，走上翻译小说之路，引起国人的瞩目，在文坛上渐负盛名，成为一位古今罕见的不懂外语的翻译家。

  在中西文化关系史上，陈季同可以说是一位具有典范意义的先驱。当时巴黎号称世界文学的渊薮，陈季同出入各文学沙龙，交游广泛，深知法国人对中国文化普遍持有轻蔑甚至厌恶之心（只有少数汉学家态度还算公平），或者推崇中国的古代艺术，而怪诧进步的缓慢。尤其是与之有交谊的大文豪法郎士，"老实不客气的谩骂"使他深思。他分析造成这种状况的原因有二，一是宣传不够，译出去的作品少而不好，二是范围不同，中国以诗词古文为发抒思想情绪的正鹄，欧洲则重视戏曲小说，彼此隔膜误会。为此，首先应确立"不要局于一国的文学，嚣然自足，该推广而参加世界的文学"的态度，去隔膜，免误会，通过翻译进行大规模的输出引进，破除成见，改革习惯，变换方式，以求中外一致。他率先身体力行，先后用法文发表了《中国人自画像》、《中国人的戏剧》、《中国娱乐》、《中国拾零》、《黄衫客传奇》、《一个中国人笔下的巴黎人》、《中国故事》、《吾国》等，还用法文写了一部以中国问题为题材的喜剧《英勇的爱》。在法国文坛上享有盛名，"西国文学之士无不折服"，还被法国政府授予"一级教育勋章"。他既把中国文学如《聊斋》的部分章节等介绍给西方，又输入外国文学。他翻译了雨果的《九三年》、《项日乐》、《钟楼怪人》、《吕伯兰》、《欧那尼》、《吕克兰斯鲍夏》等著作，还翻译了《拿破仑法典》，在与其弟寿彭创办的《求是报》上连载。据说"每当译书时，目视西书，手挥汉文，顷刻数纸。客至皆延入坐，各操方言，一一答，不误"。在数千年中西文化交往中，中国人还是第一次担当这样的角色，承担这样的使命。

四 思想观念的碰撞融通

鸦片战争后，中西文化激烈碰撞，一些经世致用学者、有识之士关注世界，探索新知，寻求强国御侮之道，思想观念发生了空前的变化，向西方学习逐步形成了热潮。由于船政采取"请进来、走出去"的战略，船政学子们有条件、有机会通过双向审视，对中西文化进行比较，因而成为这一潮流中的典型弄潮儿。船政学子们大量翻译西方的政治经济学说，大大影响了中国近代的思想界，最有代表性的就是严复。中日甲午战争爆发后，他投身挽救民族危亡的维新变法运动，奋笔疾书，运用西方进化论和天赋人权学说，宣传变法图强的思想主张，仅1895年就连续发表了《论世变之亟》、《原强》、《救亡决论》、《辟韩》等政论文章，振聋发聩，影响深远。他突破了"中学西用"的框框，引进了触动"中学"的"西政"观念，透视西学，提出了西方国家"以自由为体，民主为用"的精辟论断。他抨击时局，破天荒地揭露专制君主是窃国大盗。他传播西方进化论、社会学理论、经济学理论等，先后翻译赫胥黎《天演论》、约翰·穆勒《群己权界论》、《穆勒名学》、斯宾塞《群学肄言》、亚当·斯密《原富》、孟德斯鸠《法意》、甄克思《社会通诠》、耶芳斯《名学浅说》、卫西琴《中国教育主义》、宓克《支那教案论》、白芝洁《格致治平相关论》等十一种，而以前八种著称，后人通称其为"严译八大名著"，其中影响最大的西学名著是《天演论》。严复融中学、西学为一体，结合中国国情，有目的有针对性地进行再创作，既传播西学，又切中时弊，启人心智，产生强烈的社会效果。当时许多学者名流、思想家、政治家，诸如吴汝纶、梁启超、康有为、蔡元培、胡汉民、陈独秀、胡适、鲁迅、贺麟、毛泽东等都深受影响，对其大加称赞。1940年1月，毛泽东在延安《中国文化》创刊号上发表《新民主主义论》，指出，"以严复输入的达尔文的进化论，亚丹斯密斯的古典经济学，穆勒的形式逻辑与法国启蒙学者孟德斯鸠辈的社会论为代表,加上那时的自然科学,是'五四'以前所谓新学的统治思想。在当时,这种思想,有同中国封建思想作斗争的革命作用,是替旧时期的中国资产阶级民主革命服务的"[1]。1949年6月,毛泽东发表《论人民民主专政》,提出,"自从1840年鸦片战争失败那时起,先进的中国人,经过千辛万苦,向西方国家寻找真理。洪秀全、康有为、严复和孙中山,代表了在中国共产党出世以前向西方寻找真理的一派人物"[2]。

严复认为,为了救亡要先治标,而要救国,最根本的还是要使国家富强起来,要"鼓民力,开民智,新民德","此三者,自强之本也"。要发展经济,搞政治文明,特别是提高国民素质,使"民之力、智、德诚优"。他说:"世间一切法,举皆有弊,而福利多寡,仍以民德民智高下为归。"他认为,均平不仅是均贫富,更重要的是均贵贱,要实现"民之德、智、力、品"的均平,做到"民少不肖,无甚愚"。"欲贵贱贫富之均平,必其民皆贤、皆智而后可。""必其力平,智平,德平。"他深刻地指出:"近代中国之弱,非羁于财匮兵窳也,而弱于政教之不中,而政教之所以不中,坐不知平等自由之公理,而私权奋,压力行耳。"他认为国群自由比小己自由更迫切,"国群自由比个人自由更重要","身贵自由,国贵自主"。严复晚年,国内外形势发生了剧变,特别是1914年到1918年的第一次世界大战使严复对西方现代文明产生了怀疑并对它进行了反思。他在"一战"咏诗中感慨:"太息春秋无义战,群雄何苦自相残。欧洲三百年科学,尽做驱禽食肉看。"他认为,"制无美恶,期于适时;变无迟速,要在当可"。至今,仍有现实意义。"物竞天择,适者生存。"只有强国,不单是经济强国,而且是政治强国、文化强国,才能自立于民族之林。逻辑发展是:先救亡,继富强,后大同。临终时,他写了"惟适之安"四字,至今还镌刻在他的墓前。"惟适之安",只有适,才能安。只有适时、适情、适势,才能安定、安全、安邦。

总之,船政在近代中国积弱求强的历程上,留下了浓墨重彩的一笔,

---

[1] 毛泽东:《严复输入中国的西方四大名著(1940年)》,苏中立、涂光久编《百年严复——严复研究资料精选》,福建人民出版社,2011,第340页。
[2] 毛泽东:《论人民民主专政》,《毛泽东选集》,人民出版社,1991,第1469页。

展现了近代中国科学技术、新式教育、工业制造、海权建设、中西方文化交流等丰硕成果，孕育了诸多仁人志士及其先进思想，折射出中华民族爱国自强、开拓进取、勇于创新、重视科教和海权的伟大精神，形成了独特的船政文化。它师夷长技，兼收并蓄而又能消化、吸收乃至创新。它是包容的，拿来嫁接的；又是融通的，变成自己的、中国化的，尤其是其精神文明成果，至今仍有现实意义。

船政文化的近代化启示[*]

摘要：船政文化是中国近代值得大书特书的重要篇章，也是福建历史和海西文化不可或缺的辉煌一页。在近代化建设的进程中，其开放引进、人才培养、门户建设、自主创新、爱国自强等方面都给后人留下了许多宝贵的启示。

关键词：船政文化　近代化　启示

1866年12月，总理船政事务衙门（史称"船政"）在福建福州一个叫作马尾的地方成立，船政工程随即动工兴建，船政学堂（即"求是堂艺局"）也同时对外招生。从此，近代化建设在祖国东南沿海踏上起步的台阶，并取得了骄人的业绩。在近代中国积弱求强的历程上，船政展现了科学技术、新式教育、工业制造、海权建设、中西文化交流等丰硕成果，孕育了诸多仁人志士及其先进思想，折射出中华民族爱国自强、开拓进取、勇于创新、重视科教的伟大精神，形成了独特的船政文化。船政文化就是船政历史人物在社会实践活动中创造的物化成就和政治精神成果[①]。它是中华优秀文化的重要组成部分，是中国近代史上值得大书特书的重要篇章，也是福建历史和海西文化不可或缺的辉煌一页，在近代化建设方面给后人留下了许多宝贵的启示。

一　引进技术是近代化起步的捷径

近代化是一场社会变革，是向近代文明的转化。它以科技为动力，以工业化为中心，以机器生产为标志，并引起经济结构、政治制度、生活方

---

[*] 本文于2011年12月10日定稿，发往福州市闽都文化研究会，编入《闽都文化与中国现代化》，该书由海峡文艺出版社出版发行，2012年8月第一版。

[①] 沈岩：《略论马尾船政文化》，《光明日报》，2006-4-9（11）。

式、思想观念的全方位变化。中国的近代化进程缓慢，一般认为洋务运动是标志性的起点。洋务运动力图通过采用西方先进的生产技术，摆脱内忧外患的困境，达到自强求富的目的。在这场运动中，船政表现突出，成就显著，影响广泛深远。

从工业化的角度看，船舶工业是机械工业的集大成者，是机械生产水平的综合反映。也是当时工业文明的重要标志。船政引进西方技术、设备、人才和管理，开创了近代的造船工业，使之成为当时在中国乃至远东规模最大、设备最为齐全、影响最为深远的船舶工业基地，成为中国近代化的发祥地和科技的摇篮。从 1868 年开始制造"万年清"号兵舰，到 1907 年，共造船舰 40 艘，总吨位 4.7 万多吨，占全国总产量的 82%。技术上在国内领先，从快速引进吸收到结合实际大胆创新，船型从木壳到铁胁到钢壳，不断地改进。机式装备从常式到康邦省煤卧机，再到新式省煤立机或卧机。船式也不断改进，从常式到快船到钢甲船。船舶的建造带动了上下游工业的发展，也造就了一大批科技人员和产业工人。正因为有了造船这个工业基地，才有了日后破天荒地采用国产材料成功地制成了我国第一架水上飞机，从而开创了中国人自己的航空工业新纪元。

船政引进西方先进技术，采取高位嫁接的办法，力图迅速与国际接轨。当时认为欧洲的科技最为先进。李鸿章曾说："查制造各厂，法为最盛，而水师操练，英为最精。"[①] 船政瞄准的就是法国的船舰制造，英国的海军建设。林则徐是"开眼看世界"的第一人。他在总结鸦片战争的教训时，认为"器不良"、"技不熟"是重要原因，提出"不论造船制炮以及练兵，均应以师夷长技为原则"。为师夷长技，从 1842 年开始，一些有识之士就不断地摸索，自行试制轮船，但都因技术不过关，"形模粗具，行驶不速"。1865 年 4 月，徐寿等人在南京试制的"黄鹄"号终于取得成功，成为国人自行设计建造的第一艘轮船，载重 25 吨、航速 6 节。但鸦片战争后已历时 20 多年，才取得这样的成效，显然进展缓慢。而船政引进法国的技术，第一艘兵船"万年清"号依据法国当时的一级蒸汽军舰改型监造，排水量扩大近一倍达 1370 吨，航速 10 节。通过引进嫁接，超越自己艰难的摸索过程，迅速接近当时的先进技术水平。通过两年多的建设和引进，

[①] 吴汝纶：《李文忠公全书》，奏稿二十八，光绪三十四年金陵版，1908，第 20~23 页。

船政迅速形成规模,建设速度令人刮目相看。1881年,英国军官寿尔参观船政后也感到震惊,他说:"我们记得,五十年前,中国是完全和西方的国家隔绝的,仿佛它是属于另外一个行星。因此,当我们看到,由于与外国的世界接触的结果,它的一部分高级官员的思想与思维的习惯已发生了令人惊羡的革命,我们不能不觉到骇愕。"[1] 这一成就充分说明通过开放,引进先进技术确是近代化起步的捷径。

改革开放以来,我们的经济建设取得了巨大的成就。其中一个重要原因就是引进先进技术和管理,实施出口导向工业化政策,大力发展外向型经济,使我们的工业迅速走向世界,从而大大缩短了工业化的进程,但与发达国家相比,技术上还有不少差距,因此引进先进技术仍然是不可忽略的重要任务。

二 培养人才是近代化建设的核心

科学技术的进步为工业化提供了强大的推动力,而知识结构的变革是近代化的核心。我们常说:经济要发展,关键在科技,基础在教育,核心是人才。当年的船政正是把人才培养作为根本的。左宗棠在《详议创设船政章程折》中就提出"艺局为造就人才之地"[2]。沈葆桢一再强调:"船政根本在于学堂。"船政创办者不仅提出这样的理念和战略思想,而且认真组织实施。船政工程刚动工就招生办学,暂借福州城内定光寺(又称白塔寺)、仙塔街、城外亚伯尔顺洋房开课。法国作家巴斯蒂在《清末留欧学生》曾有一个独特的评价:认为左宗棠"萌发了一个顽强的念头,即尽量使中国人具有可以不依赖外人而自己造船的能力",而且"采用求是堂艺局这种学校教育的独特形态"来完成[3]。

引进来,走出去,是船政的技术发展战略,也是其人才培养战略。它既请进来,引进技术、设备、管理、人才和教育模式,又走出去,让学生出国留学深造,造就了中国近代的一批科技骨干和高级海军将领,同时也

---

[1] 中国史学会:《洋务运动(八)》,人民出版社,1961,第375页。
[2] 沈岩、方宝川:《船政奏议全编》第一卷,国家图书馆出版社,2011,第62页。
[3] 高时良:《中国近代教育史资料汇编》,洋务运动时期教育,教育出版社,1992,第949页。

使他们处于中西文化交流的风口浪尖上,让他们能够站在更高的层面上来审视中国,寻找救国良方。

为了培养适合近代化建设的人才,船政引进西方先进的教育模式,结合中国实际,实行"权操诸我"的原则,形成特色鲜明的中国化办学模式,从而打破了封建教育的传统模式,开创了近代教育的先河,成为改革旧教育制度和建立近代教育体系的先锋和典范。这种改革是革命性的,很多都是开风气之先的。它突破传统,大胆革新,采用契约合作、引进外教、留学深造的培养模式,采取厂校一体化、工学紧密结合的办学形式,形成集普教、职教、成教于一炉的办学体系,实行科技与人文结合、培养爱国情操和人才为本、精益求精、因材施教的教学理念,专业设置与课程体系针对性和实用性强,特色鲜明,成效卓著[1]。它建立了与工业化和海军建设相适应的人才培养模式和留学制度,成为各地纷纷效仿的样板,成为科技和海军人才的摇篮,被李鸿章誉为"开山之祖"[2]。

李鸿章把船政的培养模式归纳为"入堂、上船、出洋"[3]六个字。把"出洋"即出国留学作为培养人才的重要组成部分,这对于封闭的、科学技术大大落后于发达国家的中国来说,是很有远见的。沈葆桢认为洋人来华教习未必是"上上之技","以中国已成之技求外国益精之学"必然事半功倍。因此选取学生"赴法国深究其造船之方,及其推陈出新之理","赴英国深究其驶船之方,及其练兵制胜之理"。[4] 正是这种指导思想为学生的深造提供了良好的条件。于是,船政建立了留学制度,派学生分赴法、英、德、美、比、西、日等国留学。由日意格制订留学章程和教学计划,由华洋两监督共同管理。各专业学生按对口专业到有关学校和工厂学习。学习的专业有造船、航海、飞机、潜艇、枪炮、鱼雷、矿冶、机械、无线电、天文等。学成回国,成为我国科技力量的主要骨干。通过留学,留学生们开阔了眼界,增长了知识,改变了思维,学到了先进的科学技术和管理知识。也正因为有了出国留学,使他们感受到中西方文化的异同。通过对比,了解到差距,促使他们去了解西政,探寻真理。从而培养了一批精

---

[1] 沈岩:《船政学堂》,科学出版社,2007,第220~221页。
[2] 张侠:《清末海军史料》,海洋出版社,1982。
[3] 吴汝纶:《李文忠公全书》,译署函稿第15卷,光绪三十四年金陵版,1908,第30页。
[4] 沈岩、方宝川:《船政奏议全编》,第一卷,国家图书馆出版社,2011,第389~390页。

英，形成了具有爱国思想、能奋斗自强、眼光敏锐、思维方式开放、容易接受新生事物的一代新型知识分子群。他们走在时代的前列，成为有突出贡献的思想家、外交家、教育家、科技专家和学者。典型的代表有启蒙思想家严复，"铁路之父"詹天佑，外交家陈季同、罗丰禄，造船专家魏瀚、郑清濂，矿务专家林应升、林日章，轮机专家陈兆翱、杨廉臣，天文学家高鲁，等等。同时培养了一批海军将领和军事技术人才。中国近代海军同类人员的60%是船政培养的。清末和民国时期的多数海军高级将领，如叶祖珪、萨镇冰、蓝建枢、刘冠雄、李鼎新、程璧光、黄钟瑛等，都是船政学堂的毕业生。还有中法马江海战英烈吕翰、许寿山，中日甲午海战英烈邓世昌、林永升等也是船政培养的杰出精英。清史稿称赞"船政学堂成就之人才，实为中国海军人才之嚆矢"。[①]

百年大计，教育为本。教育是民族振兴、社会进步的基石，强国必先强教。当今世界多极化、经济全球化深入发展，科技进步日新月异，人才竞争更为激烈。我国正处在改革发展的关键阶段，经济发展方式加快转变，改革教育仍然是重要而紧迫的任务，培养人才仍然是近代化建设的核心。

三 门户建设是维护主权的重要内容

台湾为七省门户。七省及沿海各省有广东、福建、浙江、江南（江苏与江西）、山东、直隶、盛京等，台湾孤悬在外，为其门户，历来为兵家必争之地。日本更是虎视眈眈，觊觎已久，总想乘虚而入。因而，门户建设显得尤为重要。

福建与台湾具有特殊的渊源关系。而船政与台湾的关系也非同一般。从1866年船政创办，到1895年甲午海战后割让给日本共30年。30年中，船政始终担任着繁重的台防、通航和支持经济建设的任务。船政第二艘兵船"湄云"号1869年下水，1870年就首航台湾运粮食。随后，"探航"、"永保"等船担任了闽台通航任务。轮船水师成立后，自制的舰船在澎湖台湾执行海防任务。船政还在探矿、地图测绘、电线架设、海底电缆敷

[①] 赵尔巽：《清史稿》卷107，中华书局，1977，第3123页。

设、台湾电报学堂教学等方面做出了贡献。但最重要的是船政通过巡台治台，促进了台湾的近代化建设。1874年2月，日本政府以"牡丹社事件"为借口，公然无视中国主权，由内阁会议通过《台湾番地处分要略》，决定派遣陆军中将西乡从道为"台湾番地事务都督"，率兵侵台。清政府派船政大臣沈葆桢为钦差大臣去台湾办理台务。同年6月17日，沈葆桢率领自己的舰队赴台。沈葆桢到台后，一面向日本军事当局交涉撤军，一面积极着手布置全岛防务。日本见台湾防务强大，自己羽翼未丰，"不得大逞于台，遂罢兵归"①。这是近代中国海军舰队第一次抵御外国侵略势力入侵台湾的军事行动，是中国近代海军保卫海疆、保卫台湾的壮举，也显示了船政维护主权的成就和功绩。

汉代，日本是"汉委倭奴国"，但不安分，后常侵朝、犯唐。明代，倭寇是日本海盗集团，14世纪至16世纪活动猖獗，后被平定。但日本侵华之心不死，设立台湾都督府和牡丹社事件就是例证，更不要说以后的大规模入侵。沈葆桢深刻地认识到这一点。他认为"东洋终须一战"，临终遗嘱还念念不忘日本对台"虎视眈眈"，"铁甲船不可不办，倭人万不可轻视"。日本侵台刚结束，他就上了一个奏折，称此次之善后与往时不同，"台地之所谓善后，即台地之所谓创始也。"② 从这时起，他相继提出并实施了一系列治台政策和改革措施，促使台湾开禁（废除渡海到台的禁令；废除严禁台湾汉人私入"番界"的旧例；废除严格限制私铸、私贩铁器和竹木出口的法令），实行开山抚番、修路开矿、招垦减税等政策，促进台湾经济的开放、开发和改革，为台湾的近代化奠定了基础。同时顺民心，修建郑成功祠，办学校开民智。设置台北府，让福建巡抚冬春驻台，夏秋回省，并鼓励移民台湾开垦建设，密切了闽台关系，促进海峡两岸的经济交流和合作。其意义是深远的、革命性的，在台湾的发展史上写下了辉煌的一页。李鸿章给他的信中说道："我公在彼开此风气，善后始基，其功更逾于扫荡倭奴十万矣。"连横先生高度评价沈葆桢的巡台治台，说："析疆增吏，开山抚番，以立富强之基，沈葆桢缔造之功，顾不伟欤？"③

---

① 张荫麟：《甲午战前中国之海军》，《中国近现代史论集》卷8，人民出版社，1982，第121页。
② 沈葆桢：《请移驻巡抚折》，《沈文肃公政书》卷5，吴门节署吴元炳刊本，1880。
③ 连横：《台湾通史》下册，商务印书馆，1982，第638页。

随后几任船政大臣都亲临台湾继续实行沈葆桢的治台政策。丁日昌是沈葆桢推荐的继任者。他上任后两次渡海，视察台湾，精心筹划台防，主持架设电线，并设立了电报局。他还派遣船政总监工叶文澜赴台用机器开采基隆煤矿，成为中国最早投产的现代煤矿。丁日昌认真整顿台湾吏治，做好"抚番"工作，厘订了"抚番开山善后章程二十一条"，先后创建义学一百余所。他还鼓励在台湾在北部试种茶叶，在南部山地试种咖啡，发展香蕉、菠萝、柑橘等经济作物。吴赞诚在船政大臣任上，亲赴台湾视察民情，加强防务，组织农耕和修路，改善少数民族生活。其间他曾取道恒春，攀越悬崖，渡过大溪，忍受饥渴，行程达三百里。黎兆棠两度入台主政，大力整饬吏治，惩办恶霸，同时严厉打击法国不法商人的大规模走私行为。岑毓英两次渡台，深化了开山抚番的工作，并组织对大甲溪的疏浚。他们都对宝岛台湾的开发做出了一定贡献。

1895 年 4 月 17 日，清廷签订《马关条约》。割让台湾的消息传出，全国哗然。这种丧权辱国的行为，激起台湾民众的强烈抗议。他们"誓宁抗旨，死不事仇"。在这之前的 3 月份，台湾巡抚唐景崧已急电朝廷派陈季同赴台，授以台湾布政使，以期通过陈季同的人脉和斡旋让法国出面进行干预。外交斡旋没有成效，陈季同运用他熟悉的《万国公法》内容，与台湾绅士邱逢甲等合议，策划设立"台湾民主国"，以"遥奉正朔"，拒绝割让，并"求各国承认"。当年 5 月 25 日，"台湾民主国"终于诞生，虽然终因寡不敌众而告失败，但作为一种地方性的临时抗日民主政权，有着重要的历史意义。

台湾被日本强占 50 年后回到祖国的怀抱。但随后的两岸分裂，又延续了 60 多年。解决台湾问题，加强门户建设，是实现统一大业，攸关中华民族的根本利益问题，是全体中国人民一项庄严而神圣的使命。在日趋激烈的竞争面前，两岸合则两利，分则两害。目前，台海局势缓和，有利于和平发展，但统一大业仍要付出艰辛。门户建设仍然是个值得深思的沉重课题。

四 自主创新是近代化建设的关键

创新是民族进步的灵魂，是国家兴旺发达的不竭动力。一百多年来，社会转型在艰难曲折中前行，现已进入了工业化与信息化同步发展的阶段。回顾历史，正是船政拉开了中国人放眼看世界的序幕，吹响了中国从传统农业文明向工业文明进军的号角。当年，创办船政就是三千年大变革的"非常之举"。在马尾设立总理船政事务衙门，这本身就是一大创新。船政衙门是一个中央直属的机构，总理船政大臣是一品官员，有权向皇帝直奏。衙门的任务也很特殊，主要是造船舰、办学堂、整顿水师。领导班子是钦定的，知府、知县只能当局员、委员，其规模之大，规格之高，前所未有。船政瞄准当时的高科技，引进先进的技术和管理，进行消化吸收，使科技水平在当时处于领先地位。船政进行了一系列的革新开放实验，许多都是开风气之先的。它一边造船制炮，一边培养造舰驾驶人才，这本身也是破天荒的创举。它建造的第一艘蒸汽军舰、第一艘铁甲战舰、第一台蒸汽机、第一条电报线路，率先使用电灯、探照灯，创造了许许多多的全国第一。船政还重视自主创新能力的培养，1875年开工建造的十七号轮船"艺新"号，已由船政培养的学生独立自主监造，"并无蓝本，独出心裁"，其中轮机、水缸图系由汪乔年测算绘制，船体图纸则由吴德章、罗臻禄、游学诗3人共同绘制。此后，船政建造的船舶大多数由毕业留校学生自行设计监造。据统计，自己设计监造的舰船达18艘之多。

1870年船政第三艘兵轮"福星"号下水后，清廷批准沈葆桢的奏请，成立轮船水师，由船政衙门统辖。这是近代中国第一支同旧式水师有着根本区别的新式水师，是中国近代海军建设的开端。随后，船政建造的舰船调往沿海各港口执行海防任务。这又是一个特殊时期的制度创新。船政大胆引进，是最早进行改革开放、先行先试的实验区。它采取先引进、高位嫁接，后消化、研究创新，再留学跟踪、穷追不舍的做法，是值得称道的。

但我们也要看到，最先进的技术尤其是尖端技术是难以直接引进的，船政当年引进的技术也不可能是国际最先进的。中法马江海战的失败也很能说明问题。当时，法国参战有5艘巡洋舰，中方只有1艘巡洋舰。从吨位、动力、防护能力、火炮数量和威力等方面进行比较，法国舰队均占优势。而且乘退潮时对我军进行突然袭击，几个小时就基本结束海战。历史教训告诉我们，要立于不败之地，就必须拥有自己的高科技，而只有自主创新，才能在世界高科技领域占有一席之地。唯有自己掌握核心技术，才能将祖国的发展与安全的命运牢牢掌握在自己手里。

五　爱国自强是近代化建设的动力

　　船政的创办有其强烈的目的性，就是爱国自强。它是洋务运动的产物，是以林则徐为代表的一批知识分子向西方寻求真理、探索强国御侮之道的一种可贵探索。鸦片战争之后，关心社会的经世致用学者、思想家们开始抛弃夜郎自大的陈腐观点，关注世界，探索新知，关心时局，寻求强国御侮之道，掀起了向西方学习的新思潮。第二次鸦片战争的失败，使更多的中国人觉醒了。不同出身、不同地位的人物，在学习西方先进科学技术和思想文化的共识下聚集起来，形成了一股强大的政治势力——洋务派。他们适时地登上政治舞台，在19世纪60～90年代掀起了一场蓬勃的洋务运动，逐步形成中国近代早期的主动开放格局。奕䜣认为"治国的根本在于自强"。同治皇帝也指出"此次创立船政，实为自强之计"。左宗棠认为"惟东南大利，在水而不在陆"，"中国自强之策，除修明政事、精练兵勇外，必应仿造轮船以夺彼族之所恃"。沈葆桢一再强调"船政为海防第一关键"，"船政为海防水师根本"。在列强瓜分中国的当时，船政人表现得相当突出。它奏响了中国人觉醒图强的进行曲，是民族自尊、爱国自强的典范。特别是在甲申马江海战、甲午黄海海战中，船政的学生正气凛然，奋勇杀敌，视死如归，伟大的爱国主义精神得到了充分的体现和升华。

　　近代化建设起步是艰难的，每前进一步都充满着斗争。船政的发展也是一样，首先是洋人的阻挠。英国驻华公使威妥玛、总税务司赫德先后向清政府提出《新议略论》和《局外旁观论》，"扬言制造耗费，购雇省事，冀以阻挠成议"。英国驻福州领事也妄图把船政扼杀于襁褓之中。福州税务司美理登企图钻营入局，赫德替他到总理衙门活动，要求准其会办。法国驻福州领事巴世栋搬弄是非，造成船政正监督日意格与副监督德克碑不睦。总监工达士博荷仗势欺人，时时居奇挟制。英国驻福州副领事贾禄，企图侵占马尾船政厂界建教堂。1895年，法驻华公使竟要求船政后学堂改读法文。他们的企图都失败了，但却充分暴露了他们对于中国内政的干预和主权的侵犯。其次是国内顽固派的破坏。他们认为"雇买代造"即可，不必自己制造。他们提出一系列困难，认为"创议者一人，任事者一人，旁观者一人,事败垂成,公私均害"。1867年秋,闽浙总督吴棠利用职权进行破坏。吴棠扬言:"船政未必成,虽成亦何益?"利用反对船政的匿名帖《竹枝词》刻本,立案调查船政提调周开锡、船政局员叶文澜、李庆霖等,并奏参革职。沈葆桢挺身而出,抗疏力争,终于得到清廷支持,让这些人留局差遣,而把吴棠调离①。1872年,内阁学士宋晋挑起事端,上奏《船政虚耗折》,提出:闽省连年制造轮船,糜费太重。此项轮船将谓用以制夷,则早经议和,不必为此猜嫌之举,且用之外洋交锋,断不能如各国轮船之利便,名为远谋,实同虚耗。并请旨要求停办②。宋晋的上奏引起了轩然大波,朝廷内反对造船者与日俱增。首先是李鸿章对造船无信心,多次表示不赞成。文煜等上奏船政造的轮船虽均灵捷,而与外洋兵船较之,尚多不及,说能御侮没有把握。军机处亦主张"暂行停止,以节帑金"。在这强大压力下,总署通知广东、盛京、山东、南洋、北洋及沿海各省大臣,展开讨论,从而掀起工业化进程中围绕船政是否下马的一场大辩论。针对宋晋奏议及吴棠、英桂、文煜的反对意见,曾国荃、左宗棠均认为船政有利无害,不可裁撤。1872年5月27日,沈葆桢致函总署,列举办厂好处,力驳宋晋主张,提出不能因为弟子不如师而"废书不读",认为"勇猛精进则为远谋,因循苟且则为虚耗",坚持"船政万难停止"③。李鸿章最后也改变了态度,表示支持。船政终于迈着艰难的步伐走了出来,出现了柳暗花明的新局面。

  近代化是一场社会变革,充满着前进与倒退、革新与守旧的斗争。只有解放思想、更新观念、勇猛精进、自强不息才能推动近代化的发展。爱国自强是中华民族的优秀传统,林则徐一生以"苟利国家生死以,岂因祸福避趋之"为座右铭,为国为民、无私无畏、疾恶如仇、勤政清廉,尤其以虎门销烟而名垂青史。左宗棠受林则徐的人格感染,立志要继其未竟事业,其爱国情怀也十分感人。沈葆桢是林则徐的女婿、外甥,深受其影响,亦民族气节凛然、无私无畏、疾恶如仇和十分清正廉洁,被誉为"文忠垂范于前,文肃遵循于后"。这些先贤的人格力量无时无刻不在激励着船政学子的爱国热情。还有很多在甲申海战、甲午海战中牺牲的烈士,他

---

① 沈岩、方宝川:《船政奏议全编》第一卷,国家图书馆出版社,2011,第131~134页。
② 中国史学会:《洋务运动(五)》,人民出版社,1961,第105页。
③ 中国史学会:《洋务运动(五)》,人民出版社,1961,第114页。

们的英名也铭刻在学子们的心中。先贤风范、烈士精神,永远是激励青年自强爱国、努力向上的一种巨大的力量。

船政是中国近代化的一面旗帜,也是福建近代化的先驱。经过一百多年的奋斗,特别是改革开放以来,中国近代化建设步伐大大加快。回首往事,我们可以清醒地看到,爱国图强的斗争此起彼伏,持续不断,只是不同时期情况不同、强度不同、效果不同而已。从这一历史角度看,今天的民族振兴正是昨天爱国自强的延续,今天的改革开放正是昨天船政事业的继续与发展。中华民族的振兴要靠许多代人的自强不息,爱国自强仍然是今后近代化建设的动力。

总之,在近代化建设的进程中,船政文化在开放引进、人才培养、门户建设、自主创新、爱国自强等方面的启示是十分珍贵的,其精神遗产是值得认真继承的。

从船政看中国近代早期对外开放的主动方面[*]

摘要：鸦片战争之后，闭关自守的帝国大门从此被迫打开，但同治"中兴"，洋务运动兴起，让我们看到了在被动挨打的局面中，对外开放政策的主动方面。福州船政的创办就是一个典型例子。它强化自己的目标，师夷长技以自强；办船政，建海军，在项目决策上选择自主；采用国际通用的契约形式，与洋教习签订合约，在被动的外交中争取主动；坚持在管理上权操诸我；实行"引进来，走出去"的主动策略。

关键词：对外开放　主动方面　福建船政　近代早期

19世纪上半叶，帝国主义列强以坚船利炮迫使清廷签订了丧权辱国的不平等条约。闭关自守的帝国大门从此被迫打开，但同治"中兴"，洋务运动兴起，让我们看到了在被动挨打的局面中，对外开放政策的明显调整，争取主动成为"中兴"的重要内容。船政的创办就是一个典型例子。本文拟剖析这个例子，分析一下中国近代早期的对外开放的主动方面。

一　目标的自我强化：师夷长技以自强

船政的创办有其强烈的目的性。它是洋务运动的产物，是以林则徐为代表的一批知识分子向西方寻求真理、探索强国御侮之道的一种可贵探索。

鸦片战争之后，关心社会的经世致用学者、思想家们开始抛弃夜郎自大的陈腐观点，关注世界，探索新知，关心时局，寻求强国御侮之道，掀

---

[*] 本文系笔者在云南红河州举办的"中国与周边国家关系学术研讨会"上交流的论文。研讨会由中国中外关系史学会、红河州委、红河州政府、云南省社会科学院主办，于2009年9月在红河州蒙自县举行。

起了向西方学习的新思潮。林则徐是"开眼看世界"的第一人。他主持编译《四洲志》，认识到中国要摆脱落后挨打的局面，就必须"师夷长技"。魏源于1842年写成的《海国图志》，进一步阐述了"师夷制夷"的主张。

"师夷长技以制夷"的思想，催生了19世纪60年代发展起来的洋务运动。第二次鸦片战争的失败，使更多的中国人觉醒了。不同出身、不同地位的人物，在学习西方先进科学技术和思想文化的共识下聚集起来，形成了一股强大的政治势力——洋务派。在中央以恭亲王奕訢、大学士桂良、户部左侍郎文祥等权贵为代表，在地方有曾国藩、左宗棠、李鸿章、沈葆桢等封疆大吏，洋务派还拥有一大批为革新著书立说、大造舆论的知识分子，以及一批渴望采用先进生产技术的民间工商人士为此鼓吹呐喊。他们适时地登上政治舞台，在19世纪60~90年代掀起了一场蓬勃的洋务运动，逐步形成中国近代早期的主动开放格局。

洋务运动的终极目标是明确的，就是自强。洋务运动的代表人物李鸿章在致总理衙门的函中说："中国欲自强，则莫如学习外国利器。"奕訢在把此函呈送慈禧"御览"的同时呈了一份奏疏，也说道："治国的根本在于自强，根据当前的形势，以练兵最为重要，而练兵又必须先制武器。"慈禧很快便下谕同意了关于练兵、制器以图"自强"的方针，并令学习洋枪洋炮和各种军火机器与制器之法，"务得西人之秘"。

同治五年六月初三日（1866年7月14日），同治皇帝接到左宗棠上奏清廷《试造轮船先陈大概情形折》后，做了批示"中国自强之道，全在振奋精神，破除耳目近习，讲求利用实际"。同治五年十一月二十四日（1866年12月30日），同治皇帝批准左宗棠所奏的船政章程，钦命"沈葆桢总理船政"，并进一步指出"此次创立船政，实为自强之计"。

二 项目的自主选择：自造舰船，自建海军

船政的创办完全是清朝政府的自我选择。同治五年五月十三日（1866年6月25日）左宗棠上奏清廷《试造轮船先陈大概情形折》，认为"欲防海之害而收其利，非整理水师不可，欲整理水师，非设局监造轮船不可"。他提出了"惟东南大利，在水而不在陆"的精辟观点，呼吁"中国自强之

策,除修明政事、精练兵勇外,必应仿造轮船以夺彼族之所恃",要"尽洋技之奇,尽驾驶之法"。

从此前的阿思本事件也可看出,列强的本意是不愿看到中国自造舰船、建立近代海军的。1861年,掌管中国海关大权的副总税务司赫德怂恿中国政府从英国购买军舰。咸丰皇帝错误地认为,有了军舰,就有了自己的海军,同意向西方购买一支现代化的舰队。赫德委托正在英国休假的总税务司李泰国一手经办。李泰国代买了军舰后,无视中国主权,擅自代表清政府与阿思本签订合同,任命阿思本上校统领这支舰队。这就是中国人花钱购买一支悬挂外国旗且中国人不能管辖的舰队,朝野舆论一片哗然。清政府不得不遣散了这支不伦不类的舰队,同时也为此付出了67万两白银的代价。

沈葆桢一再强调"船政为海防第一关键","船政为海防水师根本"。船政设立本身就是维护海权的体现。造船制炮、整顿水师、培养人才都是围绕着海权做文章。可以说"船政就是谋海权之政",而且取得了世人公认的成就。19世纪50~60年代,世界海军的发展正由风帆轮机木质前装滑膛炮战舰向风帆轮机装甲后装线膛炮战舰过渡,左宗棠酝酿提出建立船政创办近代海军,刚好契合世界海军发展的这个历史性的转折点。当时的起点应该是高的,加上沈葆桢的卓越运筹,在短短的八年时间里就建起中国第一支海军舰队,初步达到整顿水师的目的。船政被誉为"中国海防设军之始,亦即海军铸才之基",其影响十分深远。孙中山先生盛赞船政"足为海军根基"。

三 国际法的积极利用:在被动的外交中选择主动

船政运用国际通用的契约形式,与洋教习签订合约,采用高薪雇佣外国技术人员进行包教包会的办法明确中方和外方在建设期间的职、权、利,并认真执行合约,坚持"条约外勿说一字,条约内勿取一文",好的延聘,违规的解聘,在被动的外交中争取了主动。

左宗棠得到设厂建校授权后,即抓紧筹备。同治五年七月初十日(1866年8月9日),日意格来闽后,左宗棠即与他详商一切事宜,"议程期、议经费、议制造、议驾驶、议设厂、议设局"。当时,左宗棠与日意格签订合同，立约画押。规定：（1）明确监督日意格在船政大臣领导下管理外国人员。（2）规定自铁厂开工至五年为限，"五年限满无事，该正副监工及各工匠等概不留用"。（3）义务与纪律，在五年内，成船一十六号，估价银三百万两；正、副监督及技术员工三十八人，月薪银八千九百七十八两。规定各监工及工人要"认真办事"，"安分守法，不得懒惰滋事"，"不准私自擅揽工作"，"不准私自越躐干预，并无故琐谒中国官长"，"该正副监工及各工匠等或不受节制，或不守规矩，或教习办事不力，或工作取巧草率，或打骂中国官匠，或滋事不法，本监督等随即撤令回国"。（4）五年期满，"中国员匠果能自行按图监造轮船，学成船主，并能仿造铁厂家伙伴，中国大宪另有加奖银六万两"，"或因工作伤重身死，或因受伤成废，均当转请赏给辛工六个月，并另给回费银三百七十八两"。左宗棠坚持"能用洋人而不为洋人所用"的原则[2]。以日意格、德克碑为例，他们都以个人身份受雇于船政，不受法国政府指令。船政衙门与日意格、德克碑所订合同，有效地限制了他们权势的扩大，保证了权自我操而不为洋人所操。

外籍教师（工程师）在本国受聘前，一般由中国驻英法两国使馆了解和选择适用人选，通过外交途径经协商，以个人身份受聘到船政学堂执教。也有的外籍教师（工程师）是根据中方提出的人选条件，由外籍教师（工程师）所在国有关部门或著名人士推荐，中国驻外使馆认可后，按以往程序（惯例）聘用。外籍教师（工程师）多数勤勤恳恳，默默耕耘，获得好评，有的一再续聘，如迈达连续聘用前后达40年。如有违反合同的言行或教导不力者，船政大臣按合同有关条文，可以有权终止合同，提前解聘，如同治十年（1871年），英国海军教官逊顺侮辱后学堂学生，引起学生罢课，逊顺被提前解雇回国。

四　管理上的独立自主：权操诸我与人文教育

船政坚持在体制和管理上"权操诸我"，独立自主地开展工作，其大权完全掌握在船政大臣手里，也就是中国人手里，并派员绅"常川住局"，和学生们住在一起，坚持人文方面的教育，培养出一批富有爱国情怀的学生，在马江海战、黄海海战中表现突出，像陈英、邓世昌等许多是民族英雄。

同治五年十一月初五日（1866年12月11日）左宗棠上奏《详议创设船政章程折》，提出的船政章程就明确"艺局内宜拣派明干正绅，常川住局稽察师徒勤惰，亦便剽学艺事以扩见闻"。[3]在聘雇外国工程技术人员和教师合同中，明确规定外籍人员对学生只有教学之责，无管理之权，不得干预船政事务，将学堂置于船政大臣和船政提调的管理之下，保证权操诸我。外籍教师在教学时间与学生在一起外，其他时间相互隔开，有单独的洋楼和生活空间。学生被划定在狭小的活动范围内，受到严格的纪律约束，与外籍教师不能相互交流思想或谈论政治问题。这种做法对避免学生西化，起到了重要的作用。

马尾船政学堂引进西学，学习现代的科技知识，但也不忘把它与人文精神结合起来，认真培养学生的爱国情操。船政学生在甲戌巡台、甲申马江海战、甲午黄海海战中都表现出强烈的爱国情怀和大无畏的英雄气概。有几点是值得认真总结的。①创办船政本身就是为了师夷以制夷的。创办者、组织者有着强烈的爱国心，他们为了师夷御侮，奋发图强，有着强烈的事业心和责任感。②船政的学生们是带着强烈的使命感来学习的。对留学生的评价可见一斑。评论说"该生徒等深知自强之计，舍此无他可求，各怀奋发有为，期于穷求洋人奥秘，冀备国家将来驱策"。③船政文化的熏陶和校园文化的培育，使学生们一进校门就沉浸在爱国主义的潜移默化之中。船政历史的激励作用和船政人物的榜样作用非常明显。先贤先烈们的人格力量无时无刻不在激励着学生们的爱国主义热情。缅怀先烈，爱国自强，成为风气。

五　策略上的主动对外：引进来，走出去

引进来，走出去，是船政的技术发展策略和人才培养战略。它既请进来，引进技术、设备、管理、人才和教育模式，又走出去，让学生出国留学深造，造就了中国近代的一批科技骨干和高级海军将领；同时也使他们处于中西文化交流的风口浪尖上，让他们能够站在更高的层面上来审视中国，寻找救国良方。

船政引进西方技术、设备和管理，从而吹响了中国从传统农业文明向

工业文明进军的号角。在造船方面，它开创了近代的造船工业，使之成为当时在中国乃至远东规模最大、设备最为齐全、影响最为深远的船舶工业基地，从1868年开始制造"万年清"号，到1907年，共造船40艘，总吨位57550吨，占全国总产量的82%。造船技术也不断更新，从木壳船到铁胁船，再到铁甲船。造船工业是当时科技水平的综合体现，它的建造带动了上下游工业和科技的发展，也造就了一大批科技人才和产业工人，成为中国近代化的发祥地和科技的摇篮。

船政引进西方教育模式，先后设立八所学堂，设有造船、造机、驾驶、管轮、电报、测绘等专业。各个专业都有比较完整的教学课程体系。它打破了封建教育的传统模式，开创了近代教育的先河，为中国近代教育体系的形成奠定了坚实的基础。

为进一步培养工程技术人才，船政采取了让学生出国留学、深造提高的继续教育措施。沈葆桢认为洋人来华教习未必是"上上之技"，"以中国已成之技求外国益精之学"必然事半功倍。因此选取学生赴法国深究其造船之方，及其推陈出新之理；赴英国深究其驶船之方，及其练兵制胜之理。正是这种指导思想为学生的深造提供了良好的条件。于是，船政建立了留学制度，由日意格制订留学章程和教学计划，确定学制三年，其中有一年见习，有四个月到各地参观。由华洋两监督共同管理。各专业学生除个别外都按对口专业到有关高校学习。他们分赴法、英、德、美、比、西、日等国留学。学习的专业主要有造船、航海、飞机、潜艇、枪炮、鱼雷、矿冶、机械、无线电、天文等。学成回国，成为我国科技力量的主要骨干。

在中西文化交流的舞台上，历史给船政学子提供了极好的机遇。引进西学，特别是赴欧留学使他们处于中西文化交流的风口浪尖上，也造就了他们的才干，使他们能够站在更高的层面上来审视中国，寻找救国良方。最典型的代表就是严复。他透视西学，提出了西方国家"以自由为体，民主为用"的精辟论断；抨击时局，破天荒地揭露专制君主是窃国大盗；传播西方进化论、社会学理论经济学理论等，影响了许多维新派人物；提出了强国富民的救国方略，鼓吹"开民智"、"鼓民力"、"新民德"，成为中国近代最杰出的启蒙思想家。

船政与台湾的近代化[*]

船政的创办标志着福州开始向近代化迈进，也为台湾的近代化带来了契机。

沈葆桢甲戌巡台是实现台湾社会转型的里程碑式事件。而随后的治台是"创始性"治理，并取得了明显的成效。巡台治台解放和发展了生产力，促进了经济繁荣，开启了台湾的近代化建设；顺民心开民智，增进民族团结，促进了社会和谐；加强行政管理，巩固中央统治，稳定了台海局势。从治台理念、治台力度、治台成果看，沈葆桢甲戌巡台与治台都是创始性的、奠基式的、前所未有的、里程碑式的。因此他被誉为中国近代开发台湾的奠基人，是"立富强之基"、"缔造之功顾不伟欤"的杰出政治家。他为维护祖国领土的统一和完整，为保卫台湾和建设开发台湾，对国家和民族做出了重大贡献。

丁日昌（1823~1882年），字禹生，又作雨生，号持静。广东丰顺人。20岁中秀才。初任江西万安、庐陵知县。1861年为曾国藩幕僚，1862年5月被派往广东督办厘务和火器，1864年夏任苏淞太兵备道，次年秋调任两淮盐运使。1867年春升为江苏布政使。1868年任江苏巡抚，1875年9月任船政大臣，次年署理福建巡抚。1882年2月27日，逝世于广东丰顺家中。

丁日昌是沈葆桢选中的继任者。在任上积极推行左沈的路线。光绪元年（1875），他将新旧打铁、拉铁厂合并，改造为铁胁厂，准备发展铁胁船。光绪二年（1876）创办电报学堂，拨出船政学堂部分房屋，办电信专业班。先后招两班，学生每班70人。

光绪元年（1875），沈葆桢利用日意格到欧洲采购的机会，挑选魏瀚

---

[*] 本文系《船政文化与台湾》的部分章节，该书由朱华主编，海峡出版发行集团鹭江出版社出版发行，2010年9月第一版。

等五名船政学堂的学生随其出国参观学习。沈葆桢调任两江总督后，接任船政大臣的丁日昌积极支持船政学生出洋留学，终于在光绪三年（1877），使第一批船政留学生成行，开创了近代学生留欧的先河。

丁日昌的"海洋水师章程六条"，是海防筹议的重要内容，关于建立三洋海军建设方案，促成中国海军的三洋建设。海防筹议的结果是清廷于光绪元年（1875年）发出上谕："著派李鸿章督办北洋海防事宜，派沈葆桢督办南洋海防事宜"，即通常所说的，李任北洋大臣，沈任南洋大臣。从此开始了海军的三洋建设。

同年丁日昌被任命为福建巡抚。他上任后，于1875年冬天和1877年春天，先后两次渡海，视察台湾，精心筹划台防。丁日昌认为"铁甲舰为目前第一破敌利器"，主张依托南北洋海军，对台湾实施海上防卫，并将船政的轮船水师练成一军。光绪五年（1879），朝廷令丁日昌会办南洋海防，并将轮船水师划归南洋大臣节制。此时的丁日昌因在台湾受瘴过重，双足痿痹，但仍向朝廷呈上《海防应办事宜十六条》的建议。

丁日昌认为电报可以通军情，积极主张自设电报，与丹麦大北公司交涉，收买福州至罗星塔电线，这成为中国自营第一条电报专线。他亲自主持架设台湾府城（今台南）至安平电线，饬令游击沈国光率领船政毕业生苏汝灼、陈国平、林钟玑等架设台南府城至凤山旗后电缆。光绪三年（1877）建成台湾府城至安平、旗后的陆上电线，并设立了3个电报局，对外营业。这是中国人自己修建、自己管理的电报线。

光绪二年（1876），丁日昌奏准将拆毁的吴淞铁路铁轨运来台湾，拟修筑旗后、凤山到台湾府城的铁路。虽未修成，却成为后来修筑铁路的先声。丁日昌还派遣船政总监工叶文澜赴台负责勘查台地矿产，并用机器开采基隆煤矿，成为中国最早投产的现代煤矿。

治台期间，丁日昌发扬了沈葆桢"欲固险地在得民心，欲得民心，先修吏治"的思想，认真整顿台湾吏治，革职查办了一批贪官污吏。同时认真做好"抚番"工作，对于杀害兵民者予以严惩，对于安分守己者加以安抚。光绪三年（1877）年初，丁日昌厘订了"抚番开山善后章程二十一条"，先后创建义学一百余所。在主持台湾童子试时，他发现童生丘逢甲这个难得的人才，录取为第一名并给与奖励。他还鼓励在台湾在北部试种茶叶，在南部山地试种咖啡，发展香蕉、菠萝、柑橘等经济作物。

丁日昌不辞劳瘁，苦心治理，加强台防，积极推动台湾的近代化建设，是具有时代眼光和革新精神的实干家。

吴赞诚（1823～1884年），字存甫，号春帆，安徽省庐江县人。清道光二十九年（1849年）拔贡，咸丰元年（1851年）以拔贡朝考知县，后补德庆州、顺德、虎门同知，升署惠潮嘉道。同治（1862年）调天津制造局，补天津道，擢顺天府尹。光绪二年（1876年）任福州船政大臣，光绪四年（1878年）以光禄寺卿署福建巡抚兼理船政和台湾海防。光绪五年（1879年）因病辞船政事务、巡抚开缺。光绪六年（1880年）督办天津水师学堂。光绪十年（1884年）五月廿四日病逝。

在船政大臣任上，他亲赴台湾视察民情，加强防务，组织农耕和修路，改善少数民族生活。其间曾取道恒春，过红土嵌山，攀越悬崖，渡过大溪，忍受饥渴，行程达三百里，到达卑南。他的行动感化了当地的少数民族。他还带病率部穿过瘴区，越过湿地，平定了土著人的叛乱。赴台期间，因积劳成疾，患上中风，卧病三年后病逝。吴赞诚精通经史数理，思虑缜密，办事坚韧，务实耐劳，是位实干苦干的经学家。

黎兆棠（1827～1894年）字召民，广东顺德人。其出身贫寒，早年丧父，少有壮志，勤奋苦学。清咸丰三年（1853年）中进士，历任礼部主事、总理衙门章京、江西粮台、台湾道台、天津海关道台、直隶按察使、布政使、福建船政大臣、光禄寺卿。其人性格廉悍，治事干练。同治八年（1869年）、同治十三年（1874年）两度入台主政，大力整饬吏治，惩办恶霸，同时严厉打击法国不法商人的大规模走私行为。黎兆棠为官多年，深得当朝皇帝同治、光绪的器重，慈禧太后还将干女儿许配给他。"时西人来台争利，驶大舶至，威协安平，致副将自戕，兆棠绳争利者以法，卒潜引去"。1882年，他因病辞官回家乡调养。辞官归家时，慈禧太后特赐牌匾"忠孝堂"，光绪皇帝赐匾"御书亭"。

岑毓英（1829～1889年），字颜卿，号匡国，广西西林人。咸丰六年（1856年）云南回民起义时，率团练到迤西助攻起义军。1859年占领宜良，得以署理知县，次年署澄江府知府。同治元年（1862年）被云南巡抚徐之铭派往与围困昆明的马复初、马如龙回民军谈判，达成协议，二马投降，以功迁云南布政使。1863年出兵进攻杜文秀起义军。1866年率军至贵州威宁州，击败苗民军陶新春和陶三春部。1868年继续与杜文秀的起义军作战，授云南巡抚。1873年兼署云贵总督。光绪五年（1879年）为贵州巡抚。后调补福建巡抚，1883年任云贵总督。次年参加中法战争。1886年从越南撤军回国，曾会勘边界。

1881年5月，岑毓英调补福建巡抚。9月东渡台湾，从基隆登陆，查勘沪尾、鹿港，再到台北、淡水、新竹、彰化、嘉义等地视察。每到一地，接见士绅，体察民情，了解疾苦。年底，第二次渡台，督修大甲溪。他两次渡台，深化了开山抚番的工作，并组织对大甲溪的疏浚，对宝岛台湾的开发做出了一定贡献。

刘铭传（1836~1895年），字省三，安徽合肥人。出生于一个世代耕织的农家，生活窘困，但为人侠义耿介，喜欢耍枪习艺，曾因杀劫富户遭官府追捕。清咸丰四年（1854年），接受官府招安，在乡兴办团练。1859年率团勇攻陷六安，驰援寿州，功升千总。1862年编为淮军铭字营。因善战屡立战功，很快提升为记名总兵、直隶总督，并获得清廷三等轻车都尉世职及一等男爵的封赏。中法战争爆发，刘铭传重赴沙场，被任命为督办台湾事务大臣，为台湾第一任巡抚，不久又授福建巡抚，加兵部尚书衔。1891年因基隆煤矿弊案告病辞官。1896年在家病逝，追封为太子太保，谥壮肃。

刘铭传作为首任台湾巡抚，在其任上做了许多有益的事情。在这之前，战功卓著。甲申马江海战，法国企图"踞地为质"作为讨价筹码。刘铭传奉命督办台防，提出十项整顿海防建议，并周密部署，严阵以待，基隆初战即告捷。沪尾一战，先发制人，诱敌深入，使法军三面受敌，被击毙三百多人，沪尾战役又取得重大胜利。

光绪十一年（1885年），台湾建立行省。在他任职巡抚的六年（1885~1890年）中，对台湾的政治、经济、国防、交通、教育等进行大胆改革，推进了台湾的近代化进程。继任台湾巡抚邵友濂则因财政困难与理念不同而放弃改革，使台湾的近代化建设中断。

刘铭传作为我国历史上首任台湾巡抚，为加强台湾防务和建设，呕心沥血，殚精竭智，不仅增强了台湾的海防力量，加快了台湾的近代化建设进程，而且加强了台湾与大陆的联系。刘铭传是一位杰出的爱国将领和政治家。

裴荫森（1823~1895年），字樾亭，江苏阜宁人。清同治二年（1863

年）进士。次年捐道台衔。同治六年（1867年），参与办理长沙团练。同治九年（1870年），从湖广总督李鸿章办理营务。李鸿章辱国媚外，葆森力谏不听，愤而辞职，往长沙办理团练，主持湖南全省营务处。光绪九年（1883年），调任福建按察使。马江战败后，兼督海口事务，后又署理船政大臣，兴建房舍，着手制造钢甲兵轮，试造成功"平远"号，成为中国造船史上的一个里程碑。其后组建大船坞，长130.9米，宽33.5米，深7.8米，为远东第一大船坞。曾接受中国当时最大舰只进坞维修，还修理过英、法等国的兵舰、商船。为海防事业做出贡献。葆森还收集整理船政奏稿，辑成《船政奏议汇编》。光绪十五年（1889年），辞职回里。后病逝。

从左宗棠到裴葆森，与闽台关系密切的当然不止以上这八位。我们下面分章节重点阐述是沈葆桢、丁日昌、吴赞诚、刘铭传、裴葆森这五位，因为他们在近代与台海的关系极为密切，有一定代表性。以上八位虽然政绩各不相同，对闽台的贡献程度不一，但都有共同的特点，他们都是福建、台湾和船政建设的中心人物，都有爱国自强的船政精神和强烈的海权意识。他们都致力于船政的建设和闽台的治理，都为台湾的防卫与近代化建设做出了突出贡献。

综合起来，在治理台湾方面，他们大体上有这几点是相通的。

（1）都能深刻地认识到台湾的战略地位和台防的重要性、紧迫性，都有强烈的驱倭保台意识，都能致力于维护海疆安全和领海主权。左宗棠提出"惟东南大利，在水而不在陆"，认为台湾是南洋七省的门户，具有相当重要的战略位置。沈葆桢认为："台地一向饶沃，久为他族所垂涎……台湾海外孤悬，七省以为门户，其关系非轻。"并说移驻巡抚是"地属封疆，事关更制……为台民计，为闽省计，为沿海筹防计"。丁日昌认为："台湾虽属海外一隅，而地居险安，物产丰饶，敌之所必欲争，亦我之所必不可弃。"裴葆森也指出："台湾孤悬海外，基隆产煤，本为法人垂涎之地。"

（2）都能以务实的作风，全身心地对台湾进行治理，并取得成效。沈葆桢认为，"台地善后，势当渐图；番境开荒，事关创始"。他相继提出并实施了一系列治台政策和改革措施，开创了台湾的近代化建设。随后几位有成就的继任者都不同程度地在更制改革上下功夫。从沈葆桢开山到刘铭传修铁路，从沈葆桢开禁到历任的改革深化，从沈葆桢开始抚番教化到刘铭传番社全部就抚和创设番学堂，从沈葆桢析疆增吏到刘铭传设置三府一直隶州，从沈葆桢驱倭退敌到刘铭传驱法大捷，无不浸透着这些政治家们的心血。他们恪尽职守，不畏艰劳，为台湾的防卫，为台湾的治理和开发振兴，做出了贡献。

（3）都认识到加强行政管理的重要，从巡抚移驻到独立建省，致力于体制创新。闽台分省而治，乾隆朝即有人提出。同治十三年（1874年）沈葆桢巡台后，奏请将福建巡抚分驻台湾获得批准。于是从1875年11月起到1886年台湾建省，历时11年，福建巡抚冬春驻台，夏秋驻福州。福建巡抚虽有半年时间驻台，但交通不便，通讯迟缓，仍存在事权不一、指挥不力、过于依赖福建等问题。因此为加强台湾的防务和开发治理，建立行省势在必行。1886年7月，闽浙总督杨昌濬和福建巡抚刘铭传联衔上奏《遵议台湾建省事宜折》，经清政府批准，台湾建省。随后任命刘铭传为首任台湾巡抚。独立建省的台湾从此进入了一个新的发展阶段。

一　甲戌巡台与《北京专条》

（一）日本虎视眈眈与牡丹社事件

甲戌，是1874年；巡台是指沈葆桢巡视台湾。巡台起因就是日本的虎视眈眈，其借口就是牡丹社事件。

日本经过明治维新后迅速走上军国主义的道路，表现在对外关系上就出现极大侵略性。它首先把目光投向我国的台湾。而且从靠近日本的琉球群岛入手。琉球群岛是我们的藩属国，从1372年（明洪武五年）起就接受明、清政府的册封，向中国朝贡，五百年来从未间断。17世纪初，虽一度为日本所屈服，但仍入贡于明、清政府。1609年日本背着中国，将琉球北部诸岛置于自己直接控制之下，南部仍由琉球国王治理，并允许琉球继续朝贡中国，而且不许琉球显露出任何日本势力的存在。

1871年年底，琉球的贡船八重山号和太平山号遭遇台风，漂到台湾。其中八重山号船获救，45名船员被地方当局和当地居民护送到台湾府城。另一艘太平山号船在台湾南部北瑶湾触礁沉没，3人溺水身亡，66人凫水上岸，中有54人被高士佛社、牡丹社少数民族杀害，其余12人被营救，与那里的八重山号船员一起，乘轮由福州转送回琉球。

1872年，日本册封琉球王尚泰为"藩主"，强迫建立日、琉宗藩关系，为其吞并琉球做准备，也为侵略台湾寻找根据。

1873年3月，日本人佐藤利八等4盐贩乘坐的小船遇风沉没，佐藤等凫水在台湾凤山后山上岸，被当地居民营救，并由地方官安排护送回国，当时日本外交官还发来了感谢函。但不久，日本就指责佐藤等人在台湾遭遇了打劫。

1873年6月，日本外务卿副岛种臣以换约和庆贺同治皇帝亲政为名，亲自来华，试探清政府态度，美国驻华公使德朗为他出谋划策，并介绍前美国厦门领事李仙得为随员。李仙得（Charles W. Le Gendre，1830—1899年，法裔美国人），同治五年（1866年）出任美国驻厦门领事。同治六年（1867年）二月，美国商船罗妹号（the Rover）在台湾东部外海红头屿（今兰屿）触礁沉没。其生还者被少数民族杀害，引发美国对清政府的交涉。美军自行前往台湾攻击少数民族部落。李仙得还奉命到台湾察看，但因为琅𫴆属于生番地界，台湾官员不愿介入，李仙得就在同治八年（1869年）十月自行进入琅𫴆与十八社总头目谈判，协议少数民族不再伤害漂流到这里的西方船难人员。因为有这番经历，并能说闽南话，李仙得被德朗介绍给日本外务卿副岛种臣作为他的随员。

来华后，副岛没有正式行文照会，而是由副使柳原前光前往总署口头提出琉民遇害的事情。总署认为琉球和台湾都属于中国的领土，不麻烦日本前来过问。总署大臣毛昶熙介绍说，该岛之民向有生熟两种。其已服我朝王化者为"熟番"，已经教化，设州县施治；其未服者为"生番"，尚未教化，姑置之化外，尚没有很好地加以治理。柳原说要自行问罪，毛昶熙极力反驳，柳原也未再深究。"生番"与"熟番"问题，这是当时的实际情况，但事后日本却以外化属于治理之外为借口出兵侵台。

1875年，日本强行占领琉球，不许琉球再向中国入贡。琉球派遣使臣到福州请求清政府援助。当时，何如璋（1838～1891年）是首任中国驻日本公使。他认为日本要灭琉球，听之任之，"何以为国？"而拒绝它，"边衅究不能免"，主张向日本理论，琉球不可放弃，放弃了忧患更深。李鸿章则认为，琉球是"区区之贡"，小小的地方，入贡很少，与日本的威力相比较，"非惟不暇，亦且无谓"，则无足轻重。并认为何如璋"历练未深，锋芒稍重"，建议总理衙门将其调离日本。他骨子里就认为不值得为了这个孤悬海外的藩属，去与日本打仗。

1879年日本改琉球为冲绳县。当时，正好美前总统格兰特（M. S. Grant）来华游历，恭亲王、李鸿章等知道日本所恃的是美国，想请格兰特出面调停。格兰特劝与日本分治琉球，不可对日失和，应亟求自强，能自强，日本即不敢生非分之心。格兰特到东京后，也劝日本不要诉诸战争，以免引起欧洲的干涉。事后，日本向李鸿章提议，琉球南部可归中国，但要修改中日条约，允许日本享有西方国家所有特权，不仅仍然要并吞琉球，而且要加紧侵略中国。李鸿章虽然拒绝日本的提议，但总署以中、俄伊犁交涉，日、俄有勾结之意，担心拒之太甚，日俄结盟益深。且利益均沾的诸项条款，各国修约中均有明文，因此不得不对日让步，遂于1880年10月与日使拟订了一个草约。但是廷臣议论纷纷，认为不可以。李鸿章也认为琉球一事不应当与条约混为一谈，俄国的事情关系全局，"如稍让于俄，而我因得借俄以慑日"，就是联俄制日的想法。

1874年4月，日本正式成立侵台机构——台湾都督府，任命陆军中将西乡从道为台湾事务都督，任命大藏大臣大隈重信为台湾番地事务局长官，并准备出动军舰侵略台湾。日本的举动引起西方国家的反对。日本政府只好下令军舰延期出发。但西乡从道抗拒命令。他和大隈重信连夜启航，于5月上旬率3600多人在台湾南部登陆，并分三路进攻牡丹社。当地民众对入侵者进行了顽强的抵抗，牡丹社酋长阿禄阵亡。6月3日，日军攻占牡丹社，以龟山为基地，建立了所谓的都督府。随后，日军向后山南北各处番社分发日本国旗，准备长久霸占台湾。

（二）沈葆桢甲戌巡台

对日本的侵台事件，清政府起初一无所知，直到4月19日通过英使威妥玛才知道此事。5月11日，清政府照会日方，并于14日下令派船政大臣沈葆桢为钦差大臣，率领轮船水师开往台湾，授予他处理日本侵台事件的军事外交大权。轮船水师是船政自己建造的舰船组成的舰队。船政第3号轮"福星"号建成后，沈葆桢就奏请清政府批准成立"轮船水师"，以区别于旧式的"福建水师"，担任起中国沿海的海防任务，成为中国近代第一支海军舰队。沈葆桢巡台，自制的舰船在反侵略战争中发挥了重要作用。

沈葆桢接受巡台任务后，于同治十三年四月十九日（1874年6月3日）上奏折，称日本以怨报德，越境称兵，中西人人发指，此时示以挞伐之威，是正确的。他提出联外交、储利器、储人材、通消息的主张，认为通过外交途径使日本能"怵於公论、敛兵而退"为上策；而中国器械不够精良，日本有铁甲船，我们没有，必须储利器，铁甲船不能不购，各种洋枪、巨炮、合膛之开花弹之类不能不多购，而且要未雨绸缪，"迟则无及矣"；要调遣精兵良将赴台，"此时消除萌蘖，须得折冲樽俎之才"；欲消息常通，断不可无电线。随即着手进行战略部署。

第一，固民心。他认为"官民同命，草木皆兵"，重点是三方面工作：一是"师直为壮"，坚持正义；组织声讨敌人"侵我土地，戕我人民"，穷兵黩武的侵略者必亡。二是认为当地的民心可用，通过认真的动员，让军民同仇敌忾，众志成城，一致抗日。三是让朝廷"坚忍持之"，不要"急于求抚"，不要太软弱。

第二，联外交。一是谴责日本的侵略，照会中强烈提出：①"生番土地，隶中国者二百余年"，主权在中国；生番是中国人，杀人偿命，自有中国的法律来处理。②"琉球虽弱，亦俨然一国"，自己可以"自鸣不平"；日本"专意恤邻"，可以通过外交来解决。③针对日方提出"劫掠"船民的问题，针锋相对说"凫水逃生，何有余货可劫？"④郑重提出"中国版图，尺寸不敢以与人"。拿出《台湾府志》各个番社与台湾政府定的契约给西乡从道看，令其哑口无言。同时知会英美等国，说明情况，争取国际上的支持以孤立敌人。

第三，预边防（边防的预防）。汲取鸦片战争的教训，防止日军掉头侵犯福州厦门等沿海，采取加强沿海防务措施，调集各舰船，部署在沿海各地，以防不测。同时增派4营兵力加强福建沿海一带的路上防御。

第四，通消息。当时还没有无线电联系，沈葆桢运用4艘兵轮进行联络，互通消息，重要文报一天内便能知道。同时提出架设电线，快速通消息断不可无。后因日本撤军，没有马上实施。1877年，安平到台南，再到旗后的电线由后任丁日昌组织架设成功。这是中国最早的电线。

紧接着沈葆桢于6月14日与福建布政使潘霨和洋将日意格、斯恭塞格等分别乘"安澜"、"伏波"、"飞云"等舰，巡视台、澎。沈葆桢到台后，一面向日本军事当局交涉撤军，一面积极着手布置全岛防务。

6月19日，潘霨、夏献纶乘舰前往琅峤，与西乡从道交涉退兵。会谈三次，均没有结果。针对当时的形势，沈葆桢提出迅速装备铁甲舰的构想。但李鸿章认为沈葆桢设防备舰，并非一定要与之用武。还多次写信劝说沈葆桢"坚忍，勿开战"，只自扎营操练，不要开战挑起事端，并密令淮军将领唐定奎，到台后"进队不可孟浪"。

沈葆桢深知李鸿章的为人，明白他的主和态度，也了解清廷的软弱，但作为台防的钦差大臣，作为中华民族的一分子，他有强烈的责任感，所以他多次呼吁朝廷要"坚忍持之"，不要"急于求抚"。在实际布防中，他在府城与澎湖增建炮台，安放西洋巨炮，并运来洋炮20尊，洋火药4万磅，火药3万磅；在安平厦门间装置海底电线；增调淮军精锐武毅铭字军13营6500人入台，部署于凤山；陆上防务北路由台湾镇总兵负责，南路由台湾兵备道负责，海上防务，以扬武、飞云、安澜、清远、镇威、伏波六舰常驻澎湖，福星一号驻台北，万年一号驻厦门，济安一号驻福州。沈葆桢还招募台湾少数民族组成"绥靖军"、"安抚军"两支洋枪队。由于备战得力，士气民心为之大振。这些措施渐次推展开来，形成相当的声势，使日军不敢放肆。

当布防基本就绪后，沈葆桢还制订了将日军"尽歼于海隅"的计划。沈葆桢认为，农历六七月间风浪汹涌，轮船难泊，日军虽有铁甲船，但不能近岸，可乘风雨来临，一鼓作气，歼灭日军。如错过这个季节，就难以奏效。此时，我军有1万多人，士气高涨，台湾民众全力支持，备战亦较充分。而侵台日军仅3000多人，而且这时候，台南南部恶性疟疾流行，侵台日军因气候炎热，水土不服，疾疫流行，每日死者四五名至数十名（共死亡561人），士气极其低落。中日双方此时交战，日军必败无疑。

可惜的是，远在北京的清廷一心求和，并不批准沈葆桢的歼敌计划。

（三）日本被迫撤军与《北京专约》

沈葆桢将侵台日军"尽歼于海隅"的计划虽然未获批准，但沈葆桢仍然认为必须加紧备战，才能有力地配合朝廷的谈判。他告诉李鸿章等人，没有"大枝劲旅"来配合，"虽舌敝唇焦无益也"。他告诫李鸿章，"城下之盟断断乎其不可为也"。但软弱的清廷还是做出妥协和让步。

在进退维谷、内外交困的形势下，日本也不得不寻求外交解决的途径。8月6日,日方全权代表大久保利通偕顾问李仙得动身来华谈判。当他抵达上海时,获悉沈葆桢加紧制造和购买铁甲舰的消息,甚为紧张。

但在这紧急关头,清廷内部却上演了一出新的闹剧。1874年8月,同治皇帝发布上谕,宣布圆明园重新开工修建。由于当时镇压太平天国和捻军的战事平息不久,西北回民起义和新疆阿古柏叛乱尚未平复,日本在台湾挑起事端,朝廷收入拮据而开销巨大,修建圆明园将会耗费大量财力物力,因此遭到恭亲王奕䜣等十名重臣的联名反对。9月9日,同治帝革去恭亲王奕䜣一切差使,交宗人府严议。旋因福建方面奏报台湾军务,乃复恭亲王军机大臣职务。10日,皇帝将给予恭亲王的处分改为革去亲王世袭罔替,降为郡王,同时以"朋比为奸,图谋不轨"的罪名革十重臣的职务。同日,日本全权大臣大久保利通到达北京,与总理衙门谈判解决台湾问题。11日,两宫太后出面,说十年以来,如果没有恭亲王,哪有我们孤儿寡母的今天。她说皇上年纪轻,不懂事,宣布恢复恭亲王奕䜣的职务。

内部风波平息后,于10月11日,中日双方开始会谈。会谈辩论十分激烈。从实力对比来看,中国占了上风;从形势上看,新疆阿古柏的叛乱尚未平复,中法关系也因越南问题而有所紧张;从国内高层的心态,多为保守主和。

在前七次谈判中,日方仍坚执日本进兵的是"无主野蛮"之地,对此清政府予以严厉驳斥。大久保利通认识到,只有在清政府所坚持的"番地属中国版图"的前提下,才能解决问题。

当时清政府的内政外交也存在很多困难,于是在英、美、法三国出面调停下,清政府决计让步。10月31日签订了《北京专约》。恭亲王奕䜣与大久保利通分别代表本国政府在北京签字。

《北京专约》,又名《中日北京专条》、《台湾事件专约》或《台事北京专约》,是1874年10月日本与中国清政府签订的有关台湾事件的条约。条约规定:

(1) 日本国此次所办,原为保民义举,中国不指以为不是。

(2) 前次所有遇害难民之家,中国定给抚恤银两。日本所有在该处修道建房等件,先行筹补银两,另有议办之据。

(3) 所有此事,两国一切来往公文,彼此撤回注销,永作罢论。至于该处生番,中国自宜设法,妥为约束,以期永保航客,不能再受凶害。

专约的附件有互换凭单，提出：日本国从前被害难民之家，中国先准给抚恤银十万两。又日本退兵，在台地所有修道建房等件，中国愿留自用，准给银四十万两，亦经议定。准于日本国明治七年十二月二十日日本国全行退兵、中国同治十三年十一月十二日中国全数付给，均不得愆期。日本国兵未经全数退尽之时，中国银两亦不全数付给，立此为据。彼此各执一纸存照。

北京专约承认日本侵台为"保民义举"，并赔款白银50万两，实际上鼓励了日本的侵华野心。专约中所指之"民"，日方有意含混所谓佐滕利八等日本人"被劫"和琉球船民被杀两个事件之意图；中方则只字不提"琉球"，从不承认琉球为日本属国。但条约不加区分地将被台湾人民杀害的琉球人与日本人统称为"日本国属民"，为日本以后吞并琉球提供了借口。

1875年6月，日军进驻琉球，强迫琉球改奉日本年号，停止对中国的一切藩属关系。1877年6月，闽浙总督何璟向朝廷报告，琉球国王向中国求援。朝廷不以为然，下旨琉球之事着出使日本大臣何如璋到日本后相机妥办，下令琉球使臣回国，不要在福建等候。1877年至1878年，日本国内政局混乱，先是西乡隆盛发起了萨摩藩的叛乱，史称"西南战争"。9月24日，西乡战死。次年，大久保利通被暗杀。日本政府无暇在此困境中解决琉球问题，清政府也没有抓住这个有利时机。

1879年3月，日本把琉球国王尚泰掳往东京，宣布改琉球为冲绳县。恭亲王却在奏疏中说，何如璋在日本办理琉球交涉事宜。李鸿章则请求来华旅行的美国前总统格兰特设法调解。10月，琉球耳目官毛精长等3人向总署哭诉求援，总署只是发给他们300两川资，将他们打发回国。

随后总理衙门同日本驻华公使开始谈判琉球问题。10月底，恭亲王向朝廷报告，拟在修改《中日通商条约》时，将琉球冲绳岛以北归日本，南部宫古、八重山诸岛归中国，准日本人入中国内地通商，加入"一体均沾"条款。消息传出，清议立即反对。此后，中日之间没有签署任何琉球问题的条约文件。

《北京专约》签订后，到1874年12月底，双方按条约交接办理。先是日本特使东久世侍抵达琅𫞩，传西乡从道都督率军返日。同日，中国快速兵舰扬武号入港。28日中国军舰凌风号也抵琅𫞩以备接收。过几日，西乡从道下令撤营。同时，中国军舰两艘入港，随即互行交接点清，西乡从道一行则搭旗舰高砂丸，由筑波与龙骧两艘日本军舰护航撤离。两天后琅𫏋地区日军已完全撤离台湾。

二　沈葆桢的创始性治台

（一）治台方略

日本侵台事件刚结束，沈葆桢就上了一个奏折，在同治十三年（1874）的《请移驻巡抚折》的奏折中，他提出了"此次之善后与往时不同，台地之所谓善后，即台地之所谓创始也"的著名论点。在这篇折子和《台地后山请开旧禁折》中，他阐述了如下几个观点。

一是善后即为创始。"善后不容稍缓"，认为要抓住日军撤退的有利时机，抓紧做好善后工作。而这一次之善后工作与过去不一样，台湾的善后工作就是整顿治理台湾的开始。"善后难，以创始为善后则尤难。"台湾这时的善后不是一般意义上的善后，而是要整治改革，实施了一系列治台政策和改革措施，因此有相当的难度，不可能一蹴而就。

二是抚番开路是善后的重要内容，而抚番开路是相辅相成的，缺一不可。认为从长远考虑，要"绝彼族觊觎之心，以消目前肘腋之患"必须"一面抚番，一面开路"。而且二者必须同时进行，"开山而不先抚番，则开山无从下手；于抚番而不先开山，则抚番仍属空谈"。

三是只有开禁才能开山招垦，才能发展台湾的经济。要开山，就必须招垦。不先招垦，则"路虽通而仍塞"，要招垦，就必须开禁。不先开禁，"则民裹足而不前"。而开禁，就是要把原先制定的旧例破除掉。施禁，只会给官员兵役留下一个索诈的借口，给民间老百姓增加一份伤害。

四是更制改革，事关重大，巡抚分驻是可取的办法。台湾居民有漳籍、泉籍、粤籍之分，"番族又有生番、熟番、屯番之异"，"气类既殊，抚驭匪易"，要加强治理，必须"仿江苏巡抚分驻苏州之例，移福建巡抚驻台"。这样做的好处有：①有事可以立断；②统属文武，权归一宗；③耳目能周，决策立定；④公道速伸，人心帖服；⑤便于考察官员，加强实际训练；⑥便于抑制贪黩之风；⑦便于揭穿一些官员蜚语中伤之技；⑧词讼不清，奸人得志，有巡抚在便于拔乱本而塞祸源；⑨开地伊始，地殊势异,可以因心裁酌;⑩人才可以随时调用;⑪便于设官分职,不至于虚设浪费;⑫开煤炼铁,可以就地考察,则地而兴利。而移驻巡抚是"地属封疆,事关更制"的大事,是"为台民计,为闽省计,为沿海筹防计"的重大决策,是"为我国家亿万年之计"的战略部署。因总督兼辖浙江,以福建巡抚移驻台湾较为方便。"立法惟在得人,而事权尤宜归一。"

五是保台治台,关键在得民心。"台地一向饶沃,久为他族所垂涎",台湾为七省(即广东、福建、浙江、江苏、山东、直隶、奉天七省,囊括全国的海岸线)之门户,关系重大,"未雨绸缪之计,正在斯时"。而"欲固地险,在得民心",而要得民心,就必须先修吏治、加强和搞好行政。要变革,要创建,要"化番为民",需要花数十年的工夫来治理。只有经过长期的治理,"生番、熟番"才能浑然无间。台湾的近代化建设才能生机勃勃,蒸蒸日上。

六是"惟台湾有备,沿海可以无忧;台湾不安,则全局震动"。从国家全局高度来看台湾防务建设的重要性。

这些无疑是沈葆桢对台湾进行"创始性"治理的基本理念,至今仍然闪烁着一代名臣的智慧光芒。他高瞻远瞩,深谋远虑,分析精辟,心诚意坚;而又大胆建言献策,不计个人得失,努力践行,果断行事,不愧是富有远见卓识的政治家。

(二) 治台措施

1. 开禁招垦

康熙二十三年(1684年)统一台湾之后,清政府采取了两项对台湾发展极为不利的政策:一是把向清廷投降的郑氏集团成员调回大陆。二是批准施琅的建议,颁布了三项禁令,以防止大量移民赴台与郑氏旧部结合。规定:①经批准获得渡航许可证才能赴台;②渡台者一律不准带家属;③广东一带的不准渡台,特别是客家人。清廷为对付郑氏集团,采取坚壁清野政策,强迫沿海30里内各省居民尽迁内地居住,引起客家人不满,他们群起反对,曾占据汕头南部一带。清廷的这条禁令实际上是对客家人的报复。这三条禁令施行长达190年之久。

这一期间,大陆居民要移居台湾,只有一个办法,就是"偷渡",那可是千辛万苦、惨不堪言的事情。

关于不许偷渡台湾，清廷有 6 条规定：

（1）台湾不准内地人民偷渡，有偷渡者，没收偷渡船只，将船户等分别治罪，文武官员也要治罪。

（2）如有充作蛇头，在沿海地方引诱偷渡的人，为首者充军，为从者杖一百，并徒刑三年；互保之船户及知情者杖一百，加枷一个月；偷渡之人杖八十，递回原籍：文武失察者，分别议处。

（3）内地商人置货过台，由原籍给照；如不及回籍，则由厦防厅查明取保给照；该厅滥给，降三级调用。

（4）沿海村镇有引诱客民过台数至 30 人以上者，壮者罚到新疆为奴，老者罚到烟瘴的地方充军。

（5）内地人民往台者，地方官给照盘验出口；滥给者，分别次数罚俸降调。

（6）无照的人过台，失察之口岸官照人数分别降调；隐匿者革职。

"生番、熟番"之间不许私通，"熟番"到靠近"生番"的地方作业也不允许。

严禁台民私入"番界"的规定有 3 条：

（1）凡私入"番境"者杖一百；如在近"番"处所抽藤、钓鹿、伐木、采棕者杖一百，徒刑三年。

（2）台湾南势、北势一带，山口勒石分为"番界"；如有偷越运货者，失察之专管官降调，该管上司罚俸一年。

（3）台地的居民不得与"番"民结亲，违者离异、治罪，地方官参处；从前已娶者，毋许往来"番"社，违者治罪。

旧例还包括禁铁、禁竹两项。①台湾铸造铁锅农具，向来要地方官批准，由藩司给执照，全台湾只有 27 家，名曰铸户。其铁的原料由内地漳州采买，私开私贩者治罪。而一些兵役人员往往向民间借端讹索，而铸户恃官把持，民间老百姓为此甚为苦恼。②台产竹竿，向来因为洋面上不安全，恐怕大竹篷簟用以帮助匪徒，所以禁止出口，以致民间竹竿经过口岸均须稽查。不知道海船，蒲布皆可为帆，并不须用竹竿。

当时的禁令严重阻碍了台湾生产力的发展，限制了台民生计和自由。沈葆桢总结了历史的经验教训，认为要建设台湾，加强海防，就必须革除禁令。为此他以钦差大臣的身份向朝廷打了报告，获得批准。从此，长达

190余年的渡台禁令废除了。

于是，从同治十三年（1874年）起，厦门、汕头、香港三处设立招垦局，积极奖励大陆居民移居台湾，以便开垦台东、恒春及埔里一带"番地"。据当时赴台招垦章程条文，政府极力优待移民台湾者。移民不仅可以免费乘船、享受免费膳食，并且从登陆到开垦地，每人每日可领口粮银100元；到了开垦地，以6个月为一期，前后分为两期，前期每人每日可领银8分，米1升；后期每人每日领米1升，优待长达一年之久；开垦成绩优异者，另有奖赏。这些开垦者在开垦地筑土围，盖草寮，过团体生活，每10人为一组，向政府领取农具4件，耕牛4头，种子若干，每人授田一甲及附近原野一甲，均编立字号，每月检查一次垦植成绩。

解除了禁令，从此福建沿海的人力、物力、生产技术源源不断地流向台湾。如果说郑成功收复台湾带动了福建沿海人民第一次大规模移居台湾，那么沈葆桢促使清政府解除禁令，则引发了福建沿海人民第二次大规模移居台湾。从此以后，台湾的人口大量增加，台湾和大陆可以自由通商、通航，带来了台湾经济的一次飞跃。

2. 开山抚番

台湾的少数民族，长期与外界隔绝，与大陆移民台湾的汉族同胞之间存在某些误解，而对于歧视他们的清政府官兵矛盾更深，往往产生不同程度的摩擦。

台湾人口分布的情况比较复杂，平原居民有"漳（州）籍、泉（州）籍、粤（广东）籍之分"。山地居民有"生番、熟番、屯番之异"。管理好这些地方，要以"创始之事"为"善后之谋"。根据善后的计划，重点在"抚番"。其实所谓"番"，指的是台湾少数民族。当时台湾各个少数民族都有独特的风俗习惯，文化教育尚处原始状态，言语各别，互不往来，信息不通。清朝统治者实行对少数民族的歧视政策，当然对他们的心理状态、生活习惯、语言风俗毫无了解，只是采取简单的划分办法，把接近汉人并能接受管理的称为"熟番"，把居住在深山老林，与汉人来往甚微的称为"生番"。

清朝康熙统一台湾之初，对他们的"治理"，全是消极的政策，即所谓封禁"番界"，使汉人不得进入以起"番衅"，使"生番"不得逸出界外，以肇"番害"。他们把台湾少数民族划为南北二路。以北路地未开辟者，其中仅指诸罗内山之水沙连及阿里山区各社；南路则指凤山县内山之傀儡、琅𤩝及后山之卑南觅诸社。于社各设头目，以为之长。对南路诸"生番"的治理，直接由官府执行。对北路"生番"，严行封禁"番界"之外，有的也施予色布、烟、酒、糖、食盐、木屐等类物资予以安抚，以诱其归化。如有"扰乱"行为则出兵镇压。对于已归化但未达"熟番"程度者称为"归化番"。在北方的"番地"即有官府也不会管治的，置诸于"化外"。

清代至同治十三年（1874年）前，对台湾少数民族采取的是禁治办法，这对开发台湾、发展台湾是极大的障碍。沈葆桢上书开禁，废除以往的"围堵"之策，实行"疏导"之法，即"抚番"方法：①选土目；②查"番"户；③定"番"业；④通语言；⑤禁仇杀；⑥教耕稼；⑦修道途；⑧给茶盐；⑨易冠服；⑩设"番"学；⑪变风俗等。这11项，除"易冠服"一项外，其余基本上没有民族歧视的色彩。

在执行中，沈葆桢认为，地方官员不能强制而行，不能把高山居民看成"化外"之人，要"结人心，通人情"，对发生在民族地区的事件要做具体分析。比如，光绪元年（1875年）琅𤩝狮头社"动乱"，沈葆桢对接受"招抚"者，示约7条："遵剃发、编户口、交凶犯、禁仇杀、立总目、垦番地、设番塾"等。商定立"龟纹社酋长野艾为诸社的总目，所统番社如有杀人，即著总目交凶。如三年之内各社并无擅杀一人，即将总目从优给赏"；并将"竹坑社"更名为"永平社"，本武社更名为"永福社"，草山社更名为"永安社"，内外狮头社更名为"永化社"。从思想宗旨上，让全社人意识到要"永平"、"永福"、"永安"、"永化"，不要"武"、"狮"、"草"等。

在处理善后中，沈葆桢把举办教育放在重要地位，"于枋寮地方先建番塾一区，令各社均送番童3数人学语言文字，以达其性，习拜跪礼让，以柔其气，各番无不贴服"。此后，又在刺桐脚、蚊蟀埔等10个规模较大的"番"社，办起了"番"塾。路修到哪里，供少数民族学习的义学就开到哪里。1875年仅在埔里社就设"番"塾26所。随着"番"塾越办越多，"番"塾所教内容有读书、认字、写字、算术、唱歌、跳舞等也越来越多。在虎头山、四重溪等14处办起了规模较大的、专收高山人的义学。在这里上学，不收学费，学生还可以获得生活费，如在四重溪、射麻里等

8处的义学就规定,凡就学者,每人每月给钱五百文,以为笔纸及膏伙费用。通过兴办义学,使少数民族知书明理、摆脱愚昧、野蛮、落后的生活方式。"番"塾很受少数民族同胞的欢迎。这是台湾少数民族第一次进课堂,也是这些被认为生活在原始部落的少数民族走向文明的开端。

沈葆桢亲自编写少数民族学习的教材,分发到台湾各地,做为义塾的课本之一。沈葆桢编写的教材为《训番俚言》,其形式与内容都十分适合教化少数民族,传播中华文化。教材仿《三字经》体例,全篇为五言一句,共985字,通俗易懂,便于记忆。内容以中国传统的伦理道德为核心。《训番俚言》对于教化长期闭塞、在荒山野林中生活的台湾少数民族,启迪他们走向近代化,融入中华民族大家庭,起到了积极的作用。

开山抚番是巩固台防的根本性措施,它使东西海岸联成一片,有利于巩固海防,同时对促进东部的开发和汉族与少数民族的交往,以及促使高山同胞走向文明都有着重要的意义。

沈葆桢把开山与抚番看成相辅相成的事,一边开山,一边抚番,两项工作,两手抓,两并举,同时进行。这项艰巨的任务就由沈葆桢当时率领的驻台部队包干进行,分北、中、南三路开展工作。

北路自苏澳至歧莱。由陆路提督罗大春负责,光绪元年正月初五日,由苏澳率队起程,初九日始抵新城。初十、十二等日,履勘三层城、尤仔丹溪、马邻溪、鲤浪港等地,直抵花莲港之北。沿路一边开山一边抚番。开山自苏澳起至花莲港之北止,计有二百里,中界为得其黎。得其黎以北百40里,山道崎岖,沙洲间杂。大浊水、大小清水一带,峭壁插云,陡趾浸海,怒涛上击,触目惊心;军行束马扪壁,蹜蹜而过,非常险绝。得其黎以南60里,则皆平地,背山面海。是很好的良田,但因为地广人稀,新城汉民只有30余户,其他都是"番"社。

自大浊水起至三层城止,依山之番统名曰大鲁阁。九宛、实仔眼、仑顶等八社凭高恃险,野性靡常。歧莱平埔之番,居鲤浪港之北的有加礼宛、竹仔林、武暖等六社,统称加礼宛社,其特点是畏强欺弱。居鲤浪港之南的有根老爷、饱干、斗难等七社,统称"南势番",男女共7704人。虽具结就抚,但反反复复。这些"番"社,除薄薄一社知道怎么煮盐、加礼宛一社懂得耕种外,都过着原始人茹毛饮血的生活。该提督躬率大队入新城添设碉堡,该"番"骤生疑虑,经常来袭击,丁勇等因之伤亡数十人。正月二十四日至二十六日、二月初五到初八等日，"大鲁阁番"纠众数百人，攻打新筑的碉堡。丁勇阵亡25人。经几次较量，"番"情稍定。

北路大南澳"生番"，自经黄朋厚、冯安国等惩办之后，同治十三年十二月初九、十三等日，斗史武达、哥老辉等五社"番"目各带"番"民一百余人到营中要求抚恤，经赏犒遣回，"番"情安定。

自苏澳五里亭起，到秀姑峦的鹊子埔为止，全程有340多里，共分为五段，沿途建32个碉堡，各派营哨驻扎守卫。

九月十八日，都司陈光华为首队，守备李英、千总王得凯为次队、游击李得升为三队，前赴新城。别派军功陈辉煌率两哨前赴大清水溪，总兵戴德祥分三哨扎大南澳、分二哨扎大浊水溪。时正风雨连山，诸军阻不能进。近溪荒壤，周围约宽数十里，地皆沙石。溪岸南北约距30余丈，波流陡急，副将周维先等连日赶造正河、支河木桥各一座。桥一造好，各路人马才得前行。随有新城通事李阿隆等带领太鲁阁少数民族12人来迎，并愿意充当向导。各军人马才于十三日抵达新城。这里是后山的秀姑峦道路，自苏澳至新城计山路27000余丈，自新城至花莲港计平路9000余丈，总计200多里。

南路由台防同知袁闻柝负责，分为两支，一支从凤山县赤山到山后卑南（今台东）；另一支从射寮到卑南。南路一带自九月间由袁闻柝率绥靖一军越昆仑坳向东挺进，张其光随派副将李光领前队跟进。十月初七日至诸也葛社。南路自昆仑坳至诸也葛一带，路程不过数十里，但悬崖峭壁，荒险异常，山皆北向，日光不到，古木惨碧，阴风怒号，勇丁相顾失色，不能不中途暂驻，以待后队前来。诸也葛以下地略平坦，但榛芜未翦，焚莱伐木，颇费人功；而夜宿空山，感受瘴疠，勇丁染病甚重。而山道险远，粮运非常困难，而卑南一带海口，当时正是刮东北风，波涛拍岸，倒卷如壁，船只不能拢泊，自然条件十分恶劣，工程十分艰险。加上附近番社的少数民族对开山之举不理解，经常侵扰袭击，勇丁常有被害的，所以也不得不经常追拿凶顽者，将其缉办。

中路自彰化林圯埔（今南投竹山）而东，至后山璞石阁（今莲化五里），打通山前山后。中路由南澳镇总兵吴光亮主持，带领两个营的丁勇，驻扎在集铺一带。光绪元年正月初九日起分两路由林圯埔、社藔挺进，至大坪顶合为一路。进而到大水窟、顶城，共开路7835丈多。二月初七日，复由顶城开工，直抵凤凰山麓。经过半山、平溪、大坵田、跨扒不坑等处而入茅埔，又开路 3775 丈多。两处共计开山 11610 丈。沿途桥道、沟壑、木围、宿站都予兴修维护。并分派兵勇，自集集街起至社寮、大水窟、大坵田、茅埔、南仔脚、蔓东埔等要隘驻扎。开山同时，做好抚番工作，共计归化台湾少数民族 7292 人。

公路工程相当艰巨，一是地形险恶，多是高山峻岭。二是少数民族不了解开山意图，常发生袭击事件。三是疾疫侵袭，半年间阵亡、病故或伤故者，达到 2000 人。至光绪元年十月（1875 年 11 月），花 1 年时间，开路 430 公里，完成了前山和后山陆路通道。"一年之内，遂告成功"，"东西之途辟矣"。

开山，沈葆桢把它分解为 14 方面的内容：①屯兵驻扎，既守卫又开山；②划清山界，兴修林木；③焚烧荒草，开山种地；④修通水道，便于灌溉；⑤勘定地界，便于管理；⑥招垦移民，发展农业；⑦分给牛种，发展耕牛；⑧设立村社，整顿治安；⑨建立碉堡，坚壁清野；⑩给惠工商，发展经济；⑪设置官吏，以利行政；⑫建城设市，鼓励流通；⑬设立邮政，发展通信；⑭设立旅店，利客利民。从内容上可以看出，开山不仅是开辟一条山路，而且"募民随往，与地使耕"，结合抚番，把建立行政、招垦开荒、发展手工业商业贸易、建设城镇村落、通邮通商以及发展经济结合起来，进行全面的建设，大大加强了台湾的开发和稳定。

3. 更制固防

沈葆桢认为，台湾延袤一千余里，处处滨海，到处可以登岸，所以"陆防之重尤甚于水"，所以他在加强海防的同时，针对存在问题，切实加强了陆防。主要措施有以下几方面。

（1）更改营制，统一指挥。

沈葆桢来台前，台湾一直实行班兵制，即驻台兵丁由福建绿营抽调更成，以三年为期。原规定班兵以家属为人质，是有家属的。但因为远赴台湾，生活艰苦，家属均不愿前往，因此冒名顶替极多，留下的人素质极差，中间还有不少流氓地痞，因此，常发生勾结无赖泼皮欺压百姓的情况。营务松弛，难堪重任，因此，备战防敌，开山抚番，皆以新来军队为主。革除流弊，更改营制，统一指挥就成为沈葆桢改革营伍的重要内容。

根据现在有巡抚半年驻台的情况，他将营伍归其统辖。千总以下的武官，由巡抚考核提拔；守备以上的武官，仍然会同总督、提督拣选提补。台湾镇总兵，不再挂印，归由巡抚节制。

当时在台湾的军队，除澎湖两营外，尚有15营。他于1875年8月奏请仿淮军、楚军营制而归并台地营伍，以500人为一营。将淡水、嘉义等三营调至府城，合府城三营、安平三营为一支，专顾凤山、台湾、嘉义三县；其北路协副将所辖中、右两营，合鹿港一营为一支，专顾彰化一带；艋舺、沪尾、噶玛兰三营为一支，专顾淡水、宜兰一带。澎湖两营，专门负责保卫澎湖。均要求严肃军纪，认真训练，扼要驻扎。遇到突发事件，立时移拨调动。

安平是重要的屏障。安平一向设台协水师副将一员，所辖三营，中、右两营都司驻安平，左营游击驻鹿港。现均改为陆路，府城有巡抚督率，道员随同办事，总兵移扎安平，即将安平协副将裁撤，以镇标中营游击随总兵驻安平；其台协水师中、右两营都司，改为镇标；陆路左、右两营都司，原设镇标左营游击，改为抚标左营游击，随巡抚驻台；其抚标原设两营仍行驻省，改左营为中营，即以中军参将带领。原设台协水师左营游击，改为台湾北路左营游击，归北路协副将管辖。

（2）绘制地图，详察台情。

为了加强台湾防务，满足军事指挥的需要，而又能让朝廷对全台有个直观的了解，沈葆桢派出船政委员张斯桂，带领船政学生走遍了台湾的山山水水，"按道里考察山川，略照西法测量远近，分别向背，内极番寮，外周海口，区分界画，旁注地名"，历数月绘制了台湾全图，并详细描述南北中路各番族状貌风俗，以及出产花果，详细分图36幅，并由沈葆桢亲自带到上海装裱。这是运用船政人才和技艺，为维护祖国领土完整，巩固海防和开发宝岛做出的又一重大贡献。

（3）提升装备，加强防范。

沈葆桢派人赶赴欧洲购买铁甲船、水雷、洋炮、洋枪等西洋新式武器，提升装备。聘请外国工程师，仿西洋新法，在安平南面设计修筑安平炮台。并亲自在城门内外分别题字万流砥柱和亿载金城。这是我国最早用混凝土建造的新式炮台。在屏东东港建造东港炮台。在高雄的鼓山和旗山建造打狗炮台。他还在修筑的新炮台内，安放新式大炮，炮台内装备5尊

18吨洋炮，40磅和20磅小炮各4尊，还有100余杆后膛洋枪。为了配合加强台湾防御的部署，沈葆桢还在台湾开办了一些军事工业，自建军装局、火药局，并从马尾船政抽调枪炮火药生产制的造技术人员来台主持。

沈葆桢还将船政所造舰船15艘派驻台澎，以加强台海的防范。其中，扬武、飞云、安澜、靖远、振威、伏波等6艘兵轮常驻澎湖，福星轮驻台北。

对电线的重要性，沈葆桢感受深刻。同治十三年（1874年）赴台驱日时，驻军台南，他就痛感闽台军讯不畅。他认为："台洋之险，甲诸海疆，欲消息常通，断不可无电线"，于是最先提出了铺设台湾与大陆海底电缆的建议。他详尽设计出跨海电缆路线，从台湾府所在的台南到沪尾转向北沙渡海，过福清县之安寨登陆至马尾。清廷很快批准在台湾铺设电缆，后因承揽的公司要价过高，沈葆桢又调任两江总督而一度搁浅。最后由沈葆桢的继任者丁日昌完成。

（4）建祠昭忠，以顺舆情。

座落在台南的郑成功祠原建于清初，本名开山王庙，以纪郑成功收复台湾之功。沈葆桢赴台后发现，在台汉人多为随郑成功赴台者的后人，清政府统一台湾后，他们虽不敢公开祭祀郑成功，但仍争相私祭国姓爷。沈葆桢从保台爱国的高度出发，为顺舆情，抚民心，请旨表彰郑成功，要求朝廷给郑成功赐谥、建祠，列入国家祭典，追谥郑成功为"忠节"，准在台湾建"忠节祠"。1875年重建开山王庙，竣工后定名为"延平郡王祠"，因为明永历帝曾封郑成功为延平郡王，并配祀郑氏家人和文武官员114人。他还亲自撰写了几副楹联：

> 开万古得未曾有之奇，洪荒留此山川，作遗民世界；
> 极一生无可如何之遇，缺憾还诸天地，是创格完人。
> 海上视师，紫阳于五百年前，早为后贤筹结局；
> 天南啼发，缅甸在八千里外，特延闰朔付孤臣。
> 到此地回首凄然，只剩得江上一些儿流未枯眼泪；
> 将斯人苦心参过，更休说世间有那种做不了难题。

郑成功祠采用福州式建筑，匠首与木材皆来自福州，由福州船政的船只承运。

通过建祠表忠确定了郑成功的地位和通过配祀缅怀了对保卫台湾做出贡献的英烈，在台湾社会上树立忠君报国的典型，增强了台湾百姓对国家的认同和忠诚。收复台湾的郑成功和保卫与建设台湾的沈葆桢，至今还受到台湾人民的纪念。

沈葆桢还奏请在嘉义建祠，祭祀为保卫台湾而牺牲的官民。同治元年，彰化戴万生逆乱，嘉义两次被围，历时8个月，援穷粮尽，官民死守。文武员弁潘恭赞、林廷翰、王鹤康、林上达等，及义民潘缔等44名捐躯。沈葆桢奏请建祠祭祀，以慰忠魂。对开山抚番殉国的将士如游击王开俊等，也奏请加恩予谥，或建专祠。对生前在台湾忠君爱民的官员，沈葆桢亦请优恤。

台湾府城之西十余里，有海口名称"安平"。每年自四月末起至九月止，刮起西南风，巨浪拍天，惊涛动地，数十里外声如震雷，昼夜不息。遇海雨狂飞，势尤汹涌。而沈葆桢东渡巡台，即派各轮船分投运载军装、炮械、粮饷，兵勇到台，去来梭织，都由安平登岸。后于三鲲身口岸建造炮台，所有木石、砖甓、器具皆由内地运来，也都在这里卸载。有时风雨交加，遇有要务派船出港，却立即风静波平，居民船户都额手相庆，都说这是过去所未有的，实有神助。为感谢海神助顺，而顺舆情，特奏请在安平建立海神庙，并敕加封号。

噶玛兰属的苏澳，因水势险急，风涌奔腾，一向难停泊船只。但提督罗大春以水道粮运维艰，众心焦灼时，涌势顿减，附近突起沙洲隔成内港一道，百数十石之船得以通过檥棹，居民船户人等额手相庆，都称神力。也请奏恳加封苏澳建立海神庙。

嘉义县的城隍庙，因祷雨祈晴，久昭灵应，特别是在同治元年五月十一夜，地震时，城垣无恙，兵民得以保全，而深感神佑。根据当地官员的要求，奏请加封号，以顺舆情。

沈葆桢通过建祠表忠等一系列举措，既顺舆情，体恤民意，又在老百姓心中树立了一大批爱国忠贞的英雄形象，对巩固台湾、爱国自强起到了积极的作用。

4. 析疆增吏

成功驱日后，沈葆桢认为改革台湾行政体制必须提上议事日程，"为台民计，为闽省计，为沿海筹防计"，必须有一巡抚级的大臣主持台政。

这是实现"事权统一"、开创台湾未来的关键。根据当时的情况,他提出了移驻巡抚的方案。

关于台湾的行政体制,在康熙二十二年(1683年)郑克塽向清政府投降,清政府统一台湾后,采纳了施琅的意见,下设台湾府,隶属福建省。乾隆时期,由闽浙总督、福建巡抚以及水师、陆路提督每年输值一人,至台巡查。嘉庆时期,改为福州将军及闽浙总督每隔三年轮值赴台巡查一次。当时台湾隶属福建,只设一道一镇,分治民、兵,不相统摄,事权不一,吏治荒怠,积弊丛生。而台湾战略地位重要,列强觊觎已久。咸丰八年(1858年)的《天津条约》,已明定台湾开港通商,与英、美等国也发生争纷。同治十三年(1874年)日军悍然出兵,武装侵台。历史教训和现实情况使沈葆桢警觉地认识到加强行政管理的重要性和紧迫性。

沈葆桢奏请朝廷移巡抚驻台湾,还因为台湾山前山后的交流和变革,才刚刚开始,非十数年工夫是不能成功的;化番为民的工作十分艰巨,也非短期可以奏效的。但要单独立省,当时的条件又不具备,台饷还需闽省协助,闽省食米亦有赖台湾接济。如果派钦差大臣前来主持,事权虽重,但驻台时间不可能太长。如果久驻,在钦差大臣与督、抚之间,台湾的官员就有"两姑为妇之难"。因此沈葆桢提出将福建巡抚移驻台湾的方案。他建议"仿江苏巡抚分驻苏州之例,移福建巡抚驻台"。清政府采纳了沈葆桢的建议,从1875年11月起定为福建巡抚冬春二季驻台,夏秋二季驻福州。这一制度的设立对加强对台行政有着重要的意义,也为后来台湾建省奠定了基础。

台湾原是福建一个府,府治设在台南。设有四县(台湾、凤山、嘉义、彰化)、两厅(淡水、噶玛兰),各县之辖区太广,政治中心又都偏于中部、南部。当时台北的广大地区,都尚未建立政权机构。台南的政府对台北广大地区鞭长莫及。沈葆桢认为"就今日之台北形势策之,非区三县而分治之,则无以专其责成,非设知府以统辖之,则无以契其纲领"。为了加强对台北地区的开发,沈葆桢向清廷奏请于艋舺设"台北府"。在台北府的管辖下,新设置了淡水、新竹、宜兰三个县治。改噶玛兰通判为台北府分防通判,移驻鸡笼。这样便加强了对台湾事务的掌控。从此,台北成为台湾又一政治重心,与台湾府(台南)并峙。由于台北地处要冲,经济繁荣,重要性与日俱增,以后逐步取代了台南,成为台湾的政治中心。

与此同时，沈葆桢对台湾行政体制也作了一些调整。日军撤退后，沈葆桢专程到琅峤一带察勘。看到这里洋面险恶，船舶时常触礁，番民常有争纷，外寇常来侵扰，于是决定在此设置行政机构。同治十三年年底（1875年初），奏请朝廷批准，在琅峤建城置吏，定名为恒春县。除增设恒春外还设立淡水县，改原淡水厅为新竹县，原噶玛兰厅为宜兰县。

在析疆增吏的同时，着力建设城郭和县治。沈葆桢把乾隆时期大学士福康安倡建台南府加以重修，使之更加坚固，还修建了恒春城，为台湾目前保存最完整的一座古城。新建了台北府城。

台湾原来设有南、北两路"理番同知"，前者驻于府城（今台南），后者驻于鹿港。但台湾东部山区地广人稀，民番交涉，鞭长莫及。于是，沈葆桢大胆改革，将南路同知移驻卑南（今台东），北路同知改为中路，移驻水沙连（今埔里），都冠以"抚民理番同知"头衔，负责治安与少数民族事务。至此，台湾地区所设郡县已能统辖台湾全境。

5. 惠工兴商

（1）矿产开发实行减税和机械化生产。

台湾的矿物资源非常丰富，据近代的调查，全省共有八十多种矿物，尤以煤矿为多。早在沈葆桢去台之前就已有开采。当时，洋煤进口每吨税0.5钱，台煤出口和进口，都是每吨税6.72钱，台煤税重制约了基隆煤矿的大发展。同治十三年十二月二十五日（1875年2月1日），沈葆桢巡台归来，回到马尾的第一件事，就是提笔向清廷上奏台煤减税片，减轻台煤出口的税收，获得朝廷的批准，从而鼓励了台湾煤矿的开采，对地方经济的发展起了促进作用。沈葆桢非常熟悉台湾的实际情况，他认为煤矿是当时台湾经济的基石，必须优先发展。而要畅销，又必须减税。

随后，沈葆桢又奏请台湾基隆煤矿改民办为官办，并采用西式采法提升产量。1875年，沈葆桢被奏准使用机器开采基隆煤矿，第二年开始动工凿井，建立起第一个近代民用工业。

沈葆桢坚持主权应掌握在国人手中，在给王凯泰的信中，他说："煤矿之利不容不开，利可分诸人，权不可不操诸于我。"这实际上是把创办船政的成功经验运用到台湾来，自己购办机器，自己培训技术人员，以保障国家利益，促使台湾近代化建设能健康发展。

(2) 石油的试开采。

石油在台湾藏量丰富，台湾人并不清楚。台湾的石油到咸丰末年才被发现。广东人邱苟，时任通事，因勾引土人，被官府追捕，逃至深山。至猫里溪上流，见水面有油，味道特别难闻。当时没蜡烛，邱苟试用燃光很好。因而，转告吴某。吴某以重金购之，但不知用处，又转售宝顺洋行，得银千余两。因为此事，互相争斗，集众械斗，经久不息。同治九年二月，淡水同知逮捕邱苟治罪。又以外商在内地无开矿之权为由，把石油藏地封锁起来。

沈葆桢到台听说此事，很高兴，遂呈报，设法开采。至光绪四年，聘请两名美国工程师勘验，以后垎油脉最旺，乃购洋机器取油。开始出的是盐水，挖至数十丈，发现油脉，滚滚而出，每日可生产15担，长势很好。虽然后来工程师因与官方不融洽而辞职，但沈葆桢的决策和试验，对石油工业的发展起到了奠基的作用。

(3) 鼓励土地开发和发展手工业商业。

开山抚番。开通了近千里的山地公路，为使公路两旁的土地得到开发。为了解决军粮供应紧张，他又允许远近商人贩米进城销售，以刺激民营农业生产规模的扩大。

沈葆桢重视手工业和商业等民办企业的发展。他废除严格限制"铸户"、严禁私开私贩铁斤的旧例，允许私人铸造铁锅等器皿和各种农具，从而调动了手工业者生产的积极性，不久，民营的手工业作坊到处可见。沈葆桢还废除了严禁竹竿出口的禁令，鼓励商人在全岛随处设店经商做买卖。

由于民营农业、手工业和商业的蓬勃兴起，台湾东部花莲港一带百余里的田野，以及中部广阔的盆地，都被开发成富饶美丽的大片农田，花莲港平原北端和其他许多地方，城镇不断涌现，商贾云集，百货畅流，人丁兴旺。

(三) 治台成效

1. 促进经济繁荣，开启了台湾的近代化建设

沈葆桢巡台治台，首先是切实加强台湾地方的防务，配合外交谈判，迫使日本退兵，接着以超人的远见卓识以及非凡的勇气进行了大刀阔斧的改革。他以开山抚番为主要内容的治理政策，以整顿防务为主要内容的海防政策，以教化番民为重点的文化政策，以开禁招垦为主要内容的经济政策，以析疆增吏为核心内容的行政改革措施，使清政府的治台政策发生了根本性的变化，为台湾的近代化建设奠定了基础。他治理台湾、推进台湾近代化的改革是卓有成效的，在短短的近20年时间内，台湾由落后的边陲海岛一跃成为全国最先进的省份之一。沈葆桢的治台，实际上是一个包括台湾的政治、军事、经济、文化等方面建设的系统工程。他着眼于台湾在国防上的战略地位和中国政府对台湾的有效治理，立足于台湾地区的开发和全面建设，以及闽台的联系与交流，从而加速了台湾地区的近代化历程，增强了台湾地区的社会稳定和对外敌入侵的抵御能力。沈葆桢治台功绩是应充分给予肯定的。

2. 增进民族团结，促进社会和谐

台湾的少数民族，长期与外界隔绝，民族矛盾深重，摩擦纠纷不断。为解决这一问题，沈葆桢把善后的重点放在"抚番"上。他一边开山，一边"抚番"，查"番"户，通语言，教耕稼，给茶盐，设"番"学，变风俗，还建祠昭忠，以顺舆情。在他亲自编写的少数民族学习教材《训番俚言》中，可以看到他是如何在形式与内容上有效地教化少数民族，传播中华文化的。其肝胆涂地，用心良苦，字里行间可以看得出来。如"在家孝父母，有兄当敬兄，有弟当爱弟，男女当有别"，就容易让少数民族了解并遵循传统的伦理道德。"恶民为贼盗，拿究不宽容，杀人者受刑，按掳者治罪，无分番与汉，一体敷教化"，就告诫少数民族去恶从善，放弃过去以械斗、仇杀解决"番"民、"番"社矛盾的方法，宣传民族平等团结。"开辟榛莽路，南北可相通，东西无阻碍，教尔通言语。得为中华人，为尔设义学；读书识理义，当知君王恩"，启发台湾少数民族，珍惜国家为他们造福谋利的成果，从而从内心感激皇恩，增强民族团结。"为民设官府，为民谋衣食，内有六部官，外有十八省"，使少数民族对国家有初步的认识。《训番俚言》还用大量篇幅教导少数民族改掉旧的生活方式，如"鸟兽有毛羽，人当有衣冠，番在边野中，苦无绵与丝，所以男与妇，岂无衣冠志。脸宜常洗净，日日不可间。烈日戴草帽，不可任晒爆"。《训番俚言》对于教化长期闭塞、在荒山野林中生活的台湾少数民族，启迪他们走向近代化，融入中华民族大家庭，促进社会和谐，起到了积极的作用。

3. 加强行政管理，稳定台海局势

沈葆桢甲戌巡台，是中国近代海军自创建以来第一次大规模地出航巡逻，以抵御日军对台湾的侵占。尽管海战没有发生，但此举却在相当程度上遏制了日军对台湾的侵略，促成了双方谈判的进行及停战条约的签订，显示了中国近代海军抵御外来侵略的坚强决心和相当力量，是中国近代海军保卫海疆、保卫台湾的壮举，表明中国人民长期以来一直为保卫台湾主权、反对分裂的奋斗精神是不可屈服的。沈葆桢吸取了林则徐和魏源等前辈及李鸿章和左宗棠等同代人的思想，结合自己海防工作的实践，形成了以"创始为善后"、"铁锚固海疆"的保台防务理念，包括一系列海防善后措施，开创了台湾防务的新局面。

沈葆桢为台湾立下缔造丰功。他促使台湾开禁，废除渡海到台的禁令，废除严禁台湾汉人私入"番界"的旧例，废除严格限制私铸、私贩铁器和竹木出口的法令，实行开山抚番、开路开矿、招垦减税等政策，促进台湾经济的开放、开发和改革，为台湾的近代化奠定了基础。同时顺民心，建郑成功祠，办学校，兴教化；设置台北府，让福建巡抚驻台，鼓励移民台湾开垦建设，密切了闽台关系，促进了海峡两岸的经济文化交流。

船政学堂

——中国近代第一所高等学府[*]

我最近写了一本专著，书名叫《船政学堂》。出书前，赵启正先生看过书稿，为这本书写了序言。他当时是国务院新闻办的主任，现在是全国人大常委会外事委员会的主任。他在序中写道："说起严复、詹天佑、邓世昌，大家都耳熟能详；但说起他们的母校，可能有很多人不甚明了。"这确实是一个不争的事实，很多人知道严复是启蒙思想家，詹天佑是铁路之父，邓世昌是《甲午风云》的英雄人物，但究竟他们的母校在哪里，确实有很多人不甚了解。赵启正先生接着说："说起北京大学、清华大学，大家都会翘起拇指——它们确是中国一流的高等学府；但是第一个真正符合近代教育制度的高等学校是哪一个呢？"这一问问得好，显然是说北大、清华不是第一所。那么中国高校的第一所是哪一家呢？大家会说，当然就是我们的船政学堂了。但为什么是船政学堂呢？为说明这个问题，我准备讲3个问题：第一个问题就是：船政是怎么办学的？第二个问题：船政学堂是不是高等学府？第三个问题：船政学堂是不是高等学府的第一家？要说明这三个问题，关键是第一个问题，如果这个能够透彻地了解了，应该说第二个问题跟第三个问题就迎刃而解了。

一　船政是如何办学的

大家都知道，船政学堂是洋务运动的产物。而对于洋务运动，过去褒的少，贬的多。现在史学家也在认真地分析，更好地对它界定。洋务运动

---

[*] 本文系笔者在福建省图书馆所作的讲座录音稿。笔者于2009年6月开始，在省图的东南周末讲坛就"船政文化专题"做了6场讲座。讲坛由省社科联选题，在省图举办。本文系第一场讲座，事后由省图整理，并编入《东南周末讲坛选粹》，由海峡文艺出版社出版发行，2009年9月第一版。

30年，确实对中国近代化起了很大的推动作用。我这本书也提到，历史学家夏东元先生在评价洋务运动的时候说了一段话，他认为洋务运动起步的时候是反动的，是为了镇压太平天国运动，但是它的作用是进步的，符合经济发展、商品发展的要求的。我很赞同他后面的观点，但是对于它的起步是不是反动的，有保留，还可以深入地研讨。

洋务运动有个口号，叫做"师夷长技以制夷"。大家对它并不陌生。这个思想就是"开眼看世界的第一人"林则徐提出来的。后来魏源发展了他的思想。那么在实践方面，真正实践这一思想的，应该说左宗棠是很重要的一个人物。1866年，左宗棠就上了奏折给清廷，要求在马尾"设局办学办厂"。当时清廷很快就批了下来。7月14号，也就是141周年之前的今天，清廷批准了。批准的速度是非常快的，6月25号报上去，7月14号就批下来，按照现在的这种公文的运转程序，也很难说有这么高的效率。清代的运作也不是那么简单，报上去就批。当时有个总理衙门，它承担的实际上是相当于现在外交部、外经贸部的管理职能还有民族政策上的一些重要内容。当时恭亲王奕䜣在负责，但他也不能做主，要得到同治皇帝主要是慈禧太后的同意。皇帝批准了，就办起来了。开始在马尾征地200亩，以后扩大到600亩。1866年12月23号，开工建设。这个日子就是船政的纪念日，我们去年搞140周年校庆，马尾造船厂搞厂庆，都是定12月23号。去年省政协主办船政140周年纪念大会，搞得非常隆重，省里的领导都出面了，国内外专家也都来了。12月23号也是求是堂艺局开局招生的日子。也就是说，整个工程建设一开始就已经招生了。可见当时船政对人才培养的重视。这就是我们要介绍的第一所新式教育学堂——求是堂艺局。

为什么叫"求是堂艺局"？可能很多人还不是太了解。这个"求是"，就是"实事求是"的求是。大家比较了解的是毛泽东同志的"实事求是"，那是我们党的思想路线。但是当时呢，肯定不是这种解释。我们可以了解的是左宗棠当时办的"正谊书院"。"正谊"就是"正其谊，明其道"，这是董仲舒的话。实际上，"求是"就是向西方学习，正其义，明其道，以自强的意思，所以当时办的就叫做"求是堂艺局"，这个就是清廷当时定下来的名称。但我们现在都叫"船政学堂"，而实际上没有"船政学堂"这个官方的名称，官方的名称就是"求是堂艺局"。那么为什么我们会叫"船政学堂"呢？因为它是船政衙门办的学堂，所以叫做"船政学堂"。这个学堂在哪里呢？在马尾，所以又叫做"马尾船政学堂"。因为这个学堂在福州，所以又叫做"福州船政学堂"。因为它在福建，所以又叫做"福建船政学堂"。而史学家们更多的是把它定位为"福建船政学堂"，外界说得最多的也是"福建船政学堂"。实际上呢，这是一个约定俗成的说法，官方并没有定这个名称，真正的名称就是"求是堂艺局"。

（一）学堂设置

四个学堂是学法文的，聘请法国工程师当教师，用法语教学。一是造船学堂，也就是我们平常说的制造学堂。因为它坐落在衙门的前面，所以也叫前学堂。二是绘画学堂，习惯称"绘事院"，是为了培养测绘设计人才的。三是艺徒学堂，习惯称为"艺圃"，以后分为艺徒学堂和匠首学堂。四是匠道，匠首就是监工，当时法国已有匠首学堂，是为了培养监工的。这是法文系列的四个学堂。

英文系列的也有四个学堂。它学英文，请英国海军、航海技术人员当老师，用英语教学。这四个英文学堂，一个是驾驶学堂，因为它坐落在衙门的后面，所以也叫后学堂，另一个是管轮学堂，是以后成立的。管轮学堂以后又并入后学堂。还有一个练船学堂，这个练船学堂是非常特别的，它先后有7艘练船，都是很重要的船舶，"福星"、"建威"、"扬武"、"平远"、"靖远"、"通济"、"元凯"七艘舰船。就是驾驶学堂毕业以后，再到练船学堂去练习2~3年时间，然后才能够到船上去驾驶，可见，当时对实践是非常重视的。另外还有一个就是电报学堂。

这里有一张船政的示意图。这个是中岐山，这是山上的天后宫，天后宫过来是船政衙门。衙门的左前方是前学堂，衙门的左后方是后学堂，再左边是艺圃和考工所，在前面是十三厂。这边是马限山，前面就是闽江。

我们再看这几张老照片，这是法国人魏延年先生带来的。在船政140周年纪念会上做了展示。这是其中的一张，从中岐山拍下去，这是天后宫，这是船政衙门，这是前学堂，这是后学堂，这是艺圃和考工所，这个是工人宿舍，这是船厂，前面就是闽江。和示意图非常吻合。

这张照片记录的是船政造的第一艘舰船，叫"万年清"号，即将下水的瞬间。这是很珍贵的一张照片。

这是当时拍的马尾港，这是罗星塔。

这张是从侧面照过去的，这是洋员的办公室，以后变成了工程处，这边是十三厂，这是闽江。

这张要从这里看，这里是闽江，船泊在这里，这是天后宫，船政衙门，十三厂。

（二）办学体制

首先是工学紧密结合的厂校合一体制。这个体制非常独特，它符合当时的情况。当时船政就是既办工厂又办学，结合非常紧密。老师既是工程师又是教师，学生呢，既是学员又是学徒。这种办学形式是非常好的，很有成效。我们现在的高职教育，搞国家示范性高职院校，教育部就提倡工学结合，紧密的结合，但现在很难做到这一点。当时的船政学堂是结合非常紧密的。特别是艺徒学堂、匠首学堂、管轮学堂，造船学堂，实践性的课程是非常多的。练船学堂则纯粹是实训见习了。

其次是灵活配套、形式多样的办学体制。船政一开始就着手培养人才，但这是长期的打算。当年开工的工人怎么办？显然，为了造船，必须马上着手技术培训。所以船政不单单是要让学生尽快掌握西方造船的技术、航海的技术，而且要使大量的工人尽快地掌握应该掌握的"应知应会"，所以它既办驾驶学堂、管轮学堂、造船学堂，也办起了艺圃。这相当于现在的技工学校。上午上两节课，其他时间都是劳动，是半工半读。绘画学堂，就是绘事院，按照我们现在的说法属于中等职业技术院校。同时船政还有对在职员工进行培训，所以，这里实际上是一所形式多样的办学机构——既有普通的教育、成人教育，又有业余教育，形式是多样的、是灵活配套的，完全是围绕一个目标——就是怎样尽快地培养人才，尽快地造船，尽快地建设我们的海军来进行的。

最后是与留学深造相结合的培养模式。这个问题我下面还会详细地讲到。这个肖像照片是沈葆桢，是第一届的船政大臣。当时他丁忧在家，左宗棠要调任陕甘总督时极力推荐他。左宗棠再四思维，人家是再三，他是再四，请沈葆桢出任。左宗棠三次到沈葆桢的家里去请，沈葆桢当时是不想出来的，因为他知道办船政不容易，又是本地人，要避嫌。而且按照他的身份，已官居一品，当过江西巡抚，再当个什么总督的是很正常容易的事。而船政衙门，一个小小的机构，不可预见性太多，风险太大，但是他最后还是接受了，愿意为我们海军的建设、工业的发展和人才的培养奉献他的力量。

(三) 船政教育的管理体制

1. 中西合璧的组织管理模式

第一，非常高规格、强有力的领导班子。这个是现在普通院校达不到的，也只有在这个时段，才有这样的一种班子，是钦定的领导班子。奏折报上去，皇帝批下来，总理船政的大臣是正一品——沈葆桢。班子成员的提调，像前任台湾道吴大廷、藩司台湾道夏献纶、福建布政使周开锡、按察使衔的"红顶商人"胡光墉、总监工叶文澜，都是二、三品。调到船政来的知府、道台、知县就只能当局员、委员，所以它的规模之大，规格之高，是前所未有的，就是现在的清华、北大也没有这样的规格。

第二，中西结合的管理体制。因为它是引进西方的教育模式，又要在中国生根发芽，所以它必须把西方的一套跟中国的一套紧密地结合起来，这样的管理体制是一种企业形式与等级制度相结合的制度，它结合得非常好。当时聘用洋教习，包括洋监督日意格、德克碑等人过来，我们是跟他们订合同的，而且是跟个人订合同，虽然是通过外交途径聘来的人，但是，你是以私人的身份订合同的，所以不存在什么卖国的问题，完全是独立自主的一种行为。当时订了5年包教包会的合同，洋教习以私人的身份归中方管理，所以也就把他们纳入衙门的官僚管理体制，给他们授衔。像日意格，是正监督，给他提督衔，就是二品，到后来，有了明显成效的时候，给他一品。德克碑是副监督，以后也给他二品，就是提督衔。达士博是总监，给他三品。大家想想看，我们现在的部级干部是多少品？一二三品吧，给他们这么高的地位，你还不好好干吗？中方还通过清廷授予船政大臣总理船政的权限来管理。合同中也明确洋监督的管理权限，洋监督就管具体的技术业务，行政的事一概不要管，这是我们中方的事。

还有，建立论功行赏的褒奖制度。当时订了合同，就是洋教习实现5年包教包会的时候，给予集体奖励6万两银子，外加奖给正、副洋监督各白银2.4万两，以昭大信。这在当时是一个大数目。不光这个，还给他们授以勋章奖牌，叫做"一等宝星"，像日意格，给他一等宝星，德克碑也给他一等宝星，还授予金牌、银牌。这个是船政当时设计的、由清廷授予的金牌、银牌。这金牌正面写着"大清御赐金牌"，反面是"福州船政成功"；这银牌正面写着"大清御赐银牌"，反面也是"福州船政成功"。

第三，实行分工分权的管理办法，就是教学、训导、行政分开。教学，日意格负责，洋教习负责，负责帮我们包教包会；训导，是我们的提调负责，我们派了很多局员、委员住在学校里面，日常的生活管理，包括训导，包括晚上读"圣谕广训"、"孝经"等，都由这些训导负责；行政，由我们的提调负责，学校不管财务，不管食物，不管衣物，后勤这摊统统不管，而是由另外一班人——船政的提调来管的。而且中外管理分开，学生、中国工人跟洋人是绝对分开的，洋人有洋人的宿舍。这张照片就是洋人的宿舍，这是北座，这是南座，中岐山上现在还有遗址。管理分开是严格的。中国人住中国人的，学生也是这样子。学生由委员负责训导，是绝对不能私自到洋人的宿舍去的，当时是分得非常清楚的。

在教学方面，洋监督、洋教习实行的是责任制，就是包教包会。一般来说，一门课有一位洋教习负责，就是教到底，实行的是责任到人的导师责任制度。具体的教学计划、管理和讲授均由主任教师掌握。同时辅以责任和奖惩制度。规定不得懒惰滋事，不准私自擅揽工作，不准私自越权干预，"教习办事不力，或工作取巧草率，或打骂中国官匠，或滋事不法，本监督等随即撤令回国"。像嘉乐尔是航海驾驶的洋教习，教得好，有成效，师生关系较融洽，就给奖励。可惜教到最后，积劳成疾，病逝在任上。表现良好的被一再续聘，驾驶教习英国人邓罗4次续聘，造船教习法国人迈达也多次延聘。对不负责任的洋教习，就给予责任追究。如洋教习逊顺非礼虐待学生，沈葆桢就将其解雇遣返。法国人杜业尔专擅跋扈，管理放任自流，就予以辞退。

关于船政教育的经费投入，是按照当时清廷定下来的办理，就是在闽海关税内酌情提用。当时一个月定5万两，沈葆桢任船政大臣的时候，能保证，但是以后就困难了，再加上船政大臣后来都不是一品大员了，权威性不够，经费拨付的力度也就小了，到了后面，船政就越来越衰落。学堂的经费就在衙门的经费里列支，从船政开办的1866年算起到1907年停办的这段时间，总共花了1900多万两的银子。船政学堂花的银子是67万两，但是它有很多开支是不算在这里的，比如说练船，价格昂贵，是不算学堂开支的，它的后勤开支也不在这里，建设的费用都不算在这里。这67万两是直接的教育经费。实际上，船政就是一体的，它体现工学结合，厂校一体。

2. 引进近代教育的教学模式

首先是专业设置。第一个是造船学堂，有造船和造机两个专业，培养的是造船工程师和造机工程师。第二个是驾驶学堂，设航海驾驶专业，培养具有近海和远洋驾驶人才。第三是管轮学堂，培养的就是舰船轮机管理专业人才。第四是练船学堂，设实际航海专业，就是说有了理论知识以后，通过练船实践，培养的是具有实际航行能力的船长、大副等驾驶人才及舰船指挥官。练船学堂还有一个重要科目就是军事练习，学习开炮、操练、指挥，有很多很重要的海军上面的军事训练内容。第五是电报学堂，设电报专业，培养电报技术人员。第六是绘图学堂，绘事院，培养船体测绘和机器测绘技术人才。造船学堂学不了的，退下来，可以到绘图学堂来念。绘图学堂学得好的优秀生可以直接进入造船学堂学习。第七是艺徒学堂，就是艺圃，学船身、船机、木匠、铁匠四个专业，培养的是技术工人。第八是匠首学堂，培养高级技工，培养监工。

其次是课堂设置。按各个学堂的专业设置和教学计划分为几个：一个是堂课，就是理论课；一个是舰课或者是厂课，就是实践课。堂课又分为内课和外课——内课就是在教室里面上课，外课就是军事训练、体育课等等，还有一个中文。课堂设置以内课为重点，内课包括三个部分：外语——四个学堂学法文，四个学堂学英文，还有专业基础课和专业课。这种设置跟现行大学的课堂设置是一致的。

再次是教学管理。它的教学计划即严肃又灵活。它的教学非常严肃，把英国和法国的教学方法搬进来，但是又根据我们的实际情况，学堂和学生的实际情况进行教学，所以它又相对的比较灵活。教材是完全是引进的，用英国和法国的教材，当时派日意格去采购，而一部分自编，像英语词典、法语词典，都是当时自己编的。而且高度重视实习和实训。船政学堂有物理，有化学、气学、电学等一系列的实验室，工学结合，实习和跟班劳动相结合，学生都要在船上、厂里实习实训。航行的实训有非常严格的课程，每天都有老师直接稽查日记，进行考核。学籍管理虽不够完善，但是非常严格。比如说制造学堂，你上不去就要下来了，下来就到绘事院去，真的再学不下去就辍学了，退学了。还有严格的考试制度，船政学堂当时订的章程就是这样子的：每三个月考试 1 次，考列一等者，赏洋银 10 元；二等者，无赏无罚；三等者，记惰 1 次，两次连考三等者，戒责，3 次考三等者，开除。三次连考一等者，另外加赏衣料。奖励洋银 10 元，不是银子，是洋元。当时学生每个月有赡家银 4 两，比当时工人的工资还高啊。读书每月有 4 两银子，很吸引人的，所以当时像严复他们许多贫穷的孩子都去读啊，因为家庭困难，到这里来是免费的，而且每个月还有 4 两银子可赡家。但是他们的考试非常严格，当时第一届的时候，105 个人被录取，读到最后淘汰得只剩下 39 个。再是高度认真的毕业考试。考完以后，根据个人的成绩进行评级录用。当时第一批出来的，像吕翰和张成，成绩优秀，沈葆桢破格提拔他们任舰船管带，就是现在的船长。陈季同成绩优秀，一毕业就授予四品都司，作为外交官来培养。

关于教学设备，船政是高投入的，实验室就化了几千两银子。还有很重要的是以工厂为依托的实习设施，这在现在也是很多学校达不到的，因为船政是厂校合一，十三个厂就是他们的实习工厂。昂贵的舰船是他们的练船，前后有 7 艘，这个都是非常昂贵的投入，就是现在我们的航海院校也没有一个能够达到这种标准，现在的大连海事大学、上海海事大学、集美大学的航海学院都没有达到。因为这种投入太大了，很多学校是负担不起的。在这里我插一下，像大连海事大学、像上海海事大学，两个大学的前身都是吴淞商船学校。吴淞商船学校原来在上海，它的第一任校长是萨镇冰，萨镇冰是谁啊，就是我们船政学堂的学生。航海学院是工科院校，工科院校这方面要求很高，成本很高。我们学院被列为国家示范性高职院校，光航海模拟器，一套就要几百万元。

这是魏延年先生带来的一张照片。这是在训练，你看这一点一点的，都是学生。这大概在 1872 年到 1874 年之间的事。这是非常珍贵的一个资料。这也是他带来的珍贵照片——造船的照片。当时造的是木壳船，都是木头的；以后是铁协船，就是用铁做的龙骨架，但还是木壳，铁胁木壳，或铁胁双重木壳；进一步就改用铁胁铁壳或钢胁钢壳了。机式的装备也有改进，初用常式立机或卧机，后改用康邦省煤卧机，更进一步改进为新式省煤立机或卧机。船式方面由常式改为快船，进而改为钢甲船。

教学方法还是填鸭式的，但是有很重要的一点就是联系实际，现场教学，这也是现在我们很提倡的。那些洋教习，就在现场教，比如说这个是发动机，就在发动机前面教你，所以很容易让人家有深刻的印象，学生听得动，理解得快。还有就是因材施教，分班教学。比如从香港招来的10个学生，张成、邓世昌、李和、李田他们这些，英语基础比较好，所以就单独办班。当时叫做"外学堂"。实际上就是单独办的一个班，因材施教。

3. 借船出海的师资战略

师资队伍初创的时候是以洋教习为主，就是日意格他们一批人，后期以自己的教师为主。对洋教习，我们是让他们以私人的身份受聘，跟他们签订5年包教包会的协议，达到了"权操诸我"，又引进科学技术的目的。应该说这个模式是非常先进的，而且有效地保持了我们主权。所以不要认为当时是半封建半殖民地，这个模式就是半殖民地的模式，要具体问题具体分析，我在《船政学堂》这本书的后面也谈到这个观点。有一个很出名的历史学家，他写了一本名为《清季的洋务新政》的书。他认为船政学堂是"典型的半殖民地教育体制"，对他的观点我不敢苟同。我们要具体问题具体分析，当时是怎么订合同的，怎么教学的，是不是啊。什么叫依赖外国？在技术上"依赖外国"就是半殖民地制度吗？我们现在的改革开放不也引进外国的技术和管理吗？有些技术也依赖外国，能说就是半殖民地制度吗？学习内容低于外国，这在科技落后的情况下是无法自己选择的，人家也不会把最先进的技术现教给你，但没有学到最先进的技术就是半殖民地教育制度吗？还是最后一句话道出了缘由，就是因为"安于外国人在中国制造的半殖民地制度"。显然还是在贴政治标签，所以我们不能随便贴一些政治标签。

船政学堂的教习前后选聘了4次，第一次就是日意格代聘，原来计划37个人，实际聘了52个人，最多的时候达到75个，都是洋教习。第二次，就聘了10个人。第三次，就是1896年，聘用杜业尔等6个人。到第四次1903年，聘用柏奥锃等16人。后来，船政的学生毕业了，就慢慢地用我们自己培养的学生当老师。

这些面孔，大家都比较熟悉，原来是学生，现在是老师。这是严复，严复毕业以后当老师，以后到北洋水师学堂当校长。大家都知道，他是启蒙思想家，翻译《天演论》，是北大的第一任校长。北大100周年校庆的时候，我们省里就送了严复的塑像。这是魏瀚，也是第一届的学生，这是造船之父。詹天佑，大家都非常熟悉，铁路之父。铁路之父怎么是我们的学生？这有他的来历。詹天佑是留美幼童，我等一下还要谈到这个留美幼童。留美幼童到后期全部撤回来了，撤回来的 16 个人，就安排在船政学堂学驾驶，编为第八届的学生。他当时已经在麻省理工学院获得了学士学位。在船政学了一年就留校当老师。这个叫陈季同。陈季同是近代中西文化交流第一人，他把《聊斋》《红楼梦》都翻译成法文……我等一下还会讲到他，他也是非常重要的一个外交官。还有罗丰禄、魏暹、刘步蟾、黄建勋、蒋超英、吕瀚、王寿昌，都是老师。

4. "权操诸我"的学生管理模式

船政学堂学生入学后，日常的学生管理以创办之初制定的《求是堂艺局章程》8 条为主要依据。它规定：

艺童入学从船政衙门开印日（正月初四日）开始，到封印日（农历十二月二十四）回家，即春节放假 10 天（农历十二月二十四至正月初四日）外，均要上学。每逢端午节、中秋节各给假期三天。礼拜日，不给假。也没有寒暑假。实际每年在学时间为 349 天，按现在高等院校的校历安排，船政学堂一学年等于现在的 1.4 个学年。

艺童每天早晨起来，晚上休息，按作息时间安排。上课时间要认真听教习、洋员训课，不准在外嬉游，致荒学业；不准侮骂教师，欺凌同学。

艺童患病的医药费用，均由学堂发给。患病较重者，由监督察验，确实是病重的，送回本家调理，病痊后即行销假。

艺童免费食宿。

艺童每月给银四两，俾赡其家，以昭体恤。

艺局内宜拣派明干正绅，常川住局，稽察师徒勤惰，亦便剽学艺事，以扩见闻。其委绅等应由总理船政大臣遴选给委。

这里重要的一条就是学生由中方自己管理，船政的委员常川住局，权操诸我。

我上面讲到训导分开，就是这个训导人员就住在里面，跟学生在一起，要求学生课余时间阅读"圣谕广训"、"孝经"，兼习策论，以明义理。还定期考核，这也是一种德育，教学生不要忘记自己的老祖宗，以培养他们的民族感情、爱国情操。我在书里，加上一个船政文化的熏陶，实际上就是一种爱国自强的一种文化，重视海权的一种文化，重视科学教育的一种文化的熏陶。在这种文化的熏陶下，他们个个都是爱国志士，都有着强烈的爱国责任心，在马江海战也好，甲午海战也好，表现得都非常突出。

船政学堂的校园文化也非常有特色，校园文化是新名词，过去没有，但用现在的观点去回顾过去的教育，也挺有意思。随着时间的推移，校园文化建设实际上在有意无意中产生和发生作用。整个船政就实际上形成了爱国自强的这样一种氛围，包括沈葆桢写的三副对联的潜移默化。实际上寓教于联，起着很好的教化作用。船政衙门头门楹联为："且漫道见所未见，闻所未闻，即此是格致关头，认真下手处；何以能精益求精，密益求密，定须从鬼神屋漏，仔细扪心来"。仪门楹联为："以一篑为始基，从古天下无难事；致九译之新法，于今中国有圣人"。大堂楹联为："见小利则不成，去苟且自便之私，乃臻神妙；取诸人以为善，体宵旰勤求之意，敢惮艰难"。几幅楹联的意思是，要人们勇敢地摒弃传统的陋习，认真追求科学真理；在科学技术日新月异的关键时刻，要脚踏实地，打好基础，求实求精，刻苦探索；要去除私利，顾全大局，勤奋工作，排除万难，自强不息；只要我们共同努力，中国的科技人才一定能涌现，中国的将来一定有希望。这种楹联天天挂在那里，耳闻目染，你说没有潜移默化的作用吗？这可以说是环境育人，对学生思想品德的养成是有实际意义的。

5. 开创先河的留学教育

船政学堂的留学教育是船政教育的深化与发展，也是船政教育的重要组成部分。它开创了中国近代学生留学教育的先河，奠定了中国留学生的留学方式和基本制度。虽然1872年就有幼童留美，但留美幼童，并未完成预定计划；其目的也不够明确、不够具体；实际上并不是很成功的。我们可以比较一下：

(1) 幼童留美，学制15年，时间长，成效慢；
　　船政留学生是成年人，任务是深造，时间短，见效快。
(2) 留美幼童出国留学计划欠周密，学习目标不明确；
　　船政学堂留学计划周密，学习目标明确，针对性强。
(3) 留美幼童学习差距大，监督不善，问题较多，提前撤回；
　　船政留学管理严格，学习期满通过最后考试，学成回国。
(4) 留美幼童可塑性强，模仿西方生活方式引起清廷的不安；

船政留学生"深知自强之针",富有爱国心和强烈的使命感,都能刻苦学习。

因此,从中西文化交流的实质性成效看,从高等学府选派和建立留学生教育制度看,真正建立起中国留学生教育制度的基本模式并沿袭下来的是船政学堂。

船政学堂的教学已取得了巨大的成就,洋教习们的包教包会取得了巨大的成功。船政学堂已培养了一批造船和驾驶人才,师生们和工匠们一起已成功制造了兵商船16艘。在聘请外国师匠包教包会的合同规定期满后,是满足现有的成就,还是继续深造,谋求新的发展,是谋求自强者必须深入考虑的问题,也是船政教育家们必须面对的重大问题。日意格认为"七年艰辛,不能废掉",要继续学习。沈葆桢很赞同,向清廷上了奏折,提出"窥其精微之奥,宜置之庄岳之间"。这是一个典故,就是说你要学齐国话,就要到齐国去,就是你要学福州话你要到福州来,你说要在北京学福州话,怎么学啊,所以你要到福州来学福州话,才容易学懂。沈葆桢的意思就是说,你要学习欧洲人的东西就要到欧洲去。当时反对的声音一片,但最后还是支持了。

那么首批派的是38个人,1877年3月31号出发。在这之前日意格已经带了5个人出去了,5月7号到了法国的马赛,走了将近两个月的行程。当时华监督是李凤苞,洋监督就是日意格,其中制造学堂的学生12人,驾驶学堂的学生12人,艺圃派了9个人,在法国实习的学生就是魏瀚、陈兆翱,不是日意格带了5个人去吗,他把这两个也归在第一批。另外还有随员马建忠、文案陈季同,翻译是罗丰禄,这个是第一批。

第二批10个人,1881年12月出发,1月份抵达英国和法国,当时的华监督是许景澄,洋监督还是日意格,翻译就是吴德章,就是第一届的留学生,当翻译了。当时制造学堂的学生是8个人,驾驶学堂的学生是两人。

留学第三批29个人,是1886年4月份出发,5月份到达。当时的华监督是原来的提调周懋琦,洋监督斯恭塞格,这个时候,日意格已经去世了,所以就由斯恭塞格负责,翻译是李隆芳。制造学生有14人,驾驶学生是15人,另外还有北洋水师学堂的学生5人。

第四批就7个人,1897年6月2日出发,1897年7月达到法国,监督是吴德章,翻译是沈希南。制造学生6个人,其中卢学孟调任比利时兼使馆翻译,把自费留学的魏子京改为公派,这魏子京就是魏瀚的公子。因为当时经费困难,第四批留学就提前回国了。

以后还有一些零星的派遣,1899年就派了驾驶15届的学生王麟、张哲培,当时是到日本去留学,而且改学陆军。日本经过明治维新变法以后,强大起来了,在陆军、海军建设方面确实是有可取的地方,所以当时就改派去学陆军去了。另外还有就是1880年的,刘步蟾在北洋水师担任教师,就从船政当中抽了一些学生、舵工、水手共60多个人,到英国去培训,准备接收军舰,开回来。这都不计算在留学生里面。船政学堂从光绪元年,就是从1875年开始,从派5个人去游历开始,到民国五年,就是1916年,最后两名学生学成回国,整个过程,总共41年,陆续派出的是111个人,其中很多人是两个国家以上的,最多的就是法国64个人,英国33个人,其他都比较少,总共是111个。

留学成就,按照清廷当时的要求:学英学者,就是学习英文的这些人啊,期望他们当良将,优良的海军将领;学习法文的这些人呢,就希望他们做良工,优良的工程师。魏瀚,他留学四国——英、法、德、比四国,获得了法学博士。他精通造船、枪炮、铁甲,回来就当了总工程师,总司造船,造船之父就是这个人,从他开始,总司造船。陈兆翱也是留学四国,精通制机,所以回来他总司造机。郑清濂也是留学英、法、德、比四国,他回来以后,总司快船、铁甲船制造。吴德章、杨廉臣、李寿田,在英、法、比三国留学,回来后也担任总工程师。

留学生在思想、外交、文化、法律等领域也是非常有成效的,一个典型就是严复。这张照片是他当时去读的英国格林尼治海军学院。他翻译《天演论》,不是直译,而是有他的思想意图在里面的。他突破了"中学西用"的框框,引进了促动"中学"的"西政"观;他透视西学,提出了西方国家"以自由为体,民主为用"的精辟论断;他抨击时局,破天荒地揭露专制君主是窃国大盗;他传播西方的进化论、社会学理论,经济学理论,影响了梁启超、康有为、谭嗣同等维新派人物。胡适,原名不叫胡适,就是因为受天演论"适者生存"的影响,改为胡适。毛泽东、李大钊、鲁迅也受他的影响很深刻。他还提出了他的"三民思想",这"三民思想"是什么呢?是他的强国富民的救国方略,叫做"开民智、鼓民力、新民德",提倡开民智,废八股,兴西学;鼓民力,禁鸦片,禁缠足;新民德，废除专制，实行宪政。他推动了中国近代社会向科学与民主方向发展，成为中国近代杰出的启蒙思想家。毛泽东讲的四个启蒙思想家，他是其中之一。五四运动的两面旗帜，就是科学和民主，这种西方的观念哪里来的？早期的思想推动，实际上的启蒙就来源于他。他翻译的著作，综合了很多他在西方的见闻，用他的观点来阐述，所以带有他很多个人的理论观点在里面。但是他后期尊孔，所以一般认为他后期保守了。但是，我现在通过一些研究，认为他实际上是一个先知先觉的人，很早就意识到中国的传统不能丢，因为辛亥革命以后，把很多传统都抛掉了。他意识到孔夫子的这一套还不能丢掉，所以他尊孔。如果我们从现在的角度，回忆一下，这 100 多年的变化，历史的变迁，现在我们大家对中国传统文化的重视，可以看出他应该是一个先知先觉的人，可惜的是他不合时宜，当时太早提出这种东西，给袁世凯、张勋复辟提供了一种理念和借口。但是，他这种思想——尊孔的思想，应该说还是值得肯定的。

这是陈季同。陈季同是非常突出、非常优秀的一个学生，船政一毕业就给他授四品都司，1875 年就跟日意格到欧洲游学，1877 年又成为第一批留学生。而且是当文案，就是秘书。他后来在德国、法国当公使，与俾斯麦与甘必大这些上流社会的接触非常频繁。他的法文非常好，法文演讲倾倒了很多法国女郎，所以有个法国作家在日记中写道：我在听他的演讲，听得入迷了。他讲得风趣幽默精彩，非常法国化，更具中国味。确实很吸引人，他博得两个法国女郎的芳心，其中一个是法国博士。两个都跟着他，他在婚姻方面，也是中西结合的，他的法国夫人生了两个女孩子，一个叫陈骞，另一个叫陈超，学习张骞、班超啊。陈季同在工作上也是非常有成就的。当时，李鸿章为了修铁路，要在国外筹集款项，就通过他到外国银行去游说。他最后谈成 3000 万两的合同，利息率压得很低，合同稿寄回国了，但是最后没有成功，清廷不想干了。那么谈判的前期费用就变成私债，由他自己承担，13 万法郎，折合两万 6 千两银子，这个数目对个人来说是相当大的。最后还被告了一状，革职回来。回来以后，他只好变卖家产包括弟弟的财产去偿还，弄得倾家荡产。偿还后官复原职。1895 年到台湾，与法国商谈出面阻止台湾割让给日本，没有成功，又提出按照国际法的原则，建议成立"民主共和国"，抵制割让。当时成立了"台湾民主共和国"，他当外交大臣。但还是抵挡不了日本的军事进攻。回来后，在上海，以"文酒自娱"。这个时候，他应朋友的邀请，到湖南贵州走了一趟，陪同两个洋工程师，另一个是奥地利的工程师，一个是法国的工程师，一起到贵州青溪铁厂考察。青溪在镇远，是中国最早的一个铁厂，但是办得不好，很快就倒闭了。所以上海的道员请他去。他写的很多诗文，就是在贵州那边写的，有300多篇，汇成一本诗集，叫做《学贾吟》，现在上海古籍出版社有影印本出版。这是他的手稿，毛笔写的手稿。我这次获得全国古籍委员会的课题，就是将《学贾吟》进行校注。为此，我到贵州跑了半个多月时间，到他走过的地方走了一下。他把《红楼梦》《聊斋》都翻译成法文，还写了很多法文的著作，像《中国人自画像》《中国人的戏剧》《中国娱乐》，把中国的一些东西都介绍给法国人，所以实际上，法国人了解中国，他做出了很重大的贡献。他还写了小说《黄衫客传奇》、轻喜剧《英勇的爱》，在法国文坛是享有盛名的，现在法国的图书馆还存有他的不少资料，这张照片就是来自法国的图书馆。这个就是法文《聊斋》的油印件，是我到蒲松龄纪念馆时拍来的，但这个是不是他写的，现在还无从考证，蒲松龄纪念馆也不知道是不是他写的。但是他写的《聊斋志异》用法文翻译出去这个是确实的。

王寿昌，这个王寿昌也是法文非常好的。大家都知道林纾——林琴南，这是大翻译家，但是他不懂法文，是个不懂外文的翻译家。他翻译了很多书，靠谁啊，第一个就是靠王寿昌。王寿昌口译，他记录并加以润笔。当时林琴南比较落魄，就在船政的储才馆闲居。这个是储才馆的图片。魏瀚是他的好朋友，邀请他去住。为解闷，王寿昌就给他讲巴黎茶花女的故事，林纾很感兴趣，所以就两个人合作，由王寿昌口译林纾用中文写出来，最后印成了《巴黎茶花女遗事》，此书一出版就引起轰动，一下子连续出了好多版。那么以后呢，林琴南就一发不可收拾了，一直翻译下去，靠着他和其他懂外文的人，翻译了很多很多的小说，他实际上是不懂外文的翻译家。

马建忠，是中国第一部系统的汉语语法著作《马氏文通》的作者，这是《马氏文通》。中国原来汉语的语法，没有人认真研究，马建忠因为精通各种外文，所以他比照外文的语法写了《马氏文通》，对汉语的语法进行比较研究，是开创性的，很有影响的。

罗丰禄，也是很重要的一个外交家，担任过驻英国、比利时、意大利三国公使。吴德章,也当任过驻奥帝国公使。魏瀚在法留学期间任法国皇家律师公会助理员,得法学博士学位。陈兆翱,在留法期间发明抽水机,所以用他的名字命名,用新式锅炉,他还改进了轮船的螺旋桨,外国人很多都效仿他。池贞铨是用白石粉制成耐火砖。林日章为中国采用西法炼银第一人。池贞铨、林庆升、林日章、张金生、游学诗等,都是我们最早的矿务专家。我们福建的很多煤矿,江西、湖南、广东、安徽、山东、台湾、湖北、四川、贵州、陕西等地很多煤矿、锡矿、铁矿、铜矿、银矿、铅矿的开采,都有他们的足迹,都是他们开始做的。

(四) 船政办学的成就

1. 它是中国近代海军的发祥地。

第一,为中国近代海军的建设造就了一批急需的人才。在沈葆桢"可破格栽成,去滥竽而登俊良"思想的指导下,船政就破格提拔吕翰和张成两人当任舰船管带。随后又委派驾驶 1 届十多名学生在福建水师中任驾驶官,并逐渐晋升为舰长或大副。管轮 1 届也有 14 人被派往福建水师各舰船任管事。魏才、罗丰禄、陈兆翱、刘步蟾、林泰曾、陈季同等人先后留学堂任教。它培养的学生,特别是留洋归来学生,很快成为各地水师骨干和重要将领,如福建水师的张成、吕翰、许寿山、梁梓芳、沈有恒、李田、陈毓松、叶琛、陈英、林森林、谢润德、丁兆中、梁祖勋;广东水师的林国祥、李和、黄伦苏;南洋水师的蒋超英、何心川;北洋水师的刘步蟾、林永升、叶祖珪、邱宝仁、邓世昌等人,都是船政后学堂学生和出国留学生。

第二,提供了海军主力舰队的骨干力量。我们这里可以看一下,任北洋舰队要职的,1894 年的,林泰曾——这是林则徐的重孙,当时就是左翼的总兵。他是"镇远"轮的管带。那右翼的总兵是谁呢?是刘步蟾,是"定远"轮的管带。邓世昌,中军中营的副将,他是"致远"轮的管带。还有中军右营的副将是叶祖珪;左营的副将是方伯谦。左翼右营的副将是林永升;左翼左营的副将是邱宝仁;左翼右营的参将是黄建勋;右翼的参将是林履中;后军的参将是林颖启;后军的参将萨镇冰;都司是李和。这些任要职的都是我们船政的毕业生。

而且诞生了中国近代海军的高级将领,你看,我们可以数一数的就有这么几个：叶祖珪——驾驶第一届的，1904 年总理南、北洋水师，清廷授他为振威将军；萨镇冰——是驾驶第二届的，1909 年任筹备海军大臣，1917 年、1919 年、1920 年三次任海军总长，1920 年 5 月兼代理国务总理，1922 年 5 月授肃威上将；蓝建枢——驾驶第三届的，1918 年 3 月任海军总长；刘冠雄——驾驶第四届，1912 年 3 月、1917 年两次入海军总长兼总司令；李鼎新——驾驶第四届的，1921 年任海军总长；程璧光——是第五届的，1917 年任海军总长，但是没有到职，同年任广州护法政府海军总长；林葆怿——是驾驶第九届的，1917 年任海军总长；黄钟瑛——是驾驶第十一届的，1912 年任海军总长兼总司令，1912 年时是海军上将。

第三，在抵御外侮中发挥了主力军的重要作用。中国海军舰队第一次抵御外国侵略势力的是船政。这里讲的就是 1874 年，沈葆桢带着船政的舰队到了台湾，因为日本的西乡从道借口"牡丹社事件"到台湾来侵略我们，清廷就派沈葆桢到台湾。沈葆桢到台后，一面向日本军事当局交涉撤军，一面积极着手布置全岛防务。两手都抓，两手都硬。日方理亏，又看到了我们整个的舰队实力，最后退走。甲戌巡台遏制了日本的侵略野心，迫使侵台日军同清政府进行谈判，最后达成了从台湾撤军的协议。但腐败的清政府却承认日本"保民义举"，偿付给白银 50 万两。在马江海战中英勇抗战的也是船政的学生。马江海战学生死伤很多。马江海战虽然失败了，但是他们的爱国精神是值得肯定的。这个马江海战还要专题来讲，当时有清廷的腐败，有指挥官的无能，还有技术上的一些问题，多方面的原因。在甲午海战当中，抗战的主力也都来自船政，刚刚我讲的那些，任北洋舰队要职的海军将领，基本上都是我们船政的学生。所以有一篇文章就说：实际上就是一个学校跟一个国家在打仗。这是唐德刚在《甲午战争百年祭》中说的"马尾船校以一校一级而大战日本一国！"并为之赞叹："马尾！马尾！我为尔欢呼。您在五千年中华通史上，青史留名，永垂不朽！"

2. 它是中国近代科技队伍的摇篮

在船舶制造方面，从同治七年，也就是 1868 年起，到光绪三十三年，也就是 1907 年，船政共建造的兵舰、商船是 40 艘。当时，全国造的 50 吨以上的船舶是多少呢？48 艘，总的吨位是 57000 多吨，船政占了 40 艘，47000 多吨，占了 83% 和 82%，比例非常高。1890 年，中国有北洋水师、南洋水师、广东水师、福建水师 4 个水师，有舰艇是 86 艘，其中向国外购买的有44艘，自己制造的42艘，船政制造的就有30艘，占了34.88%，自制的比例是71.43%，比例也是非常高的，可见船政当时在全国造船的地位和影响。

在矿业开采方面，台湾基隆产煤，船政提出用近代机器生产和运输的采煤方案，派叶文澜为首任矿务督办，以后又派学矿务的留学生张金生为基隆煤矿煤师。船政计划自行炼钢并开采附近煤矿，船政首届留学生林庆升、池贞铨、林日章等发现了福州穆源煤矿。船政三届留学生杨济成参加湖头勘探活动。福州竹石山锡矿，也由船政学堂学生任矿师。刚才我也介绍了，全国各地煤、铁、铅、银、锡、铜矿的勘探与开采，都有船政的学生的足迹，船政学生的足迹遍布大江南北。

在近代交通事业方面也卓有成效。船政在制造兵轮同时，还建造了8艘商轮，为轮船招商局提供了运力，福星号等船不是调拨就是免费租用，永保、海镜、琛航三船为招商局采办米石北运天津，琛航、永保还定期往来于福州和台湾航线。船政制造的最大商轮康济号，由轮船招商局"承领揽运"，行走于上海与香港一线。这些都起到了促进民用航运业的作用。在铁路建设方面，船政学生如丁平澜、陈寿彭、郑守钦、林怡游、李大受、卢守孟、魏瀚、曾毓隽、关赓麟等都曾在铁路部门任职，在铁路建设和管理方面做出贡献。最为突出的是郑清濂和詹天佑。京汉路是沟通南北大动脉的主要干线，也是外国觊觎争夺的主要铁路。总办就是郑清濂。詹天佑大家都很熟悉。他承建的京张铁路工程困难重重，他攻克险峻的关沟段，凿通号称天险的八达岭隧道，解决青龙桥坡道难题，提前两年实现了全线通车，成为中国自建的第1条铁路，创我国铁路史上的奇迹，成为举世闻名的铁路工程专家。船政还开设电报学堂，培养自己的电信人员140人。1887年，福州马尾川石岛——台湾淡水的海底电缆开工，船政电报学堂毕业生作为技术人员使用自己的"飞策"号船进行海底铺设，全线长117海里，当年铺设成功，当年对外营运。它标志着近代中国的电信技术已发展到一个新的阶段，也说明船政学堂培养人才是卓有成效的。

3. 它是中国近代教育的先驱和榜样

第一，船政开创了近代教育的先河。过去的教育都是书院式的，像岳麓书院，历史非常久了。但是开创近代教育——就是把西方的教育模式搬到中国来的第一家，应该就是船政学堂，所以说它开创了近代教育的先河。它的教育模式、教育理念，到现在还在继续。你看我们现在的大连海事大学、上海海事大学，现在所有的航海院校，基本上还是两个专业——航海技术、轮机管理。专业与课程设置还是公共课、专业基础课、专业课，最后实习，100多年过去了，还是差不多。而且当时它有7艘练船作为实习实训基地，成立一个练船学堂，现在的航海院校还做不到，没有这么大笔的资金来支撑。现在国家在提倡工学结合，培养动手能力，所以实验性建设、实训基地的建设很重要。这方面，船政是一个非常好的样板，它既不是校办工厂，也不是厂办学校，它工学结合得非常紧密，理论和实践结合得非常紧密，我们的教育方针不就是理论与实践相结合嘛，而它结合得非常紧密，而且非常有成效，培养出的学生动手能力就是那么强，一毕业就可以上船操作开船，一毕业就可以当工程师，所以，很多教育理念，很多办学经验，是值得我们去总结、秉承和弘扬的。

第二，它诞生了很多近代的教育家。沈葆桢本身就是很了不起的教育家，他讲"船政的根本在于学堂"，他的目的就是培养人才，而不仅仅是为了造船。他的"窥其精微之奥，宜置之庄岳之间"的留学教育理念也非常好，要培养学生让他们深造就要到欧洲去留学，进一步掌握西方的科学技术。严复也是教育家，他是天津水师学堂的总教习，北大第一任校长，是启蒙思想家，一个非常了不起的人物。在《教育大辞典》列名的近代教育家除了严复以外，还有马建忠、陈季同、詹天佑。而实际上在教育方面很有成就得还很多。像萨镇冰——吴淞商船学校的校长；蒋超英——江南水师学堂总教习；魏瀚——广东水师鱼雷学堂总办；叶祖珪——南洋水师学堂督办，等等，他们在教育方面也是很有成就的。所以，船政学堂被誉为"开山之祖"。它确实为各地办学提供了榜样，输送了人才。

二 船政学堂是不是高等学府

船政学堂按照现代高等教育来衡量，是不是一所高校，还是仅仅是中专，或者是成人教育？我们从几个方面来分析。

从培养目标来看。船政学堂的培养目标"通船主之学，堪任驾驶"，就是培养能够自己制造轮船、船用机械设备的工程技术人员，能够独立近海、远洋航行的驾驶人员。这个培养目标显然是很高的。按照我们现在高校培养人才的要求，这个是要本科以上的。那么，你说它只是大专层次的行不行？当然这只是程度上的不同而已。但船政学堂毕业生可以当船长，现在连大学本科生毕业都不行，只能见习二副二管轮。所以从培养目标上看，它是非常高的。当时船政培养的这些人才是国家非常紧缺的高级人才，属于精英教育，不是大众教育，总共就培养那么多，前后办学45年，有文字记载的毕业生有1357人，而国家的投入是1900多万两银子，投入那么大，培养那么多人才。当然用这些银两造了船，但没有船，人才更难以培养。船政的办学规格也很高，由一品大臣总理建立一个清廷直属机构——船政来管理。这在现在看来，也是了不起的。目的就是一个，培养国家非常紧缺的高级人才，培养一代精英。

从教学内容来看，它的专业设置，是符合近代高等教育分系科、分专业，培养专门人才的特点的。现在的高等教育就是要分系科、分专业，船政学堂也是这样，分系科、分专业来培养人才。它的课程体系，各个专业都有比较完整的教学体系和教学计划，包括公共课、专业基础课、专业课、实训实习基本配套。这也是符合高校的要求的。

从师资水平来看，都是一流的人才。那些请来的洋教习，在他们本国，有的本来就是高校的讲师、教授，有的是校长，有的是海军技术军官，有的是上将、少将。有的是造船造机方面的工程师、总工程师、总监工，都是可以胜任高等教育的，而且专业性很强的，专业水准相当高的。

学制方面，时间非常长，最长达到8年4个月。这8年4个月就是100个月，按照每年349天算，一学年相当于现在的1.4个学年，那8年4个月相当于多少？将近12年。这样一直连续读下去，掌握的知识面是很多的，12年才能毕业，这个是相当长的。现在按照从初中开始算吧，到大学，才几年？高中三年，大学四年，也不过七年，是不是。

从教育效果来看，你看毕业生的水准，可以当舰长，可以当大副，可以当轮机长，可以当大管轮、工程师、翻译，都能胜任。你看张成他们一毕业就当舰长。从留学的情况来看他们的水准，都跟得上的，他们到外国这些学院去读书，也是按照规定考试入学的，能不能毕业也是要考试的。我们的留学生都跟得上，没有说他们的水准不行，落下来了，没有，都跟得上。

从教育史专家的评价也可以看到。如潘懋元教授，他是厦门大学的教授,是高等教育史的权威专家,他的评价就是"福建船政学堂堪称中国近代第一所高等学校"。这是他的原话,是他所作的结论,不是我的发明。他认为"福建船政学堂在建立高等教育体制,为国家培养高级专门人才,促进中西文化交流上,比之清末许多高等学校影响更深,作用更大",潘懋元教授的话是很有权威性的。

三 船政学堂是不是第一家高等学府

船政学堂是高等学府,但是不是第一家呢?我们来分析一下。

过去历来中国教育史、中国高等教育史,对中国近代性质的高等学校的考证有几种观点。一种观点认为最早的就是创办于1862年的京师同文馆。京师同文馆是奕䜣他们创办的,它显然比船政早,那是不是第一家呢?一种观点认为是创办于1895年的天津中西学堂,也就是天津大学的前身,一些教育史书籍也认为它是第一所。还有一种观点认为,是创办于1898年的京师大学堂,就是北京大学的前身。

我们先来看看京师同文馆。这个1862年创办的京师同文馆,实际上是培养外国语的一种学校,开办之初就是"查旧例"。什么叫"查旧例"呢,就是按照过去的惯例来办。那么过去就有俄文馆,就是俄罗斯文馆,乾隆年间就已经有啦,而且还可以追溯得更长一点的就是明代的"四夷馆",后来改为"四译馆",所以它并不是一个创造,过去就有这种培养翻译人才的学校了。而且它采用的是旧式书院的形式,只不过是增加一些外国语课程,程度也就只相当于小学,这跟船政学堂是外国教师用外文讲课,差别多大啊。到了1867年,京师同文馆增添一些天文算数馆,才可以说是有近代高等教育的某些特征,但也不完全是,所以无论从创办时间,还是分科设置的专业,还是专业的课程体系,都应该让位给福建船政学堂。这个照片是同文馆的照片,这是洋教习,丁韪良,这些是他教的学生。这些学生都是科举出身的,五品以下的官员,有的已经当了爷爷了,才开始学ABC,你说可以学得进去吗?所以开始报名的是98个人,最后录取38个人,真正上课是10个人,毕业才5个人。你说它算什么,所以船政学堂才是第一所。

那么天津的中西学堂和京师大学堂呢?天津中西学堂,1895年创办;

京师大学堂，就是北京大学的前身，1898年创办。那船政学堂呢，1866年创办，早了29年和32年。那谁早啊，这不言而喻了，只要认定船政学堂是属于高等院校，那就是船政学堂最早。

通过上面的分析，现在我们就可以评价船政学堂的历史地位。

第一，它是中国近代引进西方教育模式的第一所高等院校。它最早引进西方教育模式，当时日意格、德克碑就是按照法国和英国的教育模式来建构的。

第二，它是中国近代第一所海军军事院校。它培养了一代又一代的海军人才。在外人看来，它造的主要是兵船，培养训练的主要是水师，更像是海军军事基地，所以，当年的洋监督日意格就称其为福州兵工厂。英国外交部当时照会清廷时就称其为"水师学院"，就是海军学院。从学校一脉相承的沿革看，也清楚地说明船政学堂是中国近代第一所海军军事院校。

第三，它是中国近代首先创立留学生教育制度的高等学府。你看现在的留学生基本上都是大学毕业以后去留学，留学几年回来，那么这种制度就是这个时候开始的，跟留美幼童完全不同。

第四，它是中国近代第一个产学一体、多元结合的教育机构。你看它不光是普通教育，还有技工教育，还有职工教育、中等教育，成人教育、普通教育都结合在一起，高等、中等、初等都有，而且产学一体，工学结合得非常紧密。

第五，它是近代中西方文化交流的一面旗帜。它引进了西方的科学技术，也就是所谓"西艺"，高起点嫁接，迅速地提高了造船、航海、飞机、潜艇、枪炮、鱼雷、矿冶、机械、无线电、天文等科技和工艺水平。同时引进西方的政治、经济、法律思想，突破了"中学西用"的框框，引进了触动"中学"的"西政"观念。中西文化交流这个话题我后面还会专题来讲。

第六，它是中国近代西方教育模式中国化的典范。船政学堂食洋能化，创造了自己的教育模式。它引进西方先进的教育模式，结合中国实际，实行"权操诸我"的原则，将其变成自己的东西，形成特色鲜明的中国化办学模式，很多都是开风气之先的。

福建船政学堂历史地位新探[*]

摘要：1866年清廷在福州马尾创办船政学堂，创造了中国近代教育史上的许多奇迹。它是中国近代第一所与国际接轨的、首创留学生教育制度的、产学一体多元结合的高等院校，是中国近代科技和海军的摇篮，是近代中西方文化交流的一面旗帜，是近代西方先进教育模式中国化的典范。

关键词：福建船政学堂　历史地位　西方教育模式中国化

福建船政学堂创办于1866年（清代同治五年）。至今已经139年了。近几年来，研究福建船政学堂的学者越来越多，其历史地位也越来越得到广泛的认可，但仍感到研究得不够深、不够透，有做进一步探讨的必要。本文拟从西方教育模式中国化这个全新的视角对其进行新的探索。

一　中国近代引进西方教育模式的第一所高等院校

1866年6月，闽浙总督左宗棠上奏清廷《试造轮船先陈大概情形折》，建议在闽设局造船办学。7月14日，同治皇帝准奏，以"实系当今应办急务"令其办理。10月，他奏请江西巡抚沈葆桢总理船政。11月又奏请开设求是堂艺局。12月，船政工程动工兴建，并对外招生105名。1867年1月，求是堂艺局正式开学。校址暂设在福州城内定光寺（又称白塔寺）、仙塔街和城外亚伯尔顺洋房。同年6月，求是堂艺局迁至马尾新校舍，即分为前后学堂。12月设立绘事院（又称绘图学堂）。1868年2月又创办管轮学堂（后并入后学堂，称驾驶管轮学堂）和艺圃（又称艺徒学堂）[1]。这些学堂就被统称为船政学堂。

---

[*] 本文刊登在《福建农林大学学报》2006年第3期。

福建船政学堂引进的是西方教育模式。前学堂学制造，采用法国军港士官学校的科目训练，修法语，设轮船制造、轮机设计两个专业；后学堂学驾驶，采用英国海军的培养方法训练，修英语，设驾驶、管轮两个专业。并聘任法国人日意格为正监督，与之签订了5年包教包会的合同。各专业学制初定为5年，实际延长到一百个月，所以有"八年四"之称。各个专业都有比较完整的工程教学课程体系，都设有堂课（理论课）、舰课或厂课。堂课有内、外课之分。内课包括公共课、专业基础课和专业课。公共必修课程有外语（法文或英文）、算术、平面几何等，而《圣谕广训》、《孝经》与策论等虽必修，但不列为正课。专业基础课程和专业课程，有的相通，有的则完全不同。这种课程体系打破了封建教育的传统模式，开创了近代教育的先河，是一所按技术分设专业的近代高等院校。

但对其是不是第一所高等院校，就有不同看法。一般认为：京师同文馆是中国近代最早设置的新式学校，也是中国近代第一所高等学校；天津中西学堂为中国第一所近代性质的高等学校；京师大学堂是中国第一所近代大学。

京师同文馆是1862年6月创办的，它实际上是一所培养翻译人才的外语学校。招收年龄在14岁左右的八旗子弟入学。除学习中文外，学习一门外语（最初是英语，后增设法语、俄语）。开办时即申明"查旧例"，就是按原先的俄罗斯文馆旧例办理。俄罗斯文馆建于乾隆年间，其前身可追溯到明代的"四译馆"。说是第一所"'新型'高等专科学校"显然缺乏根据。潘懋元教授分析得好，他认为京师同文馆"从学生水平或课程设置上看，都不具备近代专科教育的基本特征"。即使是1867年京师同文馆增设的天文算学馆"也不是中国近代第一所高等学校"，当年招生30名，退学20名，只剩下10名学生，大多是有了孙儿的老头，只好并入旧馆。所以"无论从创办时间、分科设置专业以及专业课程体系，都应让位于福建船政学堂"。而天津中西学堂、京师大学堂都是在福建船政学堂诞生29年和32年以后才成立的。显然福建船政学堂是中国近代第一所高等院校。潘懋元教授还认为，"福建船政学堂在建立高等教育体制、为国家培养高级专门人才，促进中西文化交流上，比之清末许多高等学校，影响更深，作用更大"[2]。

二 中国近代第一所海军军事院校

首先，福建船政创办的初衷之一，就是整顿水师。左宗棠上奏清廷设立船政的奏折就讲道"欲防海之害而收其利，非整理水师不可"。船政造船，主要造的是军舰，武装海军；同时制炮，生产鱼雷，也是为了武装水师。福建船政学堂培养的人才，主要是造船和驾驶人才，也都是为造舰和水师服务。求是堂艺局章程明确规定"各子弟学成后，准以水师员弁擢用"。中国近代第一支舰队正是从船政开始的，它比南洋水师（1884年创立）、北洋水师（1888年创立）都早。因此，船政被誉为"中国海防设军之始，亦即海军铸才之基"。

其次，学堂实行的是供给制和军事化管理。"饮食及患病医药之费，均由局中给发"，"饮食即由艺局供给，月给银四两"；学生管理由稽查、管理委员负责，学堂"派明干正绅，常川住局，稽察师徒勤惰"[3]。在外人看来，它造的主要是兵船，培养训练的主要是水师，更像是海军军事基地，所以，当年的洋监督日意格就称其为"The Foochow Arsenal"，即福州兵工厂[4]。

再次，培养了一代又一代的海军人才。据不完全统计达1100多名，占中国近代海军同类人员的60%，晚清和民国时期的多数海军高级将领，如总理南北洋海军兼广东水师提督的叶祖珪，一度代理北洋政府国务总理的海军大臣萨镇冰，领衔发表著名的《海军护法宣言》的海军总长程璧光，被孙中山任命为海军总长兼总司令的海军上将黄钟瑛，历任海军总长、交通总长、教育总长等职的刘冠雄，等等，都是船政的毕业生。《清史稿》也记载"船政学堂成就之人才，实为中国海军人才之嚆矢"[5]。

从学校的沿革看，民国时期划归海军部管理，前学堂改名为海军制造学校，后学堂改名为海军学校，艺圃改名为海军艺术学校。1917年增设海军飞潜学校，1924年并入制造学校，1926年又合并为马尾海军学校（1930年改名为"海军学校"，去掉"马尾"二字）。这些都说明船政学堂是中国近代第一所海军军事院校。它既是培养海军军事人才的高等院校，又是海军军官的在职培训基地。

三　中国近代首创留学生教育制度的高等学府

　　1872年容闳带领第一批幼童留美。这是中国政府正式派遣的第一批留学生[6]。但幼童留美，并未完成预定计划；其目的也不够明确、不够具体；实际上并不是很成功的。从中西文化交流的实质性成效看，从高等学府选派和建立留学生教育制度看，真正建立起中国留学生教育制度的基本模式并沿袭下来的是船政学堂。沈葆桢认为洋人来华教习未必是"上上之技"，"以中国已成之技求外国益精之学"必然事半功倍。他认为"窥其精微之奥，宜置之庄岳之间"[7]。"庄岳之间"即齐国。这是孟子的话，意思是要学好齐国话，就要到齐国去。正是这种指导思想，船政学堂建立了留学制度，由日意格制订留学章程和教学计划，并聘请他为洋监督，李凤苞为华监督。确定学制3年，其中有一年见习，有四个月到各地参观。前后学堂、绘事院、艺圃均有选送。由华洋两监督共同管理。各专业学生除个别外都按对口专业到有关高校学习。如制造专业的学生到多郎官厂、削浦官学、汕答佃国立矿务学院、巴黎国立高级矿务学院等地学习；驾驶专业的学生到英国海军学校、格林威治皇家海军学院、抱士穆德大学院等地学习。晚清40多年，船政学堂共毕业学生510名（连同民国初期毕业的共629名），选送出国留学生四批及零星派出共111人[8]。他们分赴法、英、德、美、比、西、日等国。学习的专业主要有造船、航海、飞机、潜艇、枪炮、鱼雷、矿冶、机械、无线电、天文等。学成回国，成为我国科技力量的主要骨干，典型的代表有"铁路之父"詹天佑，外交家罗丰禄、陈季同，造船专家魏瀚、郑清濂，矿务专家林应升、林日章，轮机专家陈兆翱、杨廉臣等。他们的影响之深，至今仍使福建的科技人才成为一道亮丽的风景线，仅中科院院士福建籍的就达40多名。

四　中国近代第一个产学一体、多元结合的教育机构

　　首先是产学一体。船政的体制既不是厂办学校，也不是校办工厂，更不是厂校联合或合作。而是规划统筹，难解难分。监督既管学堂，又管工

厂；教习既是教师，又是工程师；学生要"手脑并用、技艺斯通"，既学习理论，又参加劳动，并承担生产任务。这种厂校一体化的办学体制，是产学研结合的高级形式，比现时所提倡推行的产学研联合体或厂校挂钩合作之类，更能体现教育与生产劳动紧密结合。由于是产学一体，各个专业都能根据各自的特点安排大量的实习。如制造专业，有蒸汽机制造实习课、船体建造实习课。每门实习课每天要进行数小时的体力劳动。设计专业，三年学习期间，有八个月的工厂实习。管轮专业，先在岸上练习发动机装配，再到新建轮船上安装各种机器。驾驶专业的学生，先以三年时间，在学堂中学习基础课程和航海知识，然后上"练船"实习，用两年和更多的时间学习"一个船长所必须具备的理论与实际知识"，以及海战、射击术和指挥。这种用两年和更多的时间上自备的"练船"实习的做法，至今也是全国所有航海院校难以做到的。正由于教学与生产劳动紧密结合，船政学堂办了五年之后，制造专业的学生，已有独立制作、管理车间、指挥施工等能力。1875年6月开工建造的十七号"艺新"轮船，7月开工的十八号"登瀛洲"轮船就是由第一届毕业生吴德章、汪乔年等设计监造的。此为"船政学堂学生放手自制之始"，以后建造的船舶绝大多数由毕业留校学生自行设计监造，共有18艘[9]。驾驶专业学生，原定于五年之内，达到能在近海航行的要求，实际在"练船"实习期间，就远航南洋各国，扬威日本。

其次是多元结合。前后学堂引进西方教育模式，从专业设置、课程组织、教学水平和留学状况看，可以说船政学堂实行的是普通高等教育。但从重视实践和动手能力和学生毕业后的技术水平看，船政把当时社会急需的高等工程技术人才作为主要培养目标，是个实业学堂，也可以归入高等职业技术教育。船政还设立绘事院，培养测绘技术人员。从培养目标和课程设置看，实行的是中等职业技术教育。艺圃，又称学徒学堂，实行的是半工半读的技工教育。艺圃改为海军艺术学校后，及以后改设为"福建省马江私立勤工初级机械科职业学校"（简称勤工学校）、"福建省立林森高级商船职业学校"（简称商船学校）、"福建省立高级航空机械商船职业学校"（简称高航学校），主要实行的是中等职业技术教育。船政的系列学校还承担了许多在职培训任务。因此，它集普通教育、职业教育、成人教育于一炉，是多元教育一体的院校。

五　近代中西方文化交流的一面旗帜

一是引进了西方的科学技术，也就是所谓"西艺"，高起点嫁接，迅速地提高了造船、航海、飞机、潜艇、枪炮、鱼雷、矿冶、机械、无线电、天文等科技和工艺水平。同时引进西方的政治、经济、法律思想，突破了"中学西用"的框框，引进了触动"中学"的"西政"观念。在这方面，严复是一个典型。他透视西学，提出了西方国家"以自由为体，民主为用"的精辟论断；抨击时局，破天荒地揭露专制君主是窃国大盗；传播西方进化论、社会学理论、经济学理论等，影响了梁启超、康有为、谭嗣同等维新派人物，成为维新变法的精神领袖；提出了强国富民的救国方略，鼓吹"开民智"、"鼓民力"、"新民德"，成为中国近代杰出的启蒙思想家，推动了中国近代社会向科学与民主方向发展。在传播西学方面有所作为的还很多。例如留法归来的王寿昌帮助林纾翻译法国小仲马的《茶花女遗事》，震撼中国文坛，促使不懂外文的林纾与许多人合作翻译出184部外文名著。林纾与严复、辜鸿铭成为中国近代三大翻译家。陈寿彭翻译《格致正轨》《八十日环游记》、罗丰禄翻译《海外名贤事略》、《贝斯福游华笔记》等都有一定影响。还有马建忠，在欧洲从事外交工作多年，精通英文、法文、希腊文、拉丁文，得以根据外文文法，研究古汉语文法，撰写了《马氏文通》，开辟了近代汉语文法研究的新领域[10]。

二是将中国文化介绍到国外去，陈季同就是杰出的一位。他在法、德等国使馆工作多年，熟悉欧洲社会与文化生活，时常出入巴黎文艺沙龙，写了许多介绍中国现状和中国文学的法文作品，如《中国人自画像》、《中国戏剧》、《中国人的快乐》、《黄衫客传奇》、《中国人笔下的巴黎》、《中国故事集》、《吾国》等[11]，还用法文写了一本以中国问题为题材的喜剧《英雄的爱》，在法国文坛上享有盛名，成为近代中学西传的第一人。

六　近代西方先进教育模式中国化的典范

（1）船政学堂食洋能化，创造了自己的办学模式。它引进西方先进的教育模式，结合中国实际，实行"权操诸我"的原则，将其变成自己的东西，形成特色鲜明的中国化办学模式，很多都是开风气之先的。其模式，笔者认为至少有以下几方面：引进西方先进的教育模式、为我所用的办学原则；突破传统、高位嫁接、大胆改革创新的办学理念；引进洋教、契约合作与独立自主、土法上马结合的办学方式；厂校一体化、工学紧密结合的办学形式；集普教、职教、成教于一炉，高中低结合的办学体系；科技与人文结合、培养爱国情操的教育形式；人才为本、精益求精、因材施教的教学理念；针对性和实用性强的专业设置与课程体系；洋监督与"权操诸我"结合的学生管理模式；引进外教、外文教学与留学深造的培养模式。

（2）实践证明，船政的办学模式是成功的。一是短时间内就取得了明显成效，培养的人才成为社会中坚力量，被誉为科技和海军的摇篮。近代很多第一都出自船政[12]，如第一艘千吨级舰船"万年清"号、第一艘巡洋舰"扬武"号、第一艘铁协木壳船"威远"号、第一艘铁甲舰"龙威"号、第一艘水上飞艇等都是在船政建造的。中国近代的第一支舰队也是在这里诞生的。1876年船政附设电报学堂。1887年7月中国的第一条海底电缆，即福州马尾川石岛——台湾淡水的海底电缆，全线长117海里开工铺设。当时，船政电报学堂毕业生作为技术人员使用自己的"飞策"号船进行海底铺设，9月中旬即完工。1887年10月11日竣工，投入对外营运。使用电灯、电报、电风扇、探照灯、生产鱼雷、机制铜钱等也都是师生们的首创。1917年，增设"福州海军飞潜学校"，培养飞机、潜艇制造和飞行员、潜艇驾驶人才。并设立"飞机制造工程处"，于1919年8月造出了取名"甲型一号"的双桴双翼水上飞机（所谓水上飞机，就是利用水面滑行继而升空的飞机，美国波间飞机厂首制飞机即为此型），这就是我国国产的第一架飞机。二是船政学堂成为各地纷纷效仿的样板。威海卫、昆明湖、江阴、湖北、吴淞、上海、青岛等各类学校相继开办，都采用船政的办学模式。船政学堂的教师和毕业生，很多被派到各地担任要职，1880年，天津水师学堂成立，26岁的严复就被调任为总教习。同年，北洋水师学堂成立，派船政提调吴仲翔负责。1882年设立广东鱼雷学馆，调魏瀚、陈应濂为教习。1890年设立江南水师学堂，调沈瑜庆为总教习。1903年设立烟台海军学堂，调谢葆璋（谢冰心之父）为监督。1904年设立南洋水师学堂，调叶祖珪为督办。船政学堂为各地办学提供了榜样，输送了人才，被李鸿章誉为"开山之祖"。船政学堂的成功实践以及后来其他学校的相继举办，直接推动中国政府逐步建立起适应社会潮流发展的近代教育制度。

参考文献

［1］［3］［6］［8］福建船政学校：《福建船政学校校志》，鹭江出版社，1996。

［2］潘懋元：《福建船政学堂的历史地位与中西文化交流》，《东南学术》1998年第4期。

［4］左宗棠：《左宗棠全集》，书牍卷七，湖南岳鹿书院，1987，第25页。

［5］赵尔巽：《清史稿》卷171，中华书局，1977。

［6］钱钢、胡劲草：《大清留美幼童记》，中华书局，2004。

［7］沈葆桢：《沈文肃公政书》，吴门节署吴元炳刊本，1880。

［9］林庆元：《福建船政局史稿（增订本）》，福建人民出版社，1999。

［10］马建忠：《马氏文通》，商务印书馆，1983。

［11］李华川：《晚清一个外交官的文化历程》，北京大学出版社，2004。

［12］陈道章：《船政文化》，马尾区政协文史资料委员会，2003。

船政学堂的教育模式与特点[*]

摘要：船政学堂是我国近代第一所成效卓著的高等学府，其教育模式内涵独特，特色鲜明，意义深远。引进西方先进的教育模式为我所用的办学原则，以契约形式合作和独立自主的组织原则，突破传统、高位嫁接和改革创新、土法上马的办学理念，厂校一体化和工学紧密结合的办学形式，人才为本、精益求精、因材施教的教学理念，权操诸我的学生管理模式，引进外教、外文教学与留学深造的培养模式等内涵，以及精英教育模式的特点都有许多可借鉴的地方，在政治、军事、经济、教育等方面都有着重要的意义。

关键词：船政学堂　教育模式　特点

创办于清代同治五年（1866年）的船政学堂，是我国近代第一所高等学府。其办学模式特色鲜明，人才培养成效卓著，培养了像"启蒙思想家"严复，"铁路之父"詹天佑，外交家罗丰禄、陈季同，造船专家魏瀚、郑清濂，矿务专家林应升、林日章，轮机专家陈兆翱、杨廉臣，海军高级将领萨镇冰、黄钟瑛，中法马江海战英烈吕翰、许寿山，中日甲午海战英烈邓世昌、林永升等一大批杰出的人才，成为中国近代海军和科技队伍的摇篮。其教育模式和特点，至今仍有现实意义。

一　船政教育模式的内涵

（一）引进西方先进的教育模式为我所用的办学原则

船政学堂引进西方先进的教育模式，但坚持为我所用的办学原则。其

---

[*] 本文系闽都教育与福州发展研讨会论文，收入《闽都教育与福州发展研讨会论文汇编》，该汇编2012年6月由福建省炎黄文化研究会、福州市闽都文化研究会编印。

专业设置、课程设置、教学计划、师资队伍以及教学管理都按西方教育模式进行，采用英法体制，把船舶工程学校与海军学校合二为一，办成一所按专业技术分科培养急需人才的近代高等院校。前学堂采用法国军港士官学校的科目训练；后学堂采用英国海军的培养方法训练。并聘任法国人日意格为正监督，与之签订了 5 年包教包会的合同。这一切都是为了培养自己的造船、驾驶人才。"师夷"的目的是御侮，自强。

（二）以契约形式合作和独立自主的组织原则

船政学堂引进西方先进的教育模式，是以契约形式聘用外籍教师的，而且坚持外籍教师以私人身份受聘的原则。契约形式和私人身份这两点是很值得称道的。因为在鸦片战争后，中国已逐步沦为半殖民地半封建社会，能以契约形式和私人身份聘用外国教师，并坚持"权操诸我"是十分难能可贵的。但要坚持下来是需要斗争的。光绪二十二年（1896 年），由于法国的干预，船政学堂就曾被迫改变了过去外籍教师以私人身份受聘的原则，改为法国官方派遣教师和工程技术人员到船政任职。光绪一十九年八月（1903 年 10 月），时任船政会办大臣的魏瀚，掌握了法籍人员违法事实，运用法律和外交手段，废除原订合同，与法国驻福州领事重新签订了《洋员续订合同简明约章》，确定船政大臣对洋员领导和对船政学堂的管理权，包括对外国教师的任用、奖罚、解聘等权利，将外国教师置于船政学堂中方官员的管理之下。船政学堂是独立自主地开展工作的，其大权完全掌握在船政大臣手里，也就是中国人手里。

（三）突破传统、高位嫁接和改革创新、土法上马的办学理念

船政学堂引进西方先进的教育模式，是对传统教育的重大突破，是非常之举。他在办学体制、专业取向、课程设计、招生要求、教学模式等方面都突破了封建传统教育模式。在办学体制方面，完全采用近代西方的教育模式；在专业取向方面，瞄准造船、驾驶人才的培养目标；在课程设计方面，也都采用西方的课程模式；在招生要求方面，放宽要求，招生对象不分汉、满等民族，无论举贡生员、官绅士庶出身，均可报考。其教学模式根据洋监督的要求，采用高位嫁接的办法，直取西方先进的教学模式，按英法的训练方法进行培养。同时也不拘泥教条，而是大胆改革创新，根

据中国的国情土法上马，组织办学，因而能培养出合格的、符合国家需要的人才。

（四）厂校一体化和工学紧密结合的办学形式

船政衙门同时创办船厂与学堂，但既不是厂办学校，也不是校办工厂，更不是厂校联合或合作；而是规划统筹加上难解难分。这种厂校一体化的办学体制，有明显的优点：一是更能体现教育与生产劳动的紧密结合。教师是"双师型"的，既是老师，又是工程师；既能上堂课，又能上厂课。而学生既是学员，又是学徒；既学习，又参加劳动，承担生产任务。绘画学堂的画童既是学生，又是绘图员。艺徒学堂、匠首学堂的艺徒是半工半读，既是学员，又是学徒，带有明显的"双元制"特点。二是更能体现理论与实践的紧密结合。由于厂校合一，实践性教学和实习、实训有充分的保障。由于现场教学形象直观，学生易学易懂，学用紧密结合，教出来的学生动手能力强。三是洋监督既管学堂的教学，又管工厂的生产，便于统筹兼顾，协调管理。所以，在这种模式的教育下，前学堂的学生毕业，都具备独立制作、管理车间、指挥施工等能力；后学堂的学生毕业，都能胜任管驾、管轮、大副等职。

（五）熔普教、职教、成教于一炉和高中低结合的办学体系

船政学堂在办学过程中形成了灵活配套、形式多样的办学体系。按现在的说法，是熔普教、职教、成教于一炉，高级、中级、低级相结合。前后学堂从专业设置、课程组织、教学水平和留学状况看，可以说船政学堂实行的是普通高等教育，但从重视实践和动手能力与学生毕业后的技术水平看，也可以归入高等职业技术教育。绘画学堂从培养目标和课程设置看，实行的是中等职业技术教育。学徒学堂和匠首学堂，培养技工和监工，重点是对造船厂的工人，实行半工半读的技工教育。这更多的是一种针对成人的非全日制教育。船政的系列学校还承担了许多在职培训任务。

（六）科技与人文结合、培养爱国情操的教育形式

船政学堂引进西学，学习现代的科技知识，但也不忘把它与人文精神

结合起来，认真培养学生的爱国情操。船政学生在甲戌巡台、甲申马江海战、甲午黄海海战中都表现出强烈的爱国情怀和大无畏的英雄气概。有几点是值得认真总结的。1. 创办船政本身就是为了师夷以制夷的。创办者、组织者有着强烈的爱国心，他们为了师夷御侮，奋发图强，有着强烈的事业心和责任感。左宗棠认为"欲防海之害而收其利，非整理水师不可，欲整理水师，非设局监造轮船不可。"① 沈葆桢以联句表达心境，他说"且漫道见所未见，闻所未闻，即此是格致关头，认真下手处"，"见小利则不成，去苟且自便之私，乃臻神妙；取诸人以为善，体宵旰勤求之意，敢惮艰难"。他们身先士卒，勤政清廉，民族气节凛然，其人格力量的魅力，无时无刻不在感染着学生。2. 船政的学生们是带着强烈的使命感来学习的。当时对留学生的评价可见一斑。评论说"该生徒等深知自强之计，舍此无他可求，各怀奋发有为，期于穷求洋人奥秘，冀备国家将来驱策"。② 在马江海战中，"福星"号着火，管带陈英毫无惧色，说"男儿食禄，当以死报，今日之时，有进无退"，带头跳入火海。甲午海战中，"致远"管带邓世昌开足马力冲撞日舰"吉野"，中雷舰沉时，"犹直立水中，奋掷詈敌"。一大批英烈都成为一代楷模。3. 船政文化的熏陶和校园文化的培育，使学生们一进校门就沉浸在爱国主义的潜移默化之中。船政历史的激励作用和船政人物的榜样作用非常明显的。先贤先烈们的人格力量无时无刻不在激励着学生们的爱国主义热情。缅怀先烈，爱国自强，成为风气。

（七）人才为本、精益求精、因材施教的教学理念

创办洋务，人才奇缺。船政根本在学堂，在培养国家急需的人才。因此一开始就有明确的人才战略。左宗棠推荐沈葆桢总理船政的本身就是以人才为本的举措。沈葆桢是林则徐的女婿，时任江西巡抚回籍丁忧，左宗棠认为他"在官在籍，久负清望，为中外所仰，其虑事详审精密"③。聘请

---

① 左宗棠：《试造轮船先陈大概情形折》，《船政奏议全编》（一），国家图书馆出版社，2011，第 8 页。
② 中国史学会：《洋务运动》丛刊第 5 册，上海人民出版社，1961，第 199 页。
③ 左宗棠：《派重臣总理船政折》，《船政奏议全编》（一），国家图书馆出版社，2011，第 27 页。

日意格、德克碑担任学堂正、副监督也是不拘一格重用人才之举。而且待遇优厚，日意格每月薪饷1000两，比沈葆桢多了400两。船政初创时期，聘用洋教习51人。洋教习每月薪饷200两以上，比本国教习高出10倍以上。洋教习们聘期届满，还拨出一笔巨款六万两作为对他们认真教学的酬谢。另给日意格谢仪一万两千两，因为他"始终是事，经营调度，极费苦心，力任其难，厥功最伟"，清政府还授给他"提督衔"，加封"一品衔"并赏穿黄马褂种种特殊赏赐。有人说，这是"高价向国外购买科学技术"，正好说明这是船政学堂尊重人才、厚待人才、大胆引进的一大特色。

其次是精益求精、密益求密。船政学堂的学生学习很刻苦，他们克服了外语教材、外语授课、与老师用外语交流等困难，取得了好成绩。日意格高度评价这批学生，他说"他们靠着观察各种计时器及各种计算机，能够把一只轮船驶到地球上任何角落"。船政学生（除从香港等招来的少数学生外）没有一点外文基础，却能听外教讲课，看外国教材。

再次是因材施教。按入学文化程度分班教学，学习好的单独编办，优秀的可以越级插班。从1868年（同治七年）至1873年（同治十二年），各专业班先后按程度重新划分过，教学内容和要求各有侧重，较好解决了因材施教问题。同治六年（1867年），从香港英国学堂招收张成等10名粤童入学，因有一定的英语基础，则单独编班上课，称为"外学堂"。

（八）针对性和实用性强的专业设置与课程体系

船政学堂的培养目标是"通船主之学，堪任驾驶"，实际上就是培养能自造舰船、船用机械设备的工程技术人才，以及能独自近海和远洋航行的船舶驾驶人员。造船学堂设造船和造机两个专业，培养造船工程师和造机工程师。驾驶学堂设航海驾驶专业，培养具有近海和远洋航行理论知识的舰（船）长、大副（也称帮带、副管驾或帮带大副）及舰（船）指挥官，分别称驾驶（二副），枪炮大副（枪炮官）、鱼雷大副（鱼雷官）等。管轮学堂设航海管轮专业，培养舰船轮机管理专业人才，包括总管轮（轮机长）、大管轮、二管轮等。电报学堂设电报专业，培养电报技术人员。绘图学堂（绘事院）设船体测绘专业和机器测绘专业，培养船体测绘和机器测绘技术人才。艺徒学堂和匠首学堂设船身、船机、木匠、铁匠4个专业,培养船身、船机、木匠、铁匠等造船技术工人和高级技工(匠首或技师),优秀者可任监工(工程师)。课程体系实用合理。前后学堂各专业教学计划分为堂课(理论课)、舰课或厂课(实践课)。堂课又分为内课、外课和中文三部分,其中以内课为重点,内课包含文化课、专业基础课和专业课。

(九)权操诸我的学生管理模式

同治五年十一月初五日(1866年12月11日)左宗棠上奏《详议创设船政章程折》,提出的船政章程就明确"艺局内宜拣派明干正绅,常川住局稽察师徒勤惰,亦便剽学艺事以扩见闻"。在聘雇外国工程技术人员和教师合同中,明确规定外籍人员对学生只有教学之责,无管理之权,不得干预船政事务,将学堂置于船政大臣和船政提调的管理之下,保证权操诸我。外籍教师在教学时间与学生在一起外,其他时间相互隔开,有单独的洋楼和生活空间。学生被划定在狭小的活动范围内,受到严格纪律约束,与外籍教师不能相互交流思想或谈论政治问题。对避免学生西化,起到了一定作用。

(十)引进外教、外文教学与留学深造的培养模式

请进来,走出去,是船政学堂的人才培养战略。引进洋教习,使用洋教材,是为了更好地学习西方的科技知识。为进一步培养工程技术人才,船政学堂采取了让学生出国留学,深造提高的继续教育措施。沈葆桢认为洋人来华教习未必是"上上之技","以中国已成之技求外国益精之学"必然事半功倍。因此选取学生赴法国深究其造船之方,及其推陈出新之理;赴英国深究其驶船之方,及其练兵制胜之理。正是这种指导思想为学生的深造提供了良好的条件。于是,船政学堂建立了留学制度,由日意格制订留学章程和教学计划,确定学制3年,其中有一年见习,有四个月到各地参观。由华洋两监督共同管理。各专业学生除个别外都按对口专业到有关高校学习。他们分赴法、英、德、美、比、西、日等国留学。学习的专业主要有造船、航海、飞机、潜艇、枪炮、鱼雷、矿冶、机械、无线电、天文等。学成回国,成为我国科技力量的主要骨干。

二 船政教育模式的特点

(一) 从教育目的上看属于精英教育模式

教育目的有精英教育与大众教育之分,当时的船政教育不可能面向大众,只能是运用国家的财力培养急需的人才。船政学堂的培养目标是"通船主之学,堪任驾驶",就是培养能自造舰船、船用机械设备的工程技术人才,以及能独自近海和远洋航行的船舶驾驶人员。这在当时是非常稀缺的人才,培养出来要承担国家的重任。左宗棠上奏的《详议创设船政章程折》中就说:"此项学成制造、驾驶之人,为将来水师将材所自出,拟请凡学成船主及能按图监造者,准授水师官职,如系文职、文生入局学习者,仍准保举文职官阶,用之本营,以昭奖劝"①。清廷批准左宗棠所奏的艺局章程规定:"各子弟学成后,准以水师员弁擢用。惟学习监工、船主等事,非资性颖敏人不能。"从培养目标、就业安排、要求天赋"资性颖敏"以及从培养效果看,船政教育显然是精英教育。

(二) 从教育功能上看属于传承教育模式

教育功能有传承教育与创新教育之分,当时的船政教育采用西方教育模式,开始时根本谈不上创新,是拿来主义。随着学习的深入,中国学生的才华逐步显现。1875 年开工建造的十七号"艺新"轮船,就是由第一届毕业生吴德章、汪乔年等设计监造的。光绪二年四月初十日(1876 年 4 月 27 日)船政大臣丁日昌在《第十七号"艺新"轮船下水片》中就说"臣查闽厂自经始迄今共成一十七艘,'海镜'以下等船虽系工匠放手自造,皆仿西人成式,唯艺童吴德章等独出心裁,克著成效,实中华发轫之始,该艺童等果能勇猛用功精进,当未可量"②。所谓独出心裁就是创新。这是中华发轫之始,此后,船政建造的船舶大多数由毕业留校学生自行设计监

---

① 左宗棠:《详议创设船政章程折》,《船政奏议全编》(一),国家图书馆出版社,2011,第 62 页。
② 丁日昌:《第十七号"艺新"轮船下水片》,《船政奏议全编》(一),国家图书馆出版社,2011,第 291 页。

造，据统计，自己设计监造的舰船共有18艘之多。随着赴欧留学回来和自己培养的人才增多，发明创造的内容更多，但整体上看，船政教育模式还属于传承教育模式。船政学堂规定学生课余时间阅读"圣谕广训"、"孝经"，兼习策论，以明义理。坚持"师者，所以传道授业解惑也"的古训。虽然学的是西学，但封建色彩还较浓，强调的还是传承教育。

（三）从教育内容上看属于生活准备模式

联合国科教文组织在《国际教育标准分类》中，把中等和中等以上的教育分为两大类，一类是以接受更高级的教育做准备的，称为学术准备模式；一类是为毕业后立刻工作做准备的，称为生活准备模式。按这种分类，船政学堂既有留学深造的学术准备模式，又有毕业后立刻到福建水师和留校服务的模式。但从培养目标看，"学成制造、驾驶之人，为将来水师将材所自出"，就是留学的学生学成归国也是到水师和学堂服务。显然属于生活准备模式。

（四）从教育组织上看属于弹性教育模式

教育组织有刚性教育与弹性教育的区别。船政学堂引进西方教育模式，又根据中国的实际进行取舍，其教育模式不管与西方教育模式比较，还是与中国传统的封建教育模式比较，都是富有弹性的。与西方教育模式比较，船政学堂虽然引进的是西方先进的教育模式，但实行的是为我所用的办学原则。它根据当时的实际情况独立自主、土法上马，在行政管理和学生管理方面采取"权操诸我"的方针。就是在教学方面，由洋监督全权负责，但也根据学堂的具体情况进行教学。因此弹性是很大的。与中国传统的封建教育模式比较，弹性就更大。船政学堂引进西方教育模式，与传统的科举制度和师塾教育完全是两回事。

（五）从教育主体上看属于师本教育模式

教育主体有师本教育与生本教育的区别。船政学堂是军事性质的学校，学堂的规制均按衙门的规矩去办，按军事化管理，其内部等级森严，管理严格，学规整肃，艺童艺徒们只能惟命是从，不可能有生本教育的模式。虽然引进洋教习，但仍奉行师道尊严的古训，在日常教育中，严格规定学堂管理委员、稽查、训导人员长期住校，对艺童艺徒们实行昼夜严格管理和思想控制，以规范学生言行。在教学上采用导师制，洋教习在理论课教学中采用传统的注入式教学。学堂教材采用法国和英国版本，用外语教学，艺童艺徒多数靠死记硬背。船政学堂实行的还是师本教育模式。

（六）从教育方法上看是文本教育与实践教育相结合的模式

船政学堂厂校合一，监督既管学堂，又管工厂；教习既是教师，又是工程师；学生既学习，又参加劳动，还承担生产任务。教育与生产劳动的结合紧密，专业实践量大。而且每门实习课每天要进行数小时的体力劳动。堂课过程中也安排大量的现场教学。练船学堂更为突出，纯粹是实践课学习，用二年和更多的时间来学习"一个船长所必须具备的理论与实际知识"的航海术以及海战、射击术和指挥。由于船政学堂的堂课和实践教学的比重都相当大，所以我把它归为文本教育与实践教育相结合的模式。

三　船政教育模式的意义深远

办船政是清廷的创举。面对"三千年未有之大变局"（李鸿章语），船政教育模式的成功，其政治影响是非常深远的。

其一，它是思想观念大变革的产物。"师夷制夷"的爱国自强意识、"穷则变，变则通"的变革思想、"东南大利在水而不在陆"的海权意识、"船政根本在于学堂"的人才观、"引进西学，为我所用"和"求是、求实、求精"的教育观、"窥其精微之奥"的留学观等，都是前所未有的思想变革，它让世人为之惊叹，为之振奋。李鸿章说它是"开山之祖"[①]，清史稿也称赞船政学堂成就之人才，"实为中国海军人才之嚆矢"。[②] 1881 年，英国军官寿尔参观船政后也感到震惊，他说："我们记得，五十年前，中国是完全和西方的国家隔绝的，仿佛它是属于另外一个

---

① 张侠等：《清末海军史科》下，海洋出版社，1982，第605页。
② 《清史稿·学校》，中华书局，1977，第3123页。

行星。因此，当我们看到，由于与外国的世界接触的结果，它的一部分高级官员的思想与思维的习惯已发生了令人惊羡的革命，我们不能不觉到骇愕。"①

其二，它是中国近代化先驱性的创举。船政吹响了中国从传统农业文明向工业文明进军的号角。它进行了一系列的革新开放实验，许多都是开风气之先的。一边造船制炮，一边培养造舰驾驶人才，这本身就是破天荒的创举。在造船方面，它开创了近代的造船工业，使之成为当时在中国乃至远东规模最大、设备最为齐全、影响最为深远的船舶工业基地，从1868年开始制造"万年清"号，到1907年止，共造船40艘，总吨位57550吨，占全国总产量的82%。造船技术也不断更新，从木壳船到铁胁船，又到铁甲船。造船工业是当时科技水平的综合体现，它的建造带动了上下游工业和科技的发展，也造就了一大批科技人才和产业工人，成为中国近代化的发祥地和科技的摇篮。

其三，它培养了向西方追求真理的先行者。在中西文化交流的舞台上，历史给船政学子提供了极好的机遇。引进西学，特别是赴欧留学使他们处于中西文化交流的风口浪尖上，也造就了他们的才干，使他们能够站在更高的层面上来审视中国，寻找救国良方。最典型的代表就是严复。他是船政精英的杰出代表。他透视西学，提出了西方国家"以自由为体，民主为用"的精辟论断；抨击时局，破天荒的揭露专制君主是窃国大盗；传播西方进化论、社会学理论经济学理论等，影响了几代人；提出了强国富民的救国方略，鼓吹"开民智"、"鼓民力"、"新民德"，成为中国近代最杰出的启蒙思想家。在这一点上，英国军官寿尔高度评价船政的留学，他说："这事（指船政学生留洋）已经办了，我们不久就要看到结果，因为一个巨大的变化已在目前，当这些青年带着旷达的眼光和丰富的西方学问回到中国时，一掬酵母将在中国广大的群众之中发生作用，这对于整个人类将不能没有影响。"②

其四，它坚持了独立自主的办学原则。这在沦为半殖民地半封建社会的晚清时期，能在引进西方教育模式的同时坚持权操诸我，把大权牢牢地

---

① 寿尔：《田凫号航行记》，《洋务运动》丛刊第8册，上海人民出版社，1961，第375页。
② 寿尔：《田凫号航行记》，《洋务运动》丛刊第8册，上海人民出版社，1961，第425页。

掌握在中国人手里,尤为难能可贵。

四 船政教育模式的军事意义

首先,它是维护海权的实践者、先行者。林则徐是开眼看世界的第一人,鸦片战争后已充分认识到制海的重要。魏源也进一步阐述了林则徐"师夷制夷"的主张。但真正实践者是左宗棠。他充分认识到"东南大利,在水而不在陆",积极创办船政,选址马尾,聘用洋监督,签订合约,厂学并举,成为实践海权思想的先行者。沈葆桢也一再强调"船政为海防第一关键","船政为海防水师根本"。船政设立本身就是维护海权的体现。造船制炮、整顿水师、培养人才都围绕着海权上做文章。可以说"船政就是谋海权之政",而且取得了世人公认的成就。1875年,沈葆桢、李鸿章等人倡议,经总理衙门核准,每年调拨关税和厘金400万两作为经费,计划在10年内建成南洋、北洋、粤洋三支水师。1884年三洋海军初具规模。中法海战后,清廷决心重整水师。为此在1885年设立海军衙门,统理海军、海防事宜,从而推进了海军建设与国防的近代化。在此期间,船政学堂的组织者和师生们都发挥了重要的作用。中日战争之后,英国专栏作家干得利(R. S. Gundry)撰写了《中国的今昔》一书,就充分肯定船政在海防建设上的先驱作用,说"这就是中国海军的发端"。

其次,它是中国近代海军的发祥地。19世纪50~60年代,世界海军的发展正由风帆轮机木质前装滑膛炮战舰向风帆轮机装甲后装线膛炮战舰过渡,左宗棠酝酿提出建立船政创办近代海军,恰逢其会,刚好契入世界海军发展的这个历史性的转折点。当时的起点应该是高的,加上沈葆桢的卓越运筹,在短短的八年时间里就建起中国第一支海军舰队,初步达到整顿水师的目的。船政学堂培养了许许多多的海军军官和军事技术人才,占中国近代海军同类人员的60%,晚清和民国时期的多数海军高级将领,如叶祖珪、萨镇冰、程璧光、黄钟瑛、刘冠雄等,都是船政的毕业生。还有中法马江海战英烈吕翰、许寿山,中日甲午海战英烈邓世昌、林永升等一大批具有爱国魂的杰出英才。船政被誉为"中国海防设军之始,亦即海军铸才之基",其影响是十分深远的。孙中山先生也盛赞船政"足为海军根基"。

再次，在抵御外侮中发挥了主力军的重要作用。1874年2月，日本政府以"牡丹社事件"为借口，公然无视中国主权，率兵"征台"。沈葆桢率领船政自造兵舰为主的舰队开赴台湾，遏制了日本的侵略野心。在中法马江海战中，船政学堂培养的水师官兵奋起抵抗，视死如归，表现出强烈的爱国主义精神和大无畏的英雄气概。马江海战虽然失败，但与前两次鸦片战争比较，已改变了以往侵略者的疯狂气焰。马江海战后，法军被阻于浙江石浦，无力北上，这种重大变化，也反映了船政对建立近代海军以御外侮的历史作用。在中日甲午海战中英勇抗敌的主力也是来自船政。北洋水师的右翼总兵是刘步蟾，左翼总兵是林泰曾。定远、镇远、致远、靖远、济远等15艘战舰的管带均是船政学生，其他副管带、帮带大副、总管轮等也大多是船政学堂毕业生担任。甲午黄海之战时，我方的十艘战舰参战，其中九艘战舰的管带均是船政学堂的毕业生，而且有八位是驾驶一届的同班同学。

五 船政教育模式的经济意义

一是为近代工业的发展提供智力支持。船舶工业是近代工业的重要标志。在造船方面，船政教育模式的收效明显。船政学堂办了五年之后，制造专业的学生，已有独立制作、管理车间、指挥施工等能力。1875年开工建造的十七号"艺新"轮船，就是由第一届毕业生吴德章、汪乔年等设计监造的。这是中华发轫之始，此后，船政建造的船舶大多数由毕业留校学生自行设计监造，据统计，自己设计监造的舰船共有18艘之多。船政毕业生还到其他船厂或机器局任要职，推动当地的造船业和机器制造业的发展。在矿业开采冶炼方面，船政学子同样发挥了重要的作用。船政首届留学生林庆升、池贞铨、林日章、杨济成、罗臻禄、张金生、游学诗等人都是矿务专家。铁路建设也是近代化的重要标志。在这方面，船政毕业生到铁路部门任职后，也发挥了重要作用。1907年后，郑清濂、魏瀚、丁平澜、陈寿彭、郑守钦、李大受、卢守孟、曾毓隽、关赓麟等船政毕业生先后到邮传部差遣。在铁路建设上建奇功的首推郑清濂和詹天佑。郑清濂于1907年任汴（开封）洛（阳）铁路总办，翌年改任京汉铁路总监督。詹天佑于1905年被委任为京张铁路会办兼总工程师，次年升任总办。提前两年于1909年全线通车，创我国铁路史上奇绩。在电信事业方面，台湾于1877年敷设电线时，船政前学堂制造专业毕业生苏汝约、陈平国"专习其事"。1887年，船政电报学堂毕业生使用自己的"飞策"号船进行海底铺设的第一条海底电缆——川石岛淡水的海底电缆铺设成功。

二是为近代科技的发展奠定了人才基础。从船政学堂同治五年（1866年）开办至宣统三年（1911年）底，前后办学45年，有文字记载的毕业生数超过1357人，已查明的毕业生共计650人。这些学生在科技战线上都发挥了重要的作用。船政学堂还选送出国留学生四批及零星派出共111人。他们分赴法、英、德、美、比、西、日等国。学习的专业主要有造船、航海、飞机、潜艇、枪炮、鱼雷、矿冶、机械、无线电、天文等。学成回国，成为我国科技力量的主要骨干，而且影响深远。至今，福州的科技人才仍然是一道亮丽的景观，仅中科院院士就达40多名。船政学堂建立了与工业化和海军建设相适应的教育模式，培养了大量科技人才，成为中国近代科技队伍的摇篮，为近代科技的发展奠定了人才基础。

六　船政教育模式的教育工作意义

第一，创立了近代教育模式，成为各地纷纷效仿的样板。船政学堂引进西方教育模式，创立了与传统教育完全不同的教育制度。它的办学成功，使洋务运动的领袖们看到了希望，纷纷在各地办起了新式学校，也都纷纷以船政学堂为重要蓝本。天津水师学堂创办时，李鸿章就说："略仿闽前后学堂规式。"张之洞于1887年创办的广东水陆师学堂时也说"其规制、课程略仿津、闽成法。"其他学校，如昆明湖水师学堂、威海水师学堂、江南水师学堂实际上也是参照船政学堂的模式。这些新式学校在创办过程中，还聘请船政学堂的员绅、师生来担任要职。1880年，天津水师学堂设立，李鸿章先调曾任船政大臣的吴赞诚筹办，后派久任船政提调的吴仲翔为总办，聘船政留学生严复为总教习（后任会办、总办）。船政首届留学生萨镇冰亦在此任教。1887年，广东水师学堂成立，吴仲翔又赴任总办。1890年设立江南水师学堂，调蒋超英为总教习。1903年设立烟台海军学堂，调谢葆璋（谢冰心之父）为监督。1904年设立广东水师鱼雷学堂，魏瀚为总办。1904年设立南洋水师学堂,叶祖珪为督办。船政学堂为各地办学提供了榜样,输送了人才,被誉为"开山之祖。"

第二,走出了近代教育的新路子,成为中国近代教育的滥觞。船政学堂引进西方教育模式,先后设立八所学堂,设有造船、造机、驾驶、管轮、电报、测绘等专业。各个专业都有比较完整的教学课程体系。它打破了封建教育的传统模式,开创了近代教育的先河,为中国近代教育体系的形成奠定了坚实的基础。此后,继之而起的其他学校都直接或间接地采取船政教育模式,从而直接推动中国政府逐步建立起适应社会潮流发展的近代教育制度。

第三,建立了近代留学制度,促进了中国青年对西方文明的了解。上一章我们已将船政留学与幼童留美作了比较。幼童留美虽在先,但不成功。而船政学堂派遣留学生却对当时社会产生了巨大影响。从中西文化交流的实质性成效看,从高等学府选派和建立留学生教育制度看,真正建立起中国留学生教育制度的基本模式并沿袭下来的是船政学堂。李鸿章曾把船政学堂的培养模式归纳为"入堂、上船、出洋"六个字[①]。把"出洋"即出国留学作为培养人才的重要组成部分,这对于封闭的、科学技术大大落后于发达国家的中国来说,是很有远见的。正是由于建立了留学制度,促成了一批又一批的青年到国外去,使出国留学的青年开阔了眼界,增长了知识,改变了思维,学到了先进的科学技术和管理知识,为加快中国的近代化进程贡献了力量。也正因为有了出国留学,使他们感受到中西方文化的异同。通过对比,了解到差距,促使他们去追求真理,探寻救国良方。纵观近代的风云人物,他们中的许多人是有留学背景的。

第四,船政办学经验至今仍然有借鉴意义。引进西方先进的教育模式为我所用的办学原则,以契约形式合作和独立自主的组织原则,突破传统、高位嫁接和改革创新、土法上马的办学理念,厂校一体化和工学紧密结合的办学形式,熔普教、职教、成教于一炉和高中低结合的办学体系,科技与人文结合、培养爱国情操的教育形式,人才为本、精益求精、因材施教的教学理念,针对性和实用性强的专业设置与课程体系,权操诸我的

---

① 李鸿章:《请设海部兼筹海军》,《李文忠公全书》译署函稿第15卷,第30页。

学生管理模式，引进外教、外文教学与留学深造的培养模式等，都有许多可借鉴的地方。而根本在船政的海权意识，根本在学堂的人才战略，它的勇为天下先的开拓精神，德育为先、能力为重的育人思想，工学结合、学以致用的教学理念，求是、求实、求精的科学精神，引进消化的开放改革原则，权操诸我的独立自主原则都是值得弘扬的。船政学堂的办学理念和教育模式是一笔宝贵的精神财富和文化遗产，值得我们继续发掘整理和认真研究，值得我们进一步继承和发扬光大。

从船政学堂看人才培养[*]

赵启正先生在《船政学堂》的序中说：说起严复、詹天佑、邓世昌，大家都耳熟能详；但说起他们的母校，可能有很多人不甚明了。说起北京大学、清华大学，大家都会翘起拇指——他们确是中国一流的高等学府；但第一个真正符合近代教育制度的高等学校是哪一个呢？

我们可以从船政学堂中找到答案。

船政学堂是洋务运动的产物。洋务派代表人物左宗棠深受林则徐、魏源的影响，决心实践"师夷制夷"，设局造船。1866年6月25日（同治五年五月十三日）左宗棠上奏清廷《试造轮船先陈大概情形折》。7月14日上谕批准。12月完成征地二百亩（后扩大到600亩），23日开工建设。求是堂艺局同时开局招生。中国第一所新式教育的学堂——求是堂艺局诞生。

1862年创办的京师同文馆，是一所培养通译人员的外国语学校。开办时按原先的俄罗斯文馆旧例办理。而俄罗斯文馆建于乾隆年间，它的前身还可追溯到明代的"四夷馆"（后改称"四译馆"）。这类学校，早已有之，并不是一件创举。京师同文馆不具备近代高等教育的基本特征。依然是旧式的书院，只不过增加了外国语课程，程度也只相当于小学。直到1867年，京师同文馆增设天文算术馆才可以说具有近代高等教育的某些特征。京师同文馆的天文算学馆也不是中国近代第一所高等学校，无论从创办时间、分科设置专业以及专业课程体系，都应让位于福建船政学堂。

天津中西学堂（天津大学的前身），创办于1895年。京师大学堂（北京大学的前身），创办于1898年。船政学堂创办于1866年，早其29年和32年。不言而喻是最早的一家。

---

[*] 本文系2010年4月在福州大学所作的世界读书日讲座讲稿。该文收入《船政文化研究》（第3辑）。

问题是船政学堂是不是高等学府？换句话：船政学堂是怎样培养人才的？为什么能培养出一批近代精英？

从培养目标看，船政学堂的培养目标：深明制造之法，并通船主之学，堪任驾驶（培养能自造舰船、船用机械设备的工程技术人才，以及能独自近海和远洋航行的船舶驾驶人员，海军军事人才）；国家紧缺的高级人才（良工良将）。属于精英教育。

从学堂设置看，船政学堂针对性强。船政学堂共设有八所学堂：法文类有造船学堂、绘画学堂、艺徒学堂、匠首学堂，也就是前学堂、绘事院、艺圃；英文类有驾驶学堂、管轮学堂、练船学堂、电报学堂。

办学体制很独特：①工学紧密结合的厂校合一体制；②灵活配套、形式多样的办学体系；③与留学深造相结合的培养模式。船政是厂校一体，既不是厂办学校，也不是校办工厂，也不是厂校联合或合作；而是规划统筹，难解难分。这种厂校一体化的办学体制，有明显的优点：一是更能体现教育与生产劳动的紧密结合。教师既是老师，又是工程师；既能上堂课，又能上厂课。而学生既是学员，又是学徒；既学习，又参加劳动，承担生产任务。二是更能体现理论与实践的紧密结合。由于厂校合一，实践性教学和实习、实训有充分的保障。由于现场教学形象直观，学生易学易懂，学用紧密结合，教出来的学生动手能力强。三是便于统筹兼顾，协调管理。

从办学体系看，灵活配套、形式多样。按现在的说法，是熔普教、职教、成教于一炉，高级、中级、低级相结合。前后学堂从专业设置、课程组织、教学水平和留学状况看，可以说船政学堂实行的是普通高等教育，但从重视实践和动手能力与学生毕业后的技术水平看，也可以归入高等职业技术教育范畴。绘事院（绘画学堂）从培养目标和课程设置看，实行的是中等职业技术教育。艺圃（学徒学堂和匠首学堂）培养技工和监工，重点是对船厂工人实行半工半读的技工教育。这更多的是一种针对成人的非全日制教育。船政的系列学校还承担了许多在职培训任务。

学堂的管理体制是高效的。它配备高规格、强有力的领导班子，是钦定的领导班子，船政大臣是正一品，知府、知县只能当局员、委员，其规模之大，规格之高，前所未有。

实行的是中西结合的管理制度（契约形式与等级制度相结合），采用纳入衙门官僚管理体系的赐衔制度，通过清廷授权明确船政大臣和洋监督的管理权限，建立论功行赏的褒奖制度。

管理办法是分工分权，教学、训导、行政分开，中、外管理分开。实行洋监督与导师责任制，洋监督包教包会，责任到人。

同时有效的经费投入，明确船政经费在闽海关税内酌量提用，学堂经费列入船政衙门预算。

从教育内容看，其设置专业符合近代高等教育分系科、分专业培训专门人才的特点；课程体系的各个专业，都有其较完整的课程体系和教学计划，包括公共课、专业基础课、专业课和实习实训，基本配套。师资水平是一流人才。前后四次共聘用洋教习、洋匠107人，都是英法的工程师、技师、海军技术军官，有皇家海军学院等毕业文凭，经有关部门或著名人士推荐，双方外交部门认可确定的，条件是人品端正、学问俱足、才具开展、堪任教职。学制时间很长，最长8年4个月，每年355天（相当1.8学年，8年4个月相当于15年）；

学堂引入近代教育的教学模式，培养目标明确：造船学堂设造船和造机两个专业，培养造船工程师和造机工程师；驾驶学堂设航海驾驶专业，培养具有近海和远洋航行理论知识的驾驶人才；管轮学堂设航海管轮专业，培养舰船轮机管理专业人才；练船学堂设实际航海专业，培养具有近海和远洋实际航行能力的驾驶人才；电报学堂设电报专业，培养电报技术人员；绘图学堂（绘事院）设船体测绘和机器测绘专业，培养测绘技术人才；艺徒学堂（艺圃）设船身、船机、木匠、铁匠4个专业，培养技术工人；匠首学堂设船身、船机、木匠、铁匠4个专业，培养技术监工。

课程设置，前后学堂各专业教学计划分为堂课（理论课）、舰课或厂课（实践课）。堂课又分为内课、外课（军训、体育等）和中文三部分，其中以内课为重点，内课包含外语课、专业基础课和专业课。

教学计划既严肃又灵活；教材以引进为主，部分自编；高度重视实习与实训；学籍管理不完善但很严格。实践性教学很突出，实验课程国内首创，当时就建有物理、化学、气学、电学等一系列实验室。是高投入的，实习设施以厂为依托，还有昂贵的练船设施如，"福星"、"建威"、"扬武"、"平远"、"靖远"、"通济"、"元凯"等七艘舰船都先后作为练船。厂课实习与跟班劳动结合，航行实训严定课程，稽核日记，十分严格。学业考核有平时考核、毕业考试、练船考核、厂课考核等。

学堂对学生实行权操诸我的训导模式，有整肃的日常管理。学生入学从船政衙门开印日（正月初四日）开始，到封印日（农历十二月二十四日）回家，即春节放假10天外，均要上学。

学生统一作息时间。学生免费食宿，患病的医药费用，均由学堂发给。学生每月给银四两，俾赡其家，以昭体恤。艺局内宜拣派明干正绅，常川住局。

船政学堂实际上是一所军事院校。日意格称其为"兵工厂"，英国外交部称其为"水师学院"。

船政学堂的军事管理主要体现在军事教育与训练，以及军队供给制方面，军事训练以后学堂为主。学生堂课毕业后派往福建水师实习舰课，接受军事教育与作战训练。

船政学堂的另一个特色是与留学深造相结合。它开创了中国近代学生留学教育的先河，奠定了中国留学生的留学方式和基本制度。1872年派遣幼童留美，是中国政府正式派遣的第一批留学生。但幼童留美，实际上并不成功。

幼童留美，学制15年，时间长，成效慢；船政留学生是成年人，任务是深造，时间短，见效快。留美幼童出国留学计划欠周密，学习目标不明确；船政学堂留学计划周密，学习目标明确，针对性强。留美幼童学习差距大，监督不善，问题较多，提前撤回；船政留学管理严格，学习期满通过最后考试，学成回国。留美幼童可塑性强，模仿西方生活方式引起清廷的不安；船政留学生"深知自强之针"，富有爱国心和强烈的使命感，都能刻苦学习。

船政学堂毕业自光绪元年（1875年）遣赴欧洲游历起，至民国五年（1916年）最后2名学生学成回国止，在41年间，陆续派遣出国留学生计111名，其中有多人留学2个国家以上。

这些学生的培养效果如何？从教育效果看，毕业生水准相当高，毕业后可当舰长、大副、轮机长、大管轮、工程师、翻译。1873年，沈葆桢破格提拔吕翰和张成分任舰船管带。随后又委派驾驶1届10多人在福建水师中任驾驶官。同年，管轮1届也有14人被派往福建水师各舰船任管事。从留学情况看，都可信任，都跟得上；从实际发挥的作用看，在近代教育史上是空前的。船政学堂毕业生从1866年至1911年前后办学45年，有文字记载的毕业生数超过1357人，已查明的毕业生共计650人，其中：制造学堂毕业生167名；绘画学堂第1届22名，第二届以后毕业生人数不详；艺徒学堂第1届87人，第2届起毕业人数不详（估计500人以上）；驾驶学堂，毕业生245名；管轮学堂，毕业生129名；电报学堂，毕业生6名。

1873~1889年驾驶第1届毕业生任舰长名单

吕　翰	长胜、飞云、威云、福胜与建胜
李　田	长胜、振威、威靖
张　成	海东云、龙骧、靖远、扬武
林国祥	琛航、伏波、济安、广乙
邓世昌	琛航、扬武、扬威、致远
叶　富	海东云、超武
黎家本	长胜
郑溥泉	建胜、万年清
梁梓芳	飞云、扬武
陈毓淞	建胜
沈有恒	振武
许寿山	艺新、振威
刘步蟾	镇东、定远
林泰曾	镇西、超勇、镇远
蒋超英	镇南、澄庆
林永升	镇中、经远
李　和	平远
叶祖珪	镇边、靖远
方伯谦	扬武、镇西、镇北、济远
邱宝仁	虎威、来远
何心川	开济
林承谟	艺新、龙威（平远）
黄建勋	超勇
叶伯鋆	登瀛洲

留学成就也很明显，习英学者可期为良将，习法学者可望为良工。

魏瀚，留学英、法、德、比四国，或法学博士，精通造船、枪炮、铁甲制造诸法，任工程处总工程师，总司造船。陈兆翱留学英、法、德、比四国，精通制机诸法，任工程处总工程师，总司造机。郑清濂留学英、法、德、比四国，精熟造船和制造枪炮，在德国监造北洋水师主力舰"镇远"、"定远"两艘铁甲舰，任工程处总工程师，总司快船和铁甲制造。吴德章、杨廉臣、李寿田，在英、法、比三国留学，精通快船、铁甲和轮机制造，分任工程处造船、制机总工程师。英国格林尼次官学（即格林威次海军学院）。

留学生在思想文化、外交与法律等领域，卓有成就。严复是个典型，他突破了"中学西用"的框框，引进了触动"中学"的"西政"观念；透视西学，提出了西方国家"以自由为体，民主为用"的精辟论断；抨击时局，破天荒地揭露专制君主是窃国大盗；传播西方进化论、社会学理论、经济学理论等，影响了梁启超、康有为、谭嗣同等维新派人物；提出了强国富民的救世方略，鼓吹"开民智"、"鼓民力"、"新民德"；成为中国近代杰出的启蒙思想家，推动了中国近代社会向科学与民主方向发展。陈季同将游历所见写成《西行日记》《三乘槎客诗文》，并将中国古典小说《红楼梦》《聊斋志异》等书译成法文本，有法文著作《中国人自画像》《中国人的戏剧》《中国娱乐》《中国拾零》《黄衫客传奇》《一个中国人笔下的巴黎人》《中国故事》《吾国》和喜剧《英勇的爱》等，在法国文坛上享有盛名。

王寿昌与林纾合作，将法国名著《茶花女》译成中文本《巴黎茶花女遗事》，由魏瀚出资在福州出版发行。马建忠著有中国第一部汉语语法著作《马氏文通》。陈寿彭译著《中国江海险要图志》，成书32卷，插图208幅，对国防、航运、经济等有重要参考价值；他还翻译《格物正轨》等著作多卷，写成《太平洋诸岛古迹考》。郑守箴译有《喝茫蚕书》，最早介绍西方国家选种育蚕方法。罗丰禄1896年（光绪二十二年）同时担任驻英国、比利时、意大利三国公使。译成《海外名贤事略》、《奥斯福游华笔记》等著作。吴德章1902年（光绪二十八年）任驻奥帝国公使。陈兆翱在留法期间，"创制新式锅炉，法人奇之"，发明抽水机，为西方技术界所崇，以他名字命名。他又改进轮船螺旋桨，大大提高效率，外国竞相效之。池贞铨用白石粉制成耐火砖。林日章为中国采用西法炼银第一人。池贞铨、林庆升、林日章、张金生、游学诗等系中国最早矿务专家,他们先后参加福建、江西、湖南、广东、安徽、山东、台湾、湖北、四川、贵州、陕西等地煤、铁、铅、银、锡、铜矿的勘探与开采,足迹遍布大江南北。

高等教育史权威专家潘懋元说,福建船政学堂堪称中国近代第一所高等学校。他说福建船政学堂在建立高等教育体制、为国家培养高级专门人才、促进中西文化交流上,比之清末许多高等学校,影响更深,作用更大。

船政学堂是近代海军的发祥地,为中国近代海军的建设造就了一批急需的人才,并诞生了一批中国近代海军的高级将领,如叶祖珪(驾驶第一届)、萨镇冰(驾驶第二届)、蓝建枢(驾驶第三届)、刘冠雄(驾驶第四届)、李鼎新(驾驶第四届)、程璧光(驾驶第五届)、林葆怿(驾驶第九届)、黄钟瑛(驾驶第十一届)都担任过海军总长或海军司令。在抵御外侮中,船政毕业生发挥了主力军的重要作用。中国海军舰队第一次抗御外国侵略势力的是船政毕业生,在中法马江海战中英勇抗敌的是船政毕业生;在中日甲午海战中英勇抗敌的主力也还是来自船政毕业生。唐德刚《甲午战争百年祭》还高呼"马尾船校以一校一级而大战日本一国!马尾!马尾!我为尔欢呼。您在五千年中华通史上,青史留名,永垂不朽!"

总之,晚清近代教育的兴起,以船政学堂为代表,其成功是其他教育机构无法比拟的。它创立了近代教育模式,成为各地纷纷效仿的样板。天津水师学堂、广东水师学堂、昆明湖水师学堂、威海水师学堂、江南水师学堂、烟台海军学堂、广东鱼雷学堂、南洋水师学堂等都效仿其模式。船政学堂不仅为各地办学提供了榜样,而且输送了人才,被誉为"开山之祖。"船政学堂派遣留学生对当时社会产生了巨大影响。从中西文化交流的实质性成效看,从高等学府选派和建立留学生教育制度看,真正建立起中国留学生教育制度的基本模式并沿袭下来的是船政学堂。正是由于建立了留学制度,促成了一批又一批的青年到国外去,使出国留学的青年开阔了眼界,增长了知识,改变了思维,学到了先进的科学技术和管理知识,为加快中国的近代化进程贡献了力量。也正因为有了出国留学,使他们感受到中西方文化的异同。通过对比,了解到差距,促使他们去追求真理,探寻救国良方。纵观近代的风云人物，他们中的许多人是有留学背景的。船政办学经验至今仍然有借鉴意义。引进西方先进的教育模式为我所用的办学原则，以契约形式合作和独立自主的组织原则，厂校一体化和工学紧密结合的办学形式，科技与人文结合、培养爱国情操的教育形式，针对性和实用性强的专业设置与课程体系，引进外教、外文教学与留学深造的培养模式等，都有许多可借鉴的地方。勇为天下先的开拓精神，德育为先、能力为重的育人思想，求是、求实、求精的科学精神，引进消化的开放改革原则，权操诸我的独立自主原则都是值得弘扬的。

船政学堂的办学理念和教育模式是一笔宝贵的精神财富和文化遗产，值得我们继承和发扬光大。

船政学堂与新式教育[*]

  1866年6月，闽浙总督左宗棠上奏清廷要求在闽设立船政。11月又奏请开设求是堂艺局（史称"船政学堂"）。12月，船政工程动工兴建，并对外招生105名。1867年1月求是堂艺局正式开学。校址暂设在福州城内定光寺（又称白塔寺）、仙塔街和城外亚伯尔顺洋房。同年6月，求是堂艺局迁至马尾新校舍，分前后两学堂。12月设立绘事院（又称绘图学堂）。1868年2月创办管轮学堂（后并入后学堂）和艺圃（又称艺徒学堂，后分为艺徒学堂和匠首学堂）。1876年3月增设电报学堂。至此，船政共有八所学堂，即前学堂（制造学堂）、后学堂（驾驶学堂）、练船学堂、管轮学堂、绘画学堂（即绘事院）、艺徒学堂、匠首学堂、电报学堂。因都是船政衙门办的，所以习惯上统称为船政学堂。因地址在福建省福州市，所以又有福建船政学堂、福州船政学堂之称。

  船政学堂引进的是西方教育模式。前学堂学制造，采用法国军港士官学校的科目训练，修法语，设轮船制造、轮机设计两个专业；后学堂学驾驶，采用英国海军的培养方法训练，修英语，设驾驶、管轮两个专业。并聘任法国人日意格为正监督，与之签订了5年包教包会的合同。各专业学制初定为5年，后有的延长到一百个月，所以有"八年四"之称。各个专业都有比较完整的工程教学课程体系，都设有堂课（理论课）、舰课或厂课。堂课有内、外课之分。内课包括公共课、专业基础课和专业课。公共必修课程有外语（法文或英文）、算术、平面几何等，而《圣谕广训》、《孝经》与策论等列为必修课。专业基础课程和专业课程，有的相通，有的则完全不同。这种课程体系打破了封建教育的传统模式，开创了近代教育的先河，是一所按技术分设专业的近代高等学堂。

---

  [*]《中国地域文化通览·福建卷》第五章第二三节原稿，定稿时有部分修改。中华书局出版发行，2013年1月第一版。

船政学堂实行教学、训导、行政分开的管理体制。教学工作由聘请来的监督全权负责。训导则由中国员绅负责。学堂实行的是供给制和军事化管理。"饮食及患病医药之费，均由局中给发"，"饮食既由艺局供给，月给银四两。"学生管理由稽查、管理委员负责，学堂"派明干正绅，常川住局，稽察师徒勤惰"。常川住局，即长期住校，对学生实行昼夜严格管理和思想教育，以规范学生言行。行政由船政提调负责。财务统一办理，统一核算。

船政的办学体制是厂校一体，统筹兼顾。她既不是厂办学校，也不是校办工厂，更不是厂校联合或合作。监督既管学堂，又管工厂；教习既是教师，又是工程师；学生要"手脑并用、技艺斯通"，既学习理论，又参加劳动，并承担生产任务。各学堂各个专业都根据各自的特点安排大量的实习。如制造专业，有蒸汽机制造实习课，船体建造实习课。每门实习课每天要进行数小时的体力劳动。设计专业，三年学习期间，有八个月的工厂实习。管轮专业，先在岸上练习发动机装配，再到新建轮船上安装各种机器。驾驶专业的学生，先在学堂中学习基础课程和航海知识，然后上练船学堂实习，用两年和更多的时间学习"一个船长所必须具备的理论与实际知识"以及海战、射击术和指挥。由于教学与生产劳动紧密结合，船政学堂办了五年之后，制造专业的学生，已有独立制作、管理车间、指挥施工等能力。1875年6月开工建造的十七号"艺新"轮船，7月开工的十八号"登瀛洲"轮船就是由第一届毕业生吴德章、汪乔年等设计监造的。此为"船政学堂学生放手自制之始"，以后建造的船舶绝大多数由毕业留校学生自行设计监造，共有18艘。驾驶专业学生在练船学堂实习期间，就远航南洋各国。

船政创办的初衷之一是整顿水师。左宗棠上奏清廷设立船政的奏折就讲到"欲防海之害而收其利，非整理水师不可"。船政造船，主要造的是军舰，武装海军；同时制炮，生产鱼雷，也是为了武装水师。船政学堂培养的人才，主要是造船和驾驶人才，也都是为造舰和水师服务。求是堂艺局章程明确规定"各子弟学成后，准以水师员弁擢用"。中国近代第一支舰队正是从船政开始。在外人看来，船政造兵船，培养水师人才，更像是海军军事基地，所以，当年的洋监督日意格就称其为"The Foochow Arsenal"，即福州兵工厂。

船政学堂还建立起中国留学生教育制度的基本模式。沈葆桢认为洋人来华教习未必是"上上之技","以中国已成之技求外国益精之学"必然事半功倍。他认为"窥其精微之奥,宜置之庄岳之间"。"庄岳之间"即齐国。这是孟子的话,意思是要学好齐国话,就要到齐国去。正是这种指导思想,船政学堂建立了留学制度,由日意格制订留学章程和教学计划,并聘请他为洋监督。确定学制3年,其中有一年见习,有四个月到各地参观。前后学堂、绘事院、艺圃均有选送。由华洋两监督共同管理。各专业学生除个别外都按对口专业到有关高校学习。如制造专业的学生到多郎官厂、削浦官学、汕答佃国立矿务学院、巴黎国立高级矿务学院等地学习;驾驶专业的学生到英国海军学校、格林威治皇家海军学院、抱士穆德大学院等地学习。晚清40多年,船政学堂共毕业学生510名(连同民国初期毕业的共629名),选送出国留学生四批及零星派出共111人。他们分赴法、英、德、美、比、西、日等国。学习的专业主要有造船、航海、飞机、潜艇、枪炮、鱼雷、矿冶、机械、无线电、天文等。学成回国,成为我国科技力量的主要骨干,典型的代表有造船专家魏瀚、郑清濂,矿务专家林应升、林日章,轮机专家陈兆翱、杨廉臣等。

李鸿章曾把船政学堂的培养模式归纳为"入堂、上船、出洋"六个字。把"出洋"即出国留学作为培养人才的重要组成部分,这对于封闭的、科学技术大大落后于发达国家的中国来说,是很有远见的。正是由于建立了留学制度,促成了一批又一批的青年到国外去,使出国留学的青年开阔了眼界,增长了知识,改变了思维,学到了先进的科学技术和管理知识,为加快中国的近代化进程贡献了力量。也正因为有了出国留学,使他们感受到中西方文化的异同。通过对比,了解到差距,促使他们去追求真理,探寻救国良方。纵观近代的风云人物,他们中的许多人是有留学背景的。在这方面,严复是一个典型。他透视西学,提出了西方国家"以自由为体,民主为用"的精辟论断;抨击时局,破天荒地揭露专制君主是窃国大盗;传播西方进化论、社会学理论、经济学理论等,影响了几代人;提出了强国富民的救国方略,倡导"鼓民力、开民智、新民德",被誉为中国近代的启蒙思想家。

在传播西学方面有所作为的还很多。例如留法归来的王寿昌帮助林纾翻译法国小仲马《茶花女遗事》,震撼中国文坛,促使不懂外文的林纾与许多人合作翻译出 184 部外文名著。林纾与严复、辜鸿铭成为中国近代三大翻译家。陈寿彭翻译《格致正轨》《八十日环游记》、罗丰禄翻译《海外名贤事略》、《贝斯福游华笔记》等等都有一定影响。还有马建忠,在欧洲从事外交工作多年,精通英文、法文、希腊文、拉丁文,得以根据外文文法,研究古汉语文法,撰写了《马氏文通》,开辟了近代汉语文法研究的新领域。

船政精英还将中国文化介绍到国外去,陈季同就是杰出的一位。他在法德等国使馆工作多年,熟悉欧洲社会与文化生活,时常出入巴黎文艺沙龙,写了许多介绍中国现状和中国文学的法文作品,如《中国人自画像》、《中国戏剧》、《中国人的快乐》、《黄衫客传奇》、《中国人笔下的巴黎》、《中国故事集》、《吾国》等,还用法文写了一本以中国问题为题材的喜剧《英雄的爱》,在法国文坛上享有盛名,成为近代中学西传的第一人。

船政学堂引进西方先进的教育模式,结合中国实际,实行"权操诸我"的原则,变成自己的东西,形成特色鲜明的中国化办学模式,很多都是开风气之先的。它突破传统,大胆革新,采用契约合作、引进外教、留学深造的培养模式,采取厂校一体化、工学紧密结合的办学形式,形成熔普教、职教、成教于一炉的办学体系,实行科技与人文结合、培养爱国情操和人才为本、精益求精、因材施教的教学理念,专业设置与课程体系针对性和实用性强,特色鲜明,成效卓著。实践证明,船政的办学模式是成功的。培养的人才成为社会中坚力量,被誉为科技和海军的摇篮。据不完全统计,船政学堂培养的海军人才约占中国近代海军同类人员的 60%,晚清和民国时期的多数海军高级将领,如总理南北洋海军兼广东水师提督的叶祖珪、曾一度代理北洋政府国务总理的海军大臣萨镇冰、领衔发表著名的《海军护法宣言》的海军总长程璧光、被孙中山任命为海军总长兼总司令的海军上将黄钟瑛、历任海军总长、交通总长、教育总长等职的刘冠雄等等,都是船政的毕业生。《清史稿》也记载"船政学堂成就之人才,实为中国海军人才之嚆矢"。船政学堂还成为各地纷纷效仿的样板。威海卫、昆明湖、江阴、湖北、吴淞、上海、青岛等各类学校相继开办,都采用船政的办学模式。船政学堂的教师和毕业生,很多被派到各地担任要职,1880 年,天津水师学堂成立,前四任总办相继为曾任船政大臣的吴赞诚、曾任船政提调的吴仲翔、吕耀斗和严复。1882 年设立广东鱼雷学馆,调魏瀚、陈应濂为教习。1890 年设立江南水师学堂，调沈瑜庆为总教习。1903 年设立烟台海军学堂，调谢葆璋（谢冰心之父）为监督。1904 年设立南洋水师学堂，调叶祖珪为督办。船政学堂为各地办学提供了榜样，输送了人才，被李鸿章誉为"开山之祖"。

鸦片战争后，外国传教士陆续在福建沿海和内地进行传教活动，而其进行传教的重要方式之一就是办学。外国教会通过传教士在福建办学，培养了大批传教人员和为其殖民事业服务的各类人才；但在输入现代科学知识与近代教育制度方面，客观上起到了一定的作用。

在福建办学的外国教会主要有基督教美国美以美会（卫理公会）、美部会（公理会）、归正教会与英国安立甘会（圣公会）、长老会、伦敦会和法国、西班牙天主教会等，而美国基督教会所办学校占了半数。教会来闽办学最早是在 1844 年，基督教英国伦敦会教士施约翰和养为霖在厦门鼓浪屿开办英华男塾。这是教会在福建创办的第一所初等学校。随后，教会办学从福州、厦门各通商口岸逐步向沿海各地和山区各城乡延伸。所办学校，初期以初等学校为主，以后逐步发展到以中等以上学校为主，包括普通教育（从幼稚园、小学、中学到大学）、职业教育、成人教育、特殊教育和神学。所办小学，在 20 世纪初，约占全省小学的 1/3。所办中学，约占省中学的 1/5。各类教会学校的办学权与管理权一向掌握在各主办教会及福建基督教教育会手中。

1864 年，美国基督教公理会原设于福州南台的福音精舍附属寄宿学校迁到福州于山北麓，改名福州书院，后称榕城格致书院，学制 8 年，除传授圣经外，设置普通中学课程，这是教会在福建办的第一所中学。之后，教会还陆续创办了福州广学书院、莆田培元书院、福州鹤龄英华书院、厦门寻源书院、古田培元书院和厦门英华书院。1904 年，美国美以美女布道会指派委员 3 人，来闽调查创设女子大学事宜，并成立筹备会，起草章程，选择校址。1907 年，在福州成立董事部，创办了南省华英女书院，后改名华南女子大学。这是华南地区唯一的教会女子大学。1911 年，国际布道会在苏格兰成立高等教育委员会，酝酿在福州设立大学。第二年，该会成立福建省基督教高等教育筹备会，决定创办福建协和大学（1915 年正式创办），校址设在福州。

除教会办学外，地方官办、乡绅办、华侨办等新式教育也逐步发展起来，多种办学形式并存的格局开始展开。尤其是甲午战争失败后，一些先进的知识分子极力主张变法图强。启蒙思想家严复认为中国当时最大忧患是愚、贫、弱，以愚为最，要救国图强就要从治愚入手，而治愚的主要手段就是教育。他倡导"鼓民力，开民智，新民德"，提出废八股，兴学堂，实行义务教育等一系列教育救国主张，在全国产生了广泛影响。"百日维新"期间，福建各府、州、县都办起中西学堂。清政府颁布施行新学制后，办新学的热潮被进一步推开。新学制，即《奏定学堂章程》是中国近代由国家颁布的第一个在全国范围内实行的系统学制。1904年1月13日由清政府颁布。因当年为癸卯年，故又称"癸卯学制"。章程以日本学制为蓝本，规定了各级各类学堂的性质任务、入学条件、修业年限等，包括小学、中学、大学、师范、实业学堂、译学馆、进士馆等具体章程，还订立学务纲要、学堂管理通则、奖励章程、考试章程等具体要求。辛亥革命后被废止。从1902年至辛亥革命前，10年期间全省共办各类新式学堂近700所，学生约3万人，中等以上学堂30所。1896年，清邮传部尚书陈璧返闽主讲凤池书院时，与举人林纾以及商部郎中力钧、补用知府孙葆晋等人，在林纾旧居创办苍霞精舍，新学制颁布后改名苍霞中学堂。这是福建第一所私立中学。1902年，凤池书院与正谊书院合并，在福州三牧坊创办全闽大学堂，始设中学性质的"正斋"，作为大学堂"专斋"的预备班，次年正式招生、开学。这是福建第一所官办中学。1903年后，官办的泉州府中学堂、延平府中学堂、汀州府中学堂、漳州府中学堂、邵武府中学堂、建宁府中学堂、兴化府中学堂、厦门中学堂相继设立。新学制规定初等学堂分为蒙学堂四年，初等小学五年，高等小学四年。福建根据章程以办五年制初小为主，各县在城关设两等小学堂，在四城及乡间设初等小学堂或蒙学堂，各府州中学堂附设的师范传习所一般均设附属小学。1905年，陈宝琛认为新学推行已三年有余，不可以没有一个协商的机构，因此组织了"闽省学会"，第二年改名福建教育总会，并在各厅、州、县成立16个分会。福建教育总会积极开展多层次、多形式的教育活动，开办法政讲习科和教育讲习科、开展学前教育、组织宣讲活动和学术探讨、交流办学经验，推动了全省各级各类教育的发展。

受船政学堂的影响，实业学堂和武备学堂也迅速发展起来。1876年，福州办电气学塾。1901年，陈宝琛等闽绅创设福州蚕桑公学。次年，闽浙总督许应骙在福州办农桑总局，附设浙股、粤股蚕务学堂，后改为福建官立中等蚕业学堂。随后还设立蚕务女学堂。1907年，苍霞中学堂附设铁路、电报两科，翌年即改办为官立中等工业学堂。随后福建女子职业学堂、中等商业学堂、中等农业学堂也相继诞生。1902年，福建武备学堂创办。1906年，全省警察学堂成立，后改为全省高等巡警学堂。随后还创办了福建法政学堂、闽江口要塞炮科学堂、福建讲武堂。此外，教会的一些学校也办实业教育。1900年，基督教圣公会办的福州柴井医院附设护士学校。1902年，福州塔亭医院也附设护士学校。1905年，基督教美以美会办的福州英华书院兼设商科，随后又兼设土木工程科。

由于废科举，兴学堂，培养新学师资成为当务之急。新学制颁行后，原内阁学士陈宝琛以戊戌维新时期创办的东文学堂为基础，于1903年创办全闽师范学堂，自任监督，并以"化民成俗，其必由学；温故知新，可以为师"为办学本旨。1906年全闽师范学堂改称福建师范学堂。学堂附设女子师范传习所，培养女子小学教员和幼稚园保育员，为"培小学教育之始基。"陈宝琛妻王眉寿任监督。为便于师范女生实地练习，省里拨光禄坊玉尺山房为校舍，1907年6月开课，称闽山幼稚园，为福建最早的公立幼稚园。师范学堂后加设优级师范选科和本科，改称福建优级师范学堂，开创了福建官办中师、女师和高师之先河。全省许多州、县也相继办起初级师范学堂、师范简易科或师范传习所。1909年，女子师范传习所改称福州女子初级师范学堂。1905年，汀漳龙道尹李仲平在漳州创办汀漳龙师范学堂，先办简易科。随后，永定、漳浦、尤溪等县也办有初级师范学堂简易科、师范传习所。龙岩中学堂也附设师范简易科。1906年，华侨在永春中学堂附设师范简易科，在厦门鼓浪屿办女子师范学堂。至1911年，福建优级师范学堂共培养小学师资1138人，中学师资238人。美、英教会和华侨也于此时在福州、厦门、永春等地设初级师范学堂，在中学设简易师范班和幼稚园师资班。1901年，英国长老会在厦门设立幼稚园蒙养堂师资班。随后美国美以美会在福州仓前山望北台设立初级师范学堂，在莆田哲理书院、福州陶淑女校、古田萃英女校、南平流芳学堂等校附设师范班，为教会学堂培养幼稚园保育员和小学教员。

华侨捐资办学，在福建近代教育史上也占有重要的地位。1894年，陈嘉庚独资2000银元，在同安县集美村成立"惕斋学塾"，开福建省华侨独资办学之先河；随后又捐资创办集美学村和厦门大学。紧接着，永春、晋江、石狮、南安、泉州鲤城等地华侨相继捐资办学。1896年，同安县华侨首先创办了锦宅小学。之后，华侨捐建的永春育贤小学、南安诗坂小学、晋江行实小学、泉州紫阳小学堂，以及南中学堂、罗溪罗英学堂、诗山燕山学堂、英都翁山学堂相继诞生。从1896年至1911年，各地华侨先后办起近50所小学。

出洋留学，船政学堂首开先河后，在福建渐成风气，但留学地改为首选日本。《奏定学堂章程·学务纲要》就规定："出洋考察为办学人员之必要条件，而日本则为必往之地"。从1904年到1906年，福建派出教职员6人、学生22人，到日本早稻田大学、明治大学、高等师范学校、高等工业学校、实习学校传习所学习。1906年，清廷宣布准备实行宪政，提倡师范和法政教育。福建根据推行新政的需要，从福建高等学堂、全闽师范学堂、游学预备学堂、校士馆、福建常备军等处派出留学生，学教育、法政、军事、实业。1907年，学部颁布新章，规定凡出国留学，都必须在国内取得预备程度及格的资格，方准出洋。于是全闽公学添设学科，兼教日文，并改为游学预备学堂，陈宝琛自任监督。1904年，福建在日留学生72人，分布在早稻田大学、东京大学法学院、东京高等工业学校、东京高师附属学校等15所学校学习。这些留学生于1900年至1906年陆续回闽，一般都成为新政或新学的骨干。全闽大学堂监督陈培锟是进士，到日本学法政。福建官立法政学堂首任监督刘崇杰，是日本早稻田大学政学士，后调驻日公使馆供职。农桑总局派陈耀西、邱中馨留学日本，回省后分别任官立蚕业学堂监督和教务。1909年，福建师范学堂102位教职员中，留学日本学习师范的22人。私立法政学校教职员中，有日本留学生21人。福州明伦小学宣统二年教职员17人中，5人是留日师范生。清末，自费留日也风靡一时。1902年，我国在日留学生269人，闽籍12人，其中自费就占8人。1908年至1910年，全省留日学生58人，其中自费达38人。当时留学生在日本的学习情况是："习速成者居百分之六十，习普通者居百分之三十，中途辍学辗转无成者居百分之五六，入高等专门者居百分之三四，入大学者仅百分之一而已。"福建留日学生中，有不少不满清廷腐败倾向革命的志士，黄花岗烈士林觉民、林文、方声洞等是杰出的代表。在留美学生中，何金英是我国最早女留学生之一。1884年，她由美国教会资助赴美留学,毕业于费城女子医科大学,回国后先后主持福州妇孺医院(后名柴井医院)及马可爱医院(后名协和医院),培养了不少医务人才。1898年,受李鸿章派遣,她赴伦敦出席世界妇女协会,成为中国在国际上的第一位女代表。此后,福建女留学生也逐渐多了起来,以福州、莆田的人士居多,所学多医科与教育学。1908年,美国国会通过把部分庚子赔款退还中国,接受中国学生赴美留学。1909年,学部、外务部制订了派遣办法。此后,留美学生也多了起来。从1909年起,清政府连续3年3次考选庚款留美学生180人,其中闽籍学生12人。清政府自1906年至1909年,曾先后对毕业回国的留学生进行4届"廷试",录取者"赏给"进士或举人出身,授予官职。严复曾参与主持考务。4届"廷试",福建共取进士6名,举人31名。

迈向海权的先驱

——船政[*]

国民生产总值号称世界第一的泱泱帝国,一夜之间沦为半殖民地。这段揪心的历史,国人不会忘却也不能忘却。面对英国的十几艘军舰,帝国的近百万大军崩溃了。素有天险之称的万里海疆,却变成了外国舰船长驱直入的坦途。国之防何在,海之防何在?

林则徐坦言,器不良、技不熟是重要原因。他的取胜八字诀是"器良、技熟、胆壮、心齐"。他说:"剿夷而不谋船炮水军,是自取败也"。当是时,他就积极主张建立自己的近代海军。他的口号就是经魏源进一步阐述,而现在大家所熟知的"师夷长技以制夷"。

然而,在英国人赫德先生的忽悠下,想建立海军的咸丰皇帝却买了一支中国人不能管辖的舰队——阿思本舰队。为此,不得不遣散这支舰队,但也付出了昂贵的代价。

在东南一隅的福州,左宗棠却另辟蹊径,谋划自办海军。他说"惟东南大利,在水而不在陆",认为"中国自强之策,除修明政事、精练兵勇外,必应仿造轮船以夺彼族之所恃"。"欲防海之害而收其利,非整理水师不可。"他态度坚决,举措非凡,得到奕䜣集团的支持,总理船政事务衙门终于诞生了。这是三千年大变革的非常之举。

历代封建统治者历来推崇儒家学说,主张和为贵,总体上来说国防是以防为主的。甲午战争前几年,美国海军学院院长马汉发表了海权理论,震动了世界。马汉的海权理论,是将控制海洋提高到国家兴衰的高度。海权的实质就是,国家通过运用优势的海上力量与正确的斗争艺术,实现在全局上对海洋的控制权力。在这之前,国人的认识达不到这样的高度。但船政的创办已初露端倪。提高海权意识、加强门户建设、落实科技战略、

---

[*] 本文系福建日报《牢记历史 勿忘国防》征文,于2012年9月获得征文 一等奖。

重视人才培养，应是船政留给后人的重要启示。

船政的创办，这本身就是迈向海权的第一步。造船制炮、整顿水师、培养海军人才都围绕着海权上做文章。首任船政大臣沈葆桢强调"船政为海防第一关键"，"船政为海防水师根本"。其成就、影响与曲折，都深刻地说明海权的重要。中日战争之后，英国专栏作家干得利（R. S. Gundry）撰写了《中国的今昔》一书。在书中，他充分肯定船政的先驱作用。认为"这就是中国海军的发端"。孙中山也称赞船政"足为海军根基"。1870 年船政第三艘兵轮"福星"号下水后，清廷批准沈葆桢的奏请，成立轮船水师。这是近代中国第一支同旧式水师有着根本区别的新式水师。随后，船政建造的舰船调往各港口执行海防任务。加强海防建设的主张，已由鸦片战争时少数知识分子的议论，成为清政府的国防政策，并付诸实践。

台湾为七省门户。七省是沿海各省，有广东、福建、浙江、江南（江苏与江西）、山东、直隶、盛京等，台湾孤悬在外，为其门户，历来为兵家必争之地。日本更是虎视眈眈，觊觎已久。1874 年 2 月，日本以"牡丹社事件"为借口，公然率兵侵台。清政府派沈葆桢率领自己的舰队赴台办理台务，迫使其退兵。这是中国近代海军自创建以来第一次大规模出航巡逻台湾海域，显示了中国近代海军抗御外来侵略的决心和力量，是中国近代海军保卫海疆、保卫台湾的壮举，也显示了船政实施海权的成就和功绩。

汉代，日本是"汉委倭奴国"，不安分，常侵朝、犯唐。明代，倭寇活动猖獗。近代，设立台湾都督府，侵华之心不死。沈葆桢深刻地认识到这一点。他认为"东洋终须一战"，临终遗嘱还念念不忘日本对台"虎视眈眈""铁甲船不可不办，倭人万不可轻视"。日本侵台刚结束，他就上了一个奏折，称"此次之善后与往时不同，台地之所谓善后，即台地之所谓创始也。"从这时起，他相继提出并实施了一系列治台政策和改革措施，促使台湾开禁，实行开山抚番、修路开矿、招垦减税等政策，促进台湾经济的开放、开发和改革，为台湾的近代化奠定了基础。李鸿章称赞："其功更逾于扫荡倭奴十万矣。"连横也高度评价沈葆桢的巡台治台，说"析疆增吏，开山抚番，以立富强之基，沈葆桢缔造之功，顾不伟欤？"目前，台海局势缓和，有利于和平发展，但统一大业仍要付出艰辛。门户建设仍然是个值得深思的沉重课题。

实施制海权，除了提高海权意识、加强门户建设之外，重要的是制海实力。落后只能挨打，只有落实科技战略，发展高科技，武装海上实力，才能立于不败之地。船政瞄准当时的高科技，取人之长补己之短，建立了中国最大的，也是远东最大的船舶工业基地，建立了中国最早的兵工厂。船政引进先进的技术和管理，进行消化吸收，使科技水平在当时处于领先地位。沈葆桢始终认为铁甲船不可无。建造铁甲舰和增加巡洋舰船，用它在海上与敌交锋，克服"不争大洋冲突"的消极防御思想，采取积极的高科技战略，海权意识得到了进一步提升。当前，我们建造航空母舰，正是发展海上实力的需要。

创办船政，沈葆桢将把办学培养人才作为根本。他一再指出"船政根本在于学堂"。他引进先进的教育模式，结合中国实际，实行"权操诸我"的原则，形成特色鲜明的中国化办学模式，成为各地纷纷效仿的样板。被李鸿章誉为"开山之祖"。船政学堂建立了与工业化和海军建设相适应的教育模式，培养了大量人才，成为中国近代科技和海军队伍的摇篮。据不完全统计，船政培养海军军官和军事技术人才1100多名，占中国近代海军同类人员的60%。叶祖珪、萨镇冰、蓝建枢、刘冠雄、李鼎新、程璧光、林葆怿、黄钟瑛等都是船政毕业的海军高级将领。清史稿记述"船政学堂成就之人才，实为中国海军人才之嚆矢"。

在近代中国积弱求强的历程上，船政留下了浓墨重彩的一笔，展现了近代中国科学技术、新式教育、工业制造、海权建设、中西方文化交流等丰硕成果，孕育了诸多仁人志士及其先进思想，折射出中华民族爱国自强、勇猛精进、重视海权和科技教育的伟大精神，形成了独特的船政文化。它是中国传统文化和民族精神的深刻体现，是国防史上宝贵的精神财富。船政是近代中国迈向海权的先驱者、佼佼者。今天，台海局势、南海主权、中美关系、中日关系、海军护航等问题都与海权有关。如何总结历史的经验教训，从中获得启迪，是我们必须认认真真面对的。

马尾船政的海权启示[*]

摘要：马尾船政是近代中国迈向海权的先驱者。提高海权意识、加强门户建设、落实科技战略、重视人才培养是马尾船政留给后人的重要启示，值得我们深思。

关键词：马尾船政　海权　启示

马尾船政是中国近代海军的发祥地和海军队伍的摇篮，是近代中国迈向海权的先驱者。弘扬船政文化，总结历史经验教训，重视海权建设，对海域面积巨大的国家和航海事业发展迅速，轮船这种流动国土大量航行于世界各地的大国来说，无疑是十分重要的。笔者认为提高海权意识、加强门户建设、落实科技战略、重视人才培养是船政留给后人的重要启示，值得我们深思。

一　提高海权意识，东南之利在于水

历代封建统治者历来推崇儒家学说，主张和为贵，总体上来说是以防为主。甲午战争前几年，美国海军学院院长马汉发表了海权理论，震动了世界。马汉的海权理论，是将控制海洋提高到国家兴衰的高度。海权的实质就是，国家通过运用优势的海上力量与正确的斗争艺术，实现在全局上对海洋上的控制权力。在这之前，当时的国人还没有认识到这样的高度。但马尾船政的创办已显露端倪。

1866年6月，左宗棠在上奏清廷的《试造轮船先陈大概情形折》中，

---

[*] 2010年10月25日，台盟福建省委、福州政协、省社科联、省文史馆在福州召开"福州船政与近代海军史研讨会"，本文作者在会上就此题目做学术报告。后于2011年4月25日在南海文化学术论坛上交流，会后编入《南海区域历史文化探微》一书，由暨南大学出版社出版发行，2012年8月第一版。

就提出了"惟东南大利,在水而不在陆"的精辟观点。他分析了"自广东、福建而浙江、江南、山东、直隶、盛京以迄东北,大海环其三面,江河以外,万水朝宗"的地理形势,和"自海上用兵以来,泰西各国火轮兵船直达天津,藩篱竟成虚设,星驰飚举,无足当之"① 的被动局面,认为"中国自强之策,除修明政事、精练兵勇外,必应仿造轮船以夺彼族之所恃"②,要"尽洋技之奇,尽驾驶之法"。"夺其所恃"就是在军事上有效地抵御外侮,在经济上"分洋商之利"。因此,"欲防海之害而收其利,非整理水师不可,欲整理水师,非设局监造轮船不可",主张在闽办船政。

首任船政大臣沈葆桢一再强调"船政为海防第一关键","船政为海防水师根本"。船政的创办,以及他的成就与影响、曲折,都深刻地说明海权的重要。船政创办本身就是迈向海权的第一步。造船制炮、整顿水师、培养海军人才都围绕着海权上做文章。可以说"船政就是谋海权之政",而且取得了世人公认的成就,成为中国近代海军的发祥地。中日战争之后,英国专栏作家干得利(R. S. Gundry)撰写了《中国的今昔》一书。在书中,他充分肯定船政的先驱作用。他写道:"在名城福州开办兵工厂与造船所之事。这些事例很快就为各地所仿效。……这就是中国海军的发端。"③ 孙中山先生视察船政时也称赞船政"足为海军根基"。

从买舰队的尝试到船政的创办,海权的认识有着质的变化。1861年,咸丰皇帝决定向西方购买一支现代化的舰队。掌管中国海关大权的副总税务司赫德怂恿中国政府从英国购买军舰。委托正在英国休假的总税务司李泰国一手经办。李泰国无视中国主权,擅自代表清政府与阿思本签订合同,任命阿思本上校统领这支舰队。中国人花钱购买一支悬挂外国旗且中国人不能管辖的舰队,朝野舆论一片哗然。清政府不得不遣散了这支不伦不类的舰队,同时也为此付出了67万两白银的代价。这个代价就是海权模糊认识的代价。

阿思本舰队流产后,清政府开始探索建设新式海军的途径。福建船政的建立是清政府在海军建设理念上的一个重大突破。1870年船政第三艘兵轮"福星"号下水后,清廷批准沈葆桢的奏请,成立轮船水师,以李成谋

---

① 左宗棠:《左宗棠全集》,说帖一,湖南岳麓书院,1987。
② 左宗棠:《左宗棠全集》,书牍卷七,湖南岳麓书院,1987,第25页。
③ 干得利:《中国进步的标记》,《洋务运动(八)》,上海人民出版社,1961,第440页。

为统领,由船政衙门统辖。这是近代中国第一支同旧式水师有着根本区别的新式水师,是中国近代海军建设的开端。随后,船政建造的舰船调往各港口执行海防任务。

船政创建表明,加强海防建设的主张,已由鸦片战争时少数知识分子的议论,成为清政府的国防政策,并开始付诸实践。这是近代中国海洋军事发展进程中一个具有重要意义的进步,也是开始迈向海权的第一步。

二 加强门户建设,虎视眈眈不可忘

台湾为七省门户。七省及沿海各省有广东、福建、浙江、江南(江苏与江西)、山东、直隶、盛京等,台湾孤悬在外,为其门户,历来为兵家必争之地。日本更是虎视眈眈,觊觎已久,总想趁虚而入。因而,门户建设显得尤为重要。

1874年2月,日本政府以"牡丹社事件"为借口,公然无视中国主权,由内阁会议通过《台湾番地处分要略》,决定派遣陆军中将西乡从道为"台湾番地事务都督",率兵侵台。清政府派船政大臣沈葆桢以钦差大臣去台湾办理台务。同年6月17日,沈葆桢率领自己的舰队赴台。日本见台湾防务强大,自己羽毛未丰,"不得大逞于台,遂罢兵归"[①]。这是近代中国海军舰队第一次抗御外国侵略势力入侵台湾的军事行动。它遏制了日本的侵略野心,迫使侵台日军同清政府进行谈判,最后达成了从台湾撤军的协议——《中日台事专条》。日本被迫撤军,腐败的清政府却承认日本"保民义举",偿付给白银50万两。

甲戌巡台(1874年是农历甲戌年),是中国近代海军自创建以来第一次大规模出航巡逻台湾海域,显示了中国近代海军抗御外来侵略的决心和力量,是中国近代海军保卫海疆、保卫台湾的壮举,也显示了船政实施海权的成就和功绩。

汉代,日本是"汉委倭奴国",但不安分,后常侵朝、犯唐。公元663年日本犯唐。战于锦江口,四战四捷,火烧日船400艘。日本此后数百年

---

① 张荫麟:《甲午战前中国之海军》,《中国近现代史论集》卷8,广东人民出版社,1982,第121页。

不敢来犯。元代，元朝6次遣使赴日通好被拒，第7次遣使被杀。1274年，忽必烈派战船900艘远征。日史称"文永之役"。大败日军万余人，矢尽遇风，冒雨回国。1281年，分两路进军，大败日军，史称"弘安之役"。日本从此遣使朝贡。明代，倭寇是日本海盗集团，14世纪至16世纪活动猖獗，嘉靖朝时，江浙一带被杀数十万众。谭纶（1520～1577年，嘉靖福建巡抚）、戚继光（1528～1587年，总兵）、俞大猷（1504～1580年，总兵）抗倭。16世纪中叶终于平定沿海倭犯。但犯唐之心不死，日本设立台湾都督府和牡丹社事件就是例证，更不要说以后的侵华。

沈葆桢深刻地认识到这一点。他认为"东洋终须一战"，临终遗嘱还念念不忘日本对台"虎视眈眈""铁甲船不可不办，倭人万不可轻视"。日本侵台刚结束，他就上了一个奏折，称"此次之善后与往时不同，台地之所谓善后，即台地之所谓创始也。"从这时起，他相继提出并实施了一系列治台政策和改革措施，促使台湾开禁（废除渡海到台的禁令；废除严禁台湾汉人私入"番界"的旧例；废除严格限制私铸、私贩铁器和竹木出口的法令），实行开山抚番、修路开矿、招垦减税等政策，促进台湾经济的开放、开发和改革，为台湾的近代化奠定了基础。同时顺民心，建郑成功祠，办学校开民智。设置台北府，让福建巡抚冬春驻台，夏秋回省，并鼓励移民台湾开垦建设，密切了闽台关系，促进海峡两岸的经济交流和合作。其意义是深远的、革命性的，在台湾的发展史上写下了辉煌的一页。李鸿章给他的信中说道："我公在彼开此风气，善后始基，其功更逾于扫荡倭奴十万矣。"连横先生高度评价沈葆桢的巡台治台，说"析疆增吏，开山抚番，以立富强之基，沈葆桢缔造之功，顾不伟欤？"[①]

目前，台海局势缓和，有利于和平发展，但统一大业仍要付出艰辛。门户建设仍然是个值得深思的沉重课题。

三 落实科技战略，念念不忘铁甲船

实施制海权，除了提高海权意识、加强门户建设之外，重要的是制海实力。落后只能挨打，只有落实科技战略，发展高科技，武装海上实力，

---

① 连横：《台湾通史》下册，商务印书馆，1982，第638页。

才能立于不败之地。

鸦片战争后列强的入侵,使许许多多的仁人志士看清了闭关锁国的危害,决心师夷制夷以自强。林则徐在总结鸦片战争的教训时,认为"器不良"、"技不熟"是重要原因,而取胜的八字诀是"器良技熟,胆壮心齐",并说:"剿夷而不谋船炮水军,是自取败也"。他筹划造舰,离开广东时携带了战船图式8种,到浙江讨论过造舰问题。西方学者罗林森在《中国为发展海军的奋斗》中指出:"在有些西方人看来,林为了驱逐侵略者已在筹建新式海军"。

林则徐是"开眼看世界"的第一人,提出了"师夷长技以制夷"的著名方略。魏源接受林则徐的委托,编撰出一百卷的巨著《海国图志》,提出了建设海军和海防的一系列主张。左宗棠、沈葆桢是把这一方略付诸实施的实践者。船政的创办,就是付诸实施的实践。她瞄准当时的高科技,取人之长补己之短,建立了中国最大的,也是远东最大的船舶工业基地;建立了中国最早的兵工厂;建立了中国第一支海军舰队。民国后,又设立了飞机制造工程处,采用国产材料成功地制成了我国第一架水上飞机,开创了中国人自己的飞机制造工业新纪元。船政引进先进的技术和管理,进行消化吸收,使科技水平在当时处于领先地位。

船政进行了一系列的革新开放实验,许多都是开风气之先的。一边造船制炮,一边培养造舰驾驶人才,这本身就是破天荒的创举。造船工业是当时科技水平的综合体现,它的建造带动了上下游工业和科技的发展,也造就了一大批科技人才和产业工人,成为中国近代化的发祥地和科技的摇篮,是中国近代化先驱性的创举。

沈葆桢始终认为铁甲船不可无。后任船政大臣裴阴森落实这一精神,造出了铁甲舰平远号,遂了沈葆桢生前建造铁甲之愿,但距沈葆桢提出要购置铁甲船已迟了十年。建造铁甲舰和增加巡洋舰船,用它在海上与敌交锋,克服"不争大洋冲突"的消极防御思想,采取积极的高科技战略,海权意识得到了进一步提升。

四 重视人才培养,船政根本在学堂

创办船政,沈葆桢将把办学培养人才作为根本。他一再指出"船政根本在于学堂"。1866年12月23日船政工程全面动工，求是堂艺局即船政学堂就同时开学招生。没有教室，就借地办学。驾驶专业暂借福州城内定光寺（又称白塔寺）、仙塔街上课；造船专业暂借城外亚伯尔顺洋房开课。很快形成规模，法文类学堂有：造船学堂、绘画学堂（即绘事院）、艺徒学堂（即艺圃，后分出一个匠首学堂）。英文类学堂有：驾驶学堂、练船学堂、管轮学堂。后任丁日昌增加一所电报学堂。沈葆桢强调"能否成材，必亲试之风涛"，因此设立了练船学堂。1870年船政自造的第3号兵船"福星"号下水成功，随即辟为练船，其后共有7艘舰船用于实习训练。

沈葆桢认为洋人来华教习未必是"上上之技"，"以中国已成之技求外国益精之学"必然事半功倍。他认为"窥其精微之奥，宜置之庄岳之间"。"庄岳之间"即齐国。这是孟子的话，意思是要学好齐国话，就要到齐国去。正是这种指导思想，船政学堂建立了留学制度。也正因为有了留学制度，促成了一批又一批的青年到国外去，使出国留学的青年开阔了眼界，增长了知识，改变了思维，学到了先进的科学技术和管理知识，为加快中国的近代化进程贡献了力量。也正因为有了出国留学，使他们感受到中西方文化的异同。通过对比，了解到差距，促使他们去追求真理，探寻救国良方。最典型的代表就是严复。他是船政精英的杰出代表。他透视西学，提出了西方国家"以自由为体，民主为用"的精辟论断；抨击时局，破天荒的揭露专制君主是窃国大盗；传播西方进化论、社会学理论经济学理论等，影响了维新派人物和几代知识分子；提出了强国富民的救国方略，鼓吹"开民智"、"鼓民力"、"新民德"，成为中国近代最杰出的启蒙思想家。

船政学堂是中国近代第一所高等院校。引进先进的教育模式，结合中国实际，实行"权操诸我"的原则，形成特色鲜明的中国化办学模式，成为各地纷纷效仿的样板。被李鸿章誉为"开山之祖"。晚清40多年，船政学堂共毕业学生510名（连同民国初期毕业的共629名），选送出国留学生四批及零星派出共111人[①]。他们分赴法、英、德、美、比、西、日等国。学习的专业主要有造船、航海、飞机、潜艇、枪炮、鱼雷、矿冶、机

---

① 沈岩：《船政学堂》，科学出版社，2007，第15页。

械、无线电、天文等。学成回国，成为我国科技力量的主要骨干。而且影响深远，至今，福州的科技人才仍然是一道亮丽的景观，仅中科院院士就达40多名。

船政学堂建立了与工业化和海军建设相适应的教育模式，培养了大量人才，成为中国近代科技和海军队伍的摇篮。据不完全统计，船政培养海军军官和军事技术人才1100多名，占中国近代海军同类人员的60%。叶祖珪、萨镇冰、蓝建枢、刘冠雄、李鼎新、程璧光、林葆怿、黄钟瑛等都是船政毕业的海军高级将领。由于船政学堂在闽的原因，形成了海军界中的闽籍人士居多，谢葆璋（北洋政府时期曾担任海军部代理总长、海军中将）、杨树庄（北洋政府海军总司令、国民革命军海军总司令）、蒋拯（北洋政府中国总司令，海军中将）、林永谟（护法军政府海军总司令、中将）、饶怀文（北洋时期民国海军总司令、中将）等都是海军界的闽籍高级将领。清史稿记述"船政学堂成就之人才，实为中国海军人才之嚆矢"。

总之，马尾船政是近代中国迈向海权的先驱者、佼佼者。今天，台海局势、南海主权、中美关系、中日关系、海军护航等问题都与海权有关。如何总结历史的经验教训，从中获得启迪，是我们必须认认真真面对的。弘扬船政文化，也许有更多的重要启示。

近代杰出的政治家——沈葆桢[*]

提　要：沈葆桢坚持清慎勤的为官之道，坚持爱国亲民、求实求精的精神，他严谨整肃、刚正不阿、富有远见和勇于创新，作为杰出的政治家，其气质、精神和品格是值得深入研究和大力弘扬的。

主题词：沈葆桢　政治家　精神弘扬

陈宝琛说"吾闽百年来，名臣最著者数侯官林文忠、沈文肃二公"。林文公即林则徐，沈文肃即沈葆桢。一个是舅舅、岳父，一个是外甥、女婿。这一前一后的两代人，人生轨迹有着惊人的相似之处，都是20岁中举人，几年后中进士，36岁外放，都当过巡抚和两江总督，都是积劳成疾，病逝任上。二者的性格、作风、品格也有许多相似的地方。都是勤政清廉、整肃务实，刚正不阿的人物。林则徐是"开眼看世界第一人"，是"师夷长技以制夷"战略方针的提出者、制定者，而继承者、实践者正是沈葆桢。沈葆桢生于19世纪的变革时代，历经嘉庆、道光、咸丰、同治、光绪五朝的风云变幻，涉足内政、外交、军事、经济、文化五大领域，从一介书生到封疆大吏，成为一代名臣，给后人留下了许多珍贵的精神遗产和难忘的记忆。他的业绩，可歌可泣，他的为人处世，可圈可点。作为杰出的政治家，笔者认为以下几点是值得深入研究，其精神是值得大力弘扬的。

一　坚持爱国亲民是他的为政之本

沈葆桢有着强烈的爱国主义精神。他事事坚持权操诸我，始终维护祖国的尊严。办船政顶住了列强的干预和压力。福州税务司美理登企图混进

---

[*] 《船政》内刊2008年第1期。

船政当正监督,总税务司赫德替他到北京总理衙门活动,要求准其会办,被沈葆桢断然拒绝。洋工博士巴不服调度被开除,法领事巴世栋替他说情,被沈葆桢顶了回去。引进技术和管理,他采用契约形式,坚持权操诸我。约定以5年为期完成一批造船和育才任务,包教包会。1871年11月,洋教习逊顺非礼虐待学生,沈葆桢将其解雇。船政制造的第一艘轮船"万能清"号出海试航,法国人总监工达士博要用外国人引港,沈葆桢置之不理,从管驾、引港到舵工、水手全用中国人,终于试航成功。

在涉外问题上,他始终不卑不亢,从来不做丧权辱国和杀民谢敌之事。他任江西巡抚和两江总督的时候,先后遇到两起涉外教案。在处理时,他有理有节,柔中有刚。他不捕风捉影,滥杀无辜,不出动军队弹压,而是通过调查,具陈民众痛恨洋教的原因和未能查出首犯的情况。而且把责任揽在自己身上,请求由自己承担责任,交给朝廷严加处分。这与一些权贵杀几个民众以谢敌来处理教案的做法形成鲜明的对比。

沈葆桢认为做官就要为百姓谋利益,"做一日官吏,即为百姓筹百年之计"。而爱民的实际行动就是亲民,就是关心民生。要"以疼儿女心疼百姓,以理家务事理地方,悯其饥,念其寒"。他认为官员要下乡体察民情,下乡要做到:①轻车简从;②问寒问暖,遇民则问晴雨相慰劳,与谈辛苦,察其家口,子妇能孝顺否?兄弟相友爱否?地有遗利、人有失业否?③问百姓关心的事;④要因人而异,问农夫与秀才不一样;⑤平易近人,入乡随俗,遇食则山蔬脱粟皆可食,遇坐则土埕芦席皆可坐;⑥现场办公,能办的事立即办掉。在巡抚总督任上,他组织灭蝗救灾,兴修水利,整顿盐税漕税,并采取减税免税、以工代赈等措施,改善了民生,深受民众的爱戴。在临终前的几个月,慈禧太后三次召见他,当面称他"任劳任怨,凡事总以百姓为主"。

二 坚持清慎勤是他的为官之道

沈葆桢写了一本《居官圭臬》的书,圭臬,就是标准,法度。居官圭臬,就是做官的标准、法度。这是沈葆桢针对当时官场上的弊政,收录历朝历代名臣的格言议论,整理编著的。它从古今治乱得失的高度,提出吏治的重要性和道德准则、法律原则。《居官圭臬》分上下两卷14章。上卷有《文昌忠经》《孚佑忠诰》《从政汇略》《略政格言》《官长约》《乡绅约》等篇章，下卷有《明职》《州县约》《行戒》《活板说》《恤犯篇》《救荒策》《功过格》《政绩》等篇章。他认为"当官之法，惟有三事，曰清、曰慎、曰勤"。就是居官要清正廉洁，要谨慎从事、如履薄冰，要勤政尽心尽力。他说用以自警，实际上也是警世的。在实践中，他本人正是以此为准则，勤政亲民，廉洁奉公，获得"一生清名"。他为官32年，始终清正廉洁，在江西从政11年，官做到巡抚，回家时还是"一如来时"，两袖清风。回家后生活拮据，开了个"一笑来"裱褙店，卖字补贴家计，一幅对联裱好是卖400文。而当时的一石米可卖3000文，农民的一石米可买他的对联7幅半。他宵衣旰食，勤奋认真，勤政出了名，经常带病坚持工作，最后积劳成疾，病逝在两江总督兼南洋大臣任上。死后"除了几间旧房外，田无一亩，家无长物"。李元度写道："卒之日，不名一钱，僚属相顾失声，市井乡曲之民，所在巷哭。"

三 坚持求实求精是他的一贯作风

船政学堂引进西方先进的教育模式，是对传统教育的重大突破，是非常之举。他在办学体制、专业取向、课程设计、招生要求、教学模式等方面都突破了封建传统教育模式。在办学体制方面，完全采用近代西方的教育模式；在专业取向方面，瞄准造船、驾驶人才的培养目标；在课程设计方面，也都采用西方的课程模式；在招生要求方面，放宽要求，招生对象不分汉、满等民族，无论举贡生员、官绅士庶出身，均可报考。其教学模式根据洋监督的要求，采用高位嫁接的办法，直取西方先进的教学模式，按英法的训练方法进行培养。但沈葆桢同时根据中国的国情土法上马，实事求是地办学，终于培养出符合国家需要的急需人才。

他"虑事详审精密"，处事精明果断，讲实际，图实效，不作秀，不浮夸，不掩饰，不图虚名。建设船厂，他抓紧基础设施建设，两年建成投产。一所以造船为中心的大型机器工厂很快就屹立在闽江边上。一位英国人在参观船厂后说："这个造船场和外国任何其他造船场并没有多少区别。"他是封建官吏，但并不保守，在技术上提倡精益求精，船型不断改进（木壳—铁胁—钢壳），机式装备不断改进（常式立机或卧机—康邦省煤卧机—新式省煤立机或卧机），船式不断改进（常式—快船—钢甲船），使船政的技术在国内处于领先地位。

他办学严谨，要求学生"精益求精，密益求密"。对优秀"英敏勤慎"者奖励，对"顽梗钝拙"者除名。他规定，学堂每3个月考试1次，其学有进境考列一等者，赏洋银10元；二等者，无赏无罚；三等者，记惰1次，两次连考三等者，戒责，3次考三等者开除。制造第1届先后招生或从绘图学堂择优转入共105名，毕业时只剩下39名，淘汰达66名。

沈葆桢认为要让学生得到"上上之技"，必须让学生到国外去学习。1875年，日意格在回国采购时，他就挑选魏瀚、陈兆翱、陈季同、刘步蟾、林泰曾5名优秀学生随同赴法国参观学习。此后，选送出国留学生四批及零星派出共111人，分赴法、英、德、美、比、西、日等国。学成回国的，成为我国科技力量的主要骨干，严复、罗丰禄、陈季同、魏瀚、郑清濂、林应升、林日章、陈兆翱、杨廉臣等都是日后的佼佼者。

四 严谨整肃刚正不阿是他的高贵品格

他严字当头，风规整肃。在地方任上，他敢说敢干，敢于负责，作风严谨，雷厉风行。他敢于整顿，善于治理，激浊扬清，严于吏治，对贪官污吏深恶痛绝，严肃查处了一批土豪劣绅奸商。

在船政大臣任上，因为船政工薪较高，许多人想挤进船政拿高薪，以致沈家箱子堆满了介绍信，"户为之穿"，忙得沈葆桢"舌蔽唇焦"。进不了船政的人对他怨恨仇视，不断写匿名信、小字报谩骂他。但沈葆桢始终坚持"至亲旧交不滥收录"的任人唯贤方针，不理会这些谩骂攻击。

沈葆桢秉公办案，文武官员犯了错误，不论职务高低，概不宽容。有一胥吏是沈家姻亲，因触犯厂规被捕审讯。说情的亲友很多，他都不买账。在审判时忽然接到父亲的信，他心里明白，当场宣称，家信讲私事，先办公事，喝令斩了。船厂需要大量铁皮，布政司主管售铁的官员故意为难，索取好处费。沈葆桢以"阻挠国事"的罪名，将直接责任者斩首示众，起到了杀一儆百的作用，压下了船政中正抬头的歪风。

1868年6月，马尾一场台风，冲崩船厂江岸数十丈，逼近船台。他不把问题推给天灾，而是担起责任，上奏自请处分，同治帝准吏部议，按防范不严,给他降一级留用的处分。这并没有降低他的声望,反而严肃了风纪。

他清正刚毅、敢杵权贵。曾国藩于军于政都是他的上司,又是提携举荐他的恩人,但与其争饷不徇私情。他又能顾全大局,作为南洋大臣,他以国家利益为重,把南洋3年的经费归给北洋,以集中有限的财力先武装北洋水师。他善于推功揽过,经常把功劳推给下属和同僚,而把责任留给自己,多次向朝廷请求对自己处分。

五 富有远见是他的过人之处

创办船政,沈葆桢将把办学培养人才作为根本。他一再上奏说"船政根本在于学堂"。1866年12月23日船政工程全面动工,求是堂艺局即船政学堂就同时开学招生。没有教室,就借地办学。驾驶专业暂借福州城内定光寺(又称白塔寺)、仙塔街上课;造船专业暂借城外亚伯尔顺洋房开课。很快形成规模,法文类学堂有:造船学堂、绘画学堂(即绘事院)、艺徒学堂(即艺圃,后分出一个匠首学堂)。英文类学堂有:驾驶学堂、练船学堂、管轮学堂。后任丁日昌增加一所电报学堂。沈葆桢认为"能否成材,必亲试之风涛",因此设立了练船学堂。1870年船政自造的第3号兵船"福星"号下水成功,随即辟为练船,其后共有7艘舰船用于实习训练。

1872年,内阁学士宋晋挑起事端,上奏《船政虚耗折》,说闽省连年制造轮船,闻经费已拨用至四五百万,未免糜费太重。名为远谋,实同虚耗。并请旨要求停办。宋晋的上奏引起了轩然大波,朝廷内反对造船者与日俱增。对此,沈葆桢致函总署,列举办厂好处,力驳宋晋主张,提出不能因为弟子不如师而"废书不读",并针锋相对提出了著名的论点:"勇猛精进则为远谋,因循苟且则为虚耗",坚持"船政万难停止"。

1874年,日本设立侵台机构——台湾都督府,并以牡丹社事件为借口出兵侵占台湾。沈葆桢奉命巡台,坚持外交备战两手硬,认真固民心、联外交、预边防、通消息的战略部署,形成相当的声势,使日军不敢放肆,被迫撤军。在把日军赶出去的同时抓紧整顿防务。在日本侵台刚结束,他就上了一个奏折,称"此次之善后与往时不同,台地之所谓善后,即台地之所谓创始也。"从这时起，他相继提出并实施了一系列治台政策和改革措施，开创了台湾的近代化建设。

在对台湾战略地位深刻性、重要性和紧迫性的认识方面，他的认识是最为深刻的。他认为"东洋终须一战"，临终遗嘱还念念不忘日本对台"虎视眈眈""铁甲船不可不办，倭人万不可轻视"。其高瞻远瞩，比李鸿章把铁甲船视为"不急之物"，中日关系能维持的看法，何止高出一筹。这不但是他有这种远见，还有那种胆识，那种务实精神，还有他那种敢杵权贵的血性和不怕丢乌纱帽的硬骨头精神。

沈葆桢认为洋人来华教习未必是"上上之技"，"以中国已成之技求外国益精之学"必然事半功倍。他认为"窥其精微之奥，宜置之庄岳之间"。"庄岳之间"即齐国。这是孟子的话，意思是要学好齐国话，就要到齐国去。正是这种指导思想，船政学堂建立了留学制度。也正因为有了留学制度，促成了一批又一批的青年到国外去，使出国留学的青年开阔了眼界，增长了知识，改变了思维，学到了先进的科学技术和管理知识，为加快中国的近代化进程贡献了力量。也正因为有了出国留学，使他们感受到中西方文化的异同。通过对比，了解到差距，促使他们去追求真理，探寻救国良方。

六 勇于创新是他的灵魂所在

创新是民族的灵魂。沈葆桢一生中有许多创新的亮点。他办理船政，造新船、办新学、建立新式海军、促进中西文化新交流，建立起在远东规模最大、设备最为齐全、影响最为深远的工业基地；创办中国近代第一所高等学府——船政学堂，引进西方教育模式为我所用，开辟了中国近代教育的新路子，成为近代教育的"开山之祖"；建立起中国第一支海军舰队，并培养了一大批海军军官和军事技术人才，被誉为"中国海防设军之始，亦即海军铸才之基"；派遣留学生，促进了中国青年对西方文明的了解，翻开了中西文化交流碰撞的崭新一页，造就了一代精英，推动中国近代社会向科学与民主的方向发展，开始了中国近代化先驱性的创举。

他善于开拓，立下了近代台湾的缔造丰功。他促使台湾开禁（废除渡海到台的禁令；废除严禁台湾汉人私入"番界"（即台湾土著民族居住区）

的旧例；废除严格限制私铸、私贩铁器和竹木出口的法令），实行开山抚番、开路开矿、招垦减税等政策，促进台湾经济的开放、开发和改革，为台湾的近代化奠定了基础。同时顺民心，建郑成功祠，办学校开民智。设置台北府，让福建巡抚冬春驻台，夏秋回省，并鼓励移民台湾开垦建设，密切了闽台关系，促进海峡两岸的经济交流和合作。其意义是深远的、革命性的，是19世纪的改革开放。

沈葆桢对台湾的治理开发，在台湾的发展史上写下了伟大的一页。恭亲王奕䜣对他的评价是："经营台湾关系海防大局"。李鸿章给他的信中说道："我公在彼开此风气，善后始基，其功更逾于扫荡倭奴十万矣。"连横在《台湾通史》中评价："析疆增吏，开山抚番，以立富强之基，沈葆桢缔造之功，顾不伟欤？"

参考文献

[1] 林崇墉：《沈葆桢与福州船政》，台湾联经出版事业公司，1987。

[2] 福建船政节署：《船政奏议汇编》，光绪戊子刻本，1888。

[3] 中国史学会：《洋务运动》，上海人民出版社，1961。

制无美恶：重温渐进式的近代化道路[*]

——严复思想研究的百年反思

摘要：严复的译著一经问世，就时评不断，其思想曾被捧为清末民初的统治思想。以后评价不高，常说他晚年保守甚至反动。经百年反思，现已被誉为思想史上继孔子、朱子之后的第三里程碑。大浪淘沙后，大家认识到真正向西方寻找真理并能融会贯通的只有严复。信仰危机后，大家才理解有一个"与晚周诸子相上下"的严子。改革开放后，摆在国人面前的还是社会转型和如何走近代化道路的问题。严复说："制无美恶，期于适时；变无迟速，要在当可。"重温严复所设计的近代化道路有着现实和深远的意义。这条道路不仅是温和的、渐进的、可行的，而且是符合国情的、低成本的、深层次的。在民族独立、政权稳固、已有雄厚基础的今天是更好实施的。

关键词：制无美恶　渐进式　近代化道路　严复思想研究

严复的译著问世，就时评不断，其思想曾被毛泽东捧为清末民初的统治思想。但以后好评不多，评价也不高，常说他晚年保守甚至反动。现已被充分肯定，誉为思想史上继孔子、朱子之后的第三里程碑。百年反思后，大家才深刻认识到有一个"与晚周诸子相上下"的严子，真正向西方寻找真理并能融会贯通的只有严复。改革开放后，摆在国人面前的还是社会转型和如何走近代化道路的问题。而这个问题，严复汇通中西，有着自己的设计。重温严复所设计的近代化道路有着现实和深远的意义。下面沿着百年来严复思想研究的脉络，谈谈自己的反思。

---

[*] 本文收入《福建省社会科学界2012年学术年会分论坛论文汇编》并在会上交流。

一 时评不断，被政界捧为清末民初的统治思想

严复（1854～1921年）原名传初，1866年报考入马尾船政学堂时改名宗光，字又陵，登仕籍后改名复，字几道。侯官（今福州市）阳岐乡人。是中国近代史上最负盛名的翻译家、教育家和启蒙思想家。他于1871年毕业于船政学堂首届管驾班，1877年与刘步蟾、萨镇冰等成为首批由政府派赴欧洲的留学生。严复先进英国朴茨茅斯大学预科后转入格林尼茨海军学院深造。留学期间，他考试成绩"屡列优等"，并且在学好本专业知识学问外，还注意观察体验英、法两国的社会现象，学习社会科学知识，研究国际政治关系，颇受时任驻英公使郭嵩焘的赏识，与其成为忘年之交。1879年严复学成归国后，先任马尾船政学堂教习，不久调任天津北洋水师学堂，先后任总教习、会办、总办达二十年之久。中日甲午战争爆发后，严复迅速投身挽救民族危亡的维新变法运动。他奋笔疾书，运用西方进化论等学说，宣传变法图强的思想主张，产生振聋发聩的影响。其阐明的观点，成为当时维新派鼓吹变法以救亡图存的理论依据。

严复以其在近代中国思想启蒙运动中的突出作用和中西文化交流史上的杰出贡献，长期以来成为史学研究、朝野关注的热点人物。对严复的研究和褒贬从他在天津《直报》上连续发表《论世变之亟》、《原强》、《救亡决论》、《辟韩》四篇犀利文章后就开始了。《天演论》一书出版后，风靡九州，虽不乏质疑、批评者，但还是好评如潮，影响深远。

当时许多学者名流、思想家、政治家，诸如吴汝纶、梁启超、康有为、蔡元培、胡汉民、陈独秀、胡适、鲁迅、贺麟、毛泽东等深受影响，并大加称赞。吴汝纶为《天演论》作序，盛赞其书"高文雄笔"，可与"晚周诸子相上下"[①]。说得惠书，"虽刘先主之得荆州，不足为喻"，并手录副本，秘之枕中。梁启超是最早看到手稿的读者。他在给严复的回信中说"循环往复诵十数过，不忍释手，甚为感佩，乃至不可思议"，"承规各节，字字金玉"，还说"今而知天下之爱我者，舍父师之外，无如严先

[①] 吴汝纶：《天演论·吴序》；严复：《天演论》，中州古籍出版社，1998，第2页。

生","非有先生之言则启超堕落之期益近矣"①。1901年，梁启超写诗称严复是"哲学初祖"②。1902年梁启超在《新民丛报》介绍严复的新译作《原富》，称"严氏于西学、中学皆为我国第一流人物"③。康有为说严复"译《天演论》为中国西学第一者也"④。1913年，康有为在赋谢林纾的诗中称"译才并世数严林"。蔡元培说，"五十年来，介绍西洋哲学的，要推侯官严复为第一"。他介绍严复的译作，"每译一书，必有一番用意，译得很慎重"。⑤ 胡汉民也称严复是"译界泰斗"，"近时学界译述之政治学书，无有能与严译比其价值者"⑥。1903年严复翻译英国学者甄克斯的著作《社会通诠》，认为当时的中国社会终将于进入国家社会阶段，现在属于七分宗法、三分国家性质。陈独秀深受影响，照搬了《社会通诠》的理论及严复的案语。陈独秀主办的《新青年》曾鼓动打倒宗法社会的文化运动。胡适认为"严复是介绍西洋近世思想的第一人"。他说："《天演论》出版之后，不上几年，便风行到全国，竟做了中学生的读物了。"还说，"我自己的名字也是这种风气底下的纪念品"。数年之间许多进化名词成了口头禅。自己和儿辈的名号都改了。他的两个同学一个名叫杨天择，一个叫孙竞存⑦。鲁迅说严复"的确与众不同：是一个19世纪末年中国感觉锐敏的人"。而自己"一有闲空，就照例地吃侉饼，花生米，辣椒，看《天演论》"⑧。1945年，贺麟出版《五十年来的中国哲学》一书，称严复"是

---

① 梁启超：《与严幼陵先生书（1897年）》，苏中立、涂光久编《百年严复——严复研究资料精选》，福建人民出版社，2011，第373、262页。
② 梁启超：《严复是哲学初祖（1901年）》，苏中立、涂光久编《百年严复——严复研究资料精选》，福建人民出版社，2011，第373、266页。
③ 梁启超：《严复于西学、中学皆为我国第一流人物（1902年）》，苏中立、涂光久编《百年严复——严复研究资料精选》，福建人民出版社，2011，第373、268页。
④ 康有为：《严复为中国西学第一者（1900年）》，苏中立、涂光久编《百年严复——严复研究资料精选》，福建人民出版社，2011，第373、275页。
⑤ 蔡元培：《介绍西洋哲学要推严复为第一（1923年）》，苏中立、涂光久编《百年严复——严复研究资料精选》，福建人民出版社，2011，第273、274页。
⑥ 胡汉民：《述侯官严氏最近政见（1906年）》，苏中立、涂光久编《百年严复——严复研究资料精选》，福建人民出版社，2011，第298、301页。
⑦ 胡适：《严复是介绍西洋近世思想的第一人（1922年）》《第一次读天演论和天演论的深远影响（1931年）》《我的名字源自"适者生存"（1931年）》，苏中立、涂光久编《百年严复——严复研究资料精选》，福建人民出版社，2011，第319、323、324页。
⑧ 鲁迅：《严复"的确与众不同（1918年）》《在矿路学堂看天演论（1926年）》，苏中立、涂光久编《百年严复——严复研究资料精选》，福建人民出版社，2011，第314、315页。

19世纪末我国向西方寻找真理的代表人物之一",说"严复当时能抓住并发挥黑格尔哲学这些宝贵的思想,诚为不易,其在中国最早传播黑格尔哲学的功劳不能不载入史册"[①]。1947年,冯友兰在美国宾夕凡尼亚大学讲授中国哲学史,称严复是西方思想的最大权威[②]。毛泽东也深受严复思想的影响,在早期的《湖南农民运动考察报告》中就把族权列为农民的四大绳索之一。1940年1月,毛泽东在延安《中国文化》创刊号上发表《新民主主义论》,指出,"以严复输入的达尔文的进化论、亚丹斯密斯的古典经济学、穆勒的形式逻辑与法国启蒙学者孟德斯鸠辈的社会论为代表,加上那时的自然科学,是'五四'以前所谓新学的统治思想。在当时,这种思想,有同中国封建思想作斗争的革命作用,是替旧时期的中国资产阶级民主革命服务的"[③]。1949年6月,毛泽东发表《论人民民主专政》,提出:"自从1840年鸦片战争失败那时起,先进的中国人,经过千辛万苦,向西方国家寻找真理。洪秀全、康有为、严复和孙中山,代表了在中国共产党出世以前向西方寻找真理的一派人物。"[④] 毛泽东代表无产阶级新政权对严复的评价和对严复思想的定位起到了重要的作用。

总体上说,20世纪末到新中国成立以前,对严复的评价是正面的,肯定的。毛泽东的评价可以说达到了顶峰。由于严复的声望和巨大影响力,介入评论的又多是政治、文化名流,虽然有李问渔的驳义、章太炎的商兑等批驳文章,也不乏排斥、歪曲的文论,但西学第一人、译界泰斗、学界权威、启蒙思想家的形象还是深入人心的。

二 百年反思,被学界誉为继孔子朱子之后的第三里程碑

新中国成立后,毛泽东关于"五四"以前"所谓新学的统治思想"的那一段话,在所有出版的《毛泽东选集》都被删掉了。我们不明原因,可

[①] 贺麟:《严复与康德、黑格尔哲学(1945年)》,苏中立、涂光久编《百年严复——严复研究资料精选》,福建人民出版社,2011,第347页。
[②] 冯友兰:《严复是西方思想的最大权威(1947年)》,苏中立、涂光久编《百年严复——严复研究资料精选》,福建人民出版社,2011,第348页。
[③] 毛泽东:《严复输入中国的西方四大名著(1940年)》,苏中立、涂光久编《百年严复——严复研究资料精选》,福建人民出版社,2011,第340页。
[④] 毛泽东:《论人民民主专政》,《毛泽东选集》,人民出版社,1991,第1469页。

能这句话本身还有可以斟酌的地方,但细究一下《新民主主义论》,不难看出贬低严复的思想家地位是正常的、必要的。毛泽东在这段话的后面说道:"可是因为这个资产阶级的无力与世界已经进到帝国主义时代,这种资产阶级思想只能上阵打几个回合,就被外国帝国主义的奴化思想与中国封建主义的复古思想的反动同盟所打退了,被这个思想上的反动同盟军稍稍一反攻,所谓新学就偃旗息鼓,宣告退却,失了灵魂,而只剩下它的躯壳了。旧的资产阶级民主主义文化,在帝国主义时代,已经腐化,已经无力了,它的失败是必然的。"显然,严复思想是资产阶级思想,反动同盟军稍稍一反攻,就偃旗息鼓,失了灵魂,它已经腐化无力,是失败的、过时的。这种定调,显然不利于对严复思想的研究。随着各种各样的运动接踵而来,这种资产阶级思想的命运可想而知。

由于毛泽东把严复定位为代表了在中国共产党出世以前向西方寻找真理的一派人物之一。对严复及其思想的研究还是可以正常进行的。只不过是要用马列主义、毛泽东思想的理论来加以批判,因此出现了《严复思想批判》、《严复思想的分析批判》等一系列文章。很多文章根据毛泽东的评价思路,肯定严复前期的作用和重大影响,也指出其资产阶级思想的腐败软弱,还经常拿吸鸦片、纳妾、晚年保守等来作文章,甚至说他走上了反动的道路,提倡复辟,参加筹安会的帝制运动,提倡尊孔读经,反对五四运动,成为顽固反动的人。1937年,周振甫撰写了《严复的中西文化观》的文章,随后出版《严复思想述评》一书,提出严复思想经历了从激进转变为保守、从全盘西化又转变为返本复古的过程。王栻的《严复传》也具代表性。他认为,严复在1895~1898年的维新运动中是一个最出色的提倡变法自强的理论家与宣传家;在戊戌政变后至辛亥革命前(1898~1911年)是从进步渐趋保守转变时期,从既提倡"尊民叛君"的民主,又提倡"尊今叛古"的西学,即民主与西学并重,逐渐有了先谈西学,后谈民主,从而实质上取消民主要求的保守倾向,也就是说只鼓吹"教育救国论"。随着革命的高涨,严复的思想越发显得保守。辛亥革命以后(1912~1921年),严复更走上了反动的道路。侯外庐认为,严复一开始就以改良主义者自居,不但不赞成革命派的行动,而且不赞成变法派的政变。还有学者认为,严复同其他近代先进人物一样,由救国救民的愿望出发,向西方追求真理,倾慕西学,鼓吹西学，认为西学可以救国，可是历史的发展和他们的愿望相反，西学并没有给中国指出一条光明大道，没有解救中国的民族危机，在事实面前，他开始怀疑西学。逐渐就由资产阶级改良主义日益堕落为复古主义，由否定西学而成为封建主义的卫道者。因此说，严复宣传的西学在中国现实环境中打了败仗。1964 年，美国学者本杰明·史华兹教授在哈佛大学出版社出版了专著《寻求富强：严复与西方》。史氏认为严复内在的思想实质是前后一致的。后来严复有一种赞许传统思想的某些成份的倾向，但这在《天演论》的按语中已可见到。他批评周振甫、王栻等人对严复晚年的评价不实。虽然早在 20 世纪 60 年代，西方学者已经超越了以往中国学界渐渐形成的思维定势来评价严复，但这种思维定势还是沿袭下来。

"文革"期间，严复被划入"法家"行列，造成了理论上、思想上和学术上的极大混乱。拨乱反正以后，思想解放，百家争鸣，严复思想研究呈现崭新的局面。1977 年，李泽厚发表《论严复》的文章指出，严复在中国近代史上的地位不是什么"法家"，也不在于代表了资产阶级改良派，而在于他是中国资产阶级主要的启蒙思想家[①]。1989 年，张恒寿教授发表《严复对于当代道学家和王阳明学说的评论》文章，指出严复从来没有"尽弃儒学"，谈不上什么"完全复归"。进入 20 世纪 90 年代，随着对史学研究的进一步深入，严复思想研究文章越来越多。在福州，专门成立了福建省严复学术研究会，多次组织研讨会进行专题研讨。港澳台和国际学术界也重视严复思想的研究。严复研究取得了许多新成果，从激进到保守的评价模式逐渐被抛弃，认为其前后思想具有连续性，在政治上主张循途渐进，是稳健的、理性的、调适取向的。学术界逐渐达成共识，认为严复是近代中国谋求国家富强的伟大的思想家，强有力地影响了一代中国政治、文化精英；严复思想体系的形成是逐步发展的，是一贯的。从早年到晚年，直至临终，他的内在思想实质是前后一致的。以往学术界对严复晚年思想、活动研究得很不够，应该加强。严复在各个领域如政治、经济、哲学、逻辑、教育、法律、文学、史学、伦理、中西文化等都做出了杰出贡献，其在近代中国学术思想史上的地位是不可替代的。

[①] 李泽厚：《论严复》，《历史研究》1977 年第 2 期。

2008年，在北京大学召开的严复思想与中国变革学术研讨会上，与会学者充分肯定严复思想的博大精深，把严复思想定位为中国思想文化发展史上继孔子、朱子之后又一座里程碑。学术界逐渐形成一种比较普遍的共识，认为严复"比较全面、比较深刻、比较透彻、比较准确地回答了要建设一个什么样的现代国家和怎样建设现代国家的问题，特别是在东西文化的关系、历史传统与时代要求的关系、民族主体与世界潮流的关系、国家权力与人民地位的关系、循序渐变与民族振兴的关系等诸多复杂深刻的问题上，严复较能自觉地、理性地、系统地、持久地予以思索和阐发，包括他的论著、译作、演讲、书信多种方式。因此，我们有理由可以说：严复是一位理论巨人，是现代中国立国之道的强有力的创立者、奠基者"。[①] 这是严复思想研究的最重要成果。对指导中国近代化建设事业，对建设现代国家，对两岸和平发展和祖国统一都有着现实和深远的意义。

三 拨云见日，百年严复思想研究的深刻反思

严复思想是"会通中西"的集大成者，其思想体系涉及政治、经济、哲学、逻辑、教育、法律、文学、史学、伦理、中西文化等多个领域。吴汝纶说过严子与晚周诸子相上下，因此称其为"严子学说"并不为过。百年反思后，严复的理论、学术、思想越来越清晰了。

（一）大浪淘沙后的蓦然回首

"蓦然回首"是辛弃疾《青玉案·元夕》这首词里的一句话，诗中写道："众里寻他千百度，蓦然回首，那人却在灯火阑珊处。"这是千古传诵的名句。王国维在《人间词话》中把它列为第三境界，也是最高境界。他说，"古今之成大事业、大学问者"，必然经过三境界的第三境界。百年来经过激烈的斗争、不断的革命，历经暴风骤雨和狂涛骇浪的洗礼，终于让我们看到在三千年未有之大变革时代，在中西文化激烈碰撞的十字路口，

[①] 黄瑞霖：《弘扬严复创新精神 努力建设文化强省》，《福建省社会科学界2011年学术年会"严复思想与社会进步"分论坛论文汇编》，第2页。

真正能高瞻远瞩、看清时局的人少之又少,而能"会通中西"的又有谁呢?毛泽东说到的四人中又是谁最有学术根底呢?洪秀全受基督教的影响创立"拜上帝会",发动农民起义,对西方的了解非常有限。在政权建制及政治观念方面是与西方背道而驰的,即使他赞同洪仁玕的《资政新篇》,也只是迎合当时向西方学习的潮流而已。康有为是清末民初十分有影响的人物,是戊戌变法的领袖和维新派代表。变法失败后,游历海外16年,但因为没有外文功底,不能深入研究西方文化,只能写写游记。孙中山是民主主义革命的先行者,与严复有过一段对话,说严复是思想家,自己是行动家。可见四人当中,真正向西方寻找真理并能融会贯通的只有严复。蓦然回首,那人不正是在这里吗。

(二)信仰危机后的理性思考

"文革"后,信仰出现危机。尤其是苏联解体、东欧剧变和全球化的现实,迫使人们思考为什么苏联老大哥一下子不行了?为什么放开肚皮吃饭的人民公社变得那么遥远?经过过山车式的激变,人们终于冷静地进行思考。古今中外,政治家叱咤风云,而胜者为王败者寇,是非成败转头空,虽然青史留名,可惜略输文采,稍逊风骚。思想家则往往是寂寞的,孔子在世时也仕途坎坷,时常如丧家之犬,惶惶不可终日。但是当人们回首往事的时候,就想起思想家的思想来,并把他们尊为圣贤,千年顶礼膜拜。对严复思想也是这样,现在人们才深深理解他的苦心、智慧和先知先觉。他的光辉思想并没有因为革命浪潮的冲击而过时,还在艰难地闪烁着光芒。当我们要和当年的"纸老虎"结成战略伙伴关系后,当我们读起圣贤的经典后,当我们割掉资本主义尾巴、坐上人民公社的金桥超英赶美、努力实现共产主义后,人们惊奇地发现,严复说的民德、民智、民力问题并没有解决好,民权和宪政问题也没有解决好。小平同志划了几个圈,让几只苍蝇进来,却无法顶住一群苍蝇的进入。让一部分人富起来了,却无法实现共富,贫富差距越拉越大。诚信缺失在威胁着道德底线。教育问题是小平同志十分忧心的问题。人民的生活水平总体上提高了,却都有各自的不满和牢骚。社会矛盾激化,维稳成本畸高。腐败问题仍十分严重。这一切都让人不得不思考一个问题,会通中西的"严子学说"能解决这些问题吗?严复晚年,看到城头变幻大王旗,看到第一次世界大战,世事江河日下,曾借诗经发出"譬彼舟流,不知所届"的感叹,并认为"异日一线命根,仍是数千年来先王教化之泽",并说"足下记吾此言,可待验也"[1]。他说四子五经最富矿藏,要用"新式机器发掘淘炼","研究人心政俗之变"宋代"最宜究心"。"今日现象",宋人所造十有八九[2]。看来是应该认真用"新式机器"来发掘淘炼我们的文明积淀,包括宋代的政治与民情。严复认为,"世间一切法,举皆有弊,而福利多寡,仍以民德民智高下为归"[3]。看来还是要提高民德民智。任何制度都是和民德民智联系在一起的。晚年,他请郑孝胥写了一幅对联"有王者兴必来取法,虽圣人起不易吾言",[4] 一直挂在书房里。可见其对待自己的学说有着高度的自信。认真研究严复思想,往往可以读到许多精辟的见解。

(三) 改革开放后的现实契合

改革开放后,我们走了一条中国特色的社会主义道路。我们把它上升为特色理论。认为初级阶段十分漫长,当前的主要任务还是解决工业化问题。这就回到社会转型、中国走近代化道路的老问题上。进入 21 世纪,学术界对此问题作了深入研究,取得可喜的成果。许多学者认为在近代中国政治、经济、文化等全面危机的历史背景下,严复所设计和坚持的近代化道路是一条理性的渐进道路。这虽然没有被时代激进的潮流所认可,未能显示它的实效性和印证它的现实可行性,却是百年后理性反思的结果。许多学者在评介严复思想时纷纷指出,在中国近代化史上,严复的方案代表了一种理性化的启蒙与思考。北大历史系教授欧阳哲生撰写《严复评传》,认为严复坚持西方(特别是英、美)的自由主义传统,对社会改造采取理性的态度,以改良和渐进为途径;以孙中山为代表的革命党人则坚持西方(特别是法国)的浪漫主义传统,对社会改造表现出炽热的激情,主张以革命和激进为手段。遗憾的是,西方资本主义由于受到理性主义的引导,

---

[1] 严复:《与熊纯如书二十五》,苏中立、涂光久编《百年严复——严复研究资料精选》,福建人民出版社,2011,第 257 页。
[2] 严复:《与熊纯如书二十一》,苏中立、涂光久编《百年严复——严复研究资料精选》,福建人民出版社,2011,第 253 页。
[3] 严复:《与熊纯如书二十二》,苏中立、涂光久编《百年严复——严复研究资料精选》,福建人民出版社,2011,第 254 页。
[4] 皮后锋:《严复大传》,福建人民出版社,2003,第 310 页。

进行了自我调节，从而避免了革命所带来的祸乱。中国的近代社会则一直被一种非理性的激情所牵引，革命接踵发生，然而近代进程则一误再误。这是严复的悲哀，还是一个不成熟社会的悲哀？这是值得人们去反思的一个问题。① 香港浸会大学历史系教授林启彦认为："严复一生的思想表现，包括主张在学术文化上要撷取中西二者之长，倡导一种群己平衡的自由理念，重视近代国民素质的培养与提升，力主温和渐进的保守政治，实际代表了近代中国在重大的政治与文化的困境下另一条可行的出路。然而 19～20 世纪以来的中国，由于种种的事势与因缘，给中国近代激进主义的救国提案过多的发展机会，却堵塞了像严复所代表的这种缓进改革实践的可能空间，终于使中国近代化事业波折重重，走了一条大弯路。现在应该是重新评估和认识严复思想与主张的现实价值和意义的适当时候了。"② 还有学者认为，严复的理性方案不为历史所采纳，使中国近代化道路失去了理性发展的机会。笔者认同许多学者的基本看法，并认为严复所设计和坚持的近代化道路不仅是温和的、渐进的、可行的，而且是符合国情的、低成本的、深层次的。在民族独立、政权稳固、已有雄厚基础的今天是更好实施的。

四　制无美恶，重温渐进式的近代化道路

近代化也叫现代化，以经济工业化和政治民主化为主要标志。近代化是一场社会变革，是向近代文明的转化，即从中世纪社会转化为近代社会。它以科技为动力，以工业化为中心，以机器生产为标志，并引起经济结构、政治制度、生活方式、思想观念的全方位变化。一般认为洋务运动是标志性的起点。洋务运动力图通过采用西方先进的生产技术，摆脱内忧外患的困境，达到自强求富的目的。在这场运动中，福建船政表现突出，成就显著，影响广泛深远。甲午战争后，以工业化为主体的经济近代化有了长足的发展。棉纺织业的发展最为突出，民族资产阶级开始登上了历史舞台。思想文化的近代化也有了长足发展，维新派主张变法，实行君主立

---

① 欧阳哲生：《严复评传》，百花洲文艺出版社，1994，第 164、169 页。
② 林启彦：《严复思想新论·序三》，苏中立、涂光久编《百年严复——严复研究资料精选》，福建人民出版社，2011，第 373、374 页。

宪；革命派则把西方的国家学说发展为三民主义；激进派兴起新文化运动，在社会上掀起了一股思想解放的潮流。抗战期间，中国近代化的进程被打断。新中国成立后，实现了民族的独立，为近代化创造了重要条件，但由于受极左思潮的干扰，近代化事业也时常受到挫折。改革开放以后，近代化建设才有明显起色。总体上来说，中国的近代化进程十分缓慢，还有很长的一段路要走。

这就给我们提出了一个严肃的问题：为什么中国近代化屡遭挫折而没有真正实现？

从发展道路上来看，中国的近代化的工业资本和人才匮乏，农业始终没有经历一场革命性的变化，民生问题长期没解决好。从上层决策来看，没有把知识结构的变革放到极其重要的地位，大多数劳动力长期处于文盲半文盲状态，教育问题始终是严重的问题。从政治思想上看，制度不合理，思想不解放，民主自由更谈不上。从社会环境上来看，战争和革命不断，政局长期动荡不安。而这些恰恰是严复预料到和十分担忧的。

1904 年，严复翻译了英国学者甄克思的《社会进化简史》，译作《社会通诠》，认为一个国家的发展进化要经历由图腾社会、宗法社会到军国社会（即现代社会）三个阶段，论证从宗法社会向现代社会发展的必然性。严复认为近代中国正处在宗法社会而渐入现代社会之际，"当循途渐进，任天演之自然，不宜以人力强为迁变"[①]。主张走一条循途渐进、不强为迁变的发展道路。

严复译著中另一引人注目的名著是《原富》，历经 5 年之久。原著系英国古典政治经济学家亚当·斯密（1723～1790 年）的代表作，原书名为《国民财富的性质和原因的研究》（简称《国富论》）。亚当·斯密所探讨的是，如何让新兴的资产阶级发财致富，阐明社会经济关系。该书奠定了劳动价值论的基础，并对剩余价值的各种具体形态进行了分析。严复意在通过翻译《原富》，以西方国家的富国之道，开导中国当权者如何下决心来改变中国的落后面貌。严复在翻译《原富》的"发凡"中，说明译书目的，在于"考国富之实，与夫所以富之由"。严复还通过按语，提醒当权者，要使国富民强，必须让民族资本自由发展，不能由官府严加控制与干

[①] 《严复集》，第 615 页。

涉。"民之生计，只宜听民自谋，上惟无忧，为裨已多。""夫所谓富强者，质而言之，不外利民之策，然政欲利民，必民能自利也；民各能自利，又必自皆得自由始。"

1895年严复在《论世变之亟》一文中，介绍了自由原则对于西方社会的重要性，认为中国与西方比起来，最根本的差异，在于自由与不自由："夫自由一言，真中国历古圣贤之所深畏，而从未尝立以为教者也。彼西人之言曰：唯天生民，各具赋畀，得自由者乃为全受。故人人各得自由，国国各得自由，第务令毋相侵损而已。侵人自由者，斯为逆天理，贼人道。其杀人伤人及盗蚀人财物，皆侵人自由之极致也。故侵人自由，虽国君不能，而其刑禁章条，要皆为此设耳。"①

1895年3月，严复在《直报》上发表《辟韩》一文，以西方资产阶级的"民权"学说，批判唐代儒学家韩愈《原道》篇中的尊君思想和君主专制理论，他引用卢梭，孟德斯鸠等法国启蒙运动思想家的论说，阐明"国者，斯民之公产地；王侯将相，通国之仆隶也"。②

严复还发表《原强》一文，全面提出自己的维新理论和变法主张，文中首先介绍达尔文的进化论和斯宾塞的社会有机体论，提出中国富强的根本办法是："一曰鼓民力，二曰开民智，三曰新民德"，"此三者，自强之本也"③。尤其是"新民德"，许多学者认为，严复讲的"民德"，实际上是指国人的思想观念，或国民性，而非指一般意义上的"道德"。所谓"新民德"，即改造国民性，改革中国人的思想观念。严复还从法制教化——政治制度上说明国人自私、不关心社会事务的原因，指出了"民德"与政治制度之间的重要关系，欲改变国民性中的此种问题，有赖于政治制度的改革。在穆勒的著作中，个人自由经常被看作一种目的，在严复的译作中，个人自由则成为提高"民德"、"民智"，并最终为国家目的服务的一种手段。在严复看来，西方近代国家不断走上强盛，主要在于西方社会不断逐渐尊重人民的选择，其民尊且贵；而中国社会之所以不断走向衰微，主要也就在于中国社会太不尊重人民的选择和尊严，中国之民，其卑且贱。严复强调，西方国家建立了这套制度和办事规则，是基于一种学术的

---

① 严复：《论世变之亟》，《严复作品精选》，长江文艺出版社，2005，第3页。
② 严复：《辟韩》，《严复作品精选》，长江文艺出版社，2005，第21页。
③ 《严复集》，第15~32页。

考虑，有着学理上的依据。推求其故，西方学术的根基，是以自由为体，以民主为用。

严复认为，"中国至于今日，其积弱不振之势，不待智者而后明矣。深耻大辱，有无可讳焉者。日本以寥寥数舰之舟师，区区数万人之众，一战而翦我最亲之藩属，再战而陪京戒严，三战而夺我最坚之海口，四战而覆我海军。今者款议不成，而畿辅且有旦暮之警矣。则是民不知兵而将帅乏才也。曩者天子尝赫然震怒矣，思有以更置之。而内之则殿阁宰相以至六部九卿，外之泊廿四行省之督抚将军，乃无一人焉足以胜御侮之任者。深山猛虎，徒虚论耳。夫如是尚得谓之国有人焉哉！"① 大清帝国之所以沦落到如此惨境，根本原因是人才匮乏。

甲午海战后，他分析指出"然则战败又乌足悲哉！所可悲者，民智之已下，民德之已衰，与民气之已困耳，虽有圣人用事，非数十百年薄海知亡，上下同德，痛刮除而鼓舞之，终不足以有立。而岁月悠悠，四邻眈眈，恐未及有为，而已为印度、波兰之续；将锡彭塞（今译为斯宾塞）之说未行，而达尔文之理先信，况乎其未必能遂然也。吾辈一身即不足惜，如吾子孙与中国之人种何！"② 他认为最可悲者，民智已下，民德已衰，民气已困，虽有圣人复出用世，没有数十年上百年上下同德，发奋图强，就可能步印度、波兰之后尘，亡国灭种。

1895年5月，严复又在《直报》上发表《救亡决论》，提出"要救亡必须变法"，"如今中国不变法则必亡是也"，并认为变法应以废八股倡西学为先，批判科举制度的三大危害在于"锢智慧"、"坏心术"、"滋游手"。科举考试取仕使天下人"消磨岁月于无用之地，堕坏志节于冥昧之中，长大虚骄，昏人神智，上不足以辅国家，下不足以资事畜，破坏人才。国随贫弱"③。

严复举例分析中西文化的不同，认为"中国最重三纲，而西人首明平等；中国亲亲，西人尚贤；中国以孝治天下，西人以公治天下；中国尊主，西人隆民；中国贵一道而同风，西人喜党居而州处；中国多忌讳，西人众讥评。其于财用也，中国重节流，而西人重开源；中国追淳朴，西人

---

① 严复：《原强》，《严复作品精选》，长江文艺出版社，2005，第8页。
② 严复：《原强》，《严复作品精选》，长江文艺出版社，2005，第10页。
③ 严复：《救亡决论》，《严复作品精选》，长江文艺出版社，2005，第59页。

求欢虞。其待物也,中国美谦屈,而西人务发舒;中国尚节文,而西人乐简易。其于为学也,中国夸多识,西方尊新知。其于灾祸也,中国委天数,而西人恃人力"①。一百多年过去了,这些差别还是不同程度地存在。

严复也谈到社会主义。他说到墨子的"兼爱",认为"至于墨道,则社会主义"。② 严复还说:"欧美之民,其今日贫富之局,盖生民以来能未有也,富者一人以操之金钱以兆计,有时至千万亿,……乃不谓文明之程度愈进,贫富之差愈遥,而民之为奸,有万世能未尝梦见者,此宗教之士所以有言,而社会主义能以日盛也。"严复本人未曾信奉过社会主义,对社会主义也未做深刻的研究,但对西方的资本主义也做出批判:"夫自今日中国而视西洋,则西洋诚为强且富。顾谓郅盛极治,则又大谬不然之说也。……盖世之所以得致太平者,必其民之无甚富亦无甚贫,无甚贵亦无甚贱。假使贫富贵贱,过于相悬,则不平之鸣,争心将作,大乱之故,常由此生。二百年来,西洋……垄断既兴,则民贫富贵贱之相悬滋益远矣。"尤其是第一次世界大战后,批判更多。

对如何使中国走向富强与民主,严复形成了自己的看法。黄克武先生认为:"他的基本观点是透过教育与地方自治的实施,培育国民,以缓进的方式将君主专制政体改为君主立宪,再进而为民主共和。"辛亥革命以后,严复在给莫理循的信中说,"中国断不宜像美利坚那样全然不同的政府形式"。他认为,面临民族革命之后分疆裂土的危局,需要一个强势而稳健的君主来主张国权、力挽颓势。君主不能再是循一己之私欲的专制君主,他是抽象的"众主"和国家权力的象征。同时与之立约,"损其政权,以为立宪之基础,使他日国势奠定,国民进化,进则可终于共和,退则可为其复辟"。在上者,应于选举上"一听民意自由";在下者,人人应当"减损自由,而以利国善群为职志"。严复希望把政治自由的理念置入君主制当中,使后者一转而成为走向政治自由的途径,而君主制或专制本身则是社会进化过程中暂时的东西。

严复认为"制无美恶,期于适时;变无迟速,要在当可"。③

认为制度没有美恶之分,变革没有快慢之别,要看历史条件,适合就

---

① 严复:《论世变之亟》,《严复作品精选》,长江文艺出版社,2005,第3页。
② 严复:《庄子评语》,《严复集》第4册,中华书局,1986,1126页。
③ 严复:《宪法大义》,《严复作品精选》,长江文艺出版社,2005,第36页。

可以，不适合就不宜。这就要审时度势。从君主专制到君主立宪，再进而为民主共和，都是过程，是手段。目标是实现社会转型和近代化。而这种转化的主要依据就是民心。而民心关键在看民德、民智的高下。这也就是严复为什么把新民德、开民智、鼓民力看成治本的根本原因。制无美恶的思想也给我国改革开放和"一国两制"提供了理论依据，其现实意义是不言而喻的。

综上所述简而言之，笔者认为：严复描绘的中国近代化道路就是取长补短、标本兼治、循途渐进、惟适之安的和平发展道路；是逐步实现自由平等、民尊德厚、智兴力盛、教育为本的自强道路；是逐步实现地方自治、政治民主、群重己轻、国富民强的文明道路。

严复思想的强国梦启示[*]

摘要： 严复思想是会通中西的集大成者。循途渐进是强国之路，平等自由是强国之本，文明积淀是强国之根，惟适之安是强国之魂。联系民族振兴的强国梦，严复思想给人的启示依然有着深刻的现实意义。

关键词： 严复思想　强国梦　启示

鸦片战争以后，落后挨打的现实使国人猛醒，民族复兴成为国人近代以来的强烈心声。经过激烈的社会变革，时至今日，重读严复译著，仍然会感到鲜活。严复思想是会通中西的集大成者，其思想体系涉及政治、经济、哲学、逻辑、教育、法律、文学、史学、伦理等多个领域，被梁启超誉为"哲学初祖"。百年反思后，严复思想更为人所钦佩，被誉为继孔子、朱子之后的第三里程碑。联系民族振兴的强国梦，严复思想给人的启示仍然有着深刻的现实意义。

一　循途渐进是强国之路

（一）先救亡治标、后图强治本

甲午海战后，民族危机空前严重。严复认为"不为其标，则无以救目前之溃败"。当前最紧迫的任务就是救亡。而要救国，最根本的还是要使国家富强起来，富强的根本办法，也就是自强之本"统于三端：一曰鼓民力，二曰开民智，三曰新民德"。[①]

---

[*] 本文系参加2014年11月在军事交通学院（天津）召开的"严复与强军梦"学术研讨会论文。

[①] 苏中立、涂光久：《百年严复——严复研究资料精选》，福建人民出版社，2011，第337页。

(二) 宜循途渐进、不强为迁变

1904年,严复翻译英国学者甄克思的《社会进化简史》,以《社会通诠》发表。文章论证从宗法社会向现代社会发展的必然性,认为一个国家的发展进化要经历由图腾社会、宗法社会到军国社会(即现代社会)三个阶段。他认为近代中国正处在宗法社会而渐入现代社会之际,"当循途渐进,任天演之自然,不宜以人力强为迁变。"① 主张走一条循途渐进、不强为迁变的发展道路。

(三) 世道必进、后胜于今

严复认为:"世道必进,后胜于今"。在辛亥革命之后的民国年间,严复认为当时的民智民德依然是愚坏的,不适合在中国实施共和的国体。"欧东过激党"之"破坏资产家与为均贫",也是"不能成事"的。因为"欲贵贱贫富之均平,必其民皆贤而少有不肖,皆智而无甚愚而后可,否则虽今日取一国之财产而悉均之,而明日之不齐又见矣"。在这里,他提出一个前提条件,就是:"民皆贤而少有不肖,皆智而无甚愚"。而这种少不肖和无甚愚,是天演的规律,是社会进步后胜于今的必然结果。

二 平等自由是强国之本

(一) 民生幸福,无非自由

严复指出:"凡民生幸福,无非自由。"他在《论世变之亟》一文中,介绍了自由原则对于西方社会的重要性,认为中国与西方比起来,最根本的差异,在于自由与不自由。西方社会在学术方面,"黜伪而崇真",在刑政方面,"屈私以为公"。而在当时的中国做不到。"彼行之则常通,吾行之而常病,则自由不自由异耳。"认为有无平等自由是造成西方富强与中国贫弱差距的根本原因。中国人不争自存自由,而西人力争自存自由。

---

① 《严复集》,第615页。

（二）鼓民力、开民智、新民德

甲午海战后，他分析指出，"所可悲者，民智之已下，民德之已衰，与民气之已困耳，虽有圣人用事，非数十百年薄海知亡，上下同德，痛刮除而鼓舞之，终不足以有立。而岁月悠悠，四邻眈眈，恐未及有为，而已为印度、波兰之续；将锡彭塞（今译为斯宾塞）之说未行，而达尔文之理先信，况乎其未必能遂然也。吾辈一身即不足惜，如吾子孙与中国之人种何！"[①]他认为中国富强的根本办法就是鼓民力、开民智、新民德。

（三）民德弱，与政体攸关

1895年5月，严复又在《直报》上发表《救亡决论》，提出"要救亡必须变法"，"如今中国不变法则必亡是也"，并认为变法应以废八股倡西学为先，批判科举制度的三大危害在于"锢智慧"、"坏心术"、"滋游手"。"乐者为善，苦者为乐。"[②]而自由之乐又只有特操异撰之人能够享受。特操为幸福之源，为道德之本。他从法制教化——政治制度上说明国人自私、不关心社会事务的原因，指出了"民德"与政治制度之间的重要关系，要改变国民"不管他人瓦上霜"的毛病，使人人关心他人、人人爱国，就要实行民主。

（四）均贫富、均贵贱、均民品

严复多次提到古代的治世、至盛极治、至治极盛、郅治之隆、大同之世等。认为孔子、老子都有民主思想，井田也是民主之政；又肯定和继承了近代的民主之治，特别是孟德斯鸠《法意》中的民主思想和民主制度。他说"郅治之民主"，是"治制之极盛也"，它不仅与平等联系在一起，"民主之所以为民主者，以平等"，而且不是强而平之，"必其力平，智平，德平"，是真民主和真平等。他针对资本主义严重不均的情况，反复强调未来的理想社会要实现各方面的均平，"事在均其不齐"，特别是要均民德之厚薄，民智之明暗，民力之贫富，民品之贵贱。

---

① 严复：《原强》，《严复作品精选》，长江文艺出版社，2005，第10页。
② 苏中立、涂光久：《百年严复——严复研究资料精选》，福建人民出版社，2011，第253页。

（五）身贵自由，国贵自主

严复认为，"身贵自由，国贵自主"，"国群自由比个人自由更重要"。他在《法意》按语中写道："所急者，乃国群自由，非小己自由也。"严复一再重申，国家自由是个人自由最可靠的保障，而个人自由已包含在国家的自由之中，应先解决国家自由问题，后解决个人自由问题。他认为要争国家自由，必须使人人爱国，而要做到人人爱国，又必须首先引导国人关心国家大事。认为："不自由则无特操，无特操则其群必衰"；"民少特操，其国必衰"。有特操才能个性自由，而个性自由是国家自由的基础，"特操之民，社会所以待进化。"

三　文明积淀是强国之根

（一）千年教泽、一线命根

严复晚年，看到城头变幻大王旗，看到第一次世界大战，世事江河日下，曾借诗经发出"譬彼舟流，不知所届"的感叹，并认为"异日一线命根，仍是数千年来先王教化之泽"，并说"足下记吾此言，可待验也"[①]。他说四子五经最富矿藏，要用"新式机器发掘淘炼"，"研究人心政俗之变"宋代"最宜究心"。"今日现象"，宋人所造十有八九。认为应该认真用"新式机器"来发掘淘炼我们的文明积淀，包括宋代的政治与民情。

（二）孔孟之道、量同天地

民国的建立，徒然增加了党派、军阀之间的尔虞我诈。国际上，第一次世界大战更使严复对西方现代资本主义文明的反思，认为"四年亘古未有之血战，觉彼族三百年之进化，只做到'利己杀人，寡廉鲜耻'八个字。回观孔孟之道，真量同天地，泽被寰区"。由于对国内国际形势的失望，促使他深刻反思中西文化的长短利弊，认为只有在社会富强的同时坚持"人道"，才能达到大同、太平的理想目标。

[①] 严复：《与熊纯如书四十九》，苏中立、涂光久编《百年严复——严复研究资料精选》，福建人民出版社，2011，第339页。

(三）为仁兼爱、寡民至德

严复吸收孔子的患不均，孟子的仁爱，墨子的兼爱，老子的寡民，庄子的至德等理想，同时又批判和吸收了西方，尤其是近代的各种民主主义和社会主义思想，如赫胥黎的均齐，亚当·斯密的致富，孟德斯鸠的民主，卢梭的自由，以及欧美之社会主义、俄之社会主义、均贫富党、社会党、虚无党、过激党等的均贫、均富、均国田、领土国有、破资产之家，等等，企图将中西思想融为一体。认为"墨道则所谓社会主义"。王安石"胸中社会主义甚富"，"反观吾国，可悟井田古制之所由成，与其制之所由破"，"今之持社会主义，即古之求均国田者也。"这些都是严复会通中西的深刻思考。

（四）恕道絜矩、推己及人

严复认为"人得自由，而必以他人之自由为界，此则《大学》絜矩之道"。"絜矩"语出《大学》，"絜"指度量，"矩"为法度。絜矩之道是指特操异撰之士对社会主动承担的义务，其本质就是推己及人。他认为恕和絜矩，专以待人及物，其道理与西法自由最相似。而"西人自由，则于及物之中"。西方对个人的自由权利重视，但在协调人际关系和促进社会和谐方面，恕道絜矩却显示其优越性。

四　惟适之安是强国之魂

韩愈《送李愿归盘谷序》中说到"起居无时，惟适之安"。意思是觉得怎么舒服就怎么做。严复赋予它深刻的内涵，成为崇尚自由、尊重天演的哲学概括。对中华民族振兴的强国梦有着深刻的现实意义。

（一）弱者当为强肉，愚者当为智役

在国家和民族的危难关头，严复以二十年的西学积累，为维新运动时期的理论做出了巨大贡献。《天演论》的出版轰动了全国。"物竞天择，适者生存"的理论很快成为一种社会共识，"合群保种"意识深入人心，救国图存成为全体中华民族的自觉行动。严复说："所谓争自存者，谓民物

之于世也,樊然并生,同享天地自然之利。与接为构,民民物物,各争有以自存。其始也,种与种争,及其成群成国,则群与群争,国与国争。而弱者当为强肉,愚者当为智役焉。"纵观国际风云的百年变换,"弱者当为强肉,愚者当为智役"不正是处理国际关系的重要理论基础吗。

(二) 世间一切法,举皆有弊

严复认为,"世间一切法,举皆有弊,而福利多寡,仍以民德民智高下为归"。在严复看来,西方近代国家不断走上强盛,主要在于西方社会逐渐尊重人民的选择,其民尊且贵;而中国社会之所以不断走向衰微,主要也就在于中国社会太不尊重人民的选择和尊严,中国之民,其卑且贱。严复强调,西方国家建立了这套制度和办事规则,是基于一种学术的考虑,有着学理上的依据。推求其故,西方学术的根基,是以自由为体,以民主为用。"云以救封建之弊,则为既往;将以弭资本之患,则犹未来"。反思百年历史,我们惊奇地发现,实际上许多制度我们都尝试过,但都不能让人满意,何也?皆有弊也。

(三) 制无美恶,期于适时;变无迟速,要在当可。

严复认为"制无美恶,期于适时;变无迟速,要在当可"①,认为制度没有美恶之分,变革没有快慢之别,要看历史条件,适合就可以,不适合就不宜。这就要审时度势。从君主专制到君主立宪,再进而为民主共和,都是过程,是手段。目标是实现社会转型和近代化。而这种转化的主要依据就是民心。而民心关键在看民德民智的高下。这也就是严复为什么把新民德、开民智、鼓民力看成治本的根本原因。制无美恶的思想也给我国改革开放和"一国两制"提供了理论依据,其现实意义是不言而喻的。

---

① 严复:《宪法大义》,《严复作品精选》,长江文艺出版社,2005,第36页。

心声百感交集　心画神采奕奕[*]

——陈季同《学贾吟》诗书艺术略评

2004年8月，陈书萍女士（陈季同曾長孫女）和钱南秀女士（美国莱斯大学副教授、博士）来访，带来了南秀女士在上海图书馆查阅到的陈季同《学贾吟》手稿复印件[1]。我看到的第一感觉就是眼前一亮。那潇洒劲秀、精美整饬的小字行书（参有少量草书）吸引了我，让我展转良久，不忍放下。再阅读诗篇时，更让我难以割舍，当晚就阅读到下半夜。两个月来，我已数次细读，越读越对晚清的外交家有了更深刻的了解。这位福建船政学堂的先贤，何止是位出色的外交家、翻译家、近代中学西传的第一人，而且是位才华横溢的诗人、书法家。

一

《学贾吟》是陈季同的手抄诗集，采用大十六开竖式红栏稿纸，用行草书抄录了他在鄂、湘、黔、蜀考察时所作的格律诗、古体诗、集句诗，共349首。内容涉及思亲怀古、风土人情、科技阐述、忧国忧民等。这是我第一次见到的关于陈季同的第一本诗集和书法墨迹。从字迹上看，作者是静下心来，恭恭敬敬地书写的。由于长达160页，作者分多次进行抄写。上一次抄写和下一次抄写，因为书写时间不同，书迹略有区别，但保持了风格的统一。从内容上看，整理、加工、改动的痕迹明显，可见其辑录得相当认真。以《吊台湾》四律为例，《学贾吟》是这样写的：

（一）

忆从海上访仙踪，今隔蓬山几万重。蜃市楼台随水逝，桃源天地

---

[*]《学贾吟》附录。该书为陈季同诗集手稿，钱南秀整理，上海古籍出版社出版发行，2005年10月第一版。

看云封。怜他鳌戴偏无力，待到狼吞又取容。两字亢卑浑不解，边氛后此正汹汹。

（二）

金钱卅兆买辽回，一岛居然付劫灰。强谓弹丸等瓯脱，忍将锁钥委尘埃。伤心地竟和戎割，太息门因揖盗开。似念兵劳许休息，将台作偃伯灵台。

（三）

鲸鲵吞噬到鲲身，渔父蹒跚许问津。莫保河山空守旧，顿忘唇齿藉维新。蓬蒿满目囚同泣，桑梓惊心鬼与邻。寄语赤嵌诸父老，朝秦暮楚亦前因。

（四）

台阳非复旧衣冠，从此威仪失汉官。壶峤而今成弱水，海天何计挽狂澜。谁云名下无虚士，不信军中有一韩。绝好湖山今已矣，故乡遥望泪阑干。

这与流传的《吊台湾》[2]有 32 个字的改动。第一律，颔联对句"付云封"改为"看云封"（"看"在这里是仄声），"付"改为"看"显得更有感情色彩，也避免了与第二律首联对句"付劫灰"的重复。第二律，首联对句"一岛如何"改为"一岛居然"，愤懑之情立现言表。颔联对句"却教锁鑰"改为"忍将锁鑰"（"鑰"系"钥"的异体字，黄兴涛译的《中国人自画像》序中把它误为"鑰"），"教"改为"将"是平仄需要，"却"改为"忍"更能体现作者在《马关条约》签订后的心情。尾联原为"聚铁可怜真铸错，天时人事两难猜"，改为"似念兵劳许休息，将台作偃伯灵台"，就与全诗的立意更为吻合，感情也更为强烈。第三律，颔联出句"莫保屏藩"改为"莫保河山"，颈联"河山触目囚同泣，桑梓伤心鬼与邻"改为"蓬蒿满目囚同泣，桑梓惊心鬼与邻"，尾联"寄语赤嵌诸故老，桑田沧海亦前因"改为"寄语赤嵌诸父老，朝秦暮楚亦前因"。这三处改动是很有份量的。它让读者更深刻地感受到触目惊心的山河破碎形象，以及宝岛台湾不容分隔的赤子之情。"桑田沧海"改为"朝秦暮楚"也更为贴切。第四律，颔联出句"壶峤居然"改为"壶峤而今"，是为了避免重复。显然，这些改动都是经过字斟句酌的。它使感情色彩更为浓烈，爱国热情更为凸显。

《福建通志》记载，陈季同"尝游黔、游蜀"，但至今未见翔实的资料。《学贾吟》的发现为我们填补了这方面的空白。其诗篇和注释记述了作者"游黔、游蜀"的经历，是一份难得的珍贵史料。诗集读完，诗人的游历轨迹也就明晰了。它给读者勾画了诗人于光绪二十二年丙申（公元1896年）伏暑（约夏历六月），从汉口乘船（租用4艘船）出发，沿长江，经赤壁、君山，入洞庭湖，再经桃源，到辰溪改乘舆轿入黔（七夕前后），到达青溪矿局后在镇远、施秉、黄平州一带考察（夏历八月至十月间），夏历十月十四日到贵阳，又展转到遵义、黔西、毕节，过赤水河入四川，然后乘船沿长江顺流而下，经重庆、丰都、万县，过瞿塘峡、巫峡（1897年元旦经过巫峡），入湖北，经巴东、归州、宜昌、沙市回汉皋（即汉口）的示意图。这段历史鲜为人知，很多研究陈季同的学者均缺资料，新近出版的《晚清一个外交官的文化历程》书中的"陈季同编年事辑"也未录入[3]。

二

文以载道，诗为心声。陈季同是现实主义诗人，但也不乏浪漫主义作品。他的《学贾吟》首先为我们勾画的是"天然一幅好画图"（《相见坡》）的黔山蜀水。它介绍了"蜀中风物不胜收"（《偶成》第280首）的优美景致，也激发了作者"好山好水供吟咏"（《轿板题诗》）、"前途不过六十里，俚句连成八九篇"（《行吟》）、"诗兴遄飞索纸无，漫将轿板乱鸦涂"（《轿板题诗》）的诗情。"沿溪顽石状峥嵘，船近危滩浪有声"（《白溶夜泊》）；"楼台错落都临水，形势嵯峨似建瓴"（《镇远郡城》）；"世界清凉新雨后，天然图画远山晴"（《偶成》）；"悬崖民演青苗戏，临港渔张巨木筐"（《泊舟界首》）……对所见到的景物刻画得淋漓尽致。《飞云岩》《相见坡》《饮酒》等篇更是佳构。

由于经历的是难于上青天的蜀道和长江天险，诗人描绘的更像是一部历险记。"毒溪瘴岭山川恶，蔓草荒烟林壑乖"（《别黔》），"此地极遐荒，难述行人苦；纵教尽金银，亦不值来顾"（《金银山》）。过雪山关，诗人给我们留下了这样的诗篇："噫吁嚱，雪山关，巍峨直上青云端。下视尘寰如无地，身无仙骨亦登攀。我来正值溟濛雨，对面不知来去处。周围白雾似汪洋，惟有舆夫相对语。似雪非雪落纷纷，龙潜豹隐雁离群。楚王尚未来巫峡，神女胡为幻雨云。崎岖磳磴三十里，忽听前途言止止。石垣谷口跨长江，上有红楼半倾圯。石镌大字认模糊，黔蜀边关此要途。居高视卑空余子，万窾皆应凭一呼。登临我欲舒双眼，万里江山供一晚。雨师当道曰归休，汝是名山曾饱看"（《雪山关》）。诗人借用古代乐府形式描绘了雪山的奇丽和过雪山关的惊险，使人联想到李白的《蜀道难》，其情感跌宕的咏叹，让读者的心弦与之一同激荡。

一百多年前的长江，滩险流急，舟行极为艰难。当年八月，云阳县上游五里之山忽然崩塌横江阻流，航道变窄，"水涌上下三丈许"，诗人一行经过时情不自禁地发出"听天由命"的感叹。《险滩》一诗记述了这一惊心动魄的历程：

云阳鱻沱山忽塌，江心五里流为塞。水性趋下仍阘漕，浑如飞瀑卅余尺。舟行至此极险艰，舟师整备过危滩。行李辎重先卸岸，轻舟瞬息浮沉间。山灵稳睡何事崩，定有才人彩笔腾。欲使倒流三峡水，拔山力竟殒崚嶒。才人误事多如是，千古恃才无二致。蜀道难如上青天，更为青天设屏蔽。安得愚公移之开，长江舟楫从容来。抑若秦皇鞭可借，尽驱顽石亦豪哉。否则愿效初平子，叱使成羊青草去，惜我无愚公之术、秦皇之鞭、初平之法语，惟有听天由命而后已。

《险滩》前面八句写江流阻塞、舟行艰险的情境；中间八句用浪漫主义手法说这是才人恃才误事所为；后面八句是诗人想借用愚公之术、秦皇之鞭、初平之法语来治理长江，却无能为力。但面对险境险情，诗人并非贪生怕死，而是从容面对，达观处之。正所谓"司空都见惯，尽作画图看"（《江行》）。

描写民族风情的诗篇更令人叹为观止。如《跳月》全诗46句，第一部分写传统舞会的时间地点、服饰道具、通宵跳舞的舞姿。第二部分介绍苗族恋爱婚姻的风俗习惯。第三部分与西欧的风俗进行对比，得出"中西相距三万里，言语不通服饰异。独于男女之大伦，跳舞合欢能一理"的结论。诗人不愧是学贯中西的学者，用诗的形式对民间舞蹈进行中西文化比较，这恐怕也是前无古人的。

然而，陈季同的这次旅行，心情并非舒畅。第一首《汉口即事》就说到此行是"逆旅"，"茫茫身世此轻舟"。确实，仕途上的挫折使他身心疲惫。在国外，因著作权争论，与蒙弟翁打了笔墨官司。1891年，又因私债问题被黜回国。虽"悉货（应为贷字）产业、图书、玩珍"[4]，凑足银两二万两，勉强还清债务，又在李鸿章的庇护之下，不久得以恢复原职。但当时的心情抑郁可想而知。"大千世界忽昏黄"、"朝朝飞短复流长"（《感事》），"杯中见影弓难辨，城下书盟墨尚新"（《感事七叠前韵》），"世路何崎岖，世人何狡狯"（《旅怀》），"人心难与矢争直，世味安能饴比甘"（《行路难》）。"无地能容七尺身"（《桃源舟中苦热》），"生平半与鬼为邻，人鬼关头辨不真"、"中西鬼国游尝遍，冷暖人情阅已频"（《人鬼吟》），皆是此时心境之流露。

既然"叹我载愁多"，"郁郁不乐"，作者也就自然学习古人借酒浇愁的办法，"以文酒自娱"或"寄意于醇酒妇人"。《学贾吟》中有不少写酒写愁的诗句，如"逆旅那堪长抑郁"（《施秉厓题壁》），"剪得园蔬拚一醉，明朝怅怅又何之"（《八月十六》），"磊块可消惟酒胆"（《怀哲甫子宜逸溪》），"洞庭稳涉波涛过，斗酒吟诗朗百篇"（《游仙诗四律》），"今日不妨拼一醉"（《黄平州行台后院有菊数茎见之甚喜》）。《饮酒》一诗更令人叫绝：

> 巫峡十二当谷口。蔽日障天无白昼。峡中拗折屯风霾，巨浪洪涛声乱吼。我身欲行天欲留，舟师瑟缩行人休。封家女子恶作剧，旋风酣舞遶山头。左手摇扇右长袖，似与过客多深仇。神女任知肆悍妒，不管人间离别愁。愁肠正愁难自遣，飕飕耳畔风波险。忽闻剥啄起开门，何物鞠生求欲见。手持一瓮笑颜开，自言江上风吹来。怜我愁城无计破，须臾筑起糟邱台。台上相招呼我上，请君入瓮尝佳酿，不须沽以阮修钱。兰陵恐亦无多让，垂涎不觉身腾霄。一杯两杯块垒浇，长鲸吸海差足比。顽蛟作湧胡为骄。天上酒星半明灭，地下酒泉犹破裂。酒兵得胜愁魔降，瓮里醇醪更芳冽。酩酊归来拥被眠，鞠生同结枕中缘。封姨尚欲贾余勇，江心波浪高联天。

但陈季同并非消极对待人生，而是"倘是为霖雨，无妨沾我衣"（《冒雨》）、"何可守株空待兔，不妨成事暂因人"、"姑借楚材为我用，敢将刀柄授他人"(《步镇远府全太守韵，寄青溪饶大令星帆》)、"晚节精神经雨后"(《黄平州行台后院有菊数茎，见之甚喜》)、"否极何时泰"(《旅怀》)，"男儿何可随流水"，"寄语犬羊休藐视，斑斑我是大毛虫"(《围虎》)，诗人借景托情，借物言志，表现了诗人宽宏大度的大丈夫气概和矢志不渝的报国热忱。

湘黔的考察，使他看到了大量的社会现状，政治腐败、经济落后、百姓愚昧、吸毒等使他的心情难以平静。一路上，他看到的是"枯草荒田一望茫"(《初冬》)，"塞边月色倍凄清"(《客中长至》)，"叶都黄落树如此，田已荒芜人未归"(《再至清平县》)的凄凉景象。百姓生活十分悲惨，但却吸毒成风。"三省蜀黔滇，山头尽种烟"、"罂粟满山涯"、"小村十余灶，烟馆两三家"(《鸦片》)，"洋烟流毒广，茅店亦灯昏"(《小南门》)，"王化可怜熏到骨，一灯如豆煮洋烟"(《马土司》)，"呵欠不时生倦态，软瘫无力等销魂"(《戒鸦片》)，此情此景，怎不让人叹息，于是诗人发出了"岂容膏火身消灭，誓勿烟霞口吐吞"(《戒鸦片》)的劝戒。面对民不聊生，诗人写道："门外嗷嗷声待哺，稻粱无以资哀鸿"(《飞云岩》)，但是官府却不闻不问，"何若菩提淡无语，嬉笑怒骂终痴聋"(《飞云岩》)，观音菩萨管用吗？"观音如可问，何日息轮蹄"(《观音山道上》)。在《欲雨》一诗中从连日淫雨联想到天灾人祸，慨叹"方今国库正空虚"、"哀鸿满地兮无力高飞"、"汝不助苗亦已矣，若再害稼当何如"，发出了"汝若无道吾不与，无理吾将叩天阊"的呐喊。

诗集写了不少关于社会底层的现状。如纤夫，"纤夫数十人，手足同爬苦；叫声不忍闻，赤体汗如雨；哀哉行路难，蜀道今自古"(《瞿塘峡》)。诗人坐轿入黔，天天看到轿夫的辛劳，听到轿夫的呻吟。在多首诗中，他都写到轿夫。还专门写了《舆夫吟》，"跬步皆山地不平，狼牙剑锷石峥嵘。屡穿衣敝寒侵骨，踝肿肩穿喘有声。野店五更偎藁荐，邮亭一饭下椒羹。长嗟口腹劳人舌，重复难明释此生"。"冬晖何短路何赊，日日行行渐离家。宿雨餐风何限苦，剥肤失足不胜嗟。水寒无渡搴裳涉，岭峻难登俯首爬。可恨吏盲犹倚势，鞭箠信手落交加"。诗人在这里既写了轿夫的艰辛和悲惨，又痛斥监工小吏的残暴和蛮横。在《登山》中写道"艰难险阻双肩任，跣足舆夫岂等闲"，已不单单是同情了。他从"才上山来又下山"的山途看到世途的变幻，联想到自己的身世，不由地赞美起轿夫来。诗人还写了"村店小于斗,村翁大有情"(《马掌平》)、《甕城桥午饭,有偷儿窃钱,为舆夫所获,余纵之去》和《赠洪少兰校书》等诗篇,对村翁、小偷、妓女等下层人物都动了恻隐之心,寄于同情。在《丙申长至道出渝州,偕江叔海经师、赖耘芝观察登北楼,明日耘芝招饮行署,同赏雪月》中写道"街头卖雪人纷纷,我复肩舆来官宅;鱼肥酒美炉火红,一醉不知天地窄"。在《书见》中也写道"一席筵开几饼金,岸畔哀声摇尾乞"。这些似乎是诗人用新的体验,去再现杜甫"朱门酒肉臭,路有冻死骨"的场景,而又带有自我讽刺、自我剖析的批判精神。

对官场腐败,诗人也进行了批判。他在上海时是"香车宝马厌为邻"(《答欧阳哲臣》)。在旅途中见到洋人来游历,了解之后,感慨万千,于是写了《见洋人游历有慨》一诗。诗人开门见山,一针见血地指出"吾华昔派人游历,五大部洲多足迹",但是"金钱浪费成效无,未见归来能树立"。他看到的是"川资都入私囊里","国家强弱卿何干","外人侮笑又何惜,掩耳盗铃非今日;内官坐拥钟鼎多,外官何必超群识;相沿积习误因循,强邻遂笑秦无人",想起甲午风云,"海东之役是明验,朝朝洗面泪痕新",对照"西人游历求实事,不徒奔走空来去",感到痛心疾首,于是发出了"我因游历发咨嗟""励精图治能自强"的感叹。诗人的爱国情结是很深的,鸦片战争后,中国沦为半殖民地,"各国瓜分中土,我辈为无国之民矣"(见《闻马二相伯重入徐家汇教堂为神甫诗以寄之》一诗之注),"二十五年游子感,三千里路客心惊"(《客中长至》)。但诗人是洋务运动的中坚,爱国自强之心从未泯灭。"大公几辈能无我,中国而今尚有人"(《步镇远府全太守韵,寄青溪饶大令星帆》),"铣鞋已破征衫敝,一片愚诚佐自强"(《硃砂矿》),正是诗人内心的写照。

在旅途中,唯一让诗人聊以自慰的是,富顺这个地方盐业、糖业发达,"富有甲川中",出现了"有田咸茂畅,无岭不青葱"的生动景象。这使诗人大为感慨,发出了"天下都如此,中华那得穷"的感叹。《富顺》一诗正表达了诗人对经济发展、百姓生活富足的赞美,也寄托了诗人对天下都富有的期望。

另外,诗人的科技诗可谓一大特色,《铁》《煤》《食桔》《荨草》《刺梨》《棕色猪》《腊虫》《雄黄》等诗,用科学的观点进行阐述和解释,把文学和科学结合起来,这恐怕是近代第一人。《说地》一诗更为精绝。还有集古人诗句的诗篇，也很有创意。作者信手拈来，组合得天衣无缝，而又有新的意境和诗情，让人叹服。一些思念亲友的诗篇也写的情真意切，十分感人。

三

"书为心画"，《学贾吟》是诗人的手抄诗卷，它不但给我们提供了精美的诗篇，而且为我们留下了一份研究陈季同书法艺术的宝贵资料。这是一幅精美的心画，细细品位，特色昭然：一是笔法精湛娴熟。晋卫夫人说"夫三端之妙，莫先乎用笔"，而用笔贵在用锋。唐孙过庭说过"一画之间，变起伏于锋杪；一点之内，殊衄挫于毫芒"。诗人深谙笔法，用锋洒脱，力在笔尖，如刀似剑，挥洒自如。真骨法用笔也，显得力感强健，节奏分明，遒劲爽朗，瘦硬精神。其笔画精到，起笔多以抢笔快折，凌空取势，状若抽鞭。呼之发笔露，应之发笔藏，而撇之发笔尤重，气势非凡。在运锋方面十分得法，以中锋立骨，以侧锋取研，在行笔中裹锋铺毫，横鳞竖勒，能振能摄，有疾有迟，或卷或舒，时轻时重，遭留提按，转折变化，潇洒自如。收笔也甚谙要义，力送到底，正如蔡邕在《九势》中所云"护尾，画点势尽，力收之"。许多细画，状若钢丝，毫无怯懦之态。其收笔或刹或回，或擒或纵，尤显淋漓痛快。行书用笔讲究部首偏旁、简约规范；侧锋取势，转折连笔；行云流水，畅快舒展。陈季同的行书用笔几近纯青，并不亚于同时代的书法大师。

二是结字宽博，字势开张。古人讲"违而不犯，和而不同"，这是形式美的重要法则。点画之间的逻辑关系和点画本身具有抽象的符号特征，充满长短、粗细、方圆、黑白等对比关系。《文德关》的"岱"上放下缩，上崎下正；《行吟》的"山"字左圆右方，左缩右放。《恨梦》的"舟人"二字，上竖下横；"人不"二字上放下缩，都处理得相当到位。诗集的行书笔画互代得体，点画省略有度，笔画联系自然，字形变化精到，非大师难窥其奥。

三是章法整肃，风规自远。行书的章法特点一般是有行无列，诗集也是如此。因为是诗抄，首要的是让人看懂诗，所以诗集的书法就显得较为规整。如果从书法艺术的角度观察问题，诗抄有略嫌拘谨之不足。但细究其章法，仍有独到之处。诗题与诗句，形成空间对比；行书的偏楷与偏草，行与草的穿插，形成旋律节奏；诗句的工整与间注的随意，也打破了字面的单调感。若取其细部，放大来看，就呈现许多美不胜收的篇章。如游丝的运用，两字连成一体，在较为工整的画面中，恰到好处地使用一二处，显得尤为别致。单行的字形也极富变化，如《八月十六》的"八月十六"四字，一开一合，一紧一缩；《黄平州行台后院有菊数茎，见之甚喜》的"晚节精神"和左边的"归去小院"对比变化，十分精美。"精神"二字更显精神。但这种变化，并不影响行气的贯通，相反而是上下贯气，工整悦目，和谐统一，气象平和，呈现一种儒家风范的"中和美"。正像《书谱》所云："不激不厉，而风规自远。"

古人学书法，沿习的是临帖的方法。讲究入帖出帖，入帖讲究法度、功力，形似神似，出帖是融会贯通，变化成自己的风格。陈季同如何学习的，因无资料，尚不得而知。但从《学贾吟》推断，其学习途径应是以帖为主，涉猎多家，直取唐规晋韵，所以书宗二王的脉络鲜明，又有清人崇尚碑版的痕迹。

研究书法艺术，仅从诗抄分析是不够的。庆幸的是南秀博士还提供了她在法国图书馆查阅到的陈季同墨迹手稿复引件，如1889年为Rene de Pont–Jest（1830~1904年）所著《珠江传奇》（Le fleuve des perles [Paris, E. Dentu, 1889]）书写的序文，也十分精到。还有给薛绍薇《外国列女传》的题签，给我们看到了他对其他书体的把握。这个题签虽然只有一字，却有两种书体三种写法。"三乘槎客题"5个字用楷书书写，"外国列女传"和"上册"七个字用隶书书写，"上册"二字蚕头燕尾，形态扁平，汉碑的味道颇浓。而"外国列女传"五字却是另一种风格，逆锋起势，刹锋收笔，体势较方，上宽下窄，气势雄浑，格调高雅，有好大王碑的韵味，又有伊秉绶的风范。伊秉绶（1754~1815年）以隶书著称于世，当时有"南伊北邓（石如）"之说，又是闽人，陈季同的隶书很可能是受其影响。

书法以点画及其分布的逻辑表达形成具象与抽象的完美结合，变成通人性的情感语言，有筋有骨、有血有肉，精、气、神俱全，形成各种审美特性。书法的这种时序与空间的人文组合，展现了书家的审美情趣和个性特征。刘熙载说"书，如也，如其学，如其才，如其志，总之曰如其人而已"。陈季同是外交家、翻译家，作家、文化使者。他在巴黎居住 16 年之久，熟悉欧洲社会与文化生活，时常出入巴黎文艺沙龙，写了许多介绍中国现状和中国文学的法文作品，如《中国人自画像》、《中国戏剧》、《中国人的快乐》、《黄衫客传奇》、《中国人笔下的巴黎》、《中国故事集》、《吾国》等，还用法文写了一本以中国问题为题材的喜剧《英雄的爱》，在法国文坛上享有盛名，成为近代中学西传的第一人。他的文化底蕴深厚，才华横溢。他的书法正因为有这样的字外功夫，而显得神完气足。

陈季同对书法史和书论也相当熟悉。他在《中国人自画像》中介绍了中国的书法，从汉字的起源说到篆、隶、楷、行、草各体的产生，还给西方读者开了一堂书法的启蒙课，列了八条规则，并说"这些在各个方向上相互交叉的线条笔划，有直有曲，粗细相间，表达了丰富多彩的思想，是完美的艺术品"[5]。

王僧虔在《笔意赞》中说："书之妙道，神彩为上，形质次之，兼之者方可绍于古人。"朱履贞在《书学捷要》中指出，"有功无性，神采不生；有性无功，神采不实"。陈季同天赋高，见识广，造诣深，既有功夫，又有神采，可谓二者兼备。《学贾吟》手稿给我们提供的是诗书双绝的完美艺术品。其心声百感交集，有愤懑，有愁郁，有醉梦，有欢娱，更有爱国之情怀；其心画，雅致精美，爽朗劲健，潇洒舒展，神采奕奕，与诗篇并茂，相得益彰。

阅读《学贾吟》，感慨良多。《吊台湾》等旋律似乎仍在耳边回响，于是有了拙作《读陈季同〈学贾吟〉有感并次韵〈吊台湾〉四律》，就让它作为结尾吧。

(一)

常翻史笈觅先踪，似隔云山数万重。真迹欧人尤钿敛，词章我处竟尘封。

写真活脱将军气，文笔风流倜傥容。船政名人逢盛世，好评似浪势汹汹。

(二)

严词痛斥买辽回，学贾尝游意不灰。遇雨深山留慷慨，经风晚节绝尘埃。

君悲揖盗心撕裂，我叹和戎肺炸开。志士百年同奋发，中兴指日慰灵台。

（三）

湘黔身舆一轻身，学做渔郎去问津。赤壁桃源关塞古，赶场跳月物华新。

喜同土寨花桥伴，厌与香车宝马邻。情寄鹊桥思念苦，中西合璧有前因。

（四）

凤华正茂美衣冠，中学西传翘楚官。法德穿梭明义理，台澎独步助狂澜。

神完气足追羲献，意切情真逼柳韩。空有才华愁伴酒，贾生可数泪难干。

参考文献

[1] 钱南秀：《陈季同手稿〈学贾吟〉及其肖像照片发见记》，《马尾船政文化研究会会刊》2004年第1期。
[2] 阿英：《甲午中日战争文学集》，中华书局，1958，第96页。
[3] 李华川：《晚清一个外交官的文化历程》，北京大学出版社，2004。
[4] 林怡：《薛绍徽集》，方志出版社，2004。
[5] 陈季同：《中国人自画像》，贵州人民出版社，1998。

大公几辈能无我　中国而今尚有人[*]

——陈季同《学贾吟》手稿校注前言

2004年8月，陈季同的曾长孙女陈书萍女士和美国莱斯大学副教授钱南秀博士来访，带来了在上海图书馆查阅到的陈季同《学贾吟》手稿复印件。我看到的第一感觉就是眼前一亮。那潇洒劲秀、精美整饬的小字行书（参有少量草书）吸引了我，让我展观良久，不忍放下。再阅读诗篇时，更让我难以割舍。这位福建船政学堂的先贤，何止是位出色的外交家，而且是位才华横溢的诗人、书法家。

2005年10月，《学贾吟》影印本由上海古籍出版社正式出版。钱南秀博士写了前言，陈书萍女士写了后记。我也附了一篇诗书略评的文章[①]。前面的一段话就是这篇文章中的一段。《学贾吟》影印本的出版，填补了陈氏诗集的空白，是船政文化研究的一大成果。但《学贾吟》影印本是陈氏的手稿，其中繁体字、异体字和草体字甚多；许多人名、地名也与现在的不同，读者阅读起来颇为不便。因此萌生了校注的念头。2006年，我向全国高校古籍整理研究工作委员会申请了《学贾吟》手稿校注课题，立项得到了批准。为完成课题任务，我于2007年6月赴湖南贵州调研，就诗人当年走过的地方进行考察。所到之处，变化与陈迹交错，感慨与遗憾交融，遂浮想联翩，随手写了一些散记。回来后我认真校注诗集手稿，进一步体会到诗人的情怀，更深刻地感受到诗人跳动的脉搏。杂感丛生，综而记之。

一　陈季同其人及其诗集《学贾吟》手稿

陈季同（1852~1907），字敬如（镜如），号三乘槎客，西文名 Tcheng

---

[*] 《清代陈季同〈学贾吟〉手稿校注》，国家图书馆出版社出版发行，2011年12月第一版。
[①] 沈岩：《心声百感交集心画神采奕奕》，载陈季同《学贾吟》，古籍出版社，2005，第168~170页。

ki-tong（Chean Ki Tong），福建侯官人。15岁时与严复（1854~1921），刘步蟾（1852~1895）、林泰曾（1852~1894）等人一同进入福建船政学堂就读，为前学堂制造专业学生。因成绩优秀，提前毕业，授四品都司。1875年随同日意格赴欧游历，考察英、法、德、奥四国后，写成《西行日记》四卷，受到船政大臣沈葆桢的赏识，保举升为三品参将，并加副将衔。1877年，作为清政府首批派往欧洲的留学生，与严复、马建忠（1845~1900）、罗丰禄（1850~1903）等赴欧深造，在巴黎政治学堂修习公法律例。不久加总兵衔。后升任驻德、法参赞，代理驻法公使兼比利时、奥地利、丹麦和荷兰四国参赞。前后被派驻欧洲十六年，与俾斯麦（Otto, prince von Bismark, 1815-1898）、甘必大（Léon Gambetta, 1838-1882）等德、法政要关系密切。在中法越南问题上直接与法方斡旋，缓和了僵局。驻欧期间，他写了许多介绍中国现状和中国文学的法文作品，在法国文坛上享有盛名，成为近代中学西传的第一人。1884年他的第一本法文著作《中国人自画像》出版，轰动法国文坛，一年内竟再版五次，三年内再版十一次，被译成多种文字畅销西方。他还写了如《中国人的戏剧》、《中国娱乐》、《中国拾零》、《黄衫客传奇》、《一个中国人笔下的巴黎人》、《中国故事》、《吾国》、喜剧《英勇的爱》等法文著作，在一定程度上改变了西方人士对中国的偏见。为此，法兰西第三共和国授予他"一级国民教育勋章"。从现在的观念看，誉他为中国外宣第一人也不为过。

《马关条约》后，陈季同与邱逢甲等合议设立"台湾民主国"，但保台义举终告失败。失败后，闲居上海。光绪二十二年丙申（1896）夏赴湘、黔考察。光绪二十三年丁酉（1897）秋，与弟陈寿彭（字绎如，又作逸儒1857~1928？）创办维新报刊《求是报》。为了帮助国人了解西方法律，把法国《拿破仑法典》译成中文。并发起女学运动，创办了近代中国第一所女学堂——上海中国女学堂。其妻法裔的赖妈懿出任女学堂洋提调。还发起成立了当时较有影响的新兴社会组织"戒烟公会"和"兴亚会"。戊戌维新失败，仍通过译著继续介绍新知，宣扬变法。庚子事变，他建议两江及鄂粤总督实行东南互保，避免了兵祸。他还与上海绅商仿照红十字会，率船只入战地，救济京津受难者。光绪二十七年辛丑（1901），主持江楚编译官书总局；光绪三十年甲辰（1904）在南洋大臣、两江总督周馥（1837~1920）幕下主办《南洋官报》，并创办《南洋日日官报》。光绪三十三年丁未（1907）初猝逝于南京。

　　陈季同才华横溢，著有《三乘槎客诗文集》、《卢沟吟》和《黔游集》等诗集，可惜尚未见到，只见到一些零星的诗作。研究陈季同诗词，《学贾吟》手稿就是目前最好的内容。《学贾吟》手稿是美国莱斯大学钱南秀教授于2001年元月，在上海图书馆查阅到的。手稿封面书有篆书"学贾吟"三字，下署"己酉暮春振金谨注"（己酉是1909年），旁注"三乘槎客陈敬如手书"，封里注"天津吏部孙师郑名士，前年已为之刊登孙雄所集之《四朝诗史》上，藉传不朽。后学振金谨注，辛亥元旦志于河南偃师首阳山下汴济工次"。

　　《学贾吟》手稿采用大十六开本，红栏稿纸，以小字行书（参有少量草书）书写，共80页，收录诗作354首。其中七言有律诗206首、绝句69首、七言歌行与排律15首，五言有律诗54首、绝句3首、古体7首。其诗作以近体诗为主。

　　诗集取名《学贾吟》，首先给读者留下一个疑惑："贾"字是读"gǔ"还是读"jiǎ"；学者对此也有不同看法。美国莱斯大学钱南秀教授在《学贾吟》影印本前言中说："署题《学贾吟》，应是季同自比汉长沙王傅贾谊，似隐怀才不遇、雄图难展之慨①。"杨万里先生也认为"学贾吟"一名，直接裁取《袁翔甫大令以诗稿见赠率成一律以谢之》诗中成句："贾生不作长沙哭，镇日行吟手一篇。"隐含作者自比汉代贾谊怀才不遇之意②。北京大学中文系教授夏晓虹在《今日黔中大腹贾，当年海外小行人——读陈季同〈学贾吟〉手稿本》一文中说："去夏（2005年夏）在南京大学的比较文学会议上，章培恒先生已对此提出质疑。本人最初也有同样的疑问，但因未读全稿，不敢肯定。此次通览一遍，发现中有'今日黔中大腹贾，当年海外小行人'（《舆中吟》）、'远贾原同新嫁娘，未谙食性作羹汤'（《晓发黄平……》其九）、'昔乘博望槎，今作瞿塘贾'（《瞿塘峡》）诸句，均明指其贵州探矿一事。且陈季同在欧洲生活日久，亦不存古代国人'重农轻商'之见；相反，《学贾吟》中，陈氏倒专有《即事》

---

① 钱南秀：《贾生不作长沙哭镇日行吟手一篇》，陈季同、学贾吟，古籍出版社，2005，第3页。
② 全国古籍整理出版规划领导小组办公室：《古籍整理出版情况简报》2006年第2期（总第420期）。

二首，对营商之道大加推崇：'朝野纷纷讲富强，亦知国本在经商'。因此，《学贾吟》题名中的'贾'应读为'商贾'之 gǔ，而非'贾谊'之 jiǎ，应可确定。何况，陈谢袁诗本与黔行无关①。"

我认为诗家有诗家的语言，含蓄、双关是常有之事。这里的"学贾吟"应该也有双重深意。从学贾经商的角度说，季同此行，与奥国人戴马陀、法国人巨郎两位洋矿师一起，是应曾衡甫太守之约而来的。贵州青溪炼铁总局是中国近代第一家铁厂。它的筹建比著名的湖北汉阳铁厂还早了三年。但开工的第二个月，负责办矿的潘露积劳病故。加上资金奇缺，铁厂陷入了危机。季同此行颇有诊断号脉的味道。办矿务，谋利源也是洋务主旨之一，季同是十分支持的。他在《舆中吟》中写道："今日黔中大腹贾，当年海外小行人。"显然，这里说的就是商贾之意。《瞿塘峡》一诗开头就说："昔乘博望楂，今作瞿塘贾。"也明确表明这次湘黔行的主要目的。但仅仅这样看，则恐怕缺乏深意。诗集《学贾吟》关键在"吟"字，诗人吟的难道仅仅是经商之道吗？

诗人是"身在万山中，心在万山外"（《旅怀》），虽然多次点到经商之事，如《到青溪矿局》、《硃砂矿》、《读洋矿师说帖有感戏改古诗》、《铁》、《煤》等诗，但都并非就事论事。诗言心志，诗人更多的是表达自己的看法和表露自己的情怀。其中的大多数诗作都是触景生情，借景抒情，吐胸中之块垒。如他在青溪矿局考察期间所写的咏物诗《铁》，就是一篇言志诗。"骨格铮铮产自天，含藏蕴蓄几经年。屈伸不畏烟锤巨，磨炼能同金石坚。披甲勇当千炮雨，作舟功在一轮烟。只因欲化逢时器，费尽经营细烁煎。"铁的天性，铮铮硬骨，不畏锤炼，坚同金石，在铸造坚船利炮中发挥了不可替代的重要作用。这哪里是写铁呢，不正是洋务运动中坚者的自我写照嘛。《硃砂矿》一诗更像是诗人的自白。"乞得神仙治世方，搜求铅汞入苗荒。地中水满四相厂，洞口云封七合塘。未必探囊如取物，有时凿壁岂偷光。铁鞋已破征衫敝，一片愚诚佐自强。"

所以诗集取名《学贾吟》的第二层意思，也是最主要的深刻含义，应

---

① 夏晓虹：《今日黔中大腹贾当年海外小行人——读陈季同〈学贾吟〉手稿本》，《旧年人物》，文汇出版社，2008。

是以汉代贾谊自喻，隐含怀才不遇、雄图难展之感叹。集中《读喆甫宝拙庵诗集题后》一诗云：

> 琳琅珠玉读连篇，相对浑忘路八千。
> 可惜掣鲸好手段，竟教隐豹卸仔肩。
> 后车京洛仙何羡，前席长沙涕尚涟。
> 今日共怀同父感，吾宗慷慨箭离弦。

这是诗人在贵州时读喆甫宝拙庵诗集后题在集子后的一首诗。喆甫，即陈哲甫（1867～1948），名恩荣，又字蔗圃，天津人。辛亥革命后，任北京高等师范斋务长和教授8年，后续在平、津和大后方的一些院校讲学任教，抗战胜利后回津从事著述。在燕京大学任国文系主任时曾是冰心的老师。陈哲甫一生喜诗词，有"赋诗万首，文词豪放"之誉。此时陈哲甫也在贵州，两位诗人在一起吟诗唱和，在这个集子里就有9首之多。读喆甫诗集，共怀同父之感，应该说是出自内心的。同父，即南宋杰出的思想家陈亮，主抗战，屡遭迫害，与辛弃疾志同道合。喆甫诗集中的慷慨激昂，当击中诗人的情怀，也使诗人产生"前席长沙"之慨。

从诗人把《吊台湾》等诗编入诗集来看，也可看出诗人的用意。集中的《袁翔甫大令以诗稿见赠率成一律以谢之》一诗云：

> 海外归来又七年，鱼龙变幻讶桑田。
> 柏林高和今陈迹，杨柳楼台老谪仙。
> 虎穴同探成底事，龙门在望最流连。
> 贾生不作长沙哭，镇日行吟手一篇。

此诗更是点出深意和诗集的主题。学贾吟，就像被贬为长沙王太傅的贾谊那样，镇日行吟，以诗来表达自己的感慨与志向。所以我认为《学贾吟》的"贾"字还是读 jiǎ 为宜。

检点其诗集，我们可以感受到诗人的心境与肺腑。读其诗篇，我们会被他的激情、忧思、愁郁、愤懑所感染。其心声是百感交集的，但字里行间仍能让我们强烈地感受到诗人的赤诚之心，爱国之情，图强之志。

二　诗集《学贾吟》手稿的主要内容

诗集主要收集的是陈季同湘黔之行的诗作。陈季同此行历时半年，光绪二十二年丙申（1896年）端午由上海出发，沿长江到达汉口。再从汉口租船4艘，入洞庭，沿沅江到辰溪，后改乘轿入黔。到达青溪矿局后在镇远、施秉、黄平州一带考察三个月。深秋往贵阳，再辗转到遵义、黔西、毕节，过赤水河入四川，复乘船沿长江顺流而下，经重庆、丰都、万县、过瞿塘峡、巫峡，经巴东、归州、宜昌、沙市回汉口。所到之处，不是吟哦，就是唱和，处处留下诗篇。内容涉猎广泛，有怀古思乡、忧民忧国、针砭时弊、袒露襟怀，也有应景写意、流水记事、风土人情、格物致知等。诗集记录了诗人的所见所闻，也展现了诗人的情感怀抱。后面还编入《吊台湾》四律等诗篇。诗集中的许多诗篇十分感人，忧国之切、忧民之深、思亲之情溢于言表。还有诗人那学贯中西、饱经沧桑的阅历，为其提供了难得的诗材，铸就了富有时代精神的心声。诗人的现存史料不多，诗集也为我们提供了一些有价值的线索和史实。

（一）诗集洋溢着爱国自强的船政精神

读完诗稿，首先给人感受到的是诗人锥心的悲痛。光绪二十一年三月二十三日（1895年4月17日），清廷签订《马关条约》。割让台湾的消息传出，全国哗然。清廷命李鸿章饬令李经方迅速往台与日使妥为商办，并电告台湾巡抚唐景崧"所有文武大小官员，着即陆续内渡"，台湾百姓"愿内渡者，听便，两年内不内渡者，作为日本人，改衣冠"。这种丧权辱国的行为，激起台湾民众的强烈抗议。他们"誓宁抗旨，死不事仇"。在这之前的3月份，台湾巡抚唐景崧已急电朝廷派陈季同赴台，授以台湾布政使，以期通过陈季同的人脉和斡旋让法国出面进行干预。4月陈季同赴台，投入紧张的外交斡旋。然而，西方列强无意介入，法国兵舰的三色旗始终看不到，诗人陷入无力回天的痛苦。《台北待法国兵船不至》正是这时的心境流露。"破碎河山劫后棋，赤嵌赤子不胜悲。情殷恋阙闾徒叫，力莫回天夏变夷"（《台北待法国兵船不至》）。无奈之下，诗人运用他熟悉的《万国公法》内容，与台湾绅士邱逢甲等合议，策划设立"台湾民主国"，以"遥奉正朔"，拒绝割让，并"求各国承认"。当年 5 月 25 日，唐景崧被推为总统，庆祝仪式极其隆重。"台湾民主国"终于诞生，作为一种地方性的临时抗日民主政权，有着重要的历史意义。然而所推举的总统"无坚守志"，终因寡不敌众而告失败。

诗人作为当事者，一心想挽回危局，然事与愿违，深感无奈。他在台北的衙斋里读起白居易的《长恨歌》，发出深深感慨和共鸣："七夕有盟犹在耳，六军不发最伤心。君王掩面知无奈，血泪应沾翡翠衾"(《台北衙斋读长恨歌》)。在《即事》一诗中，也叹息："太息养疽惟割地，可怜流涕莫回天。"著名的《吊台湾》四律正是这时的写照。诗人离台后，遥望南天，回忆当时的义举，感到台湾变得那么遥远了，已是"云封"雾障，似隔几万重山。只能是"蓬蒿满目囚同泣，桑梓惊心鬼与邻"(《吊台湾》其三)。虽然俄、德、法三国要求日本把辽东半岛还给中国，清廷以三千万两白银赎回了辽东，但台湾还是被割让。"金钱卅兆买辽回，一岛居然付劫灰。强谓弹丸等瓯脱，忍将锁钥委尘埃"(《吊台湾》其二)。诗人悲痛万分地发出"伤心地竟和戎割，太息门因揖盗开"(《吊台湾》其二)的惊世慨叹。"鲸鲵吞噬到鲲身"(《吊台湾》其三)，"壶峤而今成弱水"(《吊台湾》其四)。字字饱含诗人悲愤、痛苦之情。对于清廷的腐败，诗人也无情地给予鞭笞和揭露，"怜他鳌戴偏无力，待到狼吞又取容。两字亢卑浑不解，边氛后此正汹汹"(《吊台湾》其一)。"莫保河山空守旧，顿忘唇齿藉维新。"(《吊台湾》其三)。

然而，诗人并未因此而消沉。"葡萄酒久佐餐毡，旌节凋零志尚坚"(《和范肯堂述怀八首》其四)。"我已游踪遍天下，匈奴未灭尚无家"(《同舟熊梦豪孝廉出示过岳阳楼二绝即步其韵》其二)。诗人借用苏武"啮雪餐毡"的故事和霍去病的座右铭"匈奴未灭，何以家为"来表达自己远大的志向并没有泯灭，发出"寄语犬羊休藐视，斑斑我是大毛虫"(《困虎》)和"大公几辈能无我，中国而今尚有人"(《步镇远府全太守韵寄青溪饶大令星帆》)的怒吼。诗集中，诗人多次以南宋主抗战的杰出思想家陈亮为寄托，抒发壮志未酬的感叹和对理想境界的追求。"今日共怀同父感，吾宗慷慨箭离弦"(《读喆甫宝拙庵诗集题后》)。但痛定思痛，诗人想到的还是实实在在的"海天何计挽狂澜？"(《吊台湾》其四)要国人牢牢记住"天下安危原有数，强邻罪责岂无辞。补牢好趁亡羊日，虎视眈眈不可知"(《和范肯堂述怀八首》其七)。诗人深感强邻的虎视眈眈和得寸进尺,要国人汲取教训,亡羊补牢。可惜的是,"苍生痛痒门前雪,国步艰难壁上观"(《和双銁主人》),许多国人不关心国事,不顾大局。"相沿积习误因循,强邻遂笑秦无人。海东之役是明验,朝朝洗面泪痕新"(《见洋人游历有慨》),因循守旧,必然落后;而落后必然挨打,黄海的失败就是明证。"方今国用处奇绌,成败攸关在一决。励精图治能自强,姑息苟安知必绝"(《见洋人游历有慨》),在国家危亡、成败一决的紧要关头,纵容姑息苟且偷安,只能灭亡;唯有励精图治,才能自强。

诗人是船政学堂的毕业生。船政爱国自强的精神深深扎根在诗人心底。9年的船政学堂熏陶,16年的外交生涯,还有保台义举,无不留下爱国的烙印。诗集的许多诗篇充满爱国情结,正是诗人爱国情怀的自然流露。

(二) 诗集传承历代优秀诗家的忧民传统

湘黔的考察,使诗人看到了大量的社会现状,政治腐败、经济落后、百姓愚昧吸毒等使他的心情难以平静。一路上,诗人看到的是"枯草荒田一望茫"(《初冬》),"塞边月色倍凄清"(《客中长至》),"叶都黄落树如此,田已荒芜人未归"(《再至清平县》)的凄凉景象。"鹑衣不只悬千结,鹄面如何萃一方。此日饥鹰争攫食,当年小丑善跳梁"(《过镇西围城见赶场有感》)。破旧衣衫打上密密麻麻的补丁,赶场的人都面黄肌瘦,一片民不聊生的景象。

百姓生活十分悲惨,但却吸毒成风。"三省蜀黔滇,山头尽种烟。漏卮无可塞,流毒益无边。价贱人争吸,灯昏客稳眠。请看行道者,枪具负盈肩。"(《鸦片》其一) "罂粟满山涯,春风红白花。膏腴分菽麦,阡陌废桑麻。精血随鸦尽,形容刻鹄差。小村十余灶,烟馆两三家"(《鸦片》其二),"洋烟流毒广,茅店亦灯昏"(《小南门》)、"王化可怜熏到骨,一灯如豆煮洋烟"(《马土司》),此情此景,怎不让人叹息,于是诗人发出了"岂容膏火身消灭,誓勿烟霞口吐吞"(《戒鸦片》)的自戒与劝戒。面对民不聊生,诗人写道:"门外嗷嗷声待哺,稻粱无以资哀鸿"(《飞云岩》),但是官府却不闻不问,"何若菩提淡无语,嬉笑怒骂终痴聋"(《飞云岩》),观音菩萨管用吗?"观音如可问,何日息轮蹄"(《观音山道上》)。在《欲雨》一诗中从连日淫雨联想到天灾人祸,慨叹"方今国库正空虚"、"哀鸿满地兮无力高飞"、"汝不助苗亦已矣,若再害稼当何如",发出了"汝若无道吾不与,无理吾将叩天阊"的呐喊。

诗集写了不少关于社会底层的现状。如纤夫,"纤夫数十人,手足同爬苦;叫声不忍闻,赤体汗如雨;哀哉行路难,蜀道今自古"(《瞿塘峡》)。诗人坐轿入黔,天天看到轿夫的辛劳,听到轿夫的呻吟。在多首诗中,他都写到轿夫。还专门写了《舆夫吟》二首:

跬步皆山地不平,狼牙剑锷石峥嵘。屡穿衣敝寒侵骨,踝肿肩穿喘有声。

野店五更偎藁荐,邮亭一饭下椒羹。长嗟口腹劳人舌,重复难明释此生。

冬晖何短路何赊,日日行行渐离家。宿雨餐风何限苦,剥肤失足不胜嗟。

水寒无渡褰裳涉,岭峻难登俯首爬。可恨吏胥犹倚势,鞭箠信手落交加。

诗人在这里既写了轿夫的艰辛和悲惨,又痛斥监工小胥吏的残暴和蛮横。在《登山》中,诗人写道:"艰难险阻双肩任,跣足舆夫岂等闲。"这时的诗人已不单单是同情了。他从"才上山来又下山"的山途看到世途的变幻,联想到自己的身世,不由地赞美起轿夫来。

诗人还写了"村店小于斗,村翁大有情。马儿嘶后院,如作不平鸣"(《马掌平》),赞美山村老翁的盛情。在《甕城桥午饭有偷儿窃钱为舆夫所获余纵之去》和《赠洪少兰校书》等诗篇,对小偷、妓女等下层人物也动了恻隐之心,寄于同情。在《丙申长至道出渝州偕江叔海经师赖耘芝观察登北楼明日耘芝招饮行署同赏雪月》中写道"街头卖雪人纷纷,我复肩舆来官宅;鱼肥酒美炉火红,一醉不知天地窄"。在《书见》中也写道"一席筵开几饼金,岸畔哀声摇尾乞"。这些似乎是诗人用新的体验,去再现杜甫"朱门酒肉臭,路有冻死骨"的场景,而又带有自我讽刺、自我剖析的批判精神。

"倘是为霖雨,无妨沾我衣"(《冒雨》)是诗人另一种心境的剖析,及时雨对农民有利,诗人也愿意做出牺牲,忧民生计之情溢于言表。

（三）诗集留下讴歌壮美河山的诗家情结

诗集既有描绘"毒溪瘴岭山川恶，蔓草荒烟林壑乖"（《别黔》）、"此地极遐荒，难述行人苦。纵教尽金银，亦不值来顾"（《金银山》）的一面，也不乏对锦绣河山"天然一幅好画图，有色有声极听视"（《相见坡》）的赞美。面对"四山风景豁然开"（《观音桥》），"蜀中风物不胜收"（《偶成》）的优美景致，诗人往往诗兴勃发，"今日方能舒眼界"（《观音桥》），"好山好水供吟咏"（《轿板题诗》），写下了许多动人的诗篇。

《偶成》描写的是洞庭湖的景致。从汉口出发，经赤壁、君山，入洞庭湖，一路上是天然图画，湖光如镜，世界清凉，怎不惬意呢？《舟中见君山》描写的是君山的景致。君山，又名湘山，相传为舜妃湘君游历处。湘君乃湘水之神。诗人寄意"不容俗客渡"的君山，欲寻干净之地。"我久欲寻干净土，唐虞世界愿登攀。"追求理想境界的愿望融入诗情画意之中。

由于经历的是难于上青天的蜀道和长江天险，诗人的山水诗增加了许多历险的情节，读来让人惊叹。在《雪山关》一诗中，诗人开篇直呼"噫吁㦷，雪山关，巍峨直上青云端"。虽然"正值溟濛雨，对面不知来去处。周围白雾似汪洋"，只能听到轿夫的对话。而且山路"崎岖磴磴三十里"，"黔蜀边关此要途"，但"居高视卑空余子，万壑皆应凭一呼。登临我欲舒双眼，万里江山供一晚"。诗人一气呵成，描绘了雪山的奇丽和过雪山关的惊险，最后还是发出"汝是名山曾饱看"的赞叹。

一百多年前的长江，滩险流急，舟行极为艰难。当年八月，在三峡地区的云阳县上游五里之山忽然崩塌，山石滚入江中，横江阻流，江水汹涌，航道变窄，"水涌上下三丈许"，令人毛骨悚然。《险滩》一诗正是这一惊心动魄的历险记。虽然江心五里瞬间堵塞。但诗人的船只还是要从此经过，只好"行李辎重先卸岸，轻舟瞬息浮沉间"。诗人联想三峡的神话，责怪恃才、误事的神女"彩笔腾"，"欲使倒流三峡水，拔山力竟殒崚嶒"，但"才人误事多如是，千古恃才无二致"。面对险滩，诗人希望有愚公们能把山移开，能借来秦皇的神鞭把顽石驱散，或者是能叱石成羊的初平子，把江中的石头变成羊群赶走。可惜的是诗人并没有"愚公之术、秦皇之鞭、初平之法语，惟有听天由命而后已"。全诗铺陈联想，跌宕生发，情景交融，读之如历其境。

飞云岩，也称飞云崖，位于黄平县城东北 12 公里处，占地 0.5 平方公里。明清时，由北京至云南、贵州及邻邦缅甸的古驿道从山门而过。景色秀丽，风景宜人。它建于明朝正统八年（1443 年），经历代增修扩建，形成一组别具特色的古建筑群，被誉为"黔南第一奇境"、"黔南第一洞天"。王阳明在正德三年过飞云岩时曾评价"天下之山聚于云贵、云贵之秀萃于斯崖"。诗人第一次经过时，在轿里睡着了。第二次经过时认真地游览一番，写下了《飞云岩》。全诗 44 句，一韵到底。诗人既描写飞云崖的壮观、佛殿的华丽和当时的情景，又写到当地统治者的豪夺与百姓的贫穷。"争把黄金铸梵相，珠璎宝珞何其工。门外嗷嗷声待哺，稻粱无以资哀鸿。"但当地官府却"嬉笑怒骂终痴聋"。诗人还叹息国人的迷信和愚昧，"功臣不祀祀大士，佞佛可欺古今同"。诗人借景抒情，叙中带议，其境界比其他写飞云岩的诗要高得多。

（四）诗集袒露爱情和孝悌亲情的儒将心扉

诗人船政学堂毕业后被授予四品都司的武官头衔，赴欧后加授总兵衔。所以外人也多称其为陈季同将军。诗人也确实有儒将的风度。他性格开朗，为人诚恳，待人热情，善于交际，很快就融入欧洲的上流社会。他曾与德意志皇帝弗雷德里希三世一同骑马散步，讨论社会和文学问题。常常出入德国、法国等政要的政治沙龙，常到巴黎高校演讲。当时的《北华捷报》曾有文章评论："在他之前，中国使馆形同虚设，仅仅充当一个拖着长辫、身穿蓝袍、头皮光光的大人物的住宅。从外交角度坦率地说，因为有了这个年轻翻译的活动，中国才开始在欧洲崭露头角。"享誉世界的法国大作家罗曼罗兰在巴黎当大学生时，曾听过诗人在索邦大学所作的演讲。在他的 1889 年 2 月 18 日所写的日记中，这样写道："他身着紫袍，高雅地端坐椅上。……他的演讲妙趣横生，非常之法国化，且更具中国味。这是一个高等人和高级种族在演讲。透过那些微笑和恭维话，我感受到的却是一颗轻蔑之心：他自觉高于我们，将法国公众视作孩童……着迷的听众，被他的花言巧语所蛊惑，报之以疯狂的掌声。"[①] 可见诗人气度非凡、

[①] 陈季同著《中国人自画像》，段映红译，广西师范大学出版社，2006，扉页。

才华横溢，难怪有两位法国籍夫人深爱着他。

在诗集中，诗人的许多诗篇常写到他的两位法国籍夫人。"银杯夜月谈三雅，铜雀春深锁二乔"，诗人从汉口登舟入湘，就写下《怀人集句》，回忆与夫人月夜共饮的快乐，怜惜当前两位夫人的寂寞。从湘黔归来后的《又即夕感怀》，写道："罗马忆前游，匆匆十四秋。桑田复沧海，旧恨更新愁。"诗人回忆当年的浪漫，和今日的落魄，深感自责，认为是"重累双胡妇，余生一楚囚。封侯无骨相，底事笔轻投？"诗人因私债问题被革职回国，一到福州就被囚禁起来。原已"奉旨依议"的正常晋升也成了泡影。拖累了两位夫人，诗人的心情十分难过。

诗人入湘期间，家人正在日本避暑，在回龙山午睡时就思念她们，做梦和她们一起纳凉。"席地幕天睡一场，邯郸同此黑甜乡。恍疑身作瀛洲客，携手蓬莱纳晚凉"（《回龙山午睡》）。诗人到黔南黄平州时，得到她们的书信，七岁的施儿"手作鸦涂寄老夫"（《施儿》），令诗人甚感快慰。诗人写下《得家书》和《施儿》两首诗。"岭上得家书，妻孥问起居。不知离别后，肥瘦今何如？"（《得家书》）家人的体贴和诗人的深情流露笔间。"施儿七岁解舆图，常指黔阳把我呼。"施儿拿起地图指着贵州喊爸爸，可爱的形象栩栩如生。诗中说施儿已略懂音乐，也许读点诗书，又能从他妈妈那里学点外文，还涂鸦画画，并把画作寄来。施儿是妃人女博士葤爽所生，是中外婚姻的结晶。"何期人种又传胡"（《施儿》）。诗人一生五娶，原配刘氏25年前结婚，早卒。"廿五年前亲迎日""佳人久已归黄土"（《晓发黄平甫出行台即闻鼓乐喧天知为迎娶者乃行未数武而前导鼓乐竞出余前其花轿落在余后余夹杂其中路窄无从避让只得鱼贯而行浑如亲迎市上男女无不掩口而笑余亦捧腹遂成绝句十首》）。续娶两位法国夫人赖妈懿与博士葤爽，后又纳长李氏与少李氏姐妹俩为妾。刘氏无后，赖氏生有陈骞、陈超二女，博士葤爽育有一男一女，男即施儿名承俊，少李氏有遗腹子承璋。诗人在世时，仅施儿一个男孩子，说"人种传胡"，既确实又幽默。《施儿》一诗短短几行，把施儿的活泼、聪慧、可爱和对父母的依恋，以及诗人中年得子的喜悦、幸福感，表现得淋漓尽致。

诗人对两位法籍夫人的感情是深厚的，如果说有什么区别的话，似乎对赖氏要深沉一些，多尊重多承诺。《有赠》一诗写道：

> 一纸音书亥豕多，漫从纸背细推摩。
> 为因迟我黄金屋，时发思君白苎歌。
> 人事秋云惊变态，侬心古井敢生波？
> 秋光已老黄花晚，三径依依有女萝。

"亥"和"豕"的篆文字形相似，容易混淆。赖氏是法国人，信中的错别字多并不奇怪，但诗人还是可以揣摩出意思来。人事秋云，此时的诗人因还13万法郎（折2万6千两白银）私债而穷困潦倒，谈不上什么金屋藏娇，但夫人却侬心古井，让诗人想到归隐还家，过着夫唱妇随的甜蜜生活。

诗人赠妃人诗，较之赠赖氏的深沉，显得简洁明快：

> 不意山中逢七夕，遥怜楼上看双星。怀人揽序思申浦，酷日炎风过楚汀。(《七夕》)

> 天上牵牛喜渡河，我犹湘峡苦奔波。楼头今夜陈瓜果，乞得天孙巧几多？(《又寄妃人》)

> 闪电五千里，临风尺一书。榴花闻结子，令我忽眉舒。梁燕营新垒，征鸿独索居。床前看明月，秋夜思何如？(《得上海家电闻妃人有娠并报迁居》)

诗人对女儿也十分疼爱。黔南山中，因思念而梦见女儿。"梦见娇儿带病容，杏花无力晓烟笼。珠帘风动垂双幅，绣被寒深拥几重。自牖含愁详问疾，支床低语唤怜侬。"（《志梦》）是邻楼夜半的钟声才打断他的好梦。

诗人思念亲友的诗篇颇多，专写亲人的就近20首。这些亲情诗包含亲情、爱情，读来十分真切感人。

光绪二十二年丙申（1896年）七月，长嫂叶夫人殁于福州，诗人在青溪得到讣告，甚为悲痛，以诗挽之："长兄已花甲，奉倩忽神伤。人世原泡影，哀音送电光。儿时曾抚我，侄辈尽啼娘。不忍家书读，悲秋正断肠"（《福州来电惊知大嫂仙逝》其一）。诗人兄弟三人，兄友如，弟寿彭。诗人少孤，靠长兄和长嫂叶氏抚养成人，与兄嫂感情深厚。其兄嫂还割爱将第五子承汾过继给诗人。诗人也感激兄嫂，于1894年为他们请赐赠正一品封典。接到噩耗，肝肠寸断，"临风一凭吊，山月更苍凉"（《福州来电惊知大嫂仙逝》其二）。

诗人的弟弟陈寿彭，大排行第五，曾留学英国三年，学习海军公法、英国法律、拉丁语、英国语言文学。他也是第一个留日的船政毕业生。译有《中国江海险要图志》、《格致正轨》、《英国十大学校说》等著作。他与其夫人薛绍徽合译的《八十日环游记》是凡尔纳科幻小说的第一本中译本，也是中国第一本科幻小说的中译本。诗人与弟寿彭，曾双双旅居欧洲三年，湘黔道上，自然常为挂念，《山居》一诗就记下"重阳风雨凉如许，万山音书远不传。采到茱萸相思起，登高兄弟一方天"的思念之情。不久，得到寿彭已到上海的消息，当即写下《闻五弟逸儒已到上海》一诗，"出山云尚懒，寄远雁何疏。糊口非吾愿，食贫固晏如。想曾携大被，待我话离居"。手足情谊跃然纸上。

在回来的路上，舟至宜昌，诗人忙上岸打电报，报平安。"洋舶如相待，归家应不难。忙忙凭电线，数字报平安"（《舟至宜昌》）。

（五）诗集彰显崇尚科学技术的时代信息

科技诗是诗集的一大特色。用科学的观点进行阐述和解释，把文学和科学结合起来，这在近代是鲜能见到的。诗人此行，与青溪铁厂（贵州青溪炼铁总局）有关。光绪十一年（1885年），贵州巡抚潘霨（字霱如，曾任福建布政使，随沈葆桢巡台）上了办铁厂的奏折，很快得到清廷的批准。次年又批准了章程，同意以股份形式到上海招募股份；在贵阳设立矿务招商局，在青溪设立炼铁总局，在镇远、常德、汉口、上海设立分局；任命上海制造局候选道潘露兼办贵州矿务，任贵州机械矿物总局总调度。潘露是潘霨的弟弟，"讲求西学三十余年"，曾被左宗棠奏派办理在金陵、上海两局的制造事务，是一个"留心时物，洞悉机宜"的干员。经过5年的筹建，终于投产，炼出了铸有"天子一号"的铁锭。铁厂占地60余亩，设立炼铁、炼钢、轧钢三部分。聘法国人罗克莱等5人担任工程师，固定工人近千人。日产生铁25吨，钢48吨。但开工的第二个月，潘露就积劳病故。贵州一时找不出合适的续办人选。更致命的是资金奇缺，使用当地的煤因品位低，技术难题难以解决。从此，铁厂陷入了危机。诗人来厂，颇有诊断、号脉、开方的味道。在《晃州道上》诗中，诗人自注云："与曾衡甫太守有约在先，不敢因其死遂萌异议"。说明曾太守生前曾约诗人到贵州来。但曾太守人已死，此行又是谁请来的呢？我查了《贵州通史》，有这样一段话，说青溪炼铁总局停工后，贵州巡抚潘霨曾想把铁厂的设备转给湖北办理。两广总督张之洞致电询问。潘霨回电说，"已奏饬曾守彦铨来黔筹办"①。"曾彦铨系贵州候补知府，曾参与青溪铁厂筹建事宜"。《到青溪矿局》诗中，诗人自注："曾衡甫厂屋中有联句云：三生有幸承新命，一片真诚报旧知。"可见曾衡甫太守是青溪铁厂创办人之一，而且是乐于和积极承担新使命的人。但曾彦铨太守是不是就是曾衡甫太守呢？从诗人的《到青溪矿局》可看出，曾衡甫太守的苦心经营和困难处境。诗人来时，说此人已死，而《贵州通志》却说"光绪二十五年（1899）曾彦铨被革职查办"。如不是，又有哪一个曾太守呢？可惜至今还找不到印证的相关资料（经国图出版社郭又陵社长认真查核，曾太守系同一人。曾彦铨1838~1896？字衡甫，接手青溪铁厂亏损被革职。卒年不确）。

笔者为此课题专程到过青溪，参观了青溪铁厂遗址。在青溪镇的沅江边上，残存的码头断壁依然屹立。青溪铁厂的原址已是一片农田。在镇办公楼的院子内，一块当年从英国进口的耐火砖成了台阶石，默默地诉说着中国近代的炼铁史，默默地承担着过往行人的踩踏。

贵州的矿产丰富，煤铁的储量多。当年，贵州巡抚潘霨就曾说过，国家创立海军，需要煤铁，开发贵州地下宝藏"正其时也"。雄黄、刺梨、蜡虫是贵州特产，因此诗人也把这些作为诗的题材。

诗人的咏物诗有两大类，一是以言志为主，如《铁》《煤》《硃砂矿》等诗；一是以说理为主。说理的咏物诗，用科学的观点诠释事物，把诗与科普知识结合起来，《腊虫》《雄黄》《荨草》《刺梨》《棕色猪》就是这一类。蜡虫，是蜡纷科雌雄异体昆虫，每年一代，成群栖息女贞树上。雄虫能分泌白蜡。早在13世纪，我国已知饲养白蜡虫以生产白蜡。"黔地有虫能吐蜡，女贞树上白如霜。数金量斗收罗贵，九月煎脂采取忙"（《蜡虫》）。雄黄是药用矿石，为块状或粒状集合体，质脆，微有特异的臭气，味淡，主产于湖南、湖北、贵州等省。"艳似桃花皎似霜，黔中兴义产为强。力能解毒和蒲酒，佩可宜男系锦囊"（《雄黄》）。荨草即荨麻，是多

---

① 贵州通史编委会：《贵州通史》第三卷，当代中国出版社，2003，第593页。

年生草本，古称毛薮或荨草。明代李时珍在《本草纲目》中云："荨麻又称毛薮。"由于荨麻其茎叶有刺蜇人，所以又叫"咬人草"。荨麻是很有经济价值的植物，可供纤维、食物、药物和优质饲料。"蜀黔荨草为何物，偏向道周碍人足。其叶如麻毛刺披，皮肿夫臃偶一触。……黔人闻言前致词，此草有用君休愕。可以肥豕可已疯，采扫但以沸汤沃。信手世间无弃材，请看牛溲与马勃。天雄半夏善鸩人，良医罗列药笼错。但知制炼便收功，美玉无瑕也须琢"（《荨草》）。"黔中有野果，花开似荼蘼。实如安石榴，干若黑蒺藜。其味杂酸甘，积滞能消之。以蜜调为膏，居然甜比饴"（《刺梨》）。刺梨，又名送春归，属蔷薇科野生植物，果实中含有多种营养物质。在近代，这样写诗的实属凤毛麟角。《说地》一诗更为精绝。"自从盘古开洪荒，争说天圆地是方。旋以五行定方位，东西南北环中央。不知地亦一球耳，空中辰宿同列张。……如今太阳向我明，职此火球而已矣。迨至外火消磨尽，尘土渐凝水亦净。中央空虚地皮干，皱成高低势无定。低处居水成海洋，高出轰兀为山岭。"诗人从宇宙的起源说起，概说了行星的演变，可以说这是一篇极好的科普读物。

诗人对当时社会的科技发展十分了解和重视，在贵阳看到电线即惊呼"一线高悬似彩虹"（《出贵阳小西门见电线》其一）。诗人自注，汉口买舟而后，一路未见电线。中国各省均设电报，唯湖南不设，今犹缺然。所以在贵阳见到电线，十分高兴。"顷刻音书匝月通，尘寰若隔马牛风"（《出贵阳小西门见电线》其一）。"几回欲把乡心诉，今日何殊知己逢"（《出贵阳小西门见电线》其二）。

诗人还记述了一件关于木化石的事情。在清平驿毛家旅店时，店家拿出珍藏多年的果核化石请教洋矿师，"外强中干一果核，孩童掌上玩多时"。"以为得异宝，怀来问矿师。矿师目视复耳听，撚髯微笑前致词。物理容易推，能响未为奇。金玉其外中败絮，不若老蚌含珠玑。但已千年得灰气，虽木而石世亦稀。""不值一顾胡示我，鱼目混珠抑何痴。店家闻语色窘据，得意而来失意去。路逢过客问如何，答曰：矿师之言不可据。"（《清平驿毛家旅店》）店家从撚髯得意到窘据失意的形象生动鲜活。

（六）诗集散发着西部文化的民族风情

诗人一路走来，见到许多西部少数民族的风土人情。所见所闻，皆有所记录并加以分析。盘瓠是中国古代神话中的人物。据《后汉书·南蛮传》、晋干宝《搜神记》等书记载，远古帝喾（高辛氏）时，有老妇得耳疾，挑之，得物大如茧。妇人盛于瓠中，覆之以盘，顷化为犬，其文五色，因名盘瓠。后盘瓠助帝喾取犬戎吴将军头，帝喾以少女妻之。负而走入南山，生六男六女，自相配偶。其后子孙繁衍。盘瓠神话在苗、瑶、畲等少数民族中广泛流传，被奉为始祖或图腾。《盘瓠》一诗，25 韵 50 句，把盘瓠的传说和诗人的质疑，用达尔文的进化论进行分析，入情入理，100 多年后的今天也难有如此的诗篇。诗人认为"其犬曰盘瓠，立功垂宇宙。口衔将军头，身为驸马耀。男女生六人，山中自配偶。遂传狪獞猺，散处蛮荒久"的传说，就像髯掀伍子胥、尾续西门豹一样荒诞。按照达尔文理论和生命科学，人虽然是猿进化的，但人畜私交是不可能生育的。诗人认为盘瓠可能是"盘古"之误。"风化攸关非等闲，他事可苟此难苟。"

奢香，彝名舍兹，生于元顺帝至正二十一年（1361 年）、系四川蔺州宣抚使、彝族恒部扯勒君长奢氏之女。明洪武八年（1375 年），年方十四，嫁与贵州彝族默部水西（今大方）君长、贵州宣慰使霭翠为妻。婚后经常辅佐丈夫处理政事。洪武十四年（1381 年）霭翠病逝。由于子尚年幼，不能承袭父职，奢香代袭贵州省宣慰使职。洪武十六年（1383 年），贵州都指挥使马晔，视奢香为"鬼方蛮女"，借机将奢香抓到贵阳，裸衣笞背。奢香与宣慰同知刘淑贞到京城告状，朱元璋召回马晔，将其下狱。奢香回贵州后，一面宣扬朝廷的威德，使人心安定；一面履行诺言，刊山通道。开辟出以偏桥（今施秉县境）为中心的两条驿道：一条向西达乌蒙（今云南昭通）；一条向北，经草塘、陆广、谷里抵毕节，沿途设龙场等九个驿站（史称"龙场九驿"），成为西南地区交通要道，沟通了边疆与内地联系，增进了汉民族与西南各兄弟民族的交流。明太祖朱元璋称："奢香归附，胜得十万雄兵！"诗人十分感慨："一女能将蜀道开，奢香千载亦贤哉。"也正因为奢香的努力，才能做到"赤水至今通驿马，乌江无复梗蒿莱"。

济火是汉代牂牁人，为南中罗甸彝族默部君长勿阿纳第六世孙，系水西（黔西）安氏、芒部（镇雄）陇氏彝族土司之远祖。济是父名，火是自己的名，百姓称他为济火将军。济火深目身长，面黧色而白齿，以青布帛为囊，笼发其中，若角状。济火将军尚信义，善抚其家众，大家很爱戴他。诗人称赞他"效尤功著奢香女，继武名颁帖木儿"。他惠及西南地区少数民族"賨叟青羌盖可拟，罗罗鬼国坦如夷"。

跳月是苗族青年在节日夜间所跳的舞蹈。诗人看到的是元宵节的跳月舞，"正月元宵夜三五，苗蛮群作跳月舞。男吹芦笙女振铃，引凤求凰如法古。预遴平壤作月场，男皆软服女饰妆。回翔宛转舞终夕，调笑谑浪双轻狂。并肩角逐直到晓，村鸡既鸣犹携手。归家野合旋分飞，生子方能系萝茑"。在月光下，苗族男女青年载歌载舞，寻找意中的爱侣，表达纯真的爱情。诗人用大量的笔墨进行描绘，绘声绘色，十分传神。"又有独家姿首饶，褶裙廿幅长围腰。发蒙青巾足蹑履，孟春对月亦相跳。彩布五色编成毯，跳酣掷向欢者头。私奔不禁嫁乃绝，聘钱多少数耕牛。"又有"龙家之苗名狗耳，妇髻如螺圆上指。男人衣白女衣斑，富佩药珠贫薏苡。春时立木为鬼竿，男女旋跃择所欢。既奔须以牛马赎，通媒再作撮合山"。而且将它与诗人熟知的西方舞蹈进行比较，令人玩味。他介绍西方的舞蹈："西人跳舞恒达旦，灯烛辉煌月不华。洋女妖娆多有致，露胸袒臂裙拖地。疾徐高下舞旋风，凤管鸾笙鸣角徵。双双蝴蝶效婆娑，玉肩相接踵相摩。香汗涔涔尤妩媚，衣香扇影多轻罗。"西方的舞蹈和我国少数民族的舞蹈，形式不同，服饰不同，舞姿不同，但表达的情感是一样的，道理是相通的。诗人最后发出感慨："中西相距三万里，言语不通服饰异。独于男女之大伦，跳舞合欢能一理。"

（七）诗集抒发中西文化交流的使者情怀

诗人是中西文化交流的使者。当他担任外交官的第一天起，他就深深地感到文化上的无穷的压力。西方人对中国的不了解，已经到了无以复加的地步。中国的一切，在西方人的眼中，变得那么怪诞，不近人情，不合法理，被大大地妖魔化。这令诗人十分伤心。他决心要运用自己的笔来介绍中国，来澄清西方人的误读和曲解。他进入欧洲上流社会的沙龙演讲，到大学的讲坛演讲，在西方报刊上作介绍。还写成《中国人自画像》《吾国》等法文著作，让西方人了解中国。正因为诗人有此外交经历，他深深地感受到中西文化交流和各国各民族互相尊重互相了解的重要。当路人以奇异的目光争看洋人，"牂牁江畔罗甸国，二鬼间行众鬼哗"，而洋人是"鬼头鬼脸笑哈哈"（《人鬼吟》）时，他发出"鬼亦犹人何足怪"（《人鬼吟》）的叹息，高呼"天下而今已一家"（《人鬼吟》）。

在《见洋人游历有慨》中，诗人将国人与西人的游历作了比较。"吾华昔派人游历，五大部洲多足迹。金钱浪费成效无，未见归来能树立。"而"西人游历求实事，不徒奔走空来去。周谘博访求通商，至再至三至于屡"。"往来如织争游历，孰为中华讲自强"（《申家坡遇游历法国人三名同行戴巨二君与之相见甚欢》）。

诗人是近代最早接触巴黎公社和社会主义的中国人。他对社会主义有独特的理解。他认为"要的是国家社会主义，而不是无政府主义的社会主义"。1898年诗人与郑观应等一起创办兴亚会，"蚊欲负山兴亚细，蛇能吞象虑欧罗。长安一局棋争弈，笑我闲观已烂柯"（《偶成示兴亚协会诸友》其一）。"相依为命惟中日，唇齿兢兢保亚洲"（《偶成示兴亚协会诸友》其二）。

还有集古人诗句的诗篇，也很有创意。诗人熟悉古诗，信手拈来，组合得天衣无缝，而又有新的意境和诗情。

三　诗集的艺术成就与特色

有清一代，文风甚盛，诗坛繁荣，派系林立。尊唐和宗宋为诗坛两大主流，而神韵、格调、性灵、肌理等"四说"影响最为广泛。神韵说为王士禛所主张，格调说为沈德潜所主张，性灵说为袁枚所主张，肌理说为翁方纲所主张。到清后期，同光体独树一帜。同光体，指"同（治）光（绪）以来不专宗盛唐者也"，推崇王安石、苏东坡、杨万里等宋诗代表人物，坚持"散文化""议论化"倾向。闽派领军人物是陈衍、郑孝胥、陈宝琛等，与陈季同皆为乡谊至交，然酬唱甚少。陈衍编撰《闽侯县志·陈季同传》，引用沈瑜庆在《福建通史》所撰的陈季同事略，同样提到陈季同著有《三乘槎客诗文集》十卷、《卢沟吟》一卷、《黔游集》一卷，显然是知道陈季同擅长诗词的，但陈衍编撰的《石遗室诗话》《近代诗钞》等却不录陈季同的诗词，究竟是什么原因，我们不得而知。

关于陈季同诗歌的艺术成就，应该说在他在世时就得到同行的公认。首先是得到《四朝诗史》编者的首肯。《学贾吟》手稿封面旁注"天津吏部孙师郑名士，前年已为之刊登孙雄所集之《四朝诗史》上，藉传不朽"

等字样。说明《学贾吟》是编入《四朝诗史》的。《四朝诗史》即《道咸同光四朝诗史》甲集八卷,乙集八卷,清孙雄编纂。孙雄原名同康,字师郑,江苏昭文(江苏常熟)人①。光绪甲午(1894)进士,吏部主事。"道咸同光"指清道光、咸丰、同治、光绪四朝,登录当代的作品则多取之于作者的手稿。书的编排按时代先后。卷一、卷二为道光朝作品;卷三为咸丰朝作品;卷四为同治朝作品;卷五、卷六为光绪朝作品;卷七为闺秀;卷八为方外、藩属等杂类。编者计划分甲、乙、丙、丁四集印行,结果只出了甲、乙二集,因辛亥革命爆发,清室下台,编辑出版中止。《学贾吟》手稿是孙雄拟编纂而来不及出版的一部分,而且以专卷集季同之诗354首,可见其分量之重。

其次是晚清著名诗人的评价。范当世(1854～1905),字肯堂,江苏人,系晚清著名诗人。《清史稿·文苑传》称范能诗,"奇横不可敌",曾克端《论同光体诗》称其为"开派的宗师"。而范却是十分赏识季同的诗才人品。仅在1899年秋至1900年春的8个月时间里,范专为季同而作的诗就有40余首。范诗云:"我歌独有陈生寻,为丝为桐成一琴。升堂入室锁钮断,知心取意江河深",可见其诗交至深。在东坡生日唱和时,范写道:"敬如为长歌,甚有高致,余转自愧其才思枯竭,不能和也。"在赠诗中,范诗云:"吾服季常真耐冻,歌残字字撷华腴。"范喻季同为东坡挚友陈季常,诗思敏捷,字字华腴。能让范当世佩服的同时代诗人寥寥无几,足见季同诗之成就。当季同因私债问题被黜回国,仕途上挫折,"朝朝飞短复流长""杯中见影弓难辨"的时候,范当世写下了五言绝句十首(见《范伯子诗集》卷十二),表示对季同的理解慰藉和对世风日下的批判:

<blockquote>
世上皆安乐,而君独苦辛。明明日月照,莫辨汝为人。
史迁七十传,独服李将军。桃李不言者,名声天下闻。
陈汤一树奇,百谤犹能理。无命复摧之,尘埃老吾子。
子有一樽酒,与之忘死生。胸中已无物,身后亦无名。
何哉今人言,智出庸人下。彼固落拓人,我非狂痴者。
风俗庶民事,于今逮缙绅。言言从所授,邑邑自相循。
</blockquote>

---

① 沃丘仲子:《近现代名人小传》,北京图书馆出版社,2003,第70页;小传评介:"雄,文人之无耻者也。"

日惨天茫茫，人间定何世！吾当宽论人，子弗进苛例。
　　平心论吾曹，谁能补时局？所争在有志，岂必定无欲？
　　时王欲侯汝，宁知汝凄怆。此意人不闻，有闻亦资谤。
　　哦诗以送日，好丑率吾指。方知此道宽，无人横相訾。

　　十首诗的最后一个字，构成"人闻子名者，循例欲谤訾"。这是范当世取此二句精心制作的。
　　关于陈季同诗词的艺术特色，从《学贾吟》诗稿可窥其大概。《学贾吟》诗作以近体诗为主，其特点是深沉畅达。
　　一曰深，即深邃。这与诗人学贯中西、见多识广有关。诗人的许多诗作立意高深，常能一矢中的，切中要害。《吊台湾》四律广为传颂。"伤心地竟和戎割，太息门因揖盗开"（《吊台湾》其二）常引起共鸣。《盘瓠》一诗对盘瓠进行理性的科学分析，深入浅出，合情合理。《偶成示兴亚协会诸友》《见洋人游历有慨》《跳月》《人鬼吟》《飞云岩》《和范肯堂述怀八首》等都极俱深度。《困虎》一诗也可看出诗人的立意高深。把它和子宜太守原作、喆甫观察和作一比较，就能说明问题。太守原作、观察和作均就事论事，立意不高。而诗人却联系国耻发出"寄语犬羊休藐视，斑斑我是大毛虫"（《困虎》）的怒吼。
　　二曰沉，即沉郁。诗稿的成诗时间，是在诗人人生低谷的时候，也是保台义举失败之后。因此大部分诗作就显得深沉厚重、郁闷忧伤。"破碎河山劫后棋，赤嵌赤子不胜悲"（《台北待法国兵船不至》）；"七夕有盟犹在耳，六军不发最伤心"（《台北衙斋读长恨歌》）；"蓬蒿满目囚同泣，桑梓惊心鬼与邻"（《吊台湾》其三）；"海东之役是明验，朝朝洗面泪痕新"（《见洋人游历有慨》）；"枯草荒田一望茫"（《初冬》）；"塞边月色倍凄清"（《客中长至》）；"毒溪瘴岭山川恶，蔓草荒烟林壑乖"（《别黔》）；"一席筵开几饼金，岸畔哀声摇尾乞"（《书见》）；"功臣不祀祀大士，佞佛可叹古今同"（《飞云岩》）；"最是可怜惟走狗，朝朝飞短复流长"（《感事》），都和盘托出诗人的心境，寄托诗人的悲痛和愤满。
　　三曰畅，即晓畅。诗作的文字明白晓畅，有的平淡朴实，有的直率奔放，而不求绮丽艰深，没有难以捉摸的晦涩。"携我琴书汗漫游，茫茫身世此轻舟。"这是开篇《汉口即事》的头两句，交代乘船远游，明白如话。

"世界清凉新雨后，天然图画远山晴"（《偶成》）；"才上山来又下山，山途应与世途看"（《登山》）；"毕竟苦心天不负，请看大器晚终成"（《到青溪局》）；"狝草猺花沿路绿，层峦迭嶂远山青"（《镇远郡城》）；"大公几辈能无我，中国而今尚有人"（《步镇远府全太守韵寄青溪饶大令星帆》其三）；"杯中见影弓难辨，城下书盟墨尚新"（《感事七叠前韵》），也都平淡无华，但却有思致、有深意。即使用典也是诗家常用之典，像宋玉之高唐、吕洞宾之朗吟、愚公之术、秦皇之鞭、初平之法语等等，都是易懂之典，没有使用偏僻深奥的典故。

四曰达，即畅达。诗人喜交际，性达观。性格使其偏好苏东坡的诗文书法。苏诗的豪放畅达也就在诗人的诗作体现出来。《困虎》《硃砂矿》《读洋矿师说帖有感戏改古诗》《铁》《煤》《见洋人游历有慨》《跳月》《人鬼吟》《飞云岩》等诗都能看到其达观的一面。与范肯堂的诗作一比较，也能说明问题。陈季同《和范肯堂述怀八首》和范肯堂的原作细细读来，就可看出陈季同诗更为达观和更有深度。举其中一首为例，范诗云："为政风流亦一时，悠悠百岁我何持？居然有妇如康子，颇复骄儿类衮师。别后籍翱从所适，生今代厉短于辞。饥来共以哦诗乐，遏绝毋令后世知。"陈季同诗云："朝野鸡鸣已失时，艰难端赖老成持。空言毕竟何补？前事而今更可师。天下安危原有数，强邻罢责岂无辞？补牢好趁亡羊日，虎视眈眈不可知。"范肯堂诗言人生得失，为政不过风流一时；而陈季同诗从国家的安危出发，强调强邻虎视眈眈，亟须亡羊补牢，显然更俱高度，更为达观。

诗集中也有一些不足之处，由于诗绪敏捷，"前途不过六十里，俚句连成八九篇"（《行吟》），成诗快而量大，因此常有一些缺少推敲的地方。有的是诗人一时兴起，游戏之作。虽然有趣，显示了诗人的风流倜傥，却未免落俗，如《晓发黄平甫出行台即闻鼓乐暄天知为迎娶者乃行未数武而前导鼓乐竟出余前其花轿落在余后余夹杂其中路窄无从避让只得鱼贯而行浑如亲迎市上男女无不掩口而笑余亦捧腹遂成绝句十首》。《赠洪少兰即席步洪荫之原韵》一诗步洪荫之原韵，洪荫之即受袁世凯指使暗杀了宋教仁的洪述祖，说明诗人与其有交往。而且诗人与其弟逸儒创办的维新报纸《求是报》，曾得到洪述祖的经济支持。可见诗人的交友过滥。范肯堂曾以诗《慎交吟赠敬如义门兼视善夫》婉言相劝之。诗集中多处提到李鸿章，

《贵阳闻李傅相违禁入圆明园罚俸一年》《闻李合肥入总署志喜》《和范肯堂述怀八首》等都有提到。对李的所作所为有其独到的见解，但他在情感上显然是有所偏袒的。

诗人有《三乘槎客诗文集》十卷、《卢沟吟》一卷、《黔游集》一卷，现在发现的《学贾吟》应是《黔游集》，或许是录有《黔游集》的全部或部分诗作。可惜的是《三乘槎客诗文集》、《卢沟吟》尚未发现。但《学贾吟》的发现已为我们提供了许多有价值的史料。一是为学界提供了较多的诗作，为我们评介诗人的艺术特色与成就提供了依据。二是为我们提供了诗人赴贵州的基本情况，弥补了陈季同探究中史料上的不足。三是让我们了解到诗人与范当世的诗词情缘，与马相伯、袁祖志、沈寿康等名流乃至洪述祖等人的交往情况。与日本汉学家西村时彦、永井禾原（永井荷风之父）的唱和和创办兴亚协会等，也有很高的史料价值。

踩在诗人留下诗篇的大地上，我仿佛看到船政风云人物的身影，他们的步伐是那么坚定，那么执著，连诗心都是那么坦荡、鲜活、透明，可以触摸，可以听到它的律动。

思刘挽邓心碑在[*]

——纪念陈兆锵将军诞辰145周年座谈会的发言

各位嘉宾、各位亲友：

今天是陈兆锵将军诞辰145周年，请允许我代表马尾船政文化研究会、福建交通职业技术学院向陈将军的后裔、亲属表示亲切的问候！并以十分崇敬的心情向陈将军表示深切地怀念和深深的敬意！

陈兆锵将军生于1861年，1875年考入船政后学堂，系管轮二届毕业生。毕业后在北洋水师任职，系著名海军轮机专家。历任"定远"旗舰总管轮、"海天"舰总管轮、江南造船所所长、福州船政局局长、福州海军飞潜学校校长等职。1912年授轮机少将，1915年晋升轮机中将。

陈将军一生建树很多，战功卓著，名垂青史，风范永存。

1894年参加甲午海战，担任"定远"旗舰总管轮，与学长、"定远"旗舰管带刘步蟾一起，英勇苦战，重创"松岛""西京丸"等日舰，击毙"赤城"舰长坂元八郎太。

1912年担任江南造船所所长，锐意改革，进行整顿，扭转了摩根、戴吉士等洋人专横跋扈的局面。在其任上，苦心经营，建造船舶89艘，并试制成功川江浅水轮。他善于经营，接任当年就有盈余，当年还清历史欠债。第一次世界大战爆发，列强图谋租借江南造船所，他力陈列强阴谋，反对造船所被租赁获得成功。

1915年担任福州船政局局长时，百废待兴。他重振船政，在位11年，功勋卓著。他督办制造、海军两校，整肃校规，严格考纪，坚持教学质量，培养了许多科技与海军人才。更值得大书特书的是创办飞潜学校，使我国第一个培养飞机潜艇人才的学校。同时设立飞机工程处，制造中国历

---

[*] 本文系2007年7月24日（农历六月十一日）笔者在纪念陈兆锵将军诞辰145周年座谈会的发言，该文曾在《船政》内刊2007年第1期（总第4期）上刊载。

史上第一架水上飞机。在他任上，建造了7架。也因此便马尾成为航空制造业的发祥地。他还创办发电厂，便马尾地区进入电力时代。重建昭忠祠，并让甲午英烈一起入祠也是符合民意，功德无量的。1925年，陈将军离开马尾时，马江商民集体为他立了德政碑，上书"挽邓思刘"，以晋代邓攸、汉代刘宽的嘉德作比喻，充分表达了老百姓的心声。

再任江南造船所所长时，不满海军部对洋人的袒护，毅然辞职。1926年辞职后，热心乡梓公益事业，受到老百姓的爱戴。日伪时期，不为威迫利诱，坚持民族气节，表明了他鲜明的爱国立场。抗战胜利后，海军部特授予"凛例可风"银盾一面。可见其德高望重。

缅怀陈将军的一生，我们深深为他的功勋卓著所激动，为他的爱国精神所感动。船政文化是船政历史人物包括陈兆锵将军所书写的，它凝结着他们的心血、汗水与智慧。没有他们的事迹，就没有船政的历史；没有他们的努力，就没有船政的辉煌。

船政文化积淀深厚，是一笔巨大的无形资产。它为后人留下了一大笔丰厚的宝贵财富，值得我们大力挖掘，认真研究，细心分析，发扬光大。船政文化研究包括对陈兆锵将军的研究在内，今后要加强，希望船政文化研究的同仁共同努力，也希望后裔们给与大力支持。弘扬船政文化，已越来越受到各界的重视，也必将取得丰硕的成果。

最后，为缅怀陈将军，我写了一首诗，用以作结，也就教于诸位：
题目是《缅怀陈兆锵将军》

甲午风云立战功，榕申重振显威风。
江南船舰川江海，水上飞机跃太空。
重教兴学播伟业，高风亮节立苍穹。
思刘挽邓心碑在，船政弘扬指日中。

谢谢大家。

纪念马尾首创飞机制造业弘扬船政文化[*]

85年前的今天，福州船政局设立了飞机制造工程处，汇聚了一批从美国留学归来的航空精英，在马尾破天荒地采用国产材料成功地制成了我国第一架水上飞机，开创了中国人自己的飞机制造工业新纪元。

今天，我们在这里隆重纪念马尾首创中国飞机制造业85周年，回顾当年的飞机制造业绩，澄清一下违背史实的是是非非，向世人明确告知首创中国飞机制造业的准确信息，弘扬中国航空业先驱为国争光的爱国热忱和一丝不苟的科学精神，对激励人们开创中国特色社会主义事业新局面，推进中华民族的伟大复兴；对坚持科教兴国发展战略，加快我省、我市、我区的经济发展；对弘扬船政文化，提升知名度和文化学术品味，以及加强文化建设，推进社会主义文化的发展繁荣都有着深刻的历史意义和现实意义。

一 回顾一下这一段十分辉煌而又鲜为人知的历史

1914年，第一次世界大战爆发。当时的国民政府已认识到飞机潜艇的威力。于是命令海军总长刘冠雄生产飞机和潜艇，并同意变卖新购进的军舰"习鸿"号，作为筹办经费。第二年，即派魏瀚、韩玉衡、陈宏泰、杨世甲等13人赴美国学习飞机潜艇制造技术。同时命令在英国留学的巴玉藻、王孝丰、王助、曾贻经4人转赴美国麻省理工学院航空工程系学习。年底，派郑礼庆、陈绍宽到欧洲观战，并令陈绍宽调查飞机潜艇制造技术。

1917年，国民政府国务院决定在马尾增设"福州飞潜学校"，任命福州船政局局长陈兆锵兼任校长。飞潜学校的学生由艺术学校选送，编为甲

---

[*] 本文系笔者于2003年5月在纪念马尾首创中国飞机制造业85周年大会上的发言。

乙班，又在福州公开招收中学生 50 名编为丙班，于 1918 年春开学。由留学归来的巴玉藻、王孝丰、王助、曾贻经讲授飞机制造专业知识。随后又开办航空班，培养海军飞行员，学制 4 年。这就是中国最早的培养飞机、潜艇制造和飞行员、潜艇驾驶人才的高等学校。

1918 年 1 月，刚刚再任海军总长的刘冠雄同意陈兆锵的请呈，决定船政局设立"飞机制造工程处"，由巴玉藻为主任，王孝丰、王助、曾贻经为副主任，设立飞机制造厂，着手制造水上飞机。至此，中国创办的飞机制造业诞生了，迄今 85 周年。今天，我们纪念马尾首创中国飞机制造业 85 周年，就是以此为发端的。

当时，飞机制造工厂的厂址选在造船厂西北濒江处，将船政局原铁胁厂改建为木作、机械车间，将一个造船台改造为飞机棚厂和装配厂，工人 300 人。工程处初具规模，即着手试制飞机，在简陋的条件下，克服重重困难，于 1919 年 8 月造出了取名"甲型一号"的双桴双翼水上飞机（所谓水上飞机，就是利用水面滑行继而升空的飞机，美国波间飞机厂首制飞机即为此型），这就是我国国产的第一架飞机，是值得我们引以为自豪的国产飞机。该机总重量 1055 千克，100 马力，最大时速 120 千米，配有双座双操纵系统，供飞行教练用。机成之后，无人试飞，延至 1920 年 2 月，由华侨飞行员蔡司度进行了首次飞行。

1920 年 5 月制成"甲型二号"飞机，试飞正常。1921 年 2 月"甲型三号"飞机竣工。1922 年开始生产乙型水上飞机。1924 年生产丙型飞机。1924 年，工程处造出"海鹰"一号海岸巡逻飞机，为鱼雷轰炸机，此机在试习时失速附水，俄国飞行员萨芬若夫不幸身亡。后又造出同型机两架，最大时速在 180 公里，最大飞行高度 3800 米，海面爬高率每分钟 161 米，装有机枪、火炮各一门，携带炸弹 8 枚。巴玉藻病逝后，根据他生前设计的图纸，制造出新型飞机"江鸿"号。该机总重量 1168 千克，功率 121 千瓦，航速每小时 90 英里（144.81 千米），最大航速 109 英里（175.38 千米），曾由马尾起飞至湖北汉口，在长途飞行中经受住了考验，显示了较高的航空技术水平。

1930 年，蒋介石下令，马尾飞机厂搬迁往上海，并入江南造船所。至此，马尾共造飞机 17 架（后两架在江南厂组合成机）。在上海，飞机制造厂造出飞机 6 架，第 3 架"宁海"号为舰载收飞机，第 5、6 架机改为地面滑行起飞的陆机。抗战爆发后，飞机厂几番搬迁至四川成都，归并到以宋美龄为主任、陈纳德为顾问的航空委员会，改组为"第八修理厂"。从马尾跟随而来的我国第一代航空技术人员，以其精湛的飞机制作技艺，成为当时航空界很有名气的"马尾派"。

马尾成功地首制国产飞机，还培育出一大批技术人员和飞行员，成为我国飞机制造业"摇篮"。

二 马尾是否首创中国飞机制造业

马尾是否首创中国飞机制造业，上述所说的史实是能说明问题的，但是有一些争议，通过研讨取得共识是有好处的。这里把常见的一些说法列举出来与大家共同探讨。

一是冯如首制说。冯如，生于1883年，广东恩平人。1895年赴美国。1907年，受美国莱特兄弟首创动力飞机的影响，在华侨资助下，在旧金山以东的屋化（Oakland）设厂研制飞机。当年就造出第一架飞机，但试飞没有成功。到1910年10月冯如已造出了第三架飞机，试飞十余次均告成功。这架飞机时速达60英里，最远飞20英里，在当时算是拔尖的航空器。美国报纸多番报道，齐声赞扬。1911年1月，他携机回国。1912年8月25日，在广州郊外做飞行表演中不幸失事牺牲。他是中国飞机制造业的先行者，佼佼者，可惜英年早逝，未能完成首创中国飞机制造业的宏愿。

二是北京南苑航空学校首制飞机说。南苑航空学校飞机修理工厂1913年设立。翌年，潘世忠（留学飞行家）任厂期间，请来外国技师指导，仿制了螺旋桨和飞机机身、机翼等。据说，在1916年利用外购的80马力航空发动机，自行设计、制造出一架架飞机。事实上，该厂是利用损坏的几架飞机部件（购自国外），拼装整合成一架教练机，而非新造产品，也未见飞行记录，谈不上首创中国飞机制造业。

三是"乐士文第一号"飞机说。数年前曾有数家报刊登载：广州大沙头飞机修理厂1923年6月制成的陆上双翼教练机，为中国自制的第一架飞机。这架由留美飞行家杨仙逸主持制造的飞机是成功的。孙中山和宋庆龄主持了试飞典礼。试飞时，宋庆龄一同乘飞机上天。这架飞机就以宋庆龄读书时的英文名字"乐士文"命名为"乐士文第一号"。孙中山为此题了

"航空救国"四字,然而,"乐士文第一号"是1923年制成的,比马尾船政局生产的飞机晚了4年。

以上几例史实,西北工业大学姜长英教授所著的《中国航空史》一书中,都有翔实记述。他在书中明确指出:设在马尾的"海军制造飞机处,是我国历史上第一个正规的飞机制造厂"。武汉交通科技大学的席龙飞教授在《中国造船史》一书中也指出,"福州船政历史地成为中国航空工业的摇篮"。这应该成为我们业内人士的共识,也应该通过社会各界人士的共同努力,还历史以本来面目;让世人知道马尾船政首创中国飞机制造业的辉煌历史。

三　马尾飞机制造业与弘扬船政文化

(一)马尾航空文化是船政文化的重要组成部分

1. 马尾飞机制造业的诞生是和船政奠定的工业基础分不开的。没有船政这个历史积淀,马尾的飞机制造业无从诞生。1866年创建的福建船政为飞机制造业的首创奠定了丰厚的物质基础和人才基础。水上飞机制造之前,福建船政已制造了一批千吨级的船舶,成为中国近代科技和工业的摇篮。巴玉藻、王助等航空界精英都是留英留美归来的学生。巴玉藻取得硕士学位后曾任美国通用公司第一任总工程师,王助任美国波音公司第一任总工程师。正因为有如此坚实的根基,在筹建飞潜学校和飞机厂的时候,虽然大沽、上海等处也列为选址的地方,但最后还是选定在马尾。

2. 马尾飞机制造业的诞生与海军建设分不开。马尾船政是海军的摇篮。我国第一支海军舰队在这里诞生,晚清和民国的大多数海军将领在这里产生,知名的就有叶祖珪、萨镇冰、刘冠雄、黄钟瑛、程璧光、李鼎新等。中法马江海战的英烈吕翰、许寿山,中日甲午海战的英烈邓世昌、林永升等也都是船政的学生。船政的学生很多到各地水师学堂担任要职。正如李鸿章所说"闽堂(福建建船政学堂)为开山之祖",也正因为国防建设的需要,在马尾设立海军飞机工程处,生产水上飞机,就是顺理成章之事。所以,没有船政这个海军摇篮,也就不可能有马尾飞机制造业的崛起。

今天，我们纪念马尾首创中国飞机制造业，也就是在揭示船政的丰厚历史，以弘扬船政文化。

(二) 马尾飞机制造业的历史经验是值得认真总结的

1. 马尾首创中国飞机制造业是马尾的骄傲、船政的骄傲，也是中国人的骄傲。它的成功开创了中国人自己的飞机制造业新纪元。

2. 马尾飞机制造业的诞生和发展浸透着爱国、自强、求是、创新的船政精神。他们不图在美的优厚待遇，不顾美方挽留，毅然回国，为的是什么呢？他们因陋就简，克服种种困难，艰苦创业，终于取得成功，不正是体现中国人的自强不息精神吗？他们尊重科学，用国际通用的"沙袋法"，以高出空中实际数倍的压力作耐压、抗弯、抗扭曲等试验，保证了制造质量和飞行安全，不正是实事求是的态度吗？他们不断试验，不断改进，制成了甲、乙、丙、戊等型号的飞机17架，不正是体现中华民族的创新精神吗？我们要弘扬的，正是这种精神。

3. 马尾创办飞机制造业是政治的需要，而非经济的发展，所以说走就走，说没就没。一声令下，至今73年没了踪影。这个课题是值得认真总结的。

4. 马尾历史地成为中国飞机制造业的摇篮，这是可喜可贺的，但是飞机上去了，造船却下来了。这个课题也是值得认真总结的。江南造船所在造船方面远落后于船政，但是1905年后，采用商业化运作，至辛亥革命时已造船136艘、修船542艘，还清所借白银20万两。1921年为美国承建了4艘万吨级远洋货轮。1905年至1937年共造船716艘、总排水量21.9万吨，其中出376艘14.28万吨，成为中国近代船舶工业的主要基地。相比之下，是得还是失呢。

(三) 弘扬船政文化，加快开发区建设

船政文化是中国传统文化的优秀成果。江泽民同志在十六大报告中指出，一个民族，没有振奋的精神和高尚的品格，不可能自立于世界民族之林。在五千多年的发展中，中华民族形成了以爱国主义为核心的团结统一、爱好和平、勤劳勇敢、自强不息的伟大民族精神。我认为，船政文化凝聚的就是这种民族精神，它是中华传统优秀文化的一部分，是中国近代史上值得大书特书的重要篇章，也是福建历史和福建文化不可或缺的辉煌一页。

中国高级教育史不能没有船政，福建船政学堂是中国第一个高等学府；中国造船史不能没有船政，它是中国造船业的发祥地；中国航空不能没有船政，它是中国航空工业诞生的摇篮；中西方文化交流不能不写船政，它在近代奏响了中西方文化交流的华彩乐章。如何弘扬船政文化，加快开发区建设，谈几点粗浅体会。

1. 船政文化积淀深厚，是一笔巨大的无形资产。打响船政品牌，有利于提高开发区的知名度和文化品味。

2. 船政文化体现的民族精神，是难得的精神财富。大力弘扬船政文化，有利于培育这种民族精神，激励后人爱国自立、自强不息、求实求是、开拓创新。

3. 船政当年"师夷长技以制夷"，大胆引进先进技术和管理经验，在改革开放的今天仍然有现实意义。如何加大改革开放力度，仍然是开发区的重要课题。对开发区，我缺乏了解和研究，提个不成熟的看法供参考，就是要树立大马尾港湾经济观念。一是大马尾观念，不要只见马尾，不见马头，不见全马。不要只在开发区的范围内作文章，就像马尾港的深水泊位在向外延伸一样，经济观念也要延伸。能否与长乐、连江等县市联合起来，共建闽江口经济区。二是港湾经济观念，过去强调港口经济，港兴城兴，现在看来只提港口经济是不够的，必须从现代物流的高度来整合港口经济，大力发展港湾经济。

4. 马尾历史悠久，人文品味很高，旅游资源丰富，又紧靠省城，开发旅游产业的前景十分广阔。关键是搞好规划，制定优惠政策，加大宣传力度，吸引外资和社会资金，尽快恢复和建设一些主要景点。

5. 船政当年一手抓制造，，一手抓人才。沈葆桢说，船政"创始之意，不重在造，而重在学"，"船政根本在于学堂"。这种高度重视教育的思想，至今仍然有十分重要的现实意义。可惜的是福建船政学堂未能在马尾延续下来。校友们常有抱怨和深感遗憾，一是1952年为什么要把它撤消？二是1981年，省委书记项南说，"这个学校不在我们这一代恢复起来，那是非常惭愧的事"。当年的文教办领导说过"要把它办成第二个厦大"。在项南书记的关心下，1982年复办了马尾商船学校，后改为福建船政学校。但遗憾的是当年中办为大专学院没有成功。三是 1994 年船政学校搬离马尾，1999 年合并升格后，船政学校的名称也不存在了。因此，复办的呼声仍然高涨。从感情上来说，从必要性分析，在马尾办船政大学是不为过的。但关键是如何办。我想可以更名、可以搬回来、可以联合复办，有关各方坐下来商量，是可以促成的。

总之，船政为后人留下了一大批丰厚的宝贵财富，是值得我们大力挖掘、认真研究、细心分析、发扬光大的。

最后，借此机会请允许我代表正在筹建的马尾船政文化研究会全体同仁，向关心、支持研究会的各级领导和各界人士，向热心船政文化研究的学者、专家表示衷心的感谢和崇高的敬意！

闽台海底一线牵　船政新篇祈放彩[*]

——纪念闽台海底电缆铺设115周年

1887年10月11日,中国的第一条海底电缆竣工,开始投入对外营运。这就是福州马尾川石岛——台湾淡水的海底电缆,全线长117海里。谁建造的呢?中国人,准确点说,船政人。当时,船政电报学堂毕业生作为技术人员使用自己的"飞策"号船进行海底铺设。它的铺设成功,标志着近代中国的电信技术已发展到一个新的阶段,也说明当时船政学堂的办学是十分成功的。今天,我们在马尾昭忠祠隆重纪念闽台海底电缆铺设115周年,其意义十分深远,也十分令人感慨。

感慨之一,是从闽台电缆的兴衰中我们摸到了历史脉搏的跳动。1874年,日本人借故派兵入侵台湾。清廷急派船政大臣沈葆桢赴台处理台湾事务。沈葆桢赴台后,深感军务紧急,电信重要,于是奏请清廷,自设闽台海底电缆。随后又提出自己培养电信人才。于是继任的船政大臣丁日昌在船政学堂附设电报学堂,办中国第一所电报学校。到1882年,学堂共培养电信人员140人,为闽台海底电缆的铺设奠定了人才基础。1887年,在闽台各方和船政电报学堂毕业生的努力下,川石岛淡水的海底电缆终于铺设成功。1894年甲午中日海战后,清廷被迫签订《马关条约》,闽台海底电缆也随台湾的割让而改由日本人管辖。而日本人却委托英国大东公司经营,至1930年年底,大东公司的合同到期,但当时的国民政府却与之续约,遭到广大人民特别是沿海电信员工的强烈反对。在共产党人的组织下,于1931年元旦,电信工人砍断电缆,结束了日本人利用这条电缆的电信特权。2001年以来,闽台两地兴起了寻找海底电缆的热潮。川石方向已找到电缆登陆点,淡水方向也组成志愿队正在寻找。总之,闽台海底电缆

---

[*] 本文系纪念闽台海底电缆铺设115周年文章,编入《闽台海底电缆探寻集》,该集由陈爱萍主编,中共马尾区委统战部编印。

的铺设与营运，和中国近代史紧紧联系在一起，既有"师夷长技以制夷"的成功，又有英国、日本、丹麦等资本主义国家侵犯中国主权的屈辱；既有电信工人砍断电缆结束日本人特权的壮举，又有闽台民间人士最近两年来寻找电缆的热情；既有闽台分割、电缆沉睡多年的感慨，又有闽台民众寻线寻根要求"三通"的强烈呼声。

感慨之二，海底电缆是一条砍不断的线，把台湾和大陆紧紧地联系在一起。台湾自古属中华，闽台两地同根同源，有隔不断的血缘地缘关系。据历史学家考证，明代天启四年，荷兰人窃据台湾后，曾招募大批闽南移民赴台垦殖；明末郑芝龙设寨于台湾北港，归顺明朝后，多次招募漳州、泉州沿海移民赴台垦荒；清顺治十八年，郑成功驱荷复台，所带队伍连眷属3万多人留在台湾，之后又有闽粤居民大举迁台；清康熙中叶，海禁渐宽，移民日多。现在台湾民众中80%是福建籍，所说的台湾话就是地地道道的闽南话。闽台海底电缆的开设，进一步证实闽台一家的亲密关系。清政府把第一条电缆架设在闽台之间，这是内政外交的需要，也是台湾和大陆情感交流的需要。它开通了43年，促进了台湾与大陆的信息交流。它虽然中断了72年，然而沉睡在海底的电缆却以其无言的事实告诉世人，台湾和大陆是无法分离的。正像台湾有关人士所说，这条电缆就像台湾和大陆的"文化脐带"，"寻找它，就是要让台湾人知道自己的根在哪里"。现在，台湾当局声称"一边一国"，这是李登辉"两国论"的翻版。沉睡在海底的电缆是历史的见证人。它的存在本身就是对台独势力的无言控诉。

感慨之三，中国人自主铺设海底电缆的事实再次表明，船政的办学是成功的。福建船政学堂是1866年创办的。1876年附设电报学堂。1887年7月闽台电缆开工铺设，9月中旬即完工。10月投入营运。利用自己培养的技术人才，用自己改装的工程船，仅用2个多月时间即铺设成功。这在中国，是史无前例的。它的辉煌向世人昭示，船政学堂的办学模式是成功而且有特色的。它是我国创办最早、影响最为深远的一所高等院校，其英才辈出，成效卓著，被誉为中国近代海军和科技队伍的摇篮。培养出的英才，较为著名的有近代启蒙思想家严复、铁路之父詹天佑、造船先驱魏瀚、著名航空工程专家巴玉藻、曾任美国波音飞机厂首任总工的王助、甲午战争壮烈牺牲的民族英雄邓世昌、马江海战壮烈牺牲的吕翰、许寿山、陈英、林森林等英豪；历任海军总长萨镇冰、黄钟英、程璧光、陈绍宽、杜锡珪；还有与林纾合作翻译《巴黎茶花女遗事》的王寿昌，把《红楼梦》译成法文在法国发行的陈季同；等等。船政学堂还有许多是国内首创的，如建造第一艘巡洋舰（平远号），第一架水上飞机，组建第一支赴台舰队，第一个使用电灯……作为船政的后人，我们以船政办学的历史悠久和成效卓著而感到自豪，又因未能弘扬优良办学等传统，再创船政辉煌而深感内疚。1981年，船政校友呼吁在马尾复办福建船政学校。省委书记项南听了校友的反映后积极支持复办福建船政学校，并说"这个学校不在我们这一代恢复起来，那是非常惭愧的事"。当年的文教办领导在选址时还说过"要把它办成第二个厦大"。在省委、省政府的关心支持下，1982年在马尾复办了马尾商船学校（后改名为福建船政学校）。海内外近千名校友为之欢呼。船政校友会及北京、上海、美国、台湾等分会随之纷纷建立。1999年，为适应高校扩招的需要，经国家教育部批准，船政学校与省交通学校、交通干校、公路技校合并升格为福建交通职业技术学院。学院为大专层次的高职院校，培养高等技术应用型人才。2002年被确定为国家重点高职院，被评为全国先进高职院校。但现在让校友们常有抱怨和困惑不解的是：一是1952年为什么要把它撤消？二是1982年复办福建船政学校为什么只办成中专，当年申办大专为什么没有成功？三是1994年船政学校为什么要搬离马尾？四是1999年合并升格后，船政的名称为什么不能保留？因此，留下了不少遗憾，复办的呼声也此起彼伏，但我们相信，通过学院师生员工，以及校友们的共同努力，在上级有关部门和福州市、马尾区的重视支持下，一定能在新世纪新阶段的现代化建设过程中，让船政办学传统得到新的弘扬，让船政之光永远放射出绚丽的异彩。

《中法马江海战》序[*]

门户洞开关不守，法夷直入闽江口。五虎炮台何用有。惊回首，灰飞烟灭英魂吼。　十一战船沉者九，三千铁甲分身首。遗恨未能先下手。谁之咎，江涛凄厉声依旧。(《渔家傲·马江海战怀古》)

想起120年前那段令人难忘和心酸的历史，无不让人心潮澎湃，感慨万千。我曾无数次到过闽江口和昭忠祠，凭吊过那曾经是腥风血雨的古战场和缅怀英勇献身的英烈。上述的拙作就是我在前年凭吊时写下的一首小词。

前不久我到华庐拜访陈贞寿教授时，他出示了这部珍贵的书稿，并执意要我为这本书作序，于是就有了让我重新学习这段历史的机会，也再一次勾起我"谁之咎"的责问。我反复阅读了陈教授的这本书稿，心情久久不能平静。

前事不忘，后事之师。陈教授的这本书，就是一本生动的教材。他用图说的形式给我们上了一堂历史课、政治课。以史为鉴，不是从中可以得出"落后就要挨打"、"腐败必然灭亡"的结论吗？

陈教授的这本书，原本是为了纪念中法马江海战120周年而写的，但由于种种原因，未能如期付梓，实在令人惋惜。我能先睹为快，看后印象十分深刻。

一是史料翔实，内涵丰富。370多张图片记录着历史的瞬间，加上科学的编排和简练的说明，如火如荼的历史画卷就呈现在读者的眼前。一些文献的摘录恰到好处，图表的引用也让人有了总体的了解和宏观的认识。看图即读史，如穿梭于武夷九曲溪，引人入胜，直观而生动。

二是脉络清晰，编排严谨。作者以事件本身为主线，以时间为顺序，

---

[*] 《中法马江海战》，陈贞寿著，中国大百科全书出版社出版发行，2007年7月第一版。

以图说的形式解剖了这段历史,从中法海战的历史背景、战争过程与结局,功过是非的评述,演绎有序,逻辑合理,详略得当,文字恰到好处,给读者展现的是一幅严谨的学术画卷,简明而深刻。

三是历史功过,评说客观。关于中法马江海战,史学家们写过了大量的著作。对有争议的人物和事件,褒贬不一,评价各异。而陈教授能通过认真的考证,还历史以真面目,如对张佩纶、何如璋等人物的评价和孤拔之死等都有着独到的见解。

陈贞寿教授是一位很有造诣的史学专家,尤其在海军史研究、船政文化研究等方面,在史学界和社会上有着广泛的影响。他的专著《图说中国海军史》史料丰富,形象易懂,甚得好评,荣获了第十四届中国图书奖。这本《中法马江海战》又是他的一部力作。他已八十高龄,仍孜孜不倦地献身于历史研究事业。其严谨客观的史学态度,笔耕不辍的治学精神,以史为鉴的现实指归,都是值得我们认真学习的。

《中法马江海战》的出版,既为史学界、出版界增添了一朵奇葩,也为船政文化的研究提供了宝贵的素材。关心这段历史的读者,定能从中受益。

《船政老人陈道章》序[*]

陈道章先生是船政老校友,是科学、文史研究方面的专家,是一位德高望重的长者。虽然我认识他的时间仅几年,但我越是了解他就越是钦佩他,敬重他。他的为人,他的为学,确实是我们学习的榜样。

马尾,是船政的发源地。1923年5月,他就诞生在这里。1936年2月,他进入船政的系列学校之一的马尾勤工高级工业学校机械科学习,1942年1月毕业。随后于1944年9月进入福建协和大学化学系学习。在大学期间,他担任学生会常务理事、诗社社长,还加入中共地下党组织,任协和大学支部书记,组织福州市大专学联,发动反内战、反示威游行,开展对敌斗争。1948年协和大学毕业,他获得理学士学位。随后奔走各地,根据地下党组织的指示,开展革命宣传工作。但遗憾的是,解放后本可以大展才华的他,却因闽浙赣城工部冤案而受到不公正的待遇。然而,他却以顽强的毅力,坚信自己是无辜的。虽身陷不幸,却尽自己之所能为党的事业做工作。他协助公社大队办了几家化工厂,用自己学到的化工知识,为农民服务。在这期间,他大量宣传科普知识,写了《碳酸气的行踪》、《农业战线上的化学》、《氢的世界》等科普著作,还发表了《中国古代化学史》专著,获得2001年华东地区科技出版社优秀图书一等奖。

文化大革命前,城工部冤案得到昭雪。1985年,又一次落实政策,陈道章先生被选任为马尾区政协副主席、福州市科协副主席、福州开发区科协名誉主席。从此,他轻装上阵,精神振奋,加倍努力,极力想夺回时间上的损失。1986年离休后,他仍离而不休,孜孜不倦地工作着,主动担任了十多个义务性工作,也先后得到多种荣誉称号,被评为区先进工作者、省关心下一代工作先进个人、省离休干部先进个人、省老干部先进个人等。

---

[*] 《船政老人陈道章》,福建音像出版社出版发行,2007年11月第一版。

陈道章先生的贡献还在于对船政文化的著书立说，奔走呼号。他博闻强记，文史知识丰富，对船政的历史了如指掌，常被各界誉为"船政活字典"。他文思敏捷，下笔如有神，写了大量有关船政方面的文章和书籍。仅专著就有《船政大事记》、《马尾史话》、《船政文化》、《中法马江海战日志》等10本之多，还担任《中国近代舰艇工业史料集》等大型专集的编审工作，应聘为中国亚太经济发展研究中心、中国国际经济文化发展研究中心高级研究员，兼任多种地方志的顾问。

陈道章先生的治学精神十分可贵。他严谨务实，一丝不苟。为了获取闽台海底电缆的实物，年过八旬的，还冒着烈日七次到川石岛探寻。为了深入了解甲午海战，交流船政研究的成果和经验，他冒着大风雪上了刘公岛。他还对一些混淆不清的问题，如船政与船政局、万年清与万年青、青洲船坞与青州船坞、号马力与实马力等进行了认真的考证。更可贵的是他对船政的独到理解。他认为，船政的创办使马尾成为"海上长城"，兴起了船政文化；船政文化影响久远，在中国近代化中起了双元推动作用；船政的基本精神是爱国的，尊重科学技术的，改革创新和讲求效率的。他还把船政的辉煌编成了53个"船政之最"，在海峡时报上连载，引起极大的反响。

尤其值得称道的是，他的船政情结，他对船政的高度关注和对弘扬船政文化的执著。近几年来，福州、马尾的船政文化热快速升温。这使他成了大忙人。在这股热潮中，他呼吁成立船政文化研究会，于是在有关领导和各界的重视下，马尾、福州两个研究会相继成立。他呼吁出版船政文化丛书，于是在有关领导和学者们的支持下，船政文化书籍陆续出版。他呼吁复办船政学院，于是引来了一系列的反响与举措。把这些功劳都归功于他，当然是不合适的。但他确确实实是叫得最早、最为卖力、最为响亮的一个。每次有关船政的研讨会、纪念会，都有他的身影，都有他的文章。在船政校友会中，由于年事已高，他没担任什么职务，但却是一个很有影响的人物。筹建船政文化博物馆、船政主题公园，他也没担任什么职务，但协助策划，接受咨询，也忙得不可开交。他还是媒体采访的首选对象。中央、省、市、区等电视台、报纸杂志的记者，经常采访他和向他约稿。国内外学者来马尾，也常请他介绍船政史，讲解谜团轶事。德国一位大学教授来马尾参观，听他介绍后，决定回去开办船政文化课。

陈道章先生心胸豁达，其乐观精神也是值得敬佩的。他对船政的执著，正是其乐观性格的体现。当史学家们还在争论洋务运动的是非得失时，他就认定弘扬船政文化只是个时间问题。对复办船政学院，他也是充满着自信。他认为这是辉煌的历史存在，船政的牌子价值连城，复办不起来只是暂时的现象，终有一天会有人把它办起来的。

这本书，定名为《船政老人陈道章》，集中介绍了陈道章先生近几十年了的追求、奋斗、坎坷和事迹，有他本人的文章，更多的是外人的记述。它的出版，不单是对陈道章先生的一生作了个科学评价，而且是对他船政文化研究成果的集中反映和总结升华，也是马尾船政文化研究会推进船政文化研究的一件大事，更是近几年来弘扬船政文化的可喜成果。相信它的出版会得到专家学者的青睐，会引起史学界和广大读者的关注与反响。

陈道章先生已到耄耋之年，是福州市"十大寿星"之一。他的长寿是我们的财富，我衷心祝愿他安康、长寿、幸福！

让下一代沐浴船政之光[*]

——评《船政之光》(小学版)

福建少年儿童出版社出版的船政文化读物《船政之光》(小学版)终于面世了。这是我国第一本介绍船政文化的少儿读物。当我看到出版社送来的稿件时,感到由衷高兴。一是高兴船政文化从尘封到弘扬,燎原之势已逐渐形成,而且越来越深入,现在已经深入少年儿童的层面了;二是高兴有关部门率先行动起来,小学生的课桌上终于有了一本介绍船政文化的读本。这是明智之举,育才之举,有远见之举。

船政,是福建人的骄傲,也是中国近代史上不可不着墨的重要篇章和历史辉煌,可惜的是它被尘封得太久了。

若干年以来,不知有多少人,不明白船政为何物,不知道在中国大地上曾经有个船政。

严复是启蒙思想家,詹天佑是铁路之父,邓世昌是甲午风云时的民族英雄。这些名人几乎家喻户晓,但他们的母校之一船政学堂却很少有人知道。《船政之光》(小学版)的出版正是起到了一个从娃娃抓起的好作用。对中青年、老年人来说,无非是补一下船政文化的历史课,而对少年儿童来说则是在打基础。我们说爱国主义教育要从娃娃抓起,船政文化读物就是生动的教材、实际的行动。

要编好以小学生为读者对象的船政文化读物是件不容易的事情。《船政之光》(小学版)能针对小学生的特点,编成图文并茂、可读性较强的读物,其特点是鲜明的。

首先是概说简明,重点突出。船政文化是船政历史人物在社会实践活动中,创造的物化成就和政治精神文明成果。其精神实质有爱国自强、改

---

[*] 《船政之光》(小学版),福建少年儿童出版社2012年2月出版发行,本文在《福建日报》上发表。

革创新、科教人本和海权意识等多方面，核心是强烈的爱国自强精神和强烈的海权意识。编者们吸收了近几年来专家学者的研究成果，把船政文化的主要内容提炼为开创新式教育，建立轮船水师、欣欣向荣的船政工业，首创中国航空工业和马江英魂等篇章，较好地把船政文化的精神实质呈现出来。内容既丰富又简洁明了，主题突出。

其次是注意史实的准确性。由于多年尘封，一些史实不明或理不清。为了让孩子们从小就获得准确的信息，编者们分析了学术研讨的文章，进一步理清了史实，选取了大家公认的素材进行编写，体现了编者们的科学态度和严肃性。如诞生时称"船政"而不称"船政局"，完全是尊重史实的结果。如近代第一支海军舰队是1870年建立的"轮船水师"，而不是大家常讲的"福建水师"，也是以学术的态度来澄清的。1870年前旧式的福建水师就已存在。1870年船政第三艘兵轮"福星"号下水后，清政府即根据沈葆桢等人奏请，批准成立了轮船水师，任命李成谋为统领。至1875年，轮船水师已有新式兵轮15艘。这是近代中国第一支同旧式水师有着根本区别的新式水师，是中国建设新式海军的开端。它的成立比北洋水师整整早了18年。

再次是选取故事性题材，让孩子们在听故事中受到熏陶和教育。船政的历史，很多是大人们研究的内容，要让孩子们读懂，确实要费一番心思。《船政之光》选取了一些富有故事性的情节，如沈葆桢驳斥反对者的指责、严复报名考入船政学堂，巴玉藻的首次飞行、马尾到伦敦的航海大赛，以及詹天佑、罗丰禄、邓世昌、陈兆锵、萨镇冰等精英的故事，虽着墨不多，但梗概清晰，增强了可读性。

读物是面向少年儿童的，编排和插图尤显重要。《船政之光》（小学版）的尝试十分可喜。不仅有老照片，还有新插图，几乎每页都有，甚为直观。为了让读者能参与进来，开动脑筋，积极互动，读物还设立了许多小栏目，既有创意，又很适合小学生的特点，能较好地达到联想互动、启迪思维、寓教育于积极参与之中的目的。

文化精品　意味深长[*]

——历史纪录片《船政学堂》开播有感

我因机缘巧合，20世纪80年代就接触到有关船政学堂的资料。阅后常陷入沉思。感叹号、问号常挤满脑海。随着船政文化研究的深入，其尘封的面纱慢慢揭开，时人才惊奇的发现，这原来是个含金量很高的富矿。于是，好事接踵而来。然而，让人回味的好作品并不多见。这几天，我连续看了几遍《船政学堂》的样片，确实让人浮想联翩。我对船政学堂，算是个有研究的人了。二十多年前就收集资料，七年前出版《船政学堂》一书，随后译成英文出版。去年又在台湾出版了繁体版。然而，纪录片的开播还是让我兴奋不已。

今年恰逢甲午年，是个与船政有着特殊关系的年份。甲午海战120周年，甲申马江海战130周年，甲戌巡台140周年。这三大事件都与船政密切相关。在这个特殊的年份，《船政学堂》开播，其意义自然不同寻常。我认为这部片子最可贵的地方，就是定位准，视野阔，站得高，挖得深。纪录片抓住中国特有、近代辉煌、国际影响的文化品牌，着力打造文化精品，主题突出，要义彰显。它从"船政根本在学堂"的历史高度出发，抓住船政精英爱国自强的本质性内容，采用编年与纪传并重、共时和历时结合的手法，通过横向对比的大视野和中西文化撞击的大手笔，讴歌船政学子的意气风发和历史局限下的无奈，揭示三千年大变革、民族复兴的深刻主题，给世人以警醒和启迪。紧扣历史文化精品的定位，无疑是正确的，有远见的。

船政文化博大精深，自强是近代国人的中国梦。如何挖掘其本质性的内涵，纪录片抓住近代人才培养这个根本，描述了船政精英的主要事迹，其视野是过去一些平均使力的片子难以企及的。1866年，是人类现代化进

---

[*] 本文在《福建日报》2014年7月7日第11版上发表。

程中划时代的一年。这一年,人类进入洲际通信时代,海战由风帆时代跨进蒸汽舰船时代。日本也已站在明治维新的门口。就在这一年,船政诞生了。这不是一般的巧合。它凸显的是船政拉开现代化序幕的国家意义和国际意义。前学堂的陈季同,学的是造船专业,留学的却是巴黎自由政治学堂,过去研究人员很少问个为什么。纪录片告诉人们,这所学堂现在称巴黎政治学院,培养过奥朗德、萨科奇、希拉克、密特朗等领袖人物,近代法国的七成政治家和八成高级管理人才出自这里。这一链接,国家培养现代化高端人才的初衷就凸显出来。严复是船政精英富有代表性的典型。他的足迹贯穿纪录片始终,从入学船政学堂到当任北京大学第一任校长,着墨甚多。正是这位船政学子,成长为会通中西的启蒙思想家,与救亡图强、民族复兴息息相关,其历史意义不言而喻,其译著和思想至今意义深远。

纪录片摄制组赴欧赴台实地采访,披露了大量鲜为人知的珍贵文物和史料。把它誉为船政学堂的全新历史影像志,并不为过。巴黎、伦敦等馆藏文物,法国科学院院士巴斯蒂等汉学家的研究资料,台湾的有关史料,等等,都弥足珍贵。日意格的那个"中国房间"给我印象深刻。清廷授予他的黄马褂、顶戴花翎以及留学生们寄给他的信件、照片,还有许多来自中国的家具和摆设,他本人小心翼翼地加以收拾、装帧,其后裔至今仍保存完好,真是难能可贵。纪录片还充分利用电视传媒的优势,动用了各种手段和资源,采取高清摄像、场景再现、解说词、画外音、场景配乐等手法,大大加深了纪录片的感染力。结尾阐述两校一宗,也是意味深长的。

船政文化的研究和弘扬[*]

2003年，马尾船政文化研究会和福州船政文化研究会相继成立。成立六年来，研究会积极组织开展船政文化的研究工作，为弘扬船政文化做了一些有益的事情，使研究工作取得了一定进展。船政文化的研究日渐活跃，船政文化的影响日渐扩大，从而为促进海西的文化建设、闽台交流、和谐社会的构建贡献了一份微薄的力量。

一 笔耕不辍 成果不断

（一）发挥专家学者的主导作用，不断丰富船政文化研究成果

马尾是中国船政文化的发祥地，是近代海军的摇篮，是当时引进西方先进科技，传播中西文化的主阵地。六年来，发挥专家学者的主导作用，研究工作取得了明显成果。研究会和理事单位共同编辑出版和资助、协助有关专家编辑出版的书籍共有28本4万多册，配合或协助省市有关部门编辑出版的书籍有8本1万多册。其中有不少是有一定影响力的，如陈道章的《船政文化》、《船政研究文集》、《中法马江海战日志》、《马尾之最》，陈贞寿的《中日马江海战》、《福州三江口水师旗营》，钱南秀发现整理由上海古籍出版社出版的《学贾吟》，沈岩的《船政学堂》，林樱尧主编的《马尾首创中国航空业资料集》、《船政研究集萃》，刘琳史玄之编著的《船政新发现》，江小鹰主编的《船政拾英》，陈然编著的《福建船政文化简明读本》，金秋蓉肖郁哉编著的《观澜船政文化》，区委统战部编的《闽台海底电缆探寻集》，区政协文史委和马江诗词学会合编的《船司空雅集录》，区旅游局编的《悠游马江》、《马江春秋》，张良勋编著的《船政留

---

[*] 2010年3月马尾船政文化研究会换届。会员代表大会表决，笔者连任研究会会长。本文系笔者所做的理事会工作报告，发表时有修改。

学生》，区委宣传部与市社科院合编的《百年船政》，区委宣传部编的《船政之光》、《马尾船政文化走笔》，张作兴主编的《船政文化研究》4集，朱华主编的《沈葆桢文集》、《船政奏议汇编点校辑》，等等。区委宣传部还拍摄了《船政之魂》专题片，获福州市广播电视社教节目一等奖。研究会还编辑会刊《船政》6期，发表文章112篇。秘书处还编发了《简讯》16期。值得一提的是许多会员和学者都不是专职的研究人员，本职工作很忙，但却自愿花掉许多宝贵的业余时间来从事研究工作，有的还花了自己的积蓄来出书。研究专家学者中有许多是七八十岁的老同志，但笔耕不辍，成果不断，精神十分可嘉。

（二）积极开展系列活动，努力提高船政文化知名度

近年来，利用和发挥船政主题公园爱国主义教育功能的作用，多形式、持续性地组织好系列教育活动。区与省市有关部门联合举办了船政文化知识讲座、讲解员培训班、"百年船政音乐诗会"、"中国船政文化美术、书法、摄影展"、"百年船政知识竞赛"、创作演出大型音舞诗剧《船政千秋》，开展了纪念马江海战120周年、沈葆桢抚台130周年暨船政文化主题公园动工仪式和开园典礼、祭扫海战英烈、学术研讨会等活动。马尾区还开展了征集船政文化徽标活动，来自全国16个省（直辖市、地区）的作者寄来了153件作品，许多作者还多次来电、致信询问，出谋划策，关注船政文化徽标评选工作，让广大市民全面认识船政文化，深刻领会其精神，积极推动广大人们参与船政文化的各项活动，扩大了船政文化在全国的影响。

（三）加大媒体宣传力度，不断扩大船政文化影响

在有关部门安排下，研究会配合有关部门精心制作了一批宣传画册、船政文化简介、船政文化旅游工艺品等宣传品，起到了很好的宣传效果。中国船政文化博物馆开通了船政文化网站，船政校友会开通了CZ1866网站，福建船政交通学院开通了船政文化所网站。协助有关部门在报纸、电视台上安排船政文化版面，开设船政文化专题、专栏，全面系统地宣传船政文化。积极组稿在中央、省、市各新闻媒体上宣传船政文化研究成果。配合旅游部门积极开辟"马尾船政工业游"、"闽江口船政文化一日游"等

旅游线路。为迎接船政140周年，马尾造船有限公司还将轮机车间改造为陈列馆，学院也将原校史馆进行重新编排装修。许多理事单位积极推介、宣传和弘扬船政文化，努力扩大船政文化的影响，产生了良好的效果。

（四）发挥船政文化教育功能，加强青少年爱国主义教育

爱国主义教育一直是研究会关注的议题。根据中共中央、国务院《关于进一步加强和改进未成年人思想道德建设的若干意见》的精神，我们配合宣传教育部门以弘扬船政文化为切入点，坚持"三个结合"，在全区中小学生中开展爱国主义教育。一是弘扬船政文化与学生思想道德建设相结合，充分利用六一、五四、清明节等节日，组织团员、少先队员祭扫烈士陵园，开展"寻觅古战场"、"牢记历史，奋发图强"主题队会和"我爱马尾今胜昔"、"知我开发区、爱我开发区、建我开发区、美我开发区"系列活动，结合马尾百年沧桑巨变，对学生进行爱祖国、爱家乡教育，激发学生奋发有为，成才报国。二是弘扬船政文化与社会实践相结合。全区各中小学都与马江海战纪念馆开展共建社会实践基地，建立教育联系制度，定期组织学习开展交流活动。在中小学生中开展船政知识讲解比赛，培养了近300名小讲解员。每逢节假日都有义务讲解员到馆为游客讲解，多次受到上级领导的肯定。三是弘扬船政文化与德育教学相结合。编印船政文化知识读本，作为中小学的德育教材。马尾实验小学、二附中、二十四中等学校也以班级为单位，组织学生自编图文并茂的船政文化知识读本；建立船政文化知识题库，举办"船政千秋"知识竞赛。抓住学校实施基础教育改革的契机，开发船政文化校本课程，编写了"船政之光——德育综合实践活动"、《马尾乡土教材》等学习材料，引导青少年爱祖国、爱人民、爱劳动、爱科学、爱社会主义，树立正确的理想信念，为培养和造就具有高尚思想品质和良好道德修养的建设者服务。

六年来，船政文化研究取得明显的成果，令人欣慰的是：

第一，船政文化已从专家学者的研究变成了社会的共识。过去是专家学者的研究内容，现在已经写入了国务院的正式文件。而且被列为海西建设的七大文化之一。船政文化已从历史的尘封中显露出来，而且越来越受到社会各界的重视，尤其是引起中央高层和海外及港澳台的重视，胡锦涛、黄菊、吴官正、李长春等先后视察了船政文化博物馆，曾荫权、连

战、萧万长等港台政要也先后到船政文化博物馆参观。从2001年"福建船政遗址群"成为第五批全国文物保护单位，到2005年定名为"福州马尾船政文化遗址群"，被中宣部评为"第三批全国爱国主义教育示范基地"，都充分说明船政文化的品牌日益彰显，越来越深入人心。

第二，船政文化的研究成果日益扩大，研究资料的收集越来越广泛，研究面越来越扩大，专题研究越来越深入。研讨会上提供的参考书籍，由原来的一两本到一二十本，装得满满的一袋。与会代表和新闻记者都反映，这是船政文化研究深入丰收的景象。在这些研究成果中，有代表性的著作很多，如：《船政文化》（陈道章著）、《船政研究文集》（陈道章著）、《图说中国海军史》（陈贞寿著）、《中日马江海战》（陈贞寿著）、《严复翰墨》（卢美松主编）、《严复墨迹》（卢美松主编），陈季同《学贾吟》手稿影印本、《沈葆桢手迹》（沈吕宁编），还有历届研讨会的《船政文化研究》论文集、《沈葆桢文集》、《船政奏议汇编点校辑》、《百年船政》等。船政教育研究是新的领域，《船政学堂》（沈岩著）的出版，填补了船政教育研究的空白，并获得福建省第八届社会科学优秀成果奖。该书二次印刷，还被翻译成英文版由国家外文局（五洲传播出版社）出版向世界各国发行。对船政专家的研究也引起重视，船政文化研究丛书首先推出的是陈道章老师。《船政老人陈道章》一书收录了道章老师各个时期的各类文章37篇、诗词239首以及年表传略和各类评论文章21篇。

第三，船政文化的内涵也越来越得到广泛的认同。开始时，社会上对船政文化并不理解，还有很多人不认同。经过多年来的研究与宣传，大家对什么是船政文化有了共识，一般认为，船政文化就是船政历史人物创造的物化成就和政治精神文明成果，其核心是强烈的爱国自强精神和强烈的海权意识。《光明日报》发表《略论马尾船政文化》后，对这一观点，许多学者表示认同，常被引用。卢美松的文章《船政文化是近代中国先进文化的旗帜》的发表，不但回答了船政文化是近代中国先进文化还是落后文化的问题，而且把船政文化提高到近代中国先进文化的高度来阐述，有一定深度，也得到广泛的认同，影响良好。

六年来，研究工作获得许多启示：第一，各级领导的重视和支持事船政文化研究工作的保证。第二，各级各部门通力合作是搞好船政文化研究工作的关键。第三，专家学者的辛勤劳动和无私奉献是船政文化研究的根本。第四，船政后裔的积极参与和协助是船政文化研究发展的动力。船政后裔是船政文化研究的一支重要力量，他们对先辈的情感和了解，是其他人无法比拟的。他们的参与既为研究提供了许多宝贵的资料信息，又为研究提供了研究课题和发展空间。许多后裔撰写论文，积极参与研究。他们中的一些船政世家还自筹资金，积极抢救先辈的宝贵遗产。许多宝贵资料和文集出自后裔之手，如沈家的《沈葆桢家书考》、《沈葆桢手迹》、《沈翊清沈觐宸纪念文集》，陈家的《纪念陈兆锵将军文选》、萨家的《识适室剩墨》等，还有魏家、黄家、叶家等都有后裔撰写文章，提供了宝贵资料和研究成果。还有的后裔把先辈的资料、文物、图片捐献出来，为研究提供可靠的实物资料。

二 深化研究工作 弘扬船政文化

今后五年是船政文化研究事业发展的重要时期。研究工作要抓住有利时机，开创新的局面。

（一）切实增强做好研究工作的责任感和使命感。

船政文化的弘扬面临历史上所没有的大好形势。国务院《关于支持福建省加快建设海峡西岸经济区的若干意见》，指出："整合文化资源，打造一批地域特色明显、展现海峡西岸风貌、在国内外具有影响力的文化品牌，重点保护发展闽南文化、客家文化、妈祖文化、红土地文化、船政文化、畲族文化、朱子文化等特色文化。推动文化与经济融合，大力发展文化创意产业，建立海峡两岸文化产业合作中心，着力培育专、精、特、新文化企业，努力使海峡西岸经济区成为全国重要的文化产业基地。"国务院文件为我们的研究指明了方向。船政文化特色明显，能展现海峡西岸风貌，在国内外具有影响力，是我们的宝贵文化品牌。而海西建设事业是近代船政事业在新时期的继续与发展，船政文化所凝结的爱国、开放、科学、海权和敢为天下先的精神是海西建设所必需的。因此，研究工作要有强烈的责任感和使命感，扎扎实实地拿出一批新的成果来。

（二）努力打造富有特色的船政文化。

研究工作要有生命力，关键在活动。要积极开展研讨活动。每年都要有一定的研讨活动，或大型的研讨会，或中小型的座谈会，自行组织或协同或配合。随着研究的深化，应在专题上多下功夫。积极开展学术交流活动。可以创造条件与史学界、造船界、海军界、航海界、文化界、教育界开展专题交流活动；也可以在条件许可的情况下进行国际交流，重点是和台湾进行交流。要以弘扬船政文化为目的，组织外出巡回宣传展览活动。也可以和旅游推介结合起来，把船政文化的特色品牌打出去。继续发挥船政文化教育功能，加强对青少年的爱国主义教育活动。继续共建机制和教育联系制度，定期组织学习交流；继续利用节日，组织祭扫烈士陵园，开展系列教育活动。

（三）改善发展环境，认真履行职能，增强服务能力。

研究会是社会团体，本身没有太多的资源，唯一的宝贵资源是学术资源。主要的依靠是上级领导和各理事单位。主要的研究成果来自研究骨干。因此研究会要学会改善发展环境，争取得到上级领导和各发起单位的更多支持。要认真履行职能，及时提供研究成果和信息，努力办好《船政》会刊和研究会《通讯》，供领导参考，供专家学者交流，进一步提高为会员和专家学者服务的能力。

（四）更新观念，创新体制，开创研究会工作新局面。

研究会要适应新形势发展的需要，首先必须更新观念。要树立服务意识、建设意识、改革意识。服务，就是为会员服务，成为会员之家；为专家学者服务，提供信息和资源；为确定课题的作者服务，提供力所能及的帮助。建设，就是研究会的建设，认真完善研究会的各项基础工作，建立和健全会议制度、秘书处工作制度，以及规划、研究、项目审批、成果审核、资金筹措与开支、财务管理等制度。要建立专家库，团结更多的学者，发挥团队精神，拿出更多的研究成果。我们讲的建设就是基础建设、制度建设、团队建设。改革，就是要有改革创新的精神来做好研究会的工作。要适应新形势发展的需要，研究新情况，及时调整思路，提出新的举措。新一届研究会面临新的形势和任务，要争取在研究、活动、建设、服务等各方面上一个新的台阶，努力开创研究工作的新局面。

闽在海中　大利在水[*]

——福建海上交通史话

福建地理条件独特，航海历史悠久。历来就有造船技术先进、航海发明众多、航海人才济济、航海信仰盛行的好传统，文化底蕴十分深厚。近闻福建交通展示中心拟设立海峡运输专馆，因此认真挖掘海峡交通史料，认真进行展示，是很有意义的。现就六个方面简要地说说福建海上交通的历史。

一　闽在海中，福建很早就与海洋打交道

我国海岸线长，港汊和岛屿多，上古时代华夏民族就与大海结下了不解之缘，是世界上最早走向海洋的民族之一。《诗经·商颂·长发》就有记载："相土烈烈，海外有截。"相土为契之孙，据一些学者考证，说的就是殷商人拓荒美洲之事。

数千年以来，远古先民以匏济水，包荒冯河，发明了独木舟、桨、橹、锚、舵、纤、桅、帆、水密隔壁、指南针、轮桨等，并通过观天测象了解了大自然的规律，掌握了驶风技术、航海技术。先民四海为家，把自己掌握的华夏文明传播到所到之处，遍布四海。充满着探索精神、创新精神、团队精神、互助精神、开拓精神、开放精神、海权意识、文明理念、和平理念和爱国精神。至今，妈祖信仰、郑和精神、船政文化的影响仍然十分深远。

据《山海经·海内南经》记载："闽在海中。"闽人很早就与海洋打交道。南岛语系的研究发现，上古的百越族与南岛语系各族有着千丝万缕的关系。南岛语，学者一般按地域分成印度尼西亚、波利尼西亚、美拉尼西

---

[*] 本文系笔者2013年3月为福建交通展示中心提供的史话资料。

亚、密克罗尼西亚4个语族。起源在哪里？中外学者的观点多数认为来自台湾。最近学界从海峡两岸的出土文物分析，认为这只不过是以流为源而已。出土文物证明，南岛语系民族的最初的文化面貌分布在华南一带。上古的百越与南岛语系民族有共同的祖先。在青铜时代的主要文化特色同是有太阳光芒纹样的铜鼓。上古的太昊应是南岛语系居民的始祖之一。南岛语系民族善于航海。有的学者认为波利尼西亚人的海神就是即太昊。

东冶港是福建最早有文字记载的港口。《后汉书·朱冯虞郑周列传》记："旧交趾七郡，贡献转运，皆从东冶泛海而至。"

东吴景帝时，设立典船都尉，促进造船与航海事业的发展。

唐大和年间（827～835年）专门设置市舶机构。

五代时，王审知治闽，对福州城内河和闽江通海航道进行修浚，在闽江口开辟甘棠航道，"招徕海中蛮夷商贾"，出现了闽江沿岸"帆樯云集，画鹢争驶"的繁荣景象。

宋元时期，泉州港后来居上。元代是泉州港鼎盛的时代，有"梯航万国"的世界东方大港之称，进出的海舶往返于107个国家和地区。马可·波罗曾称其为世界最大港。大约从13世纪开始，中国的官方文献已习惯于以泉州为基点计算同外国的距离、日数和方位。泉州，被确定为古代"海上丝绸之路"的重要起点。

明代，永乐三年（1405年）至宣德八年（1433年），郑和受朝廷派遣，率领规模巨大的船队七次出海远航。福建人王景宏曾任正使，发挥了重要作用。但在其后几百年间，由于海禁和倭乱，严重阻碍正常航运和贸易。

明代漳州人吴朴，著有《渡海方程》、《龙飞纪略》。《渡海方程》著于嘉靖十六年（1537年），是我国首部刻印的既有国内南北海道又有东西洋海道的水路簿。吴朴认为福建"实华夷之要"，是南北海上交通路线之中心。《渡海方程》为我国最早发现、命名岛屿和沙洲并为其提供法理依据的重要文献。它证明至迟在明永乐年间，我国已发现、命名"钓鱼屿"和"赤坎屿"（即今天的钓鱼岛、赤尾屿等一些岛屿），并用于航海和渔业。《渡海方程》被誉为"定海神针"，出版前后被辗转传抄，改名为《顺风相送》、《指南正法》、《海道针经》、《郑和航海图》等，对明清时期海上交通发挥了重要作用。（福建人的航海著作还有明代张燮《东西洋考)，清代程日火介《噶喇吧纪略》、王大海《海岛逸志》等。）

明成化十年（1474年），"福建市舶司"从泉州移到福州，成为中国政府与琉球往来的主要港口。

清康熙二十三年（1684年）开海禁后，福州港再度兴起。清政府在厦门和福州设立闽海关，以厦门港为通洋正口，福州港则主要与琉球国通商。

二 舟楫为马，福船是海上主要交通工具

中国自古有"南船北马"之称。春秋时期的吴、越两国江河密布，舟楫为马，造船业盛行。为适应江河航行，中国古船多为平底江船型，方型平底是其主要特征。而福建地区面向海洋，海域环境好，木材资源丰富，为适应海上航行，创造出航海性能好的尖底福船。1973年，泉州湾后渚港出土的沉船，就是尖底海船。该船残长24.2米、残宽7.15米，头尖尾方，船身扁阔，底有龙骨，由两段松木料接合而成，全长17.65米。连接龙骨的艏柱用樟木制成，长约4.5米。船板用柳杉制成，舷侧板为三重木板结构，总厚度为18厘米。船板相接处大多采用榫合的方法，缝隙塞以麻丝、竹茹和桐油灰，再以铁钉钉合。船体用12道隔板，隔成13个互不渗水的船舱，最深的舱达1.98米，最浅的为1.5米。船上还有为了竖立前桅杆和中桅杆的底座，以及尾部为设置船舵的洞孔。据测算，该船的排水量为370吨左右。1982年，泉州出土的南宋古船，也是一艘底部装有松木龙骨的尖底船。明代，戚继光抗倭，所监造的船舰，舰上可挂5张帆，首尾装配大中炮24门，载兵丁250余名，运货22万斤，连续航行两三千里。这种福船型的船舰，高大如楼，出征时令敌望而生畏。

自南宋进入远洋航海贸易期间以后，直至郑和下西洋时期（1405～1433年），福建的尖底福船成为主要海运工具。明清两代，中国册封琉球和琉球进贡中国也都使用福船。明代中叶，在福州建造性能优良的册封舟，建造周期需两年，由福州五虎门出洋到琉球那霸港行程需一个月。到了清代，册封舟变小，建造周期缩短，海中行程仅需一周。封舟的船型和帆装已日趋成熟，说明福州的造船技术也在不断进步。明代担任过琉球册封副使的谢杰对闽人的造船技术曾经这样评价："船匠有二：漳匠善制造，

凡船之坚致赖之；福匠善守成，凡船之格式赖之。"

船政选择在福建，因历史上造船业的发达而成为必然。选择在马尾当然还有材料、经费、管理等原因。但已为我们勾画出一幅源远流长的图画。船政造船经历了船体构造由船舶木壳结构、铁木合构、铁甲、穹甲到钢壳结构，造舶工艺由铁钉舱缝到铆钉连接的过渡和进化的全过程，从而使船政成为近代中国造船中心，中国古代造船与近代造船技术借此找到了机缘与链接点。

三 大利在水，台湾海峡自古是航海通道与门户

福建地区长期来成为中国的国际航运中心绝非偶然。福建临东海，深水港多，港湾受潮汐影响大，海道输沙量小，水土流失少，地理位置适中，属南亚热带为主的海洋性气候，春夏吹东南风，秋冬刮东北风。这在帆船航行的时代，有规律的季风，有利于往返作业。春夏北上东北亚，秋季返航乃至远航东南亚，春季又返航，全年忙碌。

清同治五年（1866年）清廷在福州马尾设立"总理船政事务衙门"。时任闽浙总督的左宗棠在上奏清廷《试造轮船先陈大概情形折》时就提出"惟东南大利，在水而不在陆"的著名观点。

台湾与福建一水相隔，被视为七省门户。七省即沿海各省，有广东、福建、浙江、江南（江苏与江西）、山东、直隶、盛京等。而台湾孤悬在外，为其门户，历来为兵家必争之地。日本更是虎视眈眈，觊觎已久，总想乘虚而入。福建与台湾具有特殊的渊源关系。而船政与台湾的关系也非同一般。1866年船政创办，到1895年甲午海战后割让给日本共30年。30年中，船政始终担任着繁重的台防、通航和支持经济建设的任务。船政第二艘兵船"湄云"号1869年下水，1870年就首航台湾运粮食。随后，"琛航"、"永保"等船担任了闽台通航任务。轮船水师成立后，自制的舰船在澎湖台湾执行海防任务。船政还在探矿、地图测绘、电线架设、海底电缆敷设、台湾电报学堂教学等方面做出贡献。但最重要的是船政通过巡台治台，促进了台湾的近代化建设。1874年2月，日本政府以"牡丹社事件"为借口，公然无视中国主权，由内阁会议通过《台湾番地处分要略》，决定派遣陆军中将西乡从道为"台湾番地事务都督"，率兵侵台。清政府派

船政大臣沈葆桢为钦差大臣去台湾办理台务。同年 6 月 17 日，沈葆桢率领自己的舰队赴台。沈葆桢到台后，一面向日本军事当局交涉撤军，一面积极着手布置全岛防务。日本见台湾防务强大，自己羽翼未丰，"不得大逞于台，遂罢兵归"。这是近代中国海军舰队第一次抗御外国侵略势力入侵台湾的军事行动，是中国近代海军保卫海疆、保卫台湾的壮举，也显示了船政维护主权的成就和功绩。随后的善后治台，为台湾的近代化奠定了基础。

四 明清海禁，福建海运仍十分兴盛

明清海禁，严重抑制了海洋经济活动。人们不得不在犯禁的情况下，寻求突破。而首先敢于犯禁的是地方豪强，他们见海上贸易有厚利可图，铤而走险。漳州泉州地区因官府管辖薄弱，成为海上走私胜地。当时"寇盗充斥，龙邑鞭长不相及"。明代中后期，福建沿海的海商改变了以往被动消极的态度，冲破政府的禁令，积极地参与海上贸易活动。其中尤以漳州、泉州二府的居民最为活跃。先是漳州的诏安梅岭港，后是位于漳州城南五十里的月港，也逐渐从明初甚为荒凉的小洲发展到成弘年间走私海商聚集的重要港口。漳州耕海人，"或出本贩番，或造船下海，或勾引贼党，或接济夷船"。

明末的厦门港本是月港的附属港口。明廷开放海禁后始兴，16 世纪后 30 年，每年从厦门开往马尼拉的商船有 40~50 艘，当时厦门被称为"中国粗瓷最大的出口中心之一"。明末清初，郑氏抗清集团以厦门为基地，其对外贸易十分发达。

明代后期，东南沿海私人海上贸易活动逐渐形成了若干个实力雄厚的海商武装集团。其中比较著名的有李旦集团、颜思齐集团、郑芝龙集团、刘香集团，以及杨六、杨七、钟斌等集团。后来，郑芝龙家族雄踞海上，几乎独占南海之利。崇祯十四年至顺治三年（1641~1646 年），郑氏集团的商船络绎不绝地川流于中国沿海、台湾、日本、吕宋、澳门以及东南亚各地。荷兰、葡萄牙、西班牙的商船都要在他的配合允许下，才能与中国的商船进行贸易。他的武装船队，旗帜鲜明，戈甲坚利，故八闽皆以郑氏为长城。入清以后，东南沿海的海外贸易大权，仍然一度掌握在郑氏家族的手中。郑芝龙虽然投降了清朝，但是他的儿子郑成功及其后的郑经等人，率领郑氏集团的主要力量，凭借着雄厚的海上实力，与清朝军队在东南沿海一代周旋了三四十年之久。

五　创办船政，福建成为近代海军和航海家的摇篮

创办船政，沈葆桢将把办学培养人才作为根本。他一再指出"船政根本在于学堂"。1866年12月23日船政工程全面动工，求是堂艺局即船政学堂就同时开学招生。没有教室，就借地办学。驾驶专业暂借福州城内定光寺（又称白塔寺）、仙塔街上课；造船专业暂借城外亚伯尔顺洋房开课。很快形成规模，法文类学堂有：造船学堂、绘画学堂（即绘事院）、艺徒学堂（即艺圃，后分出一个匠首学堂）。英文类学堂有：驾驶学堂、练船学堂、管轮学堂。后任丁日昌增加了一所电报学堂。沈葆桢强调"能否成材，必亲试之风涛"，因此设立了练船学堂。1870年船政自造的第3号兵船"福星"号下水成功，随即辟为练船，其后共有7艘舰船用于实习训练。

沈葆桢认为洋人来华教习未必是"上上之技"，"以中国已成之技求外国益精之学"必然事半功倍。他认为"窥其精微之奥，宜置之庄岳之间"。"庄岳之间"即齐国。这是孟子的话，意思是要学好齐国话，就要到齐国去。正是这种指导思想，船政学堂建立了留学制度。也正因为有了留学制度，促成了一批又一批的青年到国外去，使出国留学的青年开阔了眼界，增长了知识，改变了思维，学到了先进的科学技术和管理知识，为加快中国的近代化进程贡献了力量。

船政学堂是中国近代第一所高等院校。引进先进的教育模式，结合中国实际，实行"权操诸我"的原则，形成特色鲜明的中国化办学模式，成为各地纷纷效仿的样板。被李鸿章誉为"开山之祖"。

船政学堂建立了与工业化和海军建设相适应的教育模式，培养了大量人才，成为中国近代海军和航海家的摇篮。

六　南北通航，台湾海峡出现了百舸争流的新局面

改革开放后，台湾海峡实现了南北通航，福建海运新崛起，出现了蓬

勃发展的新局面。

（1）封闭转向开放，出现了蓬勃发展的新局面。1979年，中央确定广东、福建两省实行特殊政策、灵活措施以来，福建的交通运输，坚持开放搞活，摆脱了长期封闭的状态。1980年十月开辟了厦门经济特区，1984年3月扩大到全岛，并实行自由港某些政策。福州为十四个开放港口城市之一，并开辟马尾经济技术开发区。海洋运输蓬勃发展。

（2）把海运作为发展重点，积极开发良港资源。福建大念"山海经"，始终把发展海运作为重点来抓。港口建设作为基础设施建设的重要内容，加快了建设步伐。

（3）实行优惠政策，促进海运事业的迅速发展。省人民政府为鼓励海运事业的发展，在轮船贷款、税费、航线等方面给予优惠。

（4）重视人才培养，加快船员队伍建设。集美航校发展为航海学院。1973年创办福建交通学校，开设了船舶轮机管理和无线电通讯专业。1982年复办马尾商船学校（后改称福建船政学校，1999年升格为福建交通职业技术学院，2008年更名为福建船政交通职业学院）。

当代海运，在改革开放的大背景下，创造了一系列奇迹。中国的造船能力、港航建设、远洋船队都名列世界前茅。"货畅其流、人便于行"的运输理念和安全、便捷、可靠、经济、高效、和谐的服务理念得到提升。"以苦为荣"的"航标灯"精神，"四海为家、不畏风险"的航海精神，"把安全带给别人、把危险留给自己"的交通救捞精神以及"起帆精神"、"振超精神"、"刚毅精神"等得到弘扬。科学发展观深入人心。和谐交通、绿色交通、资源节约型行业、环境友好型行业和法制政府、服务型政府的理念逐步形成。由于处于经济全球化和信息化时代，由于中国加入世贸组织和国力增强有了更多的国际话语权，中西文化交流成果和各种学术成果更加丰厚，国际影响更为深入广泛。

马尾发展文化创意产业的几点建议

2010年10月17日,福州市经济技术开发区在马尾召开发展文化创意产业座谈会,笔者应邀参加。会上笔者提出了如下建议:

(1) 一定要凸显船政文化品牌;一定要有大手笔;一定要有创意有特色。

(2) 做好策划规划这篇大文章;做好引进有创意人才的大文章(现在是有创造力的人吸引公司);做好培育骨干文化企业的大文章(集中资源和资金,大项目开发,大集团运作,做大做优做强)。

(3) 把马尾打造成船政文化城、船政教育城、船政旅游城。三城合一,把文物保护开发利用、高等教育职业教育、旅游观光、文化娱乐融合在一起,建成为独特的、有浓厚人文气息的、吸引人的文化产业基地、近代教育圣地、旅游观光胜地。

1. 增设中国近代海军博物馆、中国近代教育博物馆、中国近代航空工业博物馆。

2. 把马尾建成一座开放式的船政大学城(德国波恩大学就是皇城)。创办船政大学。国务委员刘延东视察福建交通职业技术学院同意学院更名,不要福建两个字,凸显船政的全国性品牌。在马尾办学,学生天天接受船政文化的熏陶和仁人志士的潜移默化,这比课堂教育不知要好多少倍。有这么个高等学府在马尾,不知能吸引多少人来学习、观摩、观光、交流。同时可以提高城市化水平。建议省市区共建,同时吸引台湾的高校合作,建成能先行先试的试点高校。

3. 设立中国船政文化节,可定从每年12月23日开始到两马闹元宵为止。

(4) 马尾有大量的旅游资源,要尽快保护和开发利用,闽安镇的巡检司、亭江两岸古炮台、船政建筑群、壶江海上丝路、三江口水师旗营,可以整合利用。建议在闽江沿岸选点建立历史长廊,树立历史名人、船政精英、福州籍院士的系列雕塑,包括台湾的。磨溪,近代曾被开发为休闲区,建议加以开发利用。

(5) 充分利用船政历史人物的名人效应,做好做足文章。马尾街道,建议用船政精英的名字命名。要有沈葆桢大道、严复街、魏瀚街、詹天佑街、陈季同街、邓世昌街等。

(6) 成立中国船政文化研究院,给事业编制,给经费,建立专门研究队伍,同时加强对中青年研究人员的培养和扶持。要舍得在船政文化研究上加大投入。

福建地域文化研究回顾与前瞻学术座谈会发言提要

2012年4月14日，在寻求突破福建地域文化研究的回顾与前瞻学术座谈会发言，按照主办方关于寻求地域文化研究新突破的要求提了三点建议。

（一）注重深层次文化的研究

地域文化的物化成就，是摆在面上的东西。相对来说较明显，也较容易研究。而文化的组织层面和精神层面的问题是较深层次的东西，较复杂，较不容易研究透彻。现在组织层面的问题研究并不太多，而精神层面的问题博大精深，要研究透彻更不容易，也容易产生不同的看法，需要有深度的研讨。

（二）扩大视野，改变方位

地域文化的研究容易因人在本地，而就本地来研究本地。这样视野就容易受到局限。因此扩大视野，站得高一些，站得远一些，视角改变了，研究也就深入了。还可以变换方位，换位思考。不要在房间里面研究自己的房间，到外面来看这个房子，可能是另一种景象。

（三）跳出黑格尔命题的框框

所谓大陆文化和海洋文化，是黑格尔对世界文化类型的划分。他在《历史哲学》中，将世界文化划分为三种类型：高地草原、平原流域、海岸地区。第一种以游牧民族为代表，表现出一种野蛮的本性。第二种以农耕民族为代表，表现为闭关自守。第三种以海洋民族为代表，表现为掠夺和追逐无限利润。黑格尔贬低游牧文化和农耕文化，认为欧洲才是"世界的中央和终极"。他对海洋文化理论是做出贡献的，但他没来过中国，对中华文明十分不了解，因此他的命题也是有偏颇的。我们在研究地域文化时还是要以我们的历史和文明为根据，才能较好地得出正确的结论。

弘扬船政文化办好船政学院的几点建议

第一，上级领导关于创办本科船政学院的指示精神，符合校友和社会各界的期盼。创办本科船政学院现在时机较为成熟，积极落实上级领导的指示精神是学院的使命，应想方设法努力实现。既然要以船政学堂为校史，就必须以船政学堂为榜样办出个样子来。

第二，创办船政学院困难很多，但和当年船政创办时，洋人阻挠、顽固派掣肘等相比，不可同日而语。现在的困难更多的是硬件软件上的问题，必须发扬船政"勇猛精进则为远谋，因循苟且则为虚耗"的精神，排除万难，创造条件上。

第三，要上本科，会碰到师资、校舍、经费等困难，当年船政土法上马，就地取材，借鸡生蛋，借船出海，值得我们借鉴学习。尤其是高薪聘请洋教习的做法可供借鉴。我们的教授不够，可以一边化力气培养，一边以优惠的条件引进。

第四，当年船政工程是好中求快的，不到一年，校舍建成；不到两年，建成远东第一大造船厂。我们也应要有这种积极的态度，发扬船政的快上精神，尽快创办船政学院。

第五，何康（原农业部部长）等校友希望船政学院办在马尾，是有道理的。马尾是船政的发祥地。学校办在那里，学生整天接受船政历史和英雄人物的熏陶，其潜移默化的作用是无可比拟的。这种历史积淀的校园文化是其他方式难以获取的。

第六，船政学院要有本科的设置，设立多少院系，要有规划，尽早安排。

第七，船政学堂工学结合紧密，实践性教学分量很重。学校通过示范性建设，在这方面取得一定成果，必须继续推进。现在虽然没有过去那种厂校合一的条件，但加大实践性教学的力度，增加实验室投入，扩大校企合作，增强学生的动手能力还是必须花大力气去办的。学生的创新能力和动手能力强，要成为我们的特色和强项。

第八，船政学堂的校风是整肃的，弘扬船政文化就必须坚持这种好的传统，严字当头。过去，船政学校搞过半军事化管理，与驻闽海军合作，请他们驻校参与学生管理，效果很好。

第九，船政学堂把科技与人文结合起来，注意培养学生的道德情操。这应该成为我们的优良传统。

第十，船政学院的校园文化，船政文化应成为主要内容，要大张旗鼓地弘扬和宣传。校园要有船政精英的雕塑、图片、格言等。图书馆要增加船政方面的图书。校园的道路可以用与船政有关的人和事来命名。校内要经常有师生参与的有关船政的讲座、研讨会、文娱活动等。

第十一，船政学堂的作风是清正务实的，弘扬船政文化就必须继承前人的作风，扎扎实实地做好各项工作。

第十二，船政文化是国务院文件确定的海西七大文化之一。省市区都积极弘扬船政文化，学院作为船政学堂的承继者，没有理由被边缘化，必须积极参与社会各种科研和各种活动。这种亮相对提高知名度，比做广告好得多。马尾造船厂搬走后，建设成船政文化创业园，准备恢复船政衙门和前后学堂，学院应积极争取合作。如果前后学堂能有学院参与建设和管理，象征性地开展教学活动，对学院和园区都是双赢的。

第十三，船政学院要申请创办省级甚至是国家级的近代航海博物馆、近代教育博物馆，还要有像样的校史馆。

第十四，船政老校友是一笔宝贵的财富。现在，大多数已到耄耋之年，要调查收集他们的视频、文字、图片资料，尽快加以抢救整理。船政校友楼要腾出来专门给校友使用，原来捐献设立的校友个人的展室要恢复。这对鼓励校友捐献有示范作用。

第十五，要鼓励老师撰写有关船政方面的论文，在评定职称方面给予支持。船政方面的论文大多属于史学、教育学、社会学等方面的，理工科的老师评职称用不上，因此，采取校内特殊政策是必要的。

第十六，船政学堂的国际影响深远，是中西文化交流的一面旗帜。今后的船政学院也必然与国际有着密切的联系，在中西文化交流等方面发挥作用。船政学堂也是两岸文化交流的重要内容，现在台湾海军军官学校还是以船政学堂为宗。两岸文化交流日益增多,办好船政学院对今后的交流有着重要的意义。

上述建议仅是个人的一孔之见,仅供参考。不妥之处请指正。

2012 年 12 月 9 日

附录：中国船政文化网专访

胸怀船政 才情兼俱
——访马尾船政文化研究会会长沈岩

沈岩，福建诏安人，马尾船政文化研究会会长。沈岩在船政文化研究方面颇有建树，他的《略论马尾船政文化》中关于"船政文化"的概念论述深得史学家的认可，并获"中国新时期人文科学优秀成果"一等奖；其专著《船政学堂》给学者们研究船政历史文化提供了很好的借鉴资料，社会反响良好。如今我们造访了这位船政文化的资深研究员，景仰之余，也被他平易近人的待人风格和诚恳求实的应答态度所深深感染。以下是我们的对话内容（沈岩老师简称"沈"）。

问：沈老师您好，我们知道您除了在国画、书法方面有很深的造诣以外，在船政文化的研究方面也有不俗的成绩。因此，我们很好奇的是，您是从什么时候开始接触船政文化的，是什么样的机缘让您对船政文化产生兴趣并投入这么多精力的？

沈：我接触船政文化最早是在20世纪80年代，也就是1981年到1982年那段时间。当时我在交通厅工作，一些校友就开始呼吁要复办船政学校。因此我就接触了一些船政资料，觉得很震撼，非常的感兴趣。而且那时候对船政文化不是很了解，求知欲加上兴趣，埋下了我对船政文化研究的种子。真正接触船政文化是在我当福建船政学校党委书记以后，进一步了解船政文化确实是非常辉煌的，其历史是非常让人自豪的。因此就下定决心要花功夫好好地研究它。

问：这么说，是工作的需要加上个人的兴趣使您开始了对船政文化研究的历程。

沈：对，是可以这么说的。

问：我们说，接触一个东西肯定是有一个从不了解到了解的过程。您接触船政文化，肯定也是从不了解到慢慢了解并且深谙的，那我想请问的是，在这个过程中，您对船政文化的理解有什么样的变化吗？可以谈谈您对船政文化的理解吗？

沈：有变化。因为刚开始的时候并没有"船政文化"这个词，只是对船政的历史感到非常的辉煌，一直到有很多学者呼吁船政复兴，才把它上升为一种文化，称为"船政文化"。有了"船政文化"这个词之后呢，我们才开始研究，比如说，为什么叫"船政文化"，什么是"船政文化"，怎么样才能让它弘扬光大等等，这里面呢，就有很多值得思考研究的问题。

"船政文化"呢，我是把它理解为船政的历史人物造就的一些物化成就和政治精神文明的成果。文化，是对自然的一种人化、社会化。自然经过人的改造，就变成了文化。一般来说，它包括三个层面：物质、政治、精神。文化有大概念和小概念的区别。我们现在讲的船政文化，大多时候是从大概念来说的，即船政历史发展给我们带来的物质、政治、精神各方面的影响。

问：谢谢您的的论述。我看过您的一篇带自传性散文，您说过求学时自己是文理皆优的学生，可是到最后，您选择的是关于文科的这方面的一条道路，是不是您更注重精神层面的发展，个人更倾向文化精神方面的投入呢？那么您对船政文化的研究倾向，是不是也是侧重于精神这一方面的呢？

沈：这个应该说是都有，没有特地说偏重哪一方面。比如我们研究船政文化的内涵是精神方面；比如船政博物馆收集文物就是研究船政文化的物质方面，包括船政文化的建筑群以及前人遗留下来的物化成就；政治层面，比如说政治结构、当时的船政教育模式和制度等。

问：船政教育在我们船政文化中应该是占有一个非常重要的地位，您在研究船政教育这方面是一个专家，也出版了《船政学堂》这本书，为船政教育做了一个非常好的总结，可以说当时的船政学堂教育模式是具有一定的先进性的，其教学方式以及课程设置的科学性和实用性都是很强的。不能不说，船政学堂的教育模式对我们的当代教育有很大的启示。

沈：是这样的，船政教育的模式，是晚清时期引进西方教育模式，结合当时的情况实践并总结出来的。我是参照我们现在的教育模式给它做了一个概括。就这种教育模式的特点来说，从教育目的上看，是精英教育模式；从教育功能上来看，属于传承教育模式；从教育的内容来看，属于生活准备模式；从教育的组织上看，属于弹性教育模式，特别是强调"权操诸我"；从教育主体上看，属于师本模式；从教育的方法上看，属于文本教育和实践教育相结合模式，船政学堂跟工厂是合一的，老师在教书的同时又是工程师，学生不仅在教室上课也在工厂做工。

从船政教育的内涵上，我把它概括为以下几点：一是引进西方技术为我所用的办学原则。二是以企业形式合作和独立自主的办学原则。三是突破传统高位嫁接，以改革创新；四是厂校一体化，工学结合紧密，这一方面呢，可以说是空前的。五是结合高中等教育体制，培养各层次人才。既有工人的职业培训，也有成人教育。六是科技和人文结合，培养爱国情操。因此有很多留学生学业完成后都纷纷回国，为国出力。七是重视人才，精益求精。比如学生连考三次三等便勒令退学，淘汰率非常之高，到最后能毕业的都是精英。八是因材施教，比如香港招来的懂英文的学生便另外编班等。九是"权操诸我"的管理模式，外籍教师无权干预。十是引进外教，直接引进外文教材。所以，当时的学生很苦，三个月要听懂外教讲课，这是非常不容易的。另外，还有派遣学生到国外留学，这也是沈葆桢一直很坚持的。这些就是我总结出来的十点船政教育内涵。船政学堂的教育模式实际上是一种里程碑式的教育方式。

问：说到教育方面，您现在是福建交通职业学院党委的主要领导，请问现在交通职业技术学院有设置有关船政方面的专业吗？

沈：没有。学院是工科学校。但是，我们作为全国示范性职业院校，设置了船政文化研究所。这是中央拨款设置的。我现在主要是在研究船政教育方式如何现代教育方式相结合。比如工学相结合，我们现在没办法做到学校自办工厂，但我们现在也在努力，如何和一些工厂联系，签订一些协议，让学生学工结合。另外，学生的爱国主义教育我们也是很重视的，每年新生入学，我们都开办讲述船政文化的爱国主义教育讲座。因此，全国见义勇为的学生，我们学校就有两位，这种教育是潜移默化的。

问：环境和人的作用是相互的，良好的教育环境能够促进人才的诞生，同样，在晚清教育比较落后，求知比较艰辛的背景下，中国却呈现了一批批海军人才，这实际上是中国人在列强入侵后的恶劣环境下做出的本能反抗吧。

沈：当时的情况是，鸦片战争以后，外敌入侵，国内有志之士都在思考怎么样强国。于是林则徐和魏源提出了要"师敌之长"，可惜当时皇帝并不认同，还骂了一通。后来魏源写出《海国图志》，提出"师夷长技以制夷"，但也只是设想，没办法得到实施。1840年到1866年是一个酝酿过程，直到咸丰皇帝去世，慈禧发动政变，恭亲王在与外国谈判中又被羞辱，强国方针势在必行，左宗棠抓住这个时期，提出创办船政，于是才有了以后的几代船政精英。

问：船政文化的辉煌历史是不容抹灭的，然而建国后，因为很多原因，直到近几年，我们政府和学者才开始重新重视船政文化，才有越来越多的人了解船政文化。这期间对船政文化研究的断层不能不说是一种遗憾。您是怎么看的呢？

沈：船政学堂后期已经改为海军学校，后辗转到桐梓、贵州、重庆等等，现在一部分还在台湾。一直到1951年体制改革后，船政学堂已经取消了。加上这其中涉及的一些政治上的原因，几乎没有人再提船政了，于是关于船政的历史研究就此断掉了。直到改革开放后，一些史学家也慢慢意识到，要客观地评价历史事件，肯定事物在其发展过程中所起的主流作用。因此，历史学家在研究过程中认为要还船政历史文化的本来面目，重新为船政文化定位，使越来越多人认识到船政文化的重要性，体会船政文化历史的辉煌。船政学堂首建马尾，因此马尾许多学者提出要复兴船政文化。于是慢慢有更多人想了解船政是怎么回事。我作为船政文化研究会会长，当然对船政要有所了解，于是我就查阅了有关资料，并写了有关船政文化的一篇论文，在《光明日报》的理论版上发表了，当时是作为纪念船政建设140周年的致辞发表出来的。很多专家认可了我的观点，也引用了我关于船政文化的表述。

问：船政文化正在不断地被人认识和认可，但现在除了马尾本地或者福州地区的民众外，仍然有很多人不了解或者根本没有听说过船政文化，即使是来中国船政博物馆参观的人也只是略微对船政文化有所印象。因此，我们想知道，在推广和宣传船政文化过程中，您有没有一些好的建议，让更多人知道和了解船政文化？

沈：因为一些历史原因，当时船政学堂在内地没有延办，整个船政的历史在一段时期内被湮没掉了，因此现在突然提出来，会让人感到陌生，甚至很多人混淆了福建水师和轮船水师的区别。历史是只有船政的轮船水师才是我们近代海军的第一支舰队。

近几年随着中央和地方以及台湾的领导人对船政文化的关注，越来越多人知道了船政文化，但相对来说还是有很多人对船政文化是没有概念的。那么怎么样去扩大船政文化的宣传呢，我有一个建议，就是要搞一个"船政文化节"，最好是由福州市政府部门，或者是由马尾区政府来主办。"船政文化节"每年固定举办，不能中断，这样才能对市民进行刺激，慢慢的"船政文化"这个词就会成为一个品牌真正深入人心。不能只是单纯地搞"船政文化年"，一年之后，再无尾声，效果就减弱很多了。还可以邀请一些领导参与文化节活动，或者每年策划不同的活动主题，把这个文化节做大做强，做出宣传效果。

除了办节，媒体的宣传力度也需要进一步加大。不仅是要加强本地媒体的宣传工作，也要扩大到全国范围。另外我认为，全国性的研究活动也是很有必要，如果能把国内历史专家的关注力转移到这边来，了解和参与到船政文化的研究上来。那是再好不过了。还有一个就是闽台的交流一定要做好，台湾人对沈葆桢的评价是非常之高的，船政跟台湾的近代化实际上是紧密相连的……现在的小学教材里的读本也可适当添加关于船政文化的内容，而且希望范围能够得到扩大，不能局限在马尾地区，乡土教育的影响力毕竟还是有限的。

政府资金投入也是很重要的。比如《沈葆桢全集》是一定要编出来的，这个需要资金投入。我们的船政文化博物馆可以设置一个比较全的资料库，搜集全国的有关船政文化历史研究的书籍，让这个资料库以后成为一个查阅船政文化知识的一个权威，这样就比较有说服力了。也可以聘请研究员，投入研究资金，鼓励船政研究。

问：您从事船政文化历史研究已经很多年了，除了您刚才讲的船政教育模式的内涵以外，还有没有其他能够借鉴到我们现代的职业教育当中来的模式？

沈：这个有很多都可以借鉴的。比如说引进西方教育模式和我们的实际情况相结合的教育理念，比如说敢为天下先的创新精神也是值得我们学习的,还有高位嫁接这种方式,比如我们学院现在就引进国家级的安全团队,针对我们的实际情况进行嫁接。还有精益求精,人才为本,因材施教,这都是值得我们现在学习、弘扬的。还有你看他们的课程设置,是和实践结合的非常紧的。另外,"求实、求是、求精"这种科学精神也是值得我们学习的。还有"引进—消化"这种方式,引进来,变成我们自己的东西,等等,所以说,我们要秉承船政学堂的优良传统,做好现代教育的功课。

问:您今后在船政方面的研究方向能跟我们谈一下吗?

沈:对船政文化的研究方向,我还是侧重在教育这块。另外,在船政人物方面,目前我侧重研究沈葆桢和陈季同。还有就是船政和台湾的近代化也是我在思考和探索的一个重要课题。此外船政教育和我们现代教育的关系,如何去吸收过去有益的东西,更好地发展我们现在的教育,也是我今后要研究的重要课题。

问:研究了船政文化这么久,可以说为之付出了很多,付出的同时是否也有所收获?

沈:有收获啊,研究了以后我觉得很有收获。《船政学堂》这本书也是在这段时间研究出来的,如果,没有去研究的话也没有办法下决心去写这本书。研究了以后还有一个很大的收获,那就是学到了很多……从先贤的身上,比如说林则徐、左宗棠、沈葆桢身上的那种锲而不舍、自强不息、刚正不阿的精神,这对我来说是很有意义的。另外,从船政文化的研究当中,我们也可以知道很多历史,可以以史为鉴,可以从中看出社会上很多问题。比如说改革开放,那个时候实际上也是"改革开放",那为什么结果不同?实际上我们的近代化从那个时候就开始了,只是说当时的大环境对开放不利。特别是台湾开禁,力度是很大的。包括开路、抚番和一些鼓励政策,和我们现在的一些政策是很相近的。

问:今天真的非常感谢沈老师,我们能感受到您对船政文化的研究工作倾注的心力,也从这次谈话中收获了很多,真的是受益匪浅。

沈:船政文化研究资料是很有限的,船政文化到现在开始研究已经是很迟了,船政后人已经是第四代、第五代了,中间真正接触的船政人物的后代已经和我们的研究无缘了。过去没有人重视,也没有人收集这个船政史料,加上我们过去"大跃进""文革"等把文物破坏的太严重了,以及一些阶级观念的影响，船政历史文化的研究受到了很大的影响。我们现在能做的就是抢救文物，加大力量进行资料搜集。这是很紧迫的。

问：是的，船政文化的弘扬光大事实上还是有一条比较艰难的路要走的，我们对船政文物的保护以及对船政历史的探索也是需要长期深入进行的，而船政文化带给我们精神上的冲击和鼓舞也会一直持续。那我们今天的访谈到这里就结束了。非常感谢沈老师。

附录：《交通建设与管理》杂志记者专访

与"船政"结缘 看"学堂"变迁[*]

——访"船政文化"研究专家沈岩

"说起严复、詹天佑、邓世昌，大家都耳熟能详。但说起他们的母校，可能很多人不甚明了。说起北京大学、清华大学、人民大学，大家都会翘起拇指——他们确是中国一流的高等学府；但第一个真正符合近代教育制度的高等学校，是哪一个呢？说起现在的留学制度，大家都很清楚，但第一个真正建立起留学制度并取得成效的学校，又是哪一个呢？"（赵启正《船政学堂》序）带着这些疑问，本刊记者对"船政文化"研究专家沈岩进行了专访。

记者：沈老师，您好！从《船政学堂》这本书中，我们读出了您对"船政学堂"的深厚感情，是什么让您与"船政学堂"结缘的？

沈岩：20世纪80年代初，船政校友们提出复办母校的时候，我正好在福建省交通厅工作。当我经手一些有关复办的函件时，被船政学堂的辉煌吸引住了。揭开船政学堂面纱的好奇心由此而生。说来也巧，我因工作调动，来到福建船政学校担任党委书记。这使我有更多的机会接触船政史料，有更强烈的冲动去写船政方面的文章。近几年，福州、马尾大力宣传船政文化，我也自然而然地加入进来。于是，我积极参加福州、马尾船政文化研究会的活动，留心收集资料，认真撰写论文，发表了《略论马尾船政文化》等一系列文章。

记者：我们发现，在英文版的《船政学堂》中，船政对应的英文是拼

---

[*] 该文系《交通建设与管理》记者的专访文章，刊登在该刊2009年第8期。该期开始，作者的专著《船政学堂》在该刊连续刊载。

音"CHUANZHENG",这里有什么特殊含义吗?

沈岩:这是由于福建船政中"船政"的特定含义所决定的。这里的船政包括三个部分:造船、办学、海军。当时,外国人在给本国政府的报告中,把它定义为兵工厂。英国外交部在行文照会中把它定位为水师学院。这样,"船政"二字的界定、翻译就非常困难。如果只从字面上理解,与"船政"的本义又不贴切。我认为"船政"应该是一个专有名词,所以在翻译成英文时,是用拼音"CHUANZHENG"翻译的。

记者:据我们了解,船政学堂的成就和历史地位是很高的,但知道它的人却不多。有些历史人物知名度很高,如严复、詹天佑、邓世昌、萨镇冰等,但却很少有人知道他们的母校是船政学堂。请您为我们解释一下其中的原因。

沈岩:之所以船政学堂有几乎被尘封的尴尬,我想有以下几方面的原因。一是政治上的原因。长期以来,对待洋务运动这段历史,我们经常是戴着有色眼镜去看的。好像鸦片战争后,中国沦为半殖民地半封建的社会,官方所办的一切就是半殖民地性质的,是落后的。至今还有学者把船政教育体制说成"典型的半殖民地教育体制"。带着这种观点去评价船政学堂,当然不可能得出公正的结论。随着改革开放的深入,近几年来,对船政文化的评价和研究逐步升级,好评才多了起来。二是学术上的原因。迄今为止,还没有太多的学者研究船政学堂。人云亦云者多,深入研究者少。船政学堂的组织形式、专业设置、课程体系、师资队伍、学生管理、留学制度等,都有很多资料尚待发掘,都有很多问题尚待研究。它的办学经验,它的教育模式,它体现的教育理念和精神,也还需要我们进一步挖掘整理和总结。三是宣传上的欠缺。长期以来,船政学堂就像文物一样,被埋在地里。一旦出土,就让人感到十分新鲜。因为宣传太少,公众对它也感到陌生。近几年,福州市把船政文化作为主打的文化项目来开发。举办了船政文化年活动,取得了一定成效,但还是比较区域性的。2006年1月,胡锦涛总书记参观了船政文化博物馆。4月,连战先生也专程到船政文化博物馆参观。船政文化博物馆从过去参观者寥寥可数变成现在观众络绎不绝。四是学堂本身原因。学校没有持续地办下来,没有在马尾生根落户。它三起三落,波折太多。建立船政学堂,在晚清时就有不同政见,反对的声音不少。1907年被迫停办。在民国时期的撤撤并并，和近 50 年的打打停停，使得中国近代第一所高等院校有了这样的命运，给人留下的是太多的遗憾。假如船政学堂发展到现在，会有 140 年的历史了，那是一种什么样的状态和知名度！

附录：《中国改革报》记者专访

心系船政教育　弘扬船政文化[*]
——记我国船政专家沈岩教授

汪　婷

看到沈岩老师的人都会说，他是个学者。高高的个子，瘦瘦的身材，慈祥的脸庞上常挂着微笑。一副细边眼镜，在他炯炯有神的双眼中闪烁着智慧的光芒。演讲时的谈笑风生，娓娓道来的语调，深入浅出的解读，条理清晰的脉络，常让我着迷，尤其是他那特别的手势，好像是一块有魅力的磁铁，吸引着听众的目光，特别让人浮想联翩。

2009年5月，国务院下发了关于支持福建省加快建设海峡西岸经济区建设的若干意见。船政文化首次被写入国务院文件，备受瞩目。沈老师也兴奋不已。福州市委宣传部邀请他讲一讲船政文化与海西建设的关系，他满口答应。于6月27日上午，他来到由市委宣传部主办的"闽都大讲坛"，在于山九日台音乐厅做了一场题为"海西建设与船政文化"的讲座。音乐厅里座无虚席，两边走廊还站满了许多听众。沈老师脱稿演讲，重点阐述了海西建设与船政文化的密切关系，并说明了加快海西建设必须大力弘扬船政文化的原因。沈老师从船政文化的内涵谈起，认为海西建设是船政事业在新时期的继续与发展，船政文化所凝结的爱国、开放、科学、海权和敢为天下先的精神是海西建设所必需的。打响船政品牌，有利于提高海峡西岸经济区的知名度和文化品位。并与闽南文化、妈祖文化、客家文化等其他海西文化品牌作了比较。最后，沈老师就加快福州船政文化建设提出了几点具体建议。一是把马尾建成一座开放式的船政大学城，把福建

---

[*] 本文系《中国改革报》记者汪婷的专访，发表在《中国改革报》2011年11月11日第10版上。

交通职业技术学院更名为福建船政学院。二是整合利用闽安镇的巡检司、亭江两岸古炮台、船政建筑群、壶江海上丝路等旅游资源，在闽江沿岸选点建立历史长廊，树立历史名人、船政精英、福州籍院士的系列雕塑。三是充分利用船政历史人物的名人效应，做好做足文章；福州和马尾街道，用船政精英的名字命名；设立船政文化节，从每年12月23日开始到"两马"闹元宵为止；设立船政文化论坛，成立船政文化研究院等。《福州新闻》记者报道说，在一个半小时的演讲中，沈老师深入浅出、旁征博引，其演讲风格征服了大家。全场听众聚精会神，不少人还认真做着笔记。显然，他的演讲十分成功。

说到演讲，沈老师已是大家熟悉的船政专家。2007年，被省社科联列为《东南周末论坛》内容在省图书馆演讲船政专题，前后五讲，分别从近代教育、海军、工业、中西文化交流和文化启示等五方面进行演讲，深获好评。第一讲的录音稿还编入《东南周末讲坛选粹》。2007年，为丰富广大观众的精神文化生活内容，形成全省文化建设标志性的品牌项目，福建教育电视台联合全国各地资源，共同创办《海西文化大讲坛》。听过沈老师在省图书馆讲船政的编导，找到了沈老师。邀请他到福建教育电视台开辟专题。经过磋商，确定以船政人物为主线，并首推沈葆桢。大家认为沈葆桢是首任船政大臣，主政船政期间，成效卓著，影响广泛深远，以沈葆桢为专题较为合适，较易引起共鸣。于是确定题目，分六讲进行演讲。播后确实很受欢迎，于是多次进行重播。有关船政的系列节目，沈老师也经常被采访。海峡电视台、福建电视台、福州电视台，以及凤凰电视台、台湾东森电视台、台湾中天电视台等都采访过他。2010年12月，由中国船政文化博物馆与台湾长荣海事博物馆联合举办的"福建船政——清末自强运动的先驱"展览在台湾全面启动。沈老师作为船政专家随团到台湾。中央电视台特地做了报道，在短短的新闻报道中，也播出了沈老师谈及展览意义的镜头。为录制中央电视台10频道的船政节目，编导还特地在台湾找沈老师做了采访。

今年6月，沈老师应邀到台湾做了专题演讲。6月8日下午，沈老师到长荣海事博物馆，作了"船政学堂——中国近代教育的先行者"的讲座。博物馆三楼学术厅坐满了人。沈老师脱稿演讲，款款而谈，两个小时的演讲博得台湾朋友的认可。演讲后十多位朋友提了问题，沈老师一一作了回答和交流。许多台湾朋友还拿出《船政学堂》一书要求签名留念，他都一一满足了大家。现场气氛祥和良好。沈老师携带自己的专著《船政学堂》中文版和英文版来台开讲，是大陆来台交流船政文化的首位船政专家，因此许多媒体十分关注。《中国日报》《福建日报》《福州日报》《福州晚报》都以《大陆船政专家首次赴台开讲船政文化》为题作了报道，中国在线、中国台湾网、凤凰网、福州新闻网等也相应作了报道。沈老师的专著《船政学堂》也引起台湾出版界的兴趣，约定尽快在台出版繁体字版。

为什么深受欢迎？为什么被公认为船政专家？道理很简单，就是沈老师能静下心来，认真研究近代史，认真研究船政的历史事件和重要人物，而且成果丰硕。多年来已撰写各类文章和著作一百多篇，一百多万字。多次在全国全省的研讨会上交流和获奖。2003 年，在船政专家们的呼吁下，马尾船政文化研究会成立，沈老师被推为会长。随后成立的福州船政文化研究会，他被选为副会长。2005 年，学院成立船政文化研究所，他兼任所长。近几年来，他积极参与各类研讨活动。2005 年参加国际教育工作者协会年会，介绍了船政学堂及其沿革。2006 年在日本东京大学峰会上宣读了船政论文。2009 年 9 月，中国与周边国家关系学术研讨会在云南省蒙自举行。沈岩交流了论文《从船政看中国近代早期对外开放的主动方面》。2010 年 10 月，海峡两岸 200 余位船政精英、船政精英后人及专家学者将齐聚福州，共同探索福州船政在创立、发展、壮大中国海军进程中发挥的独特作用。在这次以"福州船政与近代中国海军史"为主题的研讨会上，沈老师报告了《福州船政迈向海权的启示》论文。当年 12 月，他推动《船政论坛》的设立；今年又推动《船政大讲堂》的开讲。他还应邀到福州大学等高校和省老年大学讲船政文化。

沈老师是教育工作者，首先研究的是船政教育。他与船政结缘，可以追溯到 20 世纪 80 年代初。当时，船政校友们提出复办母校，他正好在省交通厅当秘书。在经手一些有关复办的函件时，他被船政学堂的辉煌吸引住了。自此，揭开船政学堂面纱的好奇一直埋藏在他的心底。调任福建船政学校党委书记后。他有了更多机会接触船政史料，也有了更多的冲动去写关于船政方面的文章。近几年，福州、马尾大力宣传船政文化，他也自然而然地被卷了进去。于是，他留心收集资料，认真撰写论文，发表了

《略论马尾船政文化》（《光明日报》2006-4-11 理论版）、《福建船政学堂历史地位新探》（《福建农林大学学报》2006-03）等文章。并在 2004 年申请了《船政教育模式研究》的课题。为了完成课题，在两年多的时间段里，他把所有正常工作外的绝大部分时间花在研究上。为加快进度，他改变了请打字员打字的习惯。用刚刚学会的拼音输入法和不太熟练的键盘来操作。速度虽慢，他却感到方便和富有乐趣。但由于刚学习录入，常常由于没有保存好而重新敲打。有一次，由于电脑出故障，辛辛苦苦打了两个多月的底稿一下子全没了。无奈之余，只好聊以"练打字"自慰。两年下来，他终于完成了这部 33 万字的专著。专著一面世，就受到广泛的关注。全国政协常委、原国务院新闻办主任赵启正先生，欣然提笔做了序。在序中，他说作者"选择教育的角度，认真收集整理史料，开展课题研究，花了两年的心血写下了这本书，再现了清代福建船政学堂的历史，让读者了解了船政学堂的原貌，真是可喜可贺！因为迄今为止，据我所知还没有人这么认真、这么系统地整理过它。说它在这方面填补了空白也不为过"。该书是《船政教育模式研究课题》的成果。结题时，交通部行业指导委员会的评审专家一致认为，该成果认真收集整理清代船政学堂的史料，分析船政学堂的办学情况，在厘清史实的基础上对船政学堂的组织模式、教学模式、学生管理模式和留学模式等进行了深入的剖析与研究，从而概括出船政教育模式的内涵和特点，阐述其历史意义和现实启示，特别是沈岩同志的专著《船政学堂》，填补了船政教育研究的空白，对航海教育和职业教育模式的研究具有十分重要的参考意义。该书一出版，就受到教育界、海内外校友与专家的一致好评。2007 年第一版 5000 册很快售罄，2008 年又第二次印刷。2009 年 1 月译为英文版，由五洲传播出版社出版，向世界各国发行。今年，台湾还准备出繁体字版。一本学术专著能引起轰动，是学术界近年来少见的。

该研究成果和交通部行业指导委员会的鉴定结论，为学院在秉承船政办学传统方面提供了依据，也为学院 140 周年校史提供佐证，并得到教育部的认可。交通科学研究院主办的刊物《交通建设与管理》到福州采访沈老师，发表《与"船政"结缘 看"学堂"变迁——访船政文化研究专家沈岩》的文章，并在刊物上分 10 期连载了《船政学堂》。学院在申报国家示范性高职院校时，专家们一致提出要把船政作为特色，要在示范性建设中把船政文化建设列为重要内容。《福建交通》也向沈老师约稿连载《船政故事》，至今年 8 月已发表了 11 期。2009 年，《船政学堂》在省第八届社会科学优秀成果奖的评奖中荣获省人民政府颁发的三等奖。

陈季同是船政精英，清末著名的外交家。其诗作，当时的著名诗人范当世就十分赏识，可惜遗稿目前只看到《学贾吟》，而且是手稿。为便于读者阅读，沈老师挑起校注的担子。向全国高校古籍整理研究工作委员会申请立项。为了更好地注释，他专程赴湖南、贵州考察调研。前后花了五年时间对三百多首诗作一一作了校注，并写下了前言，对诗集作了全面的介绍。今年已送国家图书馆出版社出版。为便于船政文化的研究，他策划影印出版《船政奏议全集》。福州市寿山石、昙石山、三坊七巷等三本专志已经出版，唯独船政志还没有编纂。经市政府研究确定由沈老师担任《船政志》主编，开展编纂工作。现已完成大纲和篇章节目的编写审定。组织部分专家进行撰写。

2009 年 6 月，中共中央政治局委员、国务委员刘延东到学院视察指导。在听取学院领导的汇报后，她指示学院应突出福建特色，名称不能丢掉"船政"，可以更名为"船政交通学院"。2011 年 5 月福建交通职业技术学院经省政府批准，终于更名为福建船政交通职业学院。看到船政名称重新出现，多年来专家学者和校友们的努力终于有了结果，沈岩老师露出了欣慰的笑容。在揭牌的当天，《海峡都市报》的记者采访了他，并发表了《福建交通职业技术学院更名　牵出一段"船政往事"》的报道文章。

沈老师认为，船政在近代中国积弱求强的历程上，留下了浓墨重彩的一笔，展现了近代中国科学技术、新式教育、工业制造、海权建设、中西方文化交流等丰硕成果，孕育了诸多仁人志士及其先进思想，折射出中华民族爱国自强、勇猛精进、重视科教和海权的伟大精神，形成了独特的船政文化。它博大精深，是海西特色浓厚的品牌文化。沈老师说，船政文化是船政历史人物创造的物化成就和政治精神文明成果。闪烁着船政精英思想的船政文化已成为时代的一面旗帜。它高标近代，也必将影响未来。沈老师退而不休，老有所为，笔耕不辍，是个想把船政琢磨透的人。他与船政有很深的情结，是个热心弘扬船政文化的人。

后 记

  协助专家学者出版船政方面的研究文集，是马尾船政文化研究会的一项任务。继著名船政专家陈道章的系列研究文集出版后，研究会决定向我等约稿，陆续推出一些船政研究专家的文集。2013年研究文集立项后，开始运作。于是我检点近年来的研究，整理出主要的研究文章和讲座讲稿。以文集和讲稿的形式分别出版。书名定为《沈岩船政研究文集》、《沈岩船政文化讲稿精选》，交由社科文献出版社出版。

  文集和讲稿虽付梓，但我还无时无刻不在思考着船政及其船政文化的一些问题。我常常自问：史料来源可靠吗，论文观点正确吗，观点表述准确吗？我也常常思考：研究能不能更为准确一些、全面一些、深刻一些，船政的思想能不能形成理论，有无现实意义，等等。沿着这个方向努力，无疑是正确的，但学术无止境，真理无止境，宇宙是人类无法穷极的。历史悬案难以破解，科学谜团无法诠释，有些甚至是几千年来争论不休的老问题。人的一生精力有限、水平有限、见识有限，加上因为种种原因致使史料不全不实等问题，我们的研究也只能取得相对的成果而已。个人的研究更是沧海一粟，微不足道。十多年来，虽然积累了一些论文，也不断在深化，取得了点滴成果，但仍然感到史料不足，研究不深，尤其是船政代表人物如沈葆桢、严复等的思想研究还远远不够。所以，我原先把研究文章和讲稿集在一起，定名为《船政初探》，但同道们一致反对，认为已研究多年，还"初探"不合适，于是分成两本书，改为现在的书名。

  从总理船政事务衙门成立的1866年，至2016年，150年过去了。我们对船政，是不是就了解透彻了呢？没有，远远没有！我们只是了解个大概、了解个皮毛而已。我们的研究虽然取得一定的成果，但仅仅是开始，还有很多东西值得我们去挖掘，去探索，去研究。船政文化博大精深，我们的研究充其量只是冰山一角。虽然"初探"容易产生仅仅是开始的误解，但研究还需深化，还任重道远，还需同道同好继续为之努力。此书的出版，恰好是船政创办150周年，作为献礼的礼物确实是我的一个心愿，但我更衷心地期待有更多比我更好的文章问世，尤其是欢迎有更多的年轻学者进入这个领域。

研究是一个过程，认识在不断深化。我的文集因为时间的推移可能有许多观点在深化过程中，表述上也有个别前后不一致的地方。汇集时，我没有改动它。我想，这是历史形成的，研究者的研究有一个认识上的深化过程，应当实事求是，当时怎么说的就怎么说。这样做，读者应该能够理解。能看到研究的脉络，不是更好嘛。

文集即将付梓，首先感谢福建省委宣传部、福建省文史馆、福建省社科联、福建省社科院、福建省图书馆、福州市委宣传部、福州市社科院、马尾区委、马尾区政府、马尾区政协、马尾区宣传部、福建船政交通学院、阳光学院和马尾船政文化研究会等单位的重视支持与帮助。研究过程中还得到中央高等院校和研究机构及台湾等许多学者专家及媒体的支持，在此也一并表示谢意！最后，还要感谢社科文献出版社的编辑出版与发行。

文集中难免存在许多不如人意的地方，也许还存在笔者没有觉察到的谬误，衷心地希望读者给予批评和指正！

沈　岩
2015年12月17日客于南宁

图书在版编目(CIP)数据

沈岩船政研究文集/沈岩著. -- 北京：社会科学文献出版社，2016.7
ISBN 978 - 7 - 5097 - 8814 - 1

Ⅰ.①沈… Ⅱ.①沈… Ⅲ.①造船工业 - 工业史 - 中国 - 文集 Ⅳ.①F426.474 - 53

中国版本图书馆 CIP 数据核字（2016）第 043040 号

沈岩船政研究文集

著　　者 / 沈　岩

出 版 人 / 谢寿光
项目统筹 / 李延玲　高　靖
责任编辑 / 高　靖　赵子光

出　　版 / 社会科学文献出版社·国际出版分社（010）59367243
　　　　　　地址：北京市北三环中路甲29号院华龙大厦　邮编：100029
　　　　　　网址：www.ssap.com.cn
发　　行 / 市场营销中心（010）59367081　59367018
印　　装 / 三河市尚艺印装有限公司

规　　格 / 开　本：787mm × 1092mm　1/16
　　　　　　印　张：23.75　插　页：0.75　字　数：382 千字
版　　次 / 2016 年 7 月第 1 版　2016 年 7 月第 1 次印刷
书　　号 / ISBN 978 - 7 - 5097 - 8814 - 1
定　　价 / 89.00 元

本书如有印装质量问题，请与读者服务中心（010 - 59367028）联系

版权所有 翻印必究